全国会计领军人才课题选

（2014）

全国会计领军人才培养工程领导小组　编

中国财政经济出版社

图书在版编目（CIP）数据

全国会计领军人才课题选．2014/全国会计领军人才培养工程领导小组编．—北京：中国财政经济出版社，2015.8
ISBN 978－7－5095－6339－7

Ⅰ.①全…　Ⅱ.①全…　Ⅲ.①会计学－文集　Ⅳ.①F230－53

中国版本图书馆 CIP 数据核字（2015）第 184448 号

责任编辑：宋学军　　责任校对：张　凡
封面设计：汪俊宇　　版式设计：康普宝蓝

中国财政经济出版社 出版
URL：http：//ckfz. cfeph. cn
E－mail：ckfz@ cfeph. cn

社址：北京市海淀区阜成路甲 28 号　邮政编码：100142
营销中心电话：010－88190406　北京财经书店电话：010－64033436、84041336
河北省零五印刷厂印刷　各地新华书店经销
787×1092 毫米　16 开　22 印张　360 000 字
2015 年 8 月第 1 版　2015 年 8 月河北第 1 次印刷
定价：65.00 元
ISBN 978－7－5095－6339－7/F·5108
（图书出现印装问题，本社负责调换）
质量投诉电话：010－88190744
打击盗版举报热线：010－88190492，QQ：634579818

全国会计领军人才课题选
编委会成员

序 言

为支持实施企业“走出去”战略，实现会计审计标准国际等效，加快高素质、复合型、国际化会计人才培养步伐，更好地贯彻落实国家人才强国战略，推动会计人才队伍建设，财政部在2005年正式启动了全国会计领军（后备）人才培养工程。在财政部党组的正确领导下，财政部会计司统筹协调，中国注册会计师协会，中国会计学会，北京、上海和厦门国家会计学院积极配合，有关各方大力支持，培养工程取得了显著成效，社会认可度持续提升，国际影响力逐步扩大，品牌效应不断显现。在培养过程中，为提升学员的理论研究水平和解决实际问题的能力，财政部始终坚持知行合一的理念，结合当前经济社会活动、财务会计和企业管理中的热点、难点、重点内容，设置科研课题，让学员结合工作实际深入研究，总结提炼，形成了一批具有较高理论价值和实践价值的研究成果。

为进一步展示推广全国会计领军学员的研究成果，更好地服务经济社会发展，财政部启动了全国会计领军人才课题选编纂工作。概括来说，入选课题主要有三方面特点：一是研究对象具有针对性。入选课题能够着眼于经济社会发展和财务会计、企业管理中的热点、难点和重点内容，结合会计领军学员从事的本职工作，既立足于会计又不囿于会计，有针对性地开展研究，实现了理论联系实际，从工作中来，到工作中去。二是研究方法具有多样性。入选课题能够结合各自的研究对象，采用恰当的研究方法，既旁征博引，精雕细琢，广泛运用经济管理领域的研究成果进行分析论证，又归纳总结，分析提炼，充分运用现实案例、一线数据验证结论，确保了研究成果的科学合理。三是研究成果具有建设性。入选课题能够密切关注经济社会发展动态和最新科学研究成果，以前瞻性的视角对研究对象进行分析阐述，进而提出具有建设性的研究成果，对经济社会发展和会计改革发展事业具有一定指导意义，充分体现了会计领军学员作为行业领头雁的引领、辐射作用。

“一枝独秀不是春，百花齐放春满园。”衷心希望广大会计领军学员紧紧围绕推进“四个全面”战略布局，牢固树立大国会计理念，做到勤于学、敏于思，坚持博学之、审问之、慎思之、明辨之、笃行之，积极投身会计改革发展事业，力争拿出更多精品力作，为繁荣中国会计理论研究、推动中国早日成为世界会计强国不断作出新的更大贡献。

是为序。

2015 年夏

总目录

关于基本建设业务纳入事业会计统一核算相关问题研究

班级：行政事业类三期
作者：毛绮　周欣　黄宁清　张慧

摘 要

长期以来，在我国的事业单位会计核算体系中，事业费收支和基本建设项目业务分别作为两套独立的账务进行核算。随着财政改革和事业单位会计改革的不断推进，分离的核算方式已不能满足事业单位会计主体经济活动完整体现的需要，同时，随着经济的发展事业单位的基本建设项目规模越来越大，基本建设项目投资多元化的趋势也越来越明显，对事业单位和基本建设业务会计核算提出了更高的要求，基本建设会计和事业单位会计的分离核算在基层单位实践中面临诸多困难和挑战。本文在相关调研的基础上，通过对统一核算必要性、可行性的分析和事业会计改革现状的研究，探索构建符合事业单位实际的会计核算体系，有针对性地解决实务问题，为推进事业单位会计改革和基层单位业务实践发挥作用。

本文在前期问卷调查的基础上，得出调查分析结论，通过对基本建设纳入事业单位会计统一核算的必要性、可行性进行深入分析，同时结合相关改革现状的研究，提出构建基本建设业务纳入事业单位会计统一核算的原则和思路，通过基本建设和事业单位会计科目合并，基本建设项目辅助账务系统的建立，事业单位和基本建设统一财务报告体系的构建，实现基本建设业务纳入事业单位会计统一核算体系的完整模式构建。在目前新制度规定的“两套账双重核算”改革的基础上进一步深入，提出了取消基建核算体系，完全纳入事业单位会计体系统一核算的核算模式。

长期以来，在我国的事业单位会计核算体系中，事业费收支和基本建设项目业务分别作为两套独立的账务进行核算，随着财政改革和事业单位会计改革的不断推进，分离的核算方式已不能满足事业单位会计主体经济活动完整体现的需要，同时，随着经济的发展事业单位的基本建设项目规模越来越大，基本建设项目投资多元化的趋势也越来越明显，对事业单位和基本建设业务会计核算提出了更高的要求，基本建设会计和事业单位会计的分离核算在基层单位实践中面临诸多的困难和挑战。基于此，本文作者开展了将基本建设业务纳入事业单位会计统一核算的研究，试图在相关调研的基础上，通过对统一核算必要性、可行性的分析和事业会计改革现状的研究，探索构建符合事业单位实际的会计核算体系，有针对性地解决实务问题，为推进事业单位会计改革和基层单位业务实践发挥作用。

一、基本建设业务纳入事业单位会计统一核算的必要性分析

由于历史原因，我国的事业单位会计业务和基本建设项目投资业务归属于不同的职能管理部门，其相关的会计信息收集也通过各自的渠道进行收集层层上报，同一会计主体上述两种会计核算制度并存这种模式在事业单位的理论和实践过程中存在诸多问题，将基本建设业务纳入事业单位统一核算对解决现实问题具有重要意义。

1. 分离核算模式不利于反映事业单位完整的会计信息

基建会计和事业单位会计作为一个单位下的两个独立的会计核算体系分别核算反映各自的会计信息，编制不同的财务报表，上报不同的主管部门。尽管在事业单位大决算报表中有相关基本建设的会计信息，但只是简单的几个汇总数据，无法体现基建资金使用的详细过程，更无法反映单个建设项目的相关信息。由于两类报表信息的不衔接，不论哪一个报表都不能完整地反映本单位的资产、负债和收支等经济活动的总体状况，一定程度上影响了事业单位财务报表会计信息的完整性和全面性。将基建业务纳入事业会计统一核算，能够反映全面的资产负债信息，能够更好地体现法人单位的会计主体的完整性。

2. 分离核算模式不符合当前财政预算管理体制改革的要求

2004 年以来，我国财政预算管理体制改革不断深化，采取了“部门预算”、“政府收支分类”和“国库集中支付”等一系列的改革措施，成效显著。在此背景下，事业单位所有的收支都必须纳入部门预算管理，在支付款项时，采用

国库集中支付下的直接或者是授权的方式支付，基建资金的拨付不再通过原来的基建账户，这就出现了一个账户下的两个不同的核算体系，两套账，两套表的现象，与财政预算管理的口径不匹配。将基建业务纳入事业会计统一核算，为基本建设和事业预算、决算提供平台，有利于与单位部门预算、决算管理相衔接，能够满足国库集中支付的对账要求，更有利于加强财政资金的集中核算和管理。

3. 分离核算模式不适应基本建设投资主体多元化的趋势

随着我国市场经济的不断发展与完善，事业单位资本性支出的投资主体已不仅仅限于基本建设支出，而是出现了多元化的趋势。基本建设资金的来源从原来的财政拨款和建设银行贷款的单一渠道逐步发展为财政拨款、自有资金、捐赠资金、企业投资以及金融机构贷款的多渠道格局；同时事业单位除了基本建设形成资本性支出外，因直接购置或研发的设备所发生的资本性支出的比例在不断增长，因此对基本建设采用单独的会计核算体系的重要性在逐渐下降，而不同资金来源的资本性支出采用不同会计核算方式，即一部分在事业会计核算，一部分在基建会计核算，也必然出现了由于资产、费用等确认、计量和报告方式不同，而带来的信息不可比的问题。因此，基本建设投资应与其他资金来源的资本性支出共同纳入事业会计统一核算，能够满足不同投资主体对会计信息的需求，符合资金多元化的形势要求。

4. 分离核算模式造成事业单位资产不实和负债不清

在目前基本建设会计和事业费会计分开核算的情况下，基本建设项目中的资产只有在整个项目完成建设并交付使用后，才会完整地列入事业单位的资产管理范畴，而在实际工作中，由于基本建设项目建设周期长、基建会计与事业会计分设、待交付使用资产缺少实物形态、部门协调不畅、工程手续不全等原因造成很多单位的项目建成使用与资产入账之间长期不一致。一些已经在使用状态中的固定资产不能及时办理固定资产竣工决算和交付使用手续，从而成为账外资产，这些账外资产长期挂账，造成事业会计的固定资产账面资产与实际资产严重不符，由此引起的事业单位资产不实问题突出。

由于基建建设过程中，涉及环节和经济活动众多，在项目未进行竣工决算前，合同执行总体情况财务部门难以把握，其执行风险和潜在负债，难以评估，部分已支付资金还可能因超概算等原因未能得到决算批复，不能计入资产价值，需要单位计入事业支出，相应所需资金的不确定性成为事业单位安排当年支出时悬在头顶的一把剑，难以评估。单位的资产不实、负债不清严重影响了事业单位的正常发展，将基建业务与事业会计统一核算，能够将未竣工的资产纳入大账统一管理，资产总额与实际资产存量准确对应，账实相符；而相应负债也转入大账核算，便于事业单位统筹安排资金，避免潜在基建项目负债带来的不确定性风险。

5. 分离核算模式造成事业单位管理脱节、存在风险

分离核算的模式下基建的财务管理和业务管理从上至下长期由不同部门进行，政策不能统一，协调存在困难，基建会计长期游离于事业单位会计体系之外，财务部门难以准确了解和严格管理基建资金，多头管理使得基建管理中存在着真空和漏洞，“都管都不管”的局面时有发生。由于基建项目建设工期长，资金支付周期长，往来款项较多，在工程预付款、进度款支付过程中，财务部门不熟悉基建工作，在审核中难以把控，造成资金使用风险；基建项目在建设过程中游离于事业单位资产管理范围之外，未将在建工程的全部资产纳入管理，在工程未办理交付使用手续前，基建的资产管理，往往使用效率低，缺乏严格规范的管理，丢失、毁损现象严重。将基建业务纳入事业费会计统一核算，基建的资金、资产能够清晰地反映，完整地纳入事业单位体系管理，将大大提高基建部门和财务部门的责任意识，有利于各负其责，财务管理部门能够真正名言顺地全程介入基建财务管理，做好基建项目财务管理过程中的关键风险点的内部控制，发挥风险防控作用。

鉴于分离的核算模式在现实中存在诸多的问题，对事业单位正常发展带来了不利影响，已不能够满足单位的管理和核算需求，落后于财政改革的进程，因此将基建业务纳入事业会计统一核算是加强财政资金管理的迫切需要，是基层单位管理实务的客观需求，统一核算十分必要。

二、基本建设业务纳入事业单位会计统一核算的可行性分析

近年来，随着我国部门预算、国库集中收付制度、政府采购、“收支两条线”及政府收支科目改革的各项财税改革的推进，事业单位基建会计和事业单位会计分离的核算体制越来越制约会计核算和财务管理的系统和完整性。课题在前期调研和对事业单位会计核算理论、财政管理环境分析思考的基础上，分别从理论角度、实践角度、技术层面和政策层面进行了可行性论证。

1. 会计主体和会计核算基础相同，为基本建设业务纳入事业单位会计统一

核算提供了理论基础

首先，事业单位事业费会计核算的内容和基本建设项目核算的内容同属于同一会计主体下的经济业务，合并核算不存在核算经济主体之间的任何经济纠纷，却更能完整体现同一经济主体财务状况的全貌；其次，基建业务会计与事业单位事业费会计核算的内容均为非营利性质，都以收付实现制为核算基础，会计核算基础相同；最后，基建项目会计业务和事业费会计业务之间具备很强的关联性，都是以事业单位的可持续发展为目的，一般来说，基建项目会计核算是对事业单位大型基本建设和设施改善项目的核算，是为事业单位发展提供支撑条件的大型建设项目的核算，基建项目业务核算完成后，其形成的资产按现行会计核算制度要求并入事业费会计账务，事业费会计核算是对事业单位履行相关职能过程中（即可持续发展过程中）所发生的相关经济业务的核算，两者的核算范围具有连续性。因此，基建业务和事业核算反映同一主体的经济行为。

2. 基层单位的业务实践为基本建设纳入事业会计统一核算提供了实践基础

从事业单位现实管理的角度，两账合并能更好地整合管理资源，提高管理效率。财务负责人是单位财务管理的专家，其专业素养和管理经验远高于基建会计，并账后，财务负责人能够深入基建项目管理。这样，无论是从资金效益、管理效率和内部风险控制方面，都能得到加强。从借鉴经验的角度来看，财政部2006年新颁布的《企业会计准则》中，企业基本建设项目就是在企业会计账务中进行核算的，其核算方式是通过“在建工程”等相关科目来实现，10多年来的实践证明是可行的。再者，近年来事业性质的医院和高校所探索的《医院会计制度》和《高等学校会计制度》的相关征求意见稿也是设计将基建项目业务并入事业费会计核算制度核算的。上述制度改革对事业单位合并两套会计制度提供了参考和示范作用。合并两套账务是经济业务发展的需要，也是实践发展的必然。

3. 信息化技术发展为基本建设业务纳入事业单位会计统一核算提供了技术平台

现代信息技术的发展为事业单位两套会计制度的合并提供了技术条件，国际国内的会计电算化商业软件的ERP技术已比较成熟和完善，事业单位的基建、财务、管理、科研、支撑等等各项业务均可以在其ERP系统完成。就基建业务纳入事业费会计核算业务而言，只需在事业费会计账套中按会计要素性质分类并入基建会计相关科目，然后对原来的基建科目进行科学合理的修订、增删以及完成和事业费会计相关科目衔接，将基建项目类似其他项目进行分类并按项目核算，根据其性质特点增设与基建项目相关的报表体系，即可完成合并工作，从会计核算信息和报表相关信息上，均可满足建设项目管理部门、经费支持部门、上级主管理部门等信息使用者的信息需求。

4. 各项财政制度改革为基本建设业务纳入事业单位会计统一核算提供了政策基础

财政部门预算改革，实现了“一个单位、一本预算”，预算内收支中，既包括了事业费收支，又包括了基本建设收支，从而使各部门的全部收支反映在一本预算中，使单位的经济业务具备完整性，也促使加快两种核算制度的合并。

国库集中支付改革，将单位所有财政资金均在国库单一账户体系中运作，基本建设财政拨款全部按功能性分类通过零余额账户拨款和结算，资金账户和支付结算的统一对单位会计核算系统的统一提出了必然要求，基建业务纳入事业会计统一核算能够全面、准确地完成国库支付核算和对账，有利于国库集中支付改革的推进和落实。

财政政府收支分类改革为基建业务纳入事业会计统一核算搭建了平台，其支出经济分类已包含了“基本建设支出”和“其他资本性支出”，原基本建设资金已按照功能性分类列入各个类款项核算，为统一核算提供了强有力的政策和制度支持。

综上所述，将基建业务纳入事业会计统一核算在理论层面、实践层面、技术层面上均具有可行性，也是财政各项改革推动的必然结果。

三、基本建设业务纳入事业单位会计统一核算相关改革的现状研究

基建业务长期分离核算已不能适应事业单位和财政部门管理需要，近年来无论是业界学者、实务工作者还是财政管理部门本身，都致力于推动基建与事业会计合并工作，积累了宝贵的经验。从企业基建核算并账开始到 2012 年事业单位会计改革的大力推进，将基本建设业务纳入事业单位会计统一核算的相关改革取得了丰硕成果，但在改革推进和基层实践中仍存在一定的问题，需要通过更深入的研究加以改进和解决。

1. 财政相关改革确立“两套账双重核算”的改革思路

财政对于基建和事业分离核算模式的改革自 2010 年 12 月《医院会计制度》

正式出台开始，至2012年《事业单位会计制度》出台已完成了阶段性的改革目标，确立了“基建数据并入事业会计账目的同时保留基建单独建账、单独核算体系”的思路，在实践中称之为“两套账双重核算”的模式。

2012年财政部先后出台了《事业单位财务规则》（财政部令第68号）、《事业单位会计准则》（财政部令第72号）、《事业单位会计制度》等规则制度，均对基本建设业务纳入事业单位会计核算体系作了明确规定，其中《事业单位会计制度》中明确要求事业单位的基本建设投资应当按照制度规定至少按月并入在建工程及其他相关科目反映；《基本建设财务规则》（征求意见稿，2013）规定项目建设单位应“单独建账、单独核算，期末按有关要求将核算情况纳入单位账簿及相关报表”。上述改革制度和规定的出台进一步明确了基建纳入事业会计统一核算的改革方向，同时仍延续了“两套账并行，实行双重核算”的改革模式。

2. 相关改革实践未能完全解决现实问题

相关改革采用了“双重核算”的改革思路，从一定程度上实现了基建的并账核算，解决了长期以来数据分离、事业单位会计信息不完整、资产负债信息不实的问题，也为部门决算、国库对账的统一提供了支持，但是仍未能全部解决两者长期分离带来的现实问题。

（1）改革并未改变业务分离核算、分离管理的现状。目前采用“两套账并行，双重核算”的模式是在基建管理部门多头管理局面下的一种协调方式，不是以会计核算和会计信息完整为唯一目标，而是考虑基建长期多头管理的管理需求，考虑了立项审批和资金拨付分离管理的需求，保留基建账的“双重核算”模式，还没有彻底实现会计改革目标，仍是一个过渡性的改革模式。

（2）改革并未彻底解决事业单位信息完整性问题。按现有模式，基建数据在月末并入“事业账”，基建业务发生与相关信息反映仍存在着时间差，而会计不能实时在一套账目进行核算，仍造成了事业单位会计信息的分离和不完整。

（3）改革并未解决基建分离核算的低效率和管理漏洞。由于该模式主要为数据的合并，具体的基建业务发生仍在事业会计账目的管理之外，财务部门不能接触基建经济业务的第一手资料，管理滞后。

3. 相关改革实践存在需要面对的新问题

相关改革虽然采用了“双重核算”的比较温和的改革模式，但毕竟使长期分离的核算方式发生了变革，在改革的落实和贯彻过程中，还可能会面临新的挑战，带来实践中的新问题。

（1）改革将会增加核算工作量和账目对接难度。根据目前的改革思路，基建数据要定期并入“大账”，而基建账目仍按规定采用国有建设单位会计制度，会计科目和核算方式与事业账有所不同，每月末均需会计人员对发生数据分析汇总转入事业账，不仅增加了财务工作量，还会由于记账基础的不一致导致数据结转不准确，难以对接的问题。

（2）改革造成了同样业务在不同会计核算体系中的重复记账。按照原有分离的核算模式，基建核算体系在基建工程未交付使用结转固定资产前，与事业会计核算体系不存在直接关联，发挥了建设过程单独核算的过渡性作用，自成体系，在完成竣工后，相关收支数据对冲，从基建账目中消除。而改革后的模式，基建业务需要在两套账目中反映，相当于一笔业务两次记账，存在重复记账问题，如何对待和利用基建账目与事业账目中的重复信息，对基层财务人员提出了新的挑战。

（3）改革对会计记账依据等会计基础工作提出了挑战。因为一项基建业务只有一套原始的经济业务记录，意味着会计记账的依据——原始凭证（票据、合同等）只有一套，如果基建账目留存原始凭证，事业账目就只能用原始凭据复印件或基建账目数据为记账依据，不符合会计基础工作要求，不能直观地获取原始信息，对会计信息的准确性产生了一定影响。

通过对目前改革思路的现状的分析，发现“两套账目并行，双重核算”的思路与事业单位的实际需求还存在差异，在课题的前期调研中，绝大部分的基层单位在选择采用何种统一核算方式时，选择了“没有必要保留基建账目，在一套事业账中核算”的方式，因此在研究中，课题组在目前改革的基础上进一步深入，提出了“取消基建核算体系，完全纳入事业会计体系统一核算”的模式。与“双重核算”模式相比，在完成基建数据纳入事业账目的基础上，更突出了只有一套账目的“单一核算”特点。

四、统一核算的体系构建

将基本建设业务纳入事业单位会计统一核算符合客观需求，适应财政改革进程，具备可行性，而如何构建相应的核算体系，是改革实施的关键。

（一）体系构建的基本原则和思路

在此基础上，我们结合单位实际需求，进一步确立了统一核算的原则和思路，即：根据基本建设业务的管理特点进行事业会计科目的明细化，在一套事业单位会计账目中完成事业会计核算和基建业务的统一核算，同时根据基建管理具体需求建立基建项目辅助账，对基本建设业务报表与事业单位部门报表进行转换和合并。

1. 以事业单位财务、会计改革相关制度为基础，建立基建和事业会计科目合并后的事业账务核算体系

按照目前改革要求，基建投资数据和业务均需在事业“大账”中予以反映，制度规定十分明确，也相应设置了“在建工程”等相关科目，为统一核算提供了基本的事业会计科目体系，但在执行中，如何具体实施和操作并不十分明确，“双重核算”的规定还不能完全解决事业单位的实务问题。因此本文在构建统一核算账目体系时，事业会计账目中，与基建核算相关的基础科目设置均按照已出台的规则制度执行，对一级科目不进行修改和增减，但根据单位实际需求增加了二级和三级明细科目，并在此基础上取消基本建设原会计核算体系，设计了基建业务与事业会计全面并账的思路，将重点进行基建和事业合并中的科目转换和对接研究。

2. 以事业单位会计项目辅助核算平台为依托，建立符合基本建设管理特点的辅助项目账核算体系

已出台的会计准则和制度中，都明确要求基本建设业务“单独建账、单独核算、定期合并”，但是在实践操作中，还是不能完全解决基建和事业数据分离的问题，账目数据不能实时完整地反映资产负债信息，而且定期合并也是账务的重复处理，降低了工作效率，因此根据基层单位调查的实际需求，我们在研究中选择利用电算化软件平台，建立基建项目辅助账进行基建项目明细核算和管理的方式，既满足一套账目统一核算的原则，又兼顾了基建核算特点，提高了核算效率，保证了业务和数据的实时统一核算。

3. 以事业单位财务报告体系为框架，保留基建特有报表作为单独报表或事业财务报表附表，建立统一的财务报告体系

会计科目的统一，为基建报表与事业单位报表提供了统一的信息平台，基本建设原先单独生成报送的决算报表可以直接并入事业单位决算报表体系，通过事业单位会计核算系统取数生成，与事业单位决算一并报送或单独取数单独报送；原报送的《固定资产投资表》等可以保留原报表格式，作为事业单位年度财务报告报表附表，从辅助项目账和事业会计明细科目取数填报，不改变原

基建报表报送格式和方式。

（二）会计科目合并模式的建立

基本建设和事业单位会计科目的合并，一要按照符合事业单位会计核算特点的原则，不符合事业单位会计准则要求的基建核算科目不再保留；二要按照能准确反映会计信息，保持基本建设的特点原则，保留反映基建特殊性的科目，在不改变一级事业会计科目体系的前提下，尽量增设符合基建要求的二级明细科目；三要按照简便易行的原则，在保证会计信息质量的前提下，尽量简化合并步骤，减少合并科目，减轻会计人员核算工作量。

1. 基本建设与事业会计要素的对接

基建会计科目并入事业科目体系的前提，必须首先融合两项制度的会计要素。基建会计要素包含资金占用和资金来源两个会计要素，事业会计要素包含资产、负债、净资产、收入和费用五类。基建会计要素对应事业会计要素转换如图1所示。

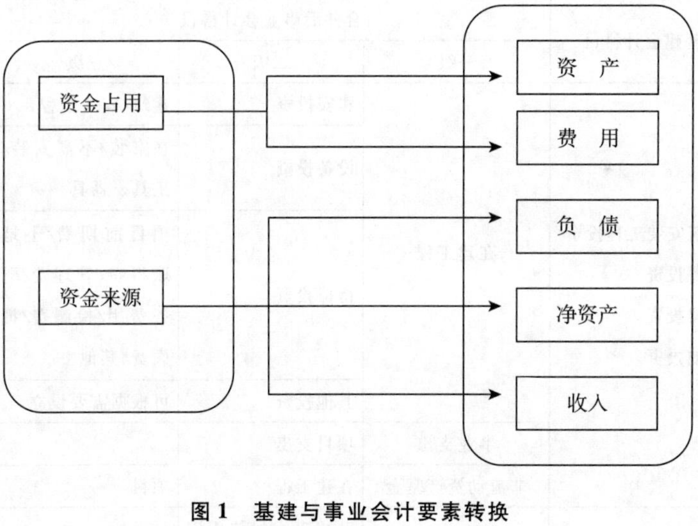

图1　基建与事业会计要素转换

2. 基建与事业会计科目的对接与转换

按照会计科目合并的原则和会计要素性质分析，对目前使用的基建会计科目（《国有建设单位会计制度》）与现行事业单位会计科目（《事业单位会计制度》2012年），依据核算内容性质相同原则，将基建会计科目逐一并入事业会计科目体系。一共可分为四类：第一类是将基本建设会计科目并入事业会计一级科目下增设的明细科目，共涉及16个基建科目，包括建安投资、设备投资、待摊投资、其他投资、交付使用资产、器材采购、采购保管费、库存设备、库存材料、委托加工器材、基建投资借款、上级拨入投资借款、其他借款、应付器材款、应付工程款、应付有偿调入器材及工程款；第二类是与事业会计科目名称、核算内容相同的会计科目，直接转入合并，可以根据需求设明细科目核算，包括固定资产、累计折旧、银行存款、现金、零余额账户用款额度、财政应返还额度、其他应付款、应付福利费、应付票据；第三类是根据基建科目核算的内容并入到事业会计科目一级科目中，包括基建拨款、联营拨款、留成收入、现金、待处理财产损失、固定资产清理；第四类是合并后不需使用的基建科目，可取消，共涉及7个基建会计科目，包括材料成本差异、限额存款、拨付所属投资借款、企业债券资金、待核销基建支出、应交基建包干结余、应交基建收入。基建与事业会计科目的对接转换如表1所示。

表1　　基建与事业会计科目对接转换表

<table>
<tr><th rowspan="2">基建会计要素</th><th rowspan="2">基建会计科目</th><th colspan="3">合并后事业会计科目</th><th rowspan="2">事业要素</th></tr>
<tr><th>一级</th><th>二级</th><th>三级</th></tr>
<tr><td rowspan="10">资金占用类</td><td rowspan="6">建筑安装工程投资
设备投资
待摊投资
其他投资</td><td rowspan="4">在建工程</td><td>建安投资</td><td>建筑/安装工程</td><td rowspan="4">资产类</td></tr>
<tr><td>设备投资</td><td>在安装/不需安装/工具、器具</td></tr>
<tr><td>待摊投资</td><td>项目前期费/土地取得费/管理费/财务费用/检测费/损失费/其他</td></tr>
<tr><td>其他投资</td><td>可根据需要设立</td></tr>
<tr><td>事业支出</td><td>项目支出</td><td></td><td>费用类</td></tr>
<tr><td>非流动资产基金</td><td>在建工程</td><td>项目</td><td>净资产类</td></tr>
<tr><td rowspan="4">交付使用资产</td><td>在建工程</td><td>已竣工交付使用资产，尚未完成竣工财务决算</td><td>固定资产/无形资产/流动资产</td><td rowspan="4">资产类</td></tr>
<tr><td>固定资产</td><td>房屋及构筑物/设备</td><td></td></tr>
<tr><td>无形资产</td><td></td><td></td></tr>
<tr><td>存货</td><td></td><td></td></tr>
</table>

续表

基建会计要素	基建会计科目	合并后事业会计科目			事业要素
		一级	二级	三级	
资金占用类	固定资产	固定资产	按照要求、根据需要设置明细科目		资产类
	累计折旧	累计折旧			
	固定资产清理	待处置资产损溢			
	器材采购	存货			
	采购保管费				
	库存设备				
	库存材料				
	委托加工器材				
	银行存款	银行存款			
	现金	库存现金			
	零余额账户用款额度	零余额账户用款额度			
	财政应返还额度	财政应返还额度	直接支付		
			授权支付		
	预付备料款	预付账款	按照要求、根据需要设置“基本建设”明细科目		
	预付工程款				
	应收有偿调出器材及工程款	应收账款			
	其他应收款	其他应收款			
	应收票据	应收票据			
	待处理财产损失	待处置资产损溢			
	有价证券	长期投资			
	拨付所属投资借款	可取消			
	材料成本差异				
	限额存款				
	应收生产单位投资借款				

续表

基建会计要素	基建会计科目	合并后事业会计科目 一级	二级	三级	事业要素
资金来源类	基建拨款	财政补助收入	项目支出		收入类
		上级补助收入	支出功能分类	项目	
		其他收入			
		财政拨款结转	项目支出结转	项目	净资产类
		非财政拨款结转	项目名称		
	基建投资借款	长期借款	基建借款		负债类
	上级拨入投资借款				
	其他借款				
	企业债券资金	可取消			
	待核销基建支出				
	项目资本				
	项目资本公积				
	上级拨入资金	上级补助收入（如为事业单位本级拨款则科目取消）			收入类
	应付器材款	应付账款			负债类
	应付工程款				
	应付工资	应付职工薪酬			
	应付福利费	应付福利费			
	应付有偿调入器材及工程款	其他应付款			
	其他应付款	其他应付款			
	应付票据	应付票据			
	应交税金	应交税金			
	应交基建包干节余	可取消			
	应交基建收入	可取消			
	其他应交款	其他应付款			负债类
	留成收入	其他收入			收入类
		指标总控	独立于事业单位会计科目核算体系，为配合辅助账管理设置		
		指标分配			

3. 科目转换设置和相关核算内容说明

• 事业会计在建工程二级明细科目，除按事业会计制度规定设置建安、设备、待摊等科目外，增设已竣工交付使用资产，用于核算已竣工交付使用但财务决算尚未完成的在建工程，该明细科目数据按照该竣工项目投资发生额由建设、设备、待摊等明细科目转入。

• 事业会计在建工程的三级明细科目，按照原基建会计制度二级明细科目设置，其中待摊投资的三级科目设置参照《基本建设财务规则》（最新征求意见稿）相关内容设置，还可根据管理需要设置四级项目，更加细化待摊投资核算。

• 原基建固定资产和累计折旧科目核算基本建设自用的固定资产，其不计入在建工程成本的部分，与事业单位会计合并后，直接按照事业单位固定资产分类，转入固定资产科目核算；用于工程建设计入基建投资的部分，从固定资产科目转入在建工程核算，相应进行"非流动资产基建——固定资产"和"非流动资产——在建工程"科目间结转。

• 原基建交付使用资产科目核算内容，按照已完成竣工财务决算和未完成竣工财务决算的工程进行区分，已完成的工程对应转入固定资产、无形资产、存货等科目，未完成的工程转入在建工程下的已竣工交付使用资产明细科目。

• 原基建拨款科目的核算内容，当年收到的拨款按照财政和非财政区分，分别计入财政补助收入、上级补助收入、其他收入等科目。

• 原基建取消科目的说明：取消材料成本差异科目，建设单位核算材料应根据《事业单位会计准则》的规定，按取得时的实际成本计量；取消项目资本、企业债券资金、项目资本公积科目，是由于原科目用于核算经营性项目，不属于事业单位核算范围，予以取消；限额存款在国库集中支付改革后已不存在，予以取消；应交基建包干结余，由于财政资金投资项目不再实行投资包干办法，予以取消；应收生产单位投资借款、应交基建收入，由于基建与事业已合并为同一主体，不再存在应收应付关系，予以取消。

4. 原基建账科目余额转入事业账的相关处理

基建与事业会计并账应首先将上年末原基建科目余额对应转入事业相关科目年初余额，编制调整说明，完成调整后确认各科目年初数准确无误后，再对当年发生事项按照新的会计科目进行处理。这种方式，既能够保证原账务数据与新账的准确对接，也使当年新发生事项不受以前年度累积数据影响，便于当年收支的对账和新增资产、负债、净资产的确认。

• 基建拨款科目余额的处理：在事业会计财政拨款结转和非财政拨款结转科目下设基建项目明细，将以前年度形成的基建拨款余额按照财政性资金和非财政性资金分别转入该科目年初贷方余额，处理完成后，结转科目的贷方数能够与原基建拨款余额对应。

• 基建建安、待摊、设备、其他投资、竣工交付使用资产（未完成竣工财务决算）等科目的余额处理：增加“在建工程”、“非流动资金”科目年初余额；同时以前年度已发生形成的投资应比照原基建核算中投资占用与拨款对冲的方式，将相关科目余额按照财政和非财政投资区分，对应转入事业财政拨款和非财政拨款结转科目年初借方，实现与拨款的对冲。

• 原基建借款、其他应付款等科目核算内容中，如全部为建设单位向银行等外部单位举借的款项，应全部转入长期借款科目年初余额，并设立基建借款明细科目；如存在与建设项目所属单位事业间的周转往来款项，确属应归还的部分应与事业会计科目相关应收款对冲，如属于事业经费应予作为自筹基建拨款的部分，应先转作基建拨款，在事业会计账中，调整事业基金年初余额，或在修购基金列支。

• 其余科目无特殊情况均可直接对应调整事业单位相关科目年初余额。

5. 统一核算后的基建相关业务处理

（1）取得基本建设资金（筹措资金）。

①取得财政拨款时，实行国库集中支付的，分直接支付和授权支付。直接支付在实际支付资金时，借记“事业支出——项目支出”，贷记“财政补助收入——项目支出”；年底确认收入时，借记“财政应返还额度——直接支付”，贷记“财政补助收入——项目支出”。授权支付在收到代理银行盖章的《授权支付到账通知书》时，借记“零余额用款额度”，贷记“财政补助收入——项目支出”。未实行国库集中支付的，收到款项时，借记“银行存款”，贷记“财政补助收入——项目支出”。

②取得上级拨入资金时，借记“银行存款”，贷记“上级补助收入”。

③取得基建借款时，借记“银行存款”，贷记“长期借款”。

④接受捐赠资金或物资时，借记“银行存款”或“存货”，贷记“其他收入”。

⑤将本单位自有资金收入，如事业收入、其他收入、附属单位上缴收入、

上级补助收入等用于基本建设投资，批准用作基建投资时，无需进行账务处理，可做备查登记，支付资金时记入“事业支出——项目支出”科目，在月末或年末结账时从相关科目中按照安排基建投资额转入“非财政拨款结转——项目”科目。

⑥将本单位积累资金如：事业基金、专用基金等用于基本建设投资，资金支付时，专用基金可直接在基金科目借方列支；事业基金只能在年末弥补收支差额，相应投资额转入“非财政拨款结转——项目”科目。

（2）准备物资。

①购入各种基建设备、材料时，借记“存货——器材采购”，贷记“财政补助收入——项目支出”或“银行存款”或“零余额用款额度”。

②不需安装设备入库时，借记“在建工程——设备投资”，贷记“非流动资产基金——在建工程”；同时借记“事业支出——项目支出”，贷记“存货——器材采购”。需安装设备入库时，借记“存货——库存设备/库存材料”，贷记“存货——器材采购”。

③支付采购保管费时，借记“存货——采购保管费”，贷记“零余额用款额度”或“银行存款”或“应付职工薪酬”。月末采购保管费分摊时，借记“存货——器材采购”，贷记“存货——采购保管费”。

④委托外单位加工的设备、材料，发出时借记“存货——委托加工器材”，贷记“存货——库存设备/库存材料”。发生加工费和往返运杂费时，借记“存货——委托加工器材”，贷记“零余额用款额度”或“银行存款”等。加工完成并验收入库的设备、材料，如设备需安装借记“存货——库存设备/库存材料”，贷记“存货——委托加工器材”；如设备不需安装借记“在建工程——设备投资”，贷记“非流动资产基金——在建工程”，同时借记“事业支出——项目支出”，贷记“存货——委托加工器材”。

（3）投资建设。

①建筑工程、安装工程投资。领用工程物资时，借记“在建工程——建安投资”，贷记“非流动资产基金——在建工程”；同时借记“事业支出——项目支出”，贷记“存货——库存设备/库存材料”。

预付备料款或工程款时，借记“预付账款”，贷记“银行存款”或“零余额用款额度”。

结算工程款时，借记“在建工程——建安投资”，贷记“非流动资产基金——在建工程”；同时借记“事业支出——项目支出”，贷记“银行存款”或“零余额用款额度”或“预付账款”。

②设备、工器具。发生设备、工器具支出时，借记“在建工程——设备投资”，贷记“非流动资产基金——在建工程”；同时借记“事业支出——项目支出”，贷记“存货——库存设备/库存材料”。

③待摊投资。发生待摊投资支出时，借记“在建工程——待摊投资”，贷记“非流动资产基金——在建工程”；同时借记“事业支出——项目支出”，贷记“零余额用款额度”或“银行存款”。

④其他投资。发生其他投资支出时，借记“在建工程——其他投资”，贷记“非流动资产基金——在建工程”；同时借记“事业支出——项目支出”，贷记“零余额用款额度”或“银行存款”。

（4）竣工交付使用。

①归还基建借款时，借记“长期借款”，贷记“零余额用款额度”或“银行存款”。

②分摊待摊投资时，借记“在建工程——建安投资/设备投资”，贷记“在建工程——待摊投资”。

③交付使用资产。已办理交接手续的交付使用资产，借记“固定资产/无形资产/存货”，贷记“在建工程——建安投资/设备投资”；已竣工交付使用，竣工财务决算尚未完成的在建工程，借记“在建工程——已竣工交付使用资产”，贷记“在建工程——建安投资/设备投资”。

（三）事业单位基本建设项目辅助账务系统的建立

基本建设业务长期以来有独立的会计核算体系和财务制度要求，其管理部门与事业会计财务管理部门的要求也不完全相同，应该有一套较为独立和明晰的账目来满足其管理特点的需要，我们考虑建立的辅助账务系统，既相对独立于事业会计账套，又能够保持与事业会计账套间的紧密联系，避免了重复记账，实现实时对接和数据合并，提高了信息的及时性和准确性。

1. 基于电算化软件平台建立基建项目辅助账

基建项目辅助账的建立需要依托电算化软件，要求该软件具备项目辅助核算功能，目前事业单位购置的通用软件或自行开发的软件基本都具备项目辅助核算功能，本文以高等院校普遍使用的天大天财软件为例，按照基建管理特点和核算要求，设置个性化的项目和类别属性，完成项目辅助账的设置。

辅助账的项目设置类似于会计账套的科目设置，但其用途与会计科目不同，主要用于内部管理核算、控制需要，其数据为内部管理分析提供依据，而依据行业报表或统计需求设置的项目，在填列行业特殊要求的报表时可以直接取数生成报表，无需从会计科目中分析填列，更加便捷和准确。

（1）项目类别设置：在软件辅助账管理模块中，增加项目类别“基本建设项目”，所有与基本建设有关的项目，均可标识为该类别，便于按项目类别调用账目数据。

（2）项目名称和编号设置：根据基建管理的特点，本文设置两级项目进行辅助账核算。按照单位在建的工程项目名称设置一级科目（《事业单位会计制度》要求项目名称作为明细科目设置，分项目核算，但考虑减少会计科目级次和工程概算控制的需要，对工程项目进行辅助账核算，更符合单位实际需求）；按照基建概算批复明细和内部管理需要，设置二级科目。

（3）项目属性设置：可以选择是否允许超支、是否完工等设置，满足内部管理控制需要和与国库集中支付的对接需要。

2. 通过项目额度管理和控制，实现基建投资控制和核算目标

在合理设置项目的基础上，按照项目辅助账管理的功能，可以对各项目进行额度分配和控制，对某个工程项目按概算批复额度细分后，利用在会计科目中设置的指标总控和指标分配科目，对各明细项目可按照总批复额度或年度批复额度进行分配，在项目辅助核算中完成额度控制，当某项目额度已使用完时，该项目不能再发生支出和账务处理，这项设置为单位严格控制工程超概算支出提供了便捷高效的管理平台，符合基层单位的管理需求。

3. 项目辅助账的业务处理

以某工程项目为例：某高校教学图书综合楼，批复总投资 1.7 亿元，其中投资概算批复主要内容见项目投资概算核定表（见表 2）。

（1）设立项目账（见图 2 项目设置截图）：根据业务需要设立项目和项目级次，选择控制属性。

（2）进行项目指标分配（见图 3 指标分配凭证截图）；通过指标分配将项目投资概算总额分配至各个分项，便于概算额度控制。

表 2　　　　　　　　　　　项目概算核定表

序号	工程或费用名称	申报投资	核定投资	投资增减	备注
	工程总投资		17118		
一	工程费用		15027		
（一）	主体工程	略	13370		
（二）	室外工程		180		
（三）	场地拆除		30		
（四）	工程配套		1448	略	热力集资及外电改造
二	工程建设其他费用		1432		
1	建设单位管理费		150		按相关标准计取
…	…		…		
三	预备费		659		

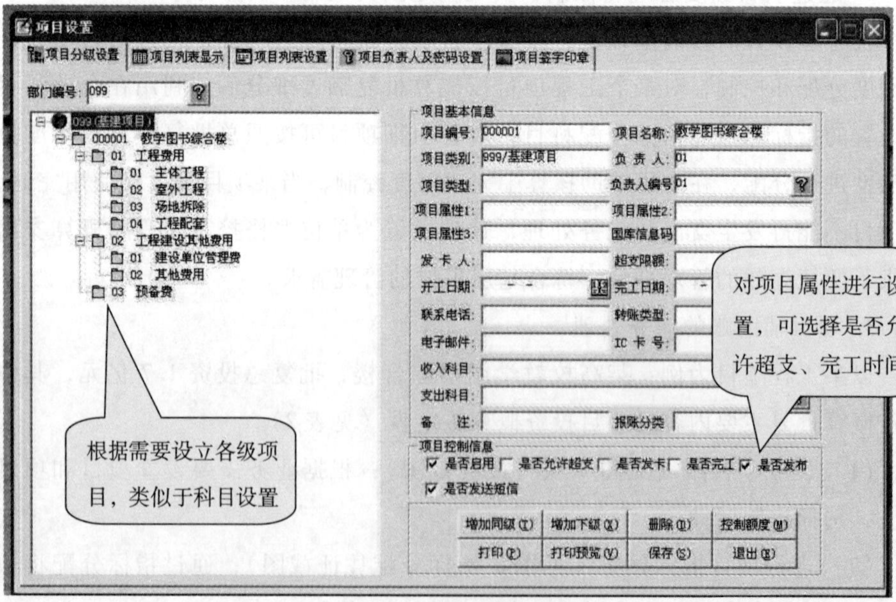

图 2　项目设置图

记账凭证

单位: 2013年05月02日 附件: 张 凭证号:(01)00026

摘要	科目编号	部门编号	项目编号	借方金额	贷方金额
教学图书综合楼总投资分配	601			171,190,000.00	
教学图书综合楼主体工程指标分配	602	099	0000010101		133,700,000.00
教学图书综合楼室外工程指标分配	602	099	0000010102		1,800,000.00
教学图书综合楼场地拆除指标分配	602	099	0000010103		300,000.00
教学图书综合楼工程配套指标分配	602	099	0000010104		14,480,000.00
教学图书综合楼建设单位管理费指标分配	602	099	0000010201		1,500,000.00
教学图书综合楼其他费用指标分配	602	099	0000010202		12,820,000.00
教学图书综合楼预备费指标分配	602	099	00000103		6,590,000.00
合计	分录数:8 /1			171,190,000.00	171,190,000.00

图 3　指标分配凭证

（3）辅助账务核算（见图 4 记账凭证）：以管理费支出为例，进行科目和项目并行核算，项目账实现明细核算和额度控制辅助职能，当发生管理费支出，但超过项目预算额度，将显示项目超支，账务处理无法进行。

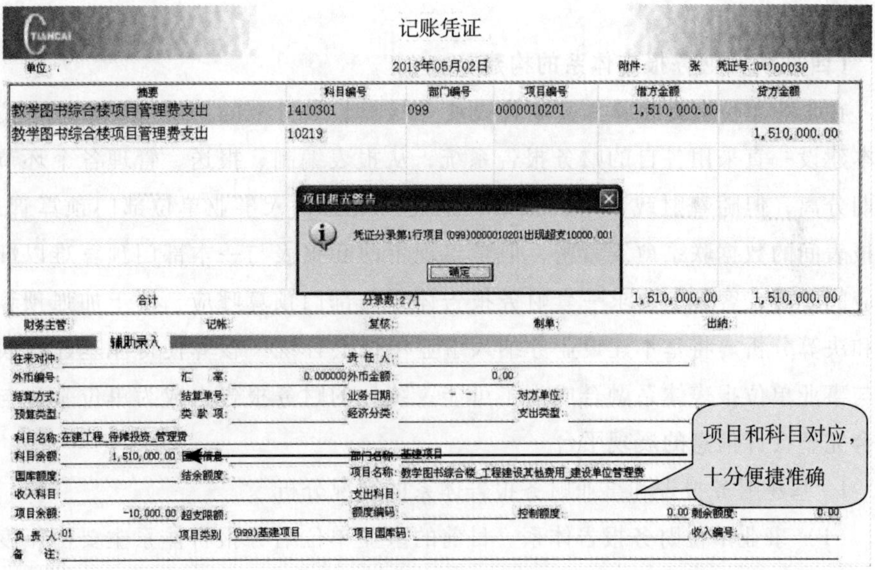

图 4　记账凭证截图

（4）账务数据提取和使用（见图 5 项目明细账）：如需要单独报送该项目的财务数据，可以在账务系统中选择相关科目（在建工程）和项目编号进行查询，直接生成所需信息的数据表，根据数据表填列相关报表。

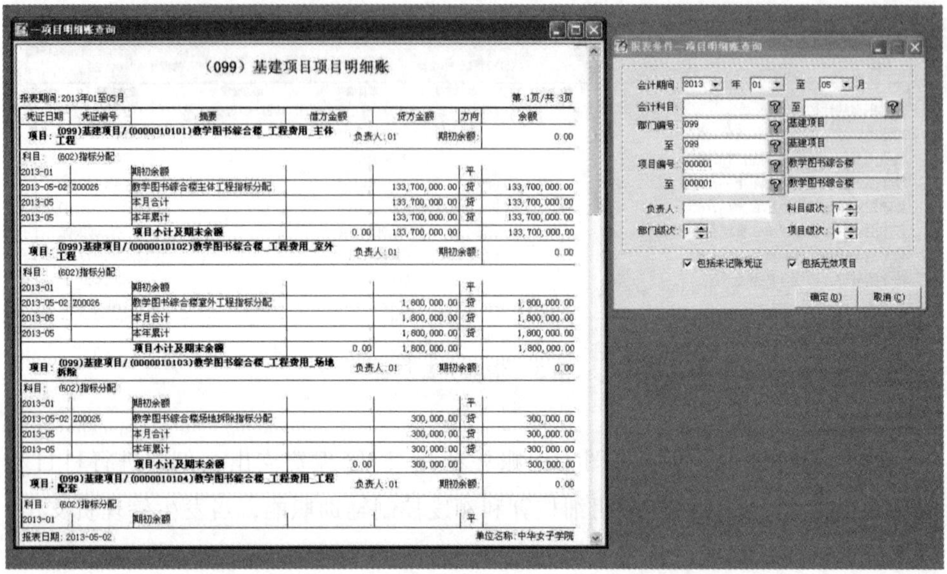

图 5　基建项目明细账

（四）统一财务报告体系的构建

在事业单位会计核算和基本建设业务核算长期分离的情况下，事业单位和基本建设一直采用各自的财务报告系统，从报表编制、报送、管理各个环节都长期分离，但随着财政改革的推进，基建投资已纳入事业单位部门预算管理，其报表间的数据联系愈发紧密，但是出现了两套报表与一本部门预算难以准确对应的矛盾，客观上要求一套财务报告体系与部门预算呼应，便于加强预算执行和决算分析。将基本建设业务纳入事业单位会计统一核算使得原基建报表体系与事业单位报表体系融合成为了可能，统一的财务报告也成为单位基建与事业合完整会计信息的展现平台。

1. 基建财务报告和事业财务报告体系的现况分析

（1）事业单位财务报告体系。目前的事业单位财务报告体系主要由年度部门决算报表（包括主表、附表、补充资料表和报表说明）、季度报表（包括预算执行分析报告、单位基础资料表、预算支出明细表、预算执行分析表、资产负债表）构成 。

（2）基本建设财务报告体系。目前的基本建设财务报告体系由年度报表、季度和基建竣工财务决算报表组成。其中年度报表包括年度基本建设部门决算报表（包括主表、附表、补充资料表）和全国固定资产投资决算报表，在年度末编制报送；季度报表为财政拨款基本建设项目支出预算执行分析表，在季度末定期报送；基建竣工财务决算报表的编制和报送，反映的是某项基建工程项目的财务情况，与工程竣工时间紧密相关，编制工作要求在工程竣工后3个月内完成，是基建投资管理部门正确核定新增固定资产价值，反映竣工项目成果的文件，是办理固定资产交付使用手续的依据。

（3）两套财务报告体系的联系与区别（见表3）。随着财政部门预算改革和国库集中支付改革的推进，两套报告体系已从之前的完全分离，逐渐发展为紧密联系，基建财务报告虽仍保留了基建竣工财务决算单独报送的特点，但从部门财务决算的角度看已实现了部分的合并和对接。事业单位年度部门决算报表与基建年度部门决算报表，虽从基层单位角度仍是分别填列报送，但在一级预算单位已自2007年起与事业单位部门决算报表完成了报表合并，作为一套报表报送财政部；基建固定资产投资表，其当年数和结余数都与部门决算报表一致，只是增加了历史累计投资情况的列示；基本建设工程竣工财务决算报表则是功能型的报表，直接为核定和评估投资额服务，具有特定职能，区别于事业单位其他财务报表，应单独予以保留。

表3　事业单位财务报告与基建财务报告体系对比表

事业单位财务报体系	内容	联系	区别	内容	基建财务报告体系
年度部门决算报表	主表、附表、补充资料表和报表编制说明、决算分析报告	均报送上一级预算单位，由预算管理部门完成合并后上报财政部。格式完全相容，内容可以直接对接	只是在填报阶段由基层预算单位分开填报基建和事业决算报表，其他无区别	包括主表、附表、补充资料表、报表编制说明	年度部门决算报表
		固定资产投资表中的当年投资支出数和结余结转数据均能够与部门决算表相关数据对应	部门决算表反映当年投资额，而固定资产投资表反映的是历年总投资金额	包括资金平衡表、投资项目表、资产基本情况表、项目统计分析表，报表编制说明	年度全国固定资产投资决算报表

续表

事业单位财务报体系	内容	联系	区别	内容	基建财务报告体系
季度报表	执行分析报告、基础资料表、支出明细表、执行分析表、资产负债表	基建季度报表格式与事业报表中预算执行分析表格式相同，其内容可以直接纳入表中列示	内容格式没有区别	项目支出预算分析表	季度报表
			与事业其他报表在报送时间、格式、用途等方面均有区别	包括项目概况、财务决算表、交付使用资产表、资产明细表、待摊投资明细表等	基建竣工财务决算报表

2. 基建原有报表与事业报表体系的转换和对接

（1）年度部门决算报表的对接。通过现有基建和事业单位财务报告体系的对比和分析，事业单位年度决算报表已包含了基本建设的相关内容，基建原有报表体系中的年度财务决算报表可直接与事业单位年度部门决算报表对接，而且在一套账目核算的基础上，可以在年末从事业账目中直接取数生成有关报表，从基层单位就能够以一套报表的形式报送上级预算管理部门，真正实现“一个单位、一本预算”与一套财务报告的对接。

（2）基建固定资产投资表的转换。在基本建设纳入事业会计统一核算后，固定资产投资表中的资金平衡表以原基建会计核算体系为基础填报，统一核算后应予以取消；资产基本情况表因基建资产已与事业资产合并，应予以取消；投资项目表可保留原格式，根据基建部门管理要求单独报送，功能更近似于统计报表。

（3）保留基建竣工财务决算报表，并入事业单位财务报告体系。基本建设业务的特有报表应予以单独保留，并在设立项目账辅助核算和事业会计科目明细核算时，应充分考虑报表数据内容，以便于编制报表时提取会计数据。其中基本建设工程竣工决算财务报表属于按需报送的报表，编制和报送时间不固定，并且需要单独报送，因此作为事业单位财务报告体系中的特殊报表，应保留原格式、编制、报送方式不变。

除上述三类报表外，其余因基建管理部门管理和统计需要的各类报表，单位基建财务部门（人员）负责提供相关财务数据，而报送和编制均由基建管理部门完成，不属于事业单位财务报告体系。

3. 合并后的基本建设相关报表情况（见表4）

表4

原报表名称	现报表名称	是否纳入事业单位财务报告体系	编制部门	报送部门	编制报送时间
年度基本建设部门决算报表	取消，纳入年度事业部门决算报表	是	财务处	上一级预算单位财务管理部门	年度末
年度固定资产投资决算表	固定资产投资项目统计表	否，纳入统计报表体系	基建处	上一级预算单位基建管理部门	年度末
季度报表	取消，纳入事业单位季度报表	是，在事业季度报表中增加基建项目预算执行分析表	财务处	上一级预算单位财务管理部门	季度末
基建工程竣工财务决算报表	保留原名称和格式	是	财务处，基建处	上一级预算单位基建管理部门	工程竣工后
其他报表	保留	否	基建处	统计部门、上级基建管理部门等	按有关部门要求

课题研究在对基建、事业会计科目要素分析的基础上，建立了合并后的体系，完成了科目的对接转换；根据基建项目管理需求分析建立了项目辅助账务系统；根据基建和事业单位财务会计信息报告的需要，通过合并、转换、保留的方式建立了统一核算的财务报告体系，并最终完成了基建纳入事业单位会计统一核算体系的构建。课题研究会在后续编制的实际案例中进行对该模式的操作和检验，希望能为基层实践提供参考和帮助。

五、课题研究的局限与不足

1. 课题研究视角还存在一定局限性

由于课题研究者均来自基层事业单位，从研究视角看，对各级管理部门，尤其是对基建管理部门的需求研究不够，缺乏管理层的视角，对课题研究思路和结果产生了一定的影响。希望在后续的研究中，能够更广泛地调研基建管理部门的意见和建议，以求相关研究成果更能满足基建业务各个层面的需求，更具有适用性和操作性。

2. 课题对于特殊基建业务的研究还不够深入

课题研究在建立统一核算模式时，对一般性的、发生较多的事业单位基建业务进行了研究，课题研究结果可以满足通用基建业务和事业会计核算的需要，但对于基建业务中较少发生的特殊业务和复杂业务，因为基层单位业务实践经验有限，研究还不够深入。比如部分事业单位经营性基建项目的核算，还需要结合实践作进一步的研究。

3. 课题对合并过程原基建账务数据的对接设计还有待探讨

基于取消原基建账套的思路，课题研究中将原基建账务数据全部并入事业账套，对于新发生的基建业务通过新设置的事业科目均能够完成日常核算，但原有数据需要准确对接调整事业相关科目余额，撤销基建账套，需要相应的对冲设计，目前课题研究提出的合并方式，是否符合财政和基建管理相关规定，是否会对后续信息提取和报表报送产生影响，还需通过进一步实践探讨和研究。

4. 课题研究不能完全解决现实存在的难点问题

课题研究在前期调研中，也专门对现实存在的难点、热点问题进行了调研，课题研究的难点主要集中在“从管理层面看：财政管理体制由上至下形成的长期分离管理，财政预算分配和基本建设资金管理中存在管理部门不能协调一致，引起会计核算主体的分离，难以依靠改变会计核算方式解决根本问题”。受相关管理体制因素影响，课题研究探索建立的核算模式，与目前改革执行的模式和思路存在差异，影响了课题研究结论的推广和应用，因此通过课题研究还不能完全解决实践中存在的困难和问题，但期望通过课题的研究，能够为解决相关问题能够提供一些思路和建议，进一步推动相关改革工作的进行。

课题通过对基建业务纳入事业会计统一核算相关问题的研究，认为将基建业务纳入事业会计统一核算是基层单位的实践需要，更是政府会计改革、财政体制改革的必然结果，建立符合实践和管理需要的统一核算模式是课题研究的成果和目标，希望课题研究能为财政改革、为基层实践尽一点绵薄之力！

主要参考文献

[1] 财政部:《事业单位会计制度》，经济科学出版社。

[2]《国有建设单位会计制度》，财会字 [1995] 第45号。

[3] 财政部关于印发《基本建设财务管理规定》的通知，财建字 [2002] 第394号。

[4] 财政部国库司：《2012年度部门决算报表编制手册》，经济科学出版社。

[5] 寇丽梅:《事业单位基建会计并入事业会计核算研究》，中国农业科学院。

[6] 郭收库:“谈高校事业会计与基建会计核算一体化”，《财会月刊（理论)》，2005年第9期。

[7] 黄芳：“高校基本建设会计核算改革浅析”，《财会月刊（综合)》，2012年第1期（上）。

[8] 曹丽萍:“浅谈事业单位基本建设项目会计核算——基于国库集中支付角度下”，《现代商业》。

[9] 温佐望：“对基建会计纳入行政事业会计的思考”，《财会月刊（会计)》，2008年第10期。

[10] 席红梅:“浅谈高校事业会计和基建会计并轨核算的设想”，《教育财会研究》，2010年第10期。

[11] 王华：“高校事业会计与基建会计合并建账的构思”，《会计之友》，2006年第12期。

[12] 朱鸿眉:“高校事业会计与基建会计一体化问题的探讨”，《教育财会研究》，2008年第1期。

资本密集型企业 EVA 提升关键路径体系研究

班级：企业类五期
作者：李少武　王永斌　王鹏

摘 要

EVA，中文翻译为“经济增加值”，20世纪90年代初，美国思腾斯特财务管理咨询公司率先将EVA作为公司价值管理评价工具加以推广和发展。我国国资委也一直推进EVA的研究和应用，要求中央企业将EVA作为企业价值管理的基础和核心。资本密集型企业的资本占用规模、盈利提升空间、产品更替周期等经营特征与EVA的生成机制、衡量准则有着天然的联系，故其在实施EVA考核及价值管理的效果方面尤为引人关注。

探索总结一套适合资本密集型企业价值提升的关键路径体系，以指导企业持续提升股东价值，是本课题主要研究目的。本文首先，归纳分析国内外关于EVA理论和实证方面研究情况，以凸显创新点；其次，回顾总结国资委对中央企业推行EVA考核实施历程，简要解读国资委现行EVA考核办法，并与国外实施模式进行比较分析；再次，结合资本密集型企业特征，绘制出EVA价值树，提炼EVA提升关键驱动因素和运营策略，进而构建EVA提升关键路径体系模型；最后，以中国电信股份有限公司为实证研究对象，具体探讨资本密集型企业EVA提升关键路径体系的实践应用，藉此为中央企业开展价值管理实践活动提供有益的借鉴。

一、导论

（一）课题研究背景

经济增加值（以下简称“EVA”）是指从税后净营运利润中扣除包括有息债务和股权全部资本的机会成本后的所得。20 世纪 90 年代初，美国思腾斯特财务管理咨询公司率先将 EVA 作为公司价值管理评价工具加以推广和发展。我国国资委一直在推进 EVA 的研究和应用，2010 年初，发文明确 EVA 指标作为中央企业负责人经营业绩考核的关键指标；2014 年初，出台《关于以经济增加值为核心加强中央企业价值管理的指导意见》，明确指出 EVA 不仅是一项考核指标，更是一项管理工具，要求中央企业要将 EVA 作为企业价值管理的基础和核心，不断提升价值创造能力。在国资委管辖的中央企业中，资本密集型企业占了相当大的份量。本课题结合资本密集型企业特征，绘制出 EVA 价值树，提炼 EVA 提升关键驱动因素，同时提出相应的运营关键策略，最后构建了 EVA 提升关键路径体系，藉此以期为中央企业开展价值管理实践活动提供有益的借鉴。

（二）课题研究创新点

一是结合 EVA 理论，率先构建资本密集型企业的 EVA 价值提升关键路径模型，并深入分析具体策略。

二是案例研究，提出具有可操作性强的实施方案及具体举措，具有重要性、必要性、实践性的积极指导意义。

三是将 EVA 与战略有机结合，对企业管理层有着较强的提醒作用，引导各级管理人员关注公司成长和价值提升。

（三）国内外学者对 EVA 研究简述

国际资本市场的成熟为国外学者对 EVA 的理论研究和实践研究提供了强有力保障，EVA 理论研究包括理论框架研究（如“Four M's ”价值管理体系）、EVA 会计调整研究以及有效性理论分析；实证应用研究包括 EVA 与市场增加值（MVA）、股票收益的关系、采用 EVA 企业股票市场回报情况、应用 EVA 企业运营效率、激励机制等。

为探究我国学者对 EVA 的研究情况，课题组于 2011 年底查阅国内 EVA 研究理论文献 100 多篇，从中挑选出具有一定参考价值文献 61 篇，发现学者研究大致可分为六类：（1）EVA 作为企业绩效的评价工具，研究了基于 EVA 的绩效评价体系构建、企业应用及有效性；（2）EVA 作为企业价值管理评价工具，研究了 EVA 在价值评估中的应用、EVA 与企业价值评价的相关性及企业价值管理应用；（3）EVA 作为企业激励体系的管理工具；（4）EVA 作为"Four M's"（4M）价值管理体系的综合性研究；（5）EVA 财务管理领域的延伸应用研究；（6）EVA 综合性理论研究。

二、国资委实施 EVA 考核

（一）国资委实施 EVA 考核历程及特点

国资委对中央企业考核经济增加值（EVA）指标采取逐步推进的策略，大致可分为三个阶段：一是 EVA 理念灌输阶段（2004～2006），宣讲 EVA 价值管理创造理念，要求提升资本成本意识，增强股东回报观念；二是 EVA 全面试点阶段（2006～2009），鼓励中央企业根据实际情况选择使用 EVA 指标进行年度经营业绩考核；三是 EVA 实质性应用考核阶段（2010～），正式在中央企业全面推行 EVA 考核，并且建立以 EVA 为核心的业绩与激励约束机制，引导中央企业推动以价值创造为核心的企业文化和组织变革。

根据国资委规定，中央企业 EVA 考核指标计算公式为：EVA＝净利润＋（利息支出＋研究投入＋勘探费用×50%－非经常性损益×50%）×（1－25%）－（平均所有者权益＋平均负债－平均无息流动负债－平均在建工程）×平均资本成本率。计算公式凸显了三个特点：（1）尽量简化调整事项。在 EVA 理论中，调整项多达 200 余项，国资委规定仅要求作出几项会计调整项，利于经济增加值的计算、比较和推广。（2）考核导向重点突出。对非经常性收益按减半计算，要求企业立足主业经营，允许对在建工程、研发费用等调整，鼓励企业着眼长远发展目标。（3）注重可操作性。统一规定适用的资金成本率和调整事项的所得税率，符合当前我国信息披露不充分情况，同时提高 EVA 计算结果排名可比性。

（二）国资委 EVA 考核模式与国外模式比较

从国资委《中央企业负责人经营业绩考核暂行办法》的规定看，国资委 EVA 考核模式与国外经典 EVA 实施模式在总体思路和基本理念上基本一致，都是强调企业应当为股东创造价值和用股东价值来衡量企业业绩表现。但由于所处经济环境不同，两种模式存有明显的差异性，主要体现在目的（动因）、资本成本、会计调整、考核模式、激励薪酬等五个方面，详见表 1。

表1　　国外传统经典考核模式与国资委考核模式比较表

类型	国外传统经典	国务院国资委
总体思路	从股东的视角衡量企业的股东价值	用股东价值衡量（国有）企业的经营业绩
基本理念	突出企业为股东创造价值和股东价值的实现	强调企业为股东创造价值
目的/动因	提升公司股价	转变国企发展方式
资本成本率	利用股票市场及价值评估方法	在央企可承受度及社会平均投资回报之间求取平衡
会计调整	纠正传统会计报告对股东价值的扭曲	本着适度简化、突出重点、易于操作的原则
考核模式	以EVA为核心指标的多样化考核方法，部分深入到企业内部的经营前沿部门	突出EVA指标的考核核心地位，未强调EVA考核对经营的导向作用
激励薪酬	减少所有者与经营者之间的行为差距、弱化博弈	解决国有企业的产权代理高成本问题

（三）EVA考核对资本密集型企业的影响

按照杨建文等学者提出的三要素产业划分理论，产业可划分为劳动密集型、资本密集型和技术密集型等三大类别。资本密集型是指在单位产品成本中，资本成本与劳动成本相比所占比重较大，每个劳动者所占用的固定资本和流动资本金额较高的产业，例如钢铁业、电子通信设备制造业、石油化工、电力工业等。

资本密集型企业财务特征主要有：一是在产品成本中，相对于人工成本而言，以直接材料成本和制造费用中非人工成本之和所占比重较大；二是为生产或制造达到盈亏平衡点之上的产出或销量，先期需要大量投入经营性固定资产，从而产生大量资本沉淀，资产周转率低；三是为增加产能，企业投资规模大、投资回收期长，并且运营能耗高、环保成本压力大。

由此可见，资本密集型企业资本占用规模、盈利提升空间、产品更替周期等经营特征与EVA的生成机制、衡量准则有着天然的联系。如何探索总结一套适合资本密集型企业EVA提升关键路径模型以指导企业持续提升股东价值，就显得尤为重要。

以EVA为核心强化价值管理，资本密集型企业面临着三大转变。

第一，从投资拉动型向价值驱动型转变。企业不能再盲目追求产能、产量，要牢固树立投资是需要成本的意识，不但要重视经营成本，更要考虑资本成本，保证为出资人提供更多的回报和利益。

第二，从外延扩张型向内涵发展型转变。企业要坚持有进有退，有所为有所不为，加快清理非主业和低效资产，推动资金、技术、人才等各类资源专注优势产业和优势产品的发展。

第三，从被动跟进型向自主创新型转变。企业要建立创新产品孵化机制，提升新收入增长点培育能力；要洞察客户需求变化，提高研发创新产品的变现能力，形成创新研发、资本投入、生产运营、产品销售、资金回笼、再创新研发的良性管理循环；要创新成本管理手段，如作业成本管理、“阿米巴”模式等，保持成本竞争优势。

三、资本密集型企业提升关键路径体系

（一）价值树和关键驱动要素

首先，以财务报表为基础，选取 EVA 率作为顶层财务指标，借助杜邦分析法思路逐级向下分解，绘制出可计量、易识别、要素全的价值树（图 1），以揭示价值形成的途径。

根据国资委规定，中央企业加权平均资本成本率（WACC）是按行业类别分别采用既定数值，因而企业提升 EVA 率，关键是提升资本回报率（ROIC）。从 ROIC 指标向下分析，有八项关键度量指标对 ROIC 反应灵敏度较高，分别是折旧摊销占收入比、收入规模、营业成本、人工成本、销售费用、固定资产周转率、存货周转率和应收账款周转率等（见图 1 阴影框），而影响这些度量指标的关键驱动因素，分别有增量投资、存量盘活、产品定价、产品销售、原材料购置、资产维护、资产能耗、营销投入、人力资源管理、库存管理、应收管理、资产利用等 12 项（见图 1 虚线框）。

劳动密集型、资本密集型和技术密集型等三大产业的关键度量指标及价值驱动因素各有侧重，如表 2 所示。

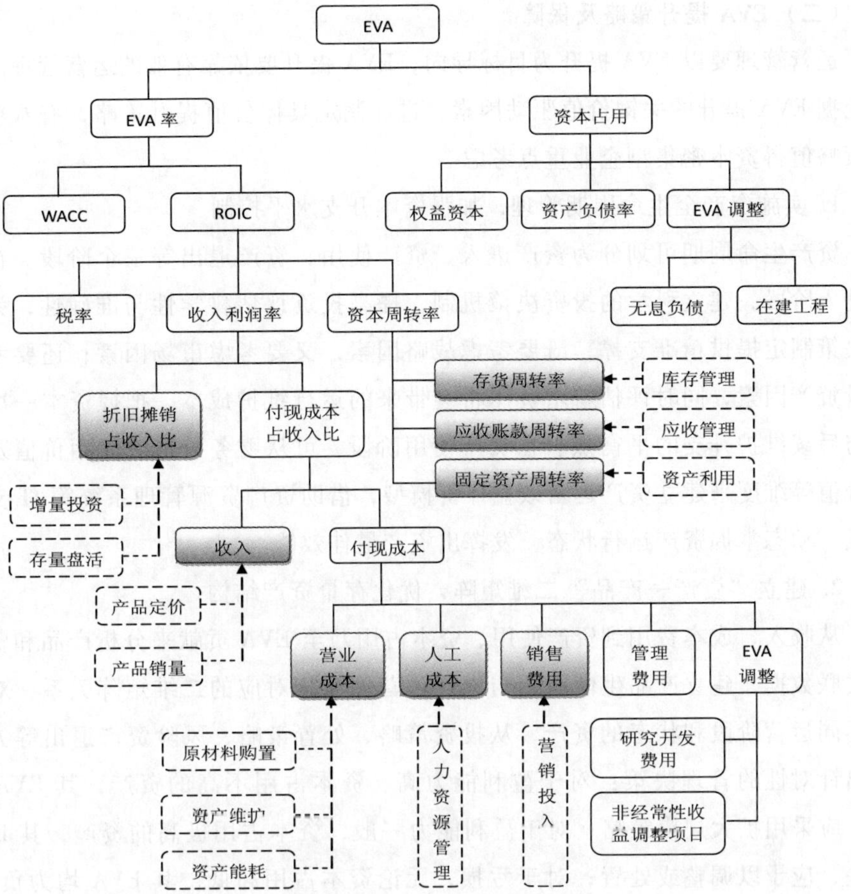

图1 EVA价值树

表2 按三要素行业行业划分EVA提升关键指标和驱动因素

行业	侧重的EVA关键分解指标	侧重的价值驱动因素
资本密集型	资产折旧占收入比、收入、营业成本、固定资产周转率、存货周转率、应收账款周转率	增量投资、资产盘活、产品定价、产品销售、原材料购置、资产维护、资产能耗、营销（渠道）投入、资产利用率、应收管理
劳动密集型	应收账款周转率、收入、人工成本、销售费用、存货周转率	产品定价、产品销售、原材料购置、人工资源管理、营销（渠道）投入、库存管理、应收管理
技术密集型	收入、销售费用、营业成本、存货周转率、应收账款周转率	产品定价、产品销售、资产维护、资产能耗、营销（渠道）投入、应收管理

（二）EVA 提升策略及保障

运营管理要以 EVA 提升为目标导向，EVA 提升要依靠有效的运营管理。通过挖掘 EVA 提升的关键价值驱动因素，进而制定具体价值提升策略，有八项运营策略值得资本密集型企业重点考虑。

1. 实施资产全生命周期管理，加强资本开支水平控制

资产生命周期可划分为资产进入、资产使用、资产退出等三个阶段。在资产进入阶段，建立科学的投资决策机制，提高投资评估科学性与准确性，为投资决策制定提供精准支撑，既要考虑战略因素，又要考虑市场因素；还要考虑存量资产因素，同时评估新增资产将会带来的运行维护成本，把握资本一次投入与后续维护开支的平衡点。在资产使用阶段，可从财务价值、使用价值及效益价值等维度来建立资产运营效益评价模型，借助资产资源管理系统等 IT 支撑手段，动态掌握资产运行状态，发挥出资产最佳效能。

2. 建立“资产—产品”二维矩阵，优化存量资产结构

从收入、成本费用到资产使用、资本占用乃至 EVA 贡献来分析产品和资产相关联数据，建立产品生命周期与资产运营周期相对应的二维矩阵关系，对处于不同运营阶段和状态的资产，从投资策略、处置策略、风险资产退出等方面提出针对性的管理决策：对于盈利能力高、资本占用不高的资产，其 EVA 较高，应采用扩大规模策略；对于盈利能力一般，资本占用极高的资产，其 EVA 较差，应予以调整或处置；对于亏损，无论资本占用高低，其 EVA 均为负值，应及时退出。

3. 充分挖掘资产潜能，提高资产利用率

首先，根据企业网络或设备技术特点以及企业投资运营管理需要，细化资产利用率分析指标，除了分析自身外，眼睛还要向外，剖析低利用率原因，采取多种方法盘活低效资产。其次，资源配置要与资产利用率挂钩，不要单看项目投资拉动收益，资产利用率低的区域要严格控制投资资源。再次，企业可适当引入激励机制，设置与提高利用率相关的考核奖励指标，调动利用存量资源的积极性。

4. 实施“零库存”管理，改善存货周转率

根据公司的生产特点，借助信息技术准确预测存货需求，应用经济订货模型，针对不同类别的存货制订最优存货量及库存定额标准；优化内部和外部物流管理，加速存货周转，最大程度降低库存量；还要规范物资采购、入库、领

用、退库等流程，落实各环节职责，按库存账龄分类管理；物资采购需求和闲置物资存量相挂钩，通过信息共享平台等发布闲置物资信息，做到物尽其用。

5. 强化应收账款管理，提高应收账款周转率

应收账款形成经过客户消费、欠款、催收、回收、核销等过程，应收账款管理要未雨绸缪，在事前、事中阶段就要提前切入。第一，制订科学的信用和收账政策，平衡好现销和赊销的关系。第二，大力发展预收款业务，既加速应收账款回收，又提高客户黏性和忠诚度。第三，依托信息技术，构筑电子化、自助化、人工化等多元收款渠道体系，提高客户缴款便利性。第四，建立应收款定期清账和催收制度，对即将到期的应收款项要及时催收，对“老大难”拖欠的，在法定诉讼时效内通过法律手段追讨。第五，尝试运用资产证券化方式回笼资金，可将应收账款、存货及其他具有长期收益的资产，通过金融机构将资产打包出售给投资者。

6. 精确开展营销资源效益分析，降低营销成本占收入比

市场经济下，产品的价值实现比其价值形成更重要，企业需要投入大量费用来营销商品。由于大部分营销费用属于间接成本，企业可应用作业成本管理工具或其成本管理理念，划分出可识别的流程作业活动，通过资源动因、作业动因将营销费用按客户群、产品、渠道等多维度归集，建立效益评价模型，配置定额标准，减少低效作业，使营销成本支出收益最大化。

7. 精细开展资产运营成本分析，降低资产运行成本占收入比

资本密集型企业庞大资产的日常维护费和能耗费构成了企业负担沉重的固定成本，企业需将运行费用与维护专业及对应分类资产挂钩，将能源费与对应分类资产、电表业务单元关联，建立完整成本定额体系，督促维护单位和维护负责人执行，从整体使用和项目管理角度建立维护成本使用效益评测机制，使资产运营成本的精确管理落到实处。

8. 不断创新商业模式，提高收入市场份额

在企业战略总体目标下，不断创新商业模式，培育收入增长点，持续提高收入市场份额，是企业提升EVA的必经路径。企业可运用要素矩阵、生命周期矩阵、SWOT分析法、波特五种竞争力模型等各项工具，综合分析经济、社会、技术等外部环境因素，剖析资源条件、核心能力、企业文化等内部环境因素，寻求企业适合的商业模式和收入增长模式。

为了保障以EVA为向导的运营管理策略有效施行，企业还应当建立以EVA

为核心的激励制度和树立以价值创造为核心的公司理念。

一方面，建立以 EVA 为核心的激励制度，确保企业运营中各管理层面行动不偏离目标，可将 EVA 激励计划融入到公司价值管理体系中，以 EVA 为基准计算经营者奖金，并引入 EVA 奖金库的运作方式，积极探索与 EVA 紧密挂钩的任期激励和中长期激励机制，采取当期支付与延期支付相结合的办法，更好地留住关键经营人才，避免经营者行为短期化，激励经营者规划企业长期持续发展，实现股东、管理者和员工三者利益在同一目标下的有机结合，达到公司整体利益最优。

另一方面，还要树立以价值创造为核心的公司理念。EVA 以一种新观念和能够正确度量业绩的目标，形成一种框架指导公司的每一个决策，在利益一致的激励下，公司内部各单位共同努力提高效率，降低成本，减少浪费，提高资本运营能力。通过对核心员工进行 EVA 知识培训，提高公司内部对 EVA 理论的认同，并开展广泛深入的沟通，使 EVA 成为联系、沟通管理各方面要素的杠杆，从而建立鼓励价值创造的公司文化，形成“一切财力资源的使用必须有利于增加 EVA，一切人力资源的配置必须有利于创造 EVA，一切管理工作的开展必须有利于改善 EVA”的观念、文化与习惯。

（三）EVA 提升关键路径体系

综上所述，资本密集型企业提升 EVA 关键路径体系由四个层面组成（见图 2）：第一层面是财务性度量指标层，主要涉及固定资产周转率等 7 个指标；第二层面是驱动 EVA 提升关键因素层，主要有 10 个因素；第三层面是运营管理策略层，本文提出 8 个重点关注策略；第四层面是实施保障层，有以 EVA 为核心的激励制度和树立以价值创造为核心的公司理念等两大项。

四、中国电信 EVA 提升关键路径实证分析

（一）中国电信概况和产业特征

1. 公司概况

中国电信集团公司脱胎于邮电体制改革，下属控股子公司中国电信股份有限公司（下面简称“中国电信”）成立于 2002 年，并于当年度在香港纽约上市。中国电信是中国特大型国有通信企业，连续多年入选“世界 500 强企业”，截至 2014 年中期，固定电话用户达到 1.49 亿户，宽带接入用户达到 1.04 亿户，移动用户到达 1.8 亿户，其中 3G 用户达到 1.07 亿户。

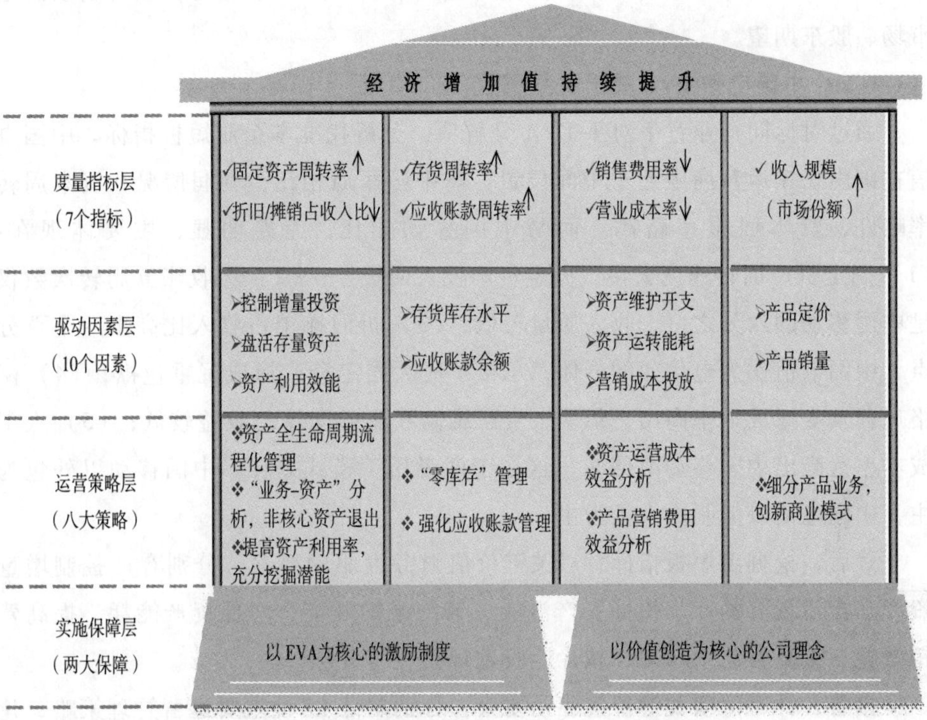

图2 资本密集型企业提升EVA关键路径模型

2. 产业特征

中国电信所属行业为通信服务业。通信业是国民经济的基础性产业，具有显著的先导性和渗透性，其资本密集特性对企业EVA价值管理提出特殊要求，主要体现以下几点：

（1）具有"全程全网、联合作业"的网络性。通信企业在规划网络投资规模时必须适度超前，以满足目前的通信需求和今后通信能力发展的需要，初期固定资产投资非常庞大。

（2）具有鲜明的规模经济性。通信企业固定成本在总成本中所占比重相对高，当产品和服务的社会需求量越多，每一单位的需求分担的固定成本才能越低。

（3）具有高程度的技术含量。随着通信技术、计算机技术和互联网技术的逐步融合以及3G技术的成熟应用，技术创新的要求不断提高，通信企业要考虑研发费用投入，同时充分考虑对新业务、新项目投资的风险因素。

（4）接受资本市场的监管。通信企业由于投资巨大，资本市场对于电信运营商筹集资金有很大帮助作用，但同时企业必须建立科学运营管理机制以满足市场、股东期望。

（二）中国电信 EVA 提升关键路径

通过对标同行业竞争对手 EVA 分解项，分析找准本企业短板指标。中国电信在国内三家运营商中处于中间位置，与中国联通相比，利润情况和资本周转率略好，资本回报率略高。而与中国移动相比，差距明显，主要体现在：（1）固定资产周转速度太慢，固定资产投入回报差；（2）应收账款周转次数仅是中国移动的六分之一，收入质量较低；（3）折旧摊销占收入比高出六个百分点，中国电信作为电信业的母体，承接了庞大固定资产形成沉重包袱；（4）网络运营及支撑成本率高出一倍多，资产维修和业务支撑的效益较低；（5）人工成本率远高出中国移动两倍多，这在于两者用工模式差异，中国移动以外包为主，中国电信以编制内人员为主。

然后，挖掘出短板指标背后关键价值财务性驱动要素，分别有“控制增量资产、盘活现有资产、挖掘资产潜能、节约维护开支、降低资产能耗、提高营销效益、提高劳动生产率、减少应收款规模”等 8 项。

接着，针对每项关键价值驱动要素，分别制订 17 项主要运营管理策略，建立配套的运营管理制度流程，同时明确组织管理责任单位，落实切实可行的具体举措。

中国电信 EVA 提升关键路径可用表 3 来概述。

表 3　　中国电信 EVA 提升关键路径表

短板指标	驱动因素	运营管理策略
折旧摊销占收入比、固定资产周转率	控制增量资产、盘活现有资产、挖掘资产潜能	策略 1：实施资产全生命周期管理，加强资本开支水平控制 策略 2：划小资产利用率管理，新增投资与利用率挂钩配置 策略 3：搭建资产价值运营评价模型，有效制定资产运营策略 策略 4：建立低效资产发现机制，构建资产盘活管理体系 策略 5：加大集中采购力度，利用共建共享策略，节约建设成本
网络运营成本率	节约维护开支、降低资产能耗	策略 1：精准代维，实施差异化的基站代维 策略 2：集中代维，实现规模效益 策略 3：创新节能管理，有效降低能耗 策略 4：高效代维，科学合理安排自、代维结构

续表

短板指标	驱动因素	运营管理策略
营销费用成本率、人工成本率	提高营销效益、提高劳动生产率	策略1：建立营销资源全视角管理体系 策略2：建立营销方案全过程评价体系 策略3：建立渠道基础单元效益评价体系 策略4：建立全口径人工类成本评价体系
应收账款周转率	减少应收规模	策略1：优化信用政策，严格业务规则 策略2：拓展“两预”业务，坚守“现金流”为正 策略3：以电子方式为主体，构建多元化缴费渠道体系 策略4：实施“两抓”管理，建立追欠责任制

（三）中国电信EVA提升运营策略

1. 控制增量、盘活存量、挖掘潜能，实现“一降一升”

中国电信具有资本密集型企业“固定资产投资规模大、折旧摊销占比较高、资产投入大、资产运营效益偏低”典型特征，一项资产从采购、建设、投入，到使用、报废，如何控制增量投资、盘活好闲置资产、挖掘存量资产潜能，来降低折旧摊销占收入比和提升固定资产周转率，对企业EVA提升影响深远。

策略1：实施资产全生命周期管理，加强资本开支水平控制

实施资产全生命周期管理是一项全局性、系统性的管理创新工程，中国电信整体资产生命周期划分资产进入、资产使用、资产退出等三个阶段和规划、预算、采购、建设、运行、维护、盘活、报废等8个环节。

在资产进入阶段，建立科学的投资决策机制，以价值驱动资产进入和规模扩张，由投资拉动型逐步向应用拉动型转变。该阶段要充分考虑：（1）战略因素，包括公司定位、技术及产品发展方向等；（2）市场因素，包括产品生命周期规划、市场预测、业务拓展计划等；（3）网络资源因素，制订分地域、分专业的效率（利用率）阈值，支撑量化投资决策。还要寻找一次资本投入与运行维护费用二者之间的最佳结合点，改变片面追求一次投资最低的做法。在资产使用阶段，建立资产与网元、产品的对应关系，构建资产运营效益评价分析模型，以价值引领资产的日常运营和管理，另外，建立运行维护成本分析方法及模型，测算单位定额成本，优化成本资源分配。在资产退出阶段，分析业务和产品退出驱动因素，制订风险资产退出工作规划，前瞻性地优化资产结构，降低经营风险。

策略 2：划小资产利用率管理，新增投资与利用率挂钩配置

为了对规模庞大且种类复杂的资产及其利用状况实施精确管理，中国电信实施划小资产利用率管理项目。首先，结合资产管理（专业维度）、运营（网络维度）和产出（业务维度）方式确定价值运营评估资产分类。遵从三个原则将资产分为八大类、四十小类，一是同功能属性、同专业属性资产合并归类；二是同产出属性资产归类、单一产出资产单列、多产出属性资产单列；三是充分考虑现有资产管理和费用归集方式，按照数据提取简便原则进行资产归类。其次，建立固定资产价值运营评估的资产分类与网络元素对应关系，确定各项资产利用率指标。再次，完善电信资源管理系统、网管系统、固定资产卡片系统的属性管理和统计功能，实现资产利用率按资产服务对象范围细化到县级分公司自动统计输出，对于移动业务基站扇区、FTTX 宽带端口利用率、接入光缆利用率、宽带业务交接箱配线电缆线对等网元资产利用率甚至细分到营销服务中心、楼宇。最后，新增投资资源配置除考虑该项带来的业务收入、用户发展外，重点审视新增投资相关区域的网元资产利用率情况。

策略 3：搭建资产价值运营评价模型，有效制定资产运营策略

中国电信从财务价值、使用价值及效益价值等三个维度搭建固定资产价值评价模型（见图 3）。

价值类型	评价方式	评价指标
财务价值 （静态）	财务利益评价指标体系	•资产原值、净额 •资产成新率 •资产市值
使用价值 （动态）	技术性能评价指标体系 质量满意度评价指标体系 生产率评价指标体系	•资产利用率 •技术替代指标 •关联产品生命周期
效益价值 （动态）	价值链评价指标体系 关联产出评价指标体系	•运营成本费用率 •关联产品利润率

图 3　固定资产价值评价模型

同时梳理各评价指标数据来源，建立数据的采集方式和处理规则，借助固

定资产系统、作业成本核算、业务统计和资源管理等系统，按照管理需求进行分析应用，为资产管理运营策略提供高效支撑。应用上述模型，可对资产运营健康度进行诊断，再通过建立资产—产品数量关系模型，按网络资产、网络元素、网络产品、业务产品的对应关系逐步摊分，可建立产品生命周期与资产运营周期相对应的二维矩阵关系，通过产品发展趋势判断资产价值驱动主导因素，对处于不同运营阶段和状态的资产，从投资策略、处置策略、风险资产退出等方面提出针对性的管理决策。

策略 4：建立低效资产发现机制，构建资产盘活管理体系

中国电信制定了低效固定资产标准，主要包括四类情况：（1）因业务萎缩、发展不均衡及技术更替等原因形成的闲置固定资产；（2）利用率水平超过闲置资产利用率标准，未达到合理利用率标准，实际为公司带来的效益低；（3）设备老旧、耗能高、运行费用高，实际效益低；（4）故障率高、维保费用高的固定资产，实际效益低。其中，第一、二类低效固定资产由 IT 系统支撑实时计算资产利用率情况，将低于设定标准的资产确认为低效固定资产；第三、四类低效固定资产由资产使用部门人工确认为低效固定资产。

对于识别出的低效固定资产，按网络资产和房地产两类分别制订盘活策略。一是构建从清理→发现→公示→调拨、翻新、置换→处置的网络资产盘活管理流程。二是构建从清理→发现→腾空、自建、出租、合作开发→转让等房地产盘活管理流程。

2. 精细管理、持续创新、降本增效，提升网络运营效益

对于电信运营商来说，网络运营和维护是至关重要的一部分。如何通过实施精准、高效、集中等网络维护管理，持续创新节能减排方法，降低网络运营成本率，也是 EVA 提升关键问题。

策略 1：精准代维，实施差异化的基站代维

根据资产价值与风险等级不同实施差异化代维。按基站重要性以及故障频次发生率对基站进行分级，关注降低维护频次所带来的成本与风险的关系，在确保通话质量前提下，降低重要性低以及故障频次发生率低的基站维护频次。同时，代维定价模式从按月包干定价向按次定价转变，代维费按次定价较之于传统的按月包干定价能体现更为合理的价量对应关系，可以有效降低代维成本。为防止代维供应商为了提高维护频次而故意制造故障或者每次维修后故意留下尾巴的事件发生，相应出台与该计价模式配套的管理办法以规避风险。

策略 2：集中代维，实现规模效益

集中化管理，能够将分散、有限的资源进行跨地域、跨专业的统一管理或整合使用，由于单个外包商的维护任务增多，可提升中国电信维护外包议价能力，而单个外包商承接的工作内容增加，部分维护工作可在外包商内部协调完成，人员复用度、维护资源复用度可以提高，外包商的规模效益比较明显。代维集中采用专业、供应商以及维护对象集中等并存的代维模式。实施过程中，借助管理机制贯穿始末，确保具备较高的项目整合与管理能力，加强对多专业的统一协调，以体现规模效应。

策略 3：创新节能管理，有效降低能耗

中国电信多管齐下，不断创新节能管理手段。第一，从采购源头入手，建设基于物资全生命周期（生产、仓储配送、使用和回收四大环节）的绿色采购管理体系，在各采购环节加入节能减排指标。第二，建立能耗监测系统平台，实时监测主要接入网机房的总耗电及分项耗电，以及移动基站耗电量。第三，将能源费与对应分类资产、电表业务单元关联，建立以电表为基础单元的成本管理体系。第四，加大设备节能改造或清退力度。每年度投资盘子中安排一定额度专项实施精密空调改造、模块化 UPS、空调节能改造、精确送风、高压直流电源、开关电源休眠节能、风光互补等技术节能工作。同时，及时处置清运退网设备，释放无效占用的机房空间，节约无效消耗电量；对因业务萎缩而利用率不高的设备进行缩容或整合优化，腾空机房空间，减少电量消耗。

3. 优化成本结构、强化效益评价，提升营销资源效益

当今，中国通信行业三家运营商均拥有全业务运营牌照，产品竞争难以形成各自差异化优势，通信市场逐步进入“零和博弈”。在这种竞争态势下，中国电信着眼成本领先战略，一方面推行成本精细化管理，另一方面强化营销资源配置效益评价管理。

策略 1：建立营销资源全视角管理体系

业务人员，甚至财务人员常常认为企业营销资源，就是从成本开支的资源，这种片面理解经常误导了管理层决策。中国电信 2012 年度建立起营销资源全视角管理体系，明确营销资源是指企业在营销过程中用于获取或保有客户的各项费用、投入及其他方式的资源占用，包括成本费用和非成本费用两类；并且建立客户群、渠道、终端等多维度营销资源台账，综合评价营销资源使用情况。然后，建立终端补贴投资收益评估分析模型，将用户价值贡献及补贴效益（内

部回报率）等关联起来。最后，在营销政策发展效益满足公司效益目标下，根据公司的收入、成本、EBITDA 年度预算目标，合理安排成本费用和非成本费用两类营销资源的结构。

策略 2：建立营销方案全过程评价体系

以营销方案为载体，建立营销方案规划、预评估、设计、执行、后评估与优化的全过程评价体系。在营销方案制订过程中，通过持续的标杆库与分析平台优化，建立客户价值管理模型，精准定位合理的目标客户。营销方案全过程评价体系的推广实施，实现财务对营销支撑的四大转变：一是从事后评价向事前评价转变；二是从单一指标向多个指标衡量转变；三是从政策风险向效益风险转变；四是从重视评价向重视应用转变。

策略 3：建立渠道基础单元效益评价体系

中国电信从 2011 年度起加强自有渠道和社会渠道的效益管理，将考核责任主体划小到单个营业厅、代理商。在自有渠道方面，将营业厅的总体收入划分为 7 类，总体成本划分为 5 类，建立收支分析模型，通过 ODS 系统进行数据关联分析，开展营业厅对标分析，挖掘效益优劣原因，推进低效厅关停并转，支撑卖场化改造选点。在社会渠道方面，从经济价值和用户质量两个角度对单个代理商建立效益评估指标体系，基于评估结果，按评分高低排序，进而评判各层级代理商效益，同时实时监控套机等套利行为，降低渠道运营成本。

4. 部门协同、注重预防、强化追欠，降低应收账款水平

一般来讲，企业都将应收账款作为财务的问题来看待和处理，从而造成了产品销售和欠费回收的脱节，业务部门漠不关心，财务部门力不从心。如何破解这个难题，最重要的是要将应收账款的结果管理转化为过程管理，将相关控制点嵌入到前端营销活动及后端 IT 支撑内控流程中去，形成合力，齐抓共管。

策略 1：优化信用政策，严格业务规则

第一，在业务受理时，坚持“实名制”，让客户签署协议承诺遵从公司信用监控规则；第二，通过建立实时信用控监控的金融接口，当客户消费到一定额度时，客户指定的银行账户会自动按消费额度划扣；第三，建立异常话务监控机制，发现异常消费时及时采取有效手段减少恶意欠费损失；第四，严格执行停机条件，客户欠费时限达到停机条件后立即停机；第五，强化社会代理、合作营业厅等资金监控，实现代理商收取的营收款快速回笼。

策略 2：拓展“两预”业务，坚守“现金流”为正

通信企业向客户的收费模式可分为预付费、预存后付费（简称“两预”）和后付费等三种。在负责人业绩考核体系中引入“预收账款占收比”指标，引导市场营销部门加大预存类套餐营销力度，并采取优惠或赠送积分等各种手段引导用户接受“双预”业务，同时为防范补贴被套取风险，坚守“现金流”为正的原则，客户入网时，其预先存款要超过其享受到的补贴。

策略 3：以电子方式为主体，构建多元化缴费渠道体系

中国电信逐步应用银行业电子技术成果，引入银行（支票）转账、银行托代收等电子缴费方式，随着互联网技术广泛应用，又发展了自助缴费终端、网上营业厅（PC）、掌上营业厅（MOBILE）、固网支付、移动支付等更为灵活便捷的新渠道。

在多元化的缴费渠道体系建设过程中，关键要结合市场因素开展渠道适配性分析，判断各类缴费渠道适宜的客户群和适宜的产品形式，并制订相关策略对用户的缴费方式和习惯进行引导。如表 4 所示。

表 4　　　　渠道适配性分析表

缴费渠道		适配性分析		发展导向
		适宜的客户群	适宜的业务产品	
现金	自营营业厅	老人、习惯传统方式及网点附近居民	新业务	★
	外包及社会		成熟业务，以及标准化新业务	★★
电子	银行托代收	忙碌的工薪阶层、稳定的政企客户	相对稳定的业务	★★★
	支票、转账	企业客户	客户经理直销渠道	★
	网银划账	经常上网且开通网银业务一族	网上营业厅、网上商城、移动支付	★★★
	银行自助缴费终端、银联 POS	习惯银行卡消费的中青年	公众客户消费	★★★
	空中充值	流动人口集居地，人流量较大的商业区、住宅小区	移动、固话	★★★
	充值付费卡	个人、家庭客户	移动、固话	★★★

五、结束语

本课题研究以期对资本密集型企业提升其EVA水平提供积极的启示意义：

第一，表达一个理念，即EVA提升务必依赖于企业内部各部门、各层级通力协作，而不是靠财务部门通过会计项目调整进行粉饰。美国管理大师德鲁克说过："评价什么，就得到什么"。经济增加值观念的管理哲学在于引导企业创造价值以及衡量企业是否创造价值，而不在于企业创造了多少价值。

第二，构建一种范式，即资本密集型企业可参照本课题构筑的EVA提升关键路径模型、实施步骤及分析思路，结合自身企业情况，在实际经营中加以调整改善，剖析影响企业EVA价值提升的短板问题及背后价值驱动因素，因地制宜地提升本企业价值。

第三，提供一些借鉴，即本案例以EVA提升为主线，总结提炼中国电信近几年提升EVA运营管理策略，介绍了具有可操作性强的实施方案及具体举措，其中有诸多属于通用的，可供其他资本密集型企业复制推广。

但由于本课题实证研究主要以中国电信为对象，研究面较窄，未能综合考虑其他资本密集型企业特点，更由于课题组人员时间和能力有限，使得对EVA提升体系实践研究还存在很多不足。

主要参考文献

[1] AlEhrbar. EVA：The Real Key to Creating Wealth. New York：John Wiley&Sons，1998.

[2] 彼得·德鲁克：《企业绩效测评》，中国人民大学出版社1999年版。

[3] 刘云国、陈国菲："BSC与EVA相结合的企业绩效评价研究"，《会计研究》，2008年第9期。

[4] 王纪平、孔彬："央企EVA考核实施中的难题及对策"，《财务与会计》，2010年第2期。

[5] 池国华、张彪："央企实施EVA的现状分析与启示"，《财务与会计》，2010年第7期。

[6] 王化成、程小可、佟岩："经济增加值的价值相关性与盈余现金流量剩余收益指标的对比"，《会计研究》，2004年第5期。

[7] 姜宏、刘成竹："基于EVA模型的企业内部价值管理"，《财务与会

计》, 2004 年第 5 期。

[8] 孙铮、吴茜:“经济增加值盛誉下的思索”,《财务与会计》, 2003 年第 3 期。

[9] 殷明德:《中国企业实施 EVA 工作指南——探索企业价值管理的有效途径》, 内部资料, 2010 年。

[10] 赵治纲:《中国式经济增加值考核与价值管理》, 经济科学出版社 2010 年版。

[11] 杨建文:《产业经济学》, 学林出版社 2004 年版。

[12] 殷明德:《资本密集型企业的价值创造与价值管理特征》, 内部资料, 2012 年。

[13] 蒋晓军、李非:“基于价值链的电网企业资产全寿命周期管理研究”,《财务与会计》, 2011 年第 4 期。

境内证券交易所风险管理相关问题研究

班级：行政事业类二期

作者：刘宇　董国群　王海瑛　洪乐

摘 要

风险是人类历史上长期存在的客观现象，几乎所有的组织或系统在其经营、管理以及其他实现功能的过程中都不可避免地面对风险这一变数和难题。国际经济的全球化发展趋势下，证券交易所公司化浪潮给全球证券市场带来了新的活力，极大地增强了自身的竞争力，巩固了其在证券市场中的核心地位。信息技术的飞速发展和经济、金融全球化进程的加速，使得交易所的运作环境发生了巨大变化，正日益步入大变革、大分化和大重组时代。在国内创新产品日益复杂，国际市场竞争日益加剧的情况下，为满足日益严格的监管要求，适应客户观念和需求的不断变化，应对日趋激烈的金融市场竞争，维护市场的稳定健康发展，进而保护市场各方主体的利益，有效加强和实施证券交易所的风险管理，成为构筑证券市场竞争优势和实现交易所价值最大化的必然要求。

本文比较借鉴境外欧美、中国香港等国家和地区证券交易所的风险管理实践，从风险分类、风险管理步骤、各层级职责角度，阐述境内证券交易所的风险管理现状，提出当前立足于战略的境内证券交易所风险管理体系，应当参考理想化的风险管理框架，设计符合自身发展实际的风险管理适用框架，进而确定风险管理内容并实施相应的风险管理控制措施，是对传统风险管理体系及各组成部分的创新和重新思考、分析和组合。本文还分析设计了境内证券交易所全面风险管理相关流程：风险管理整体流程、风险对策的制定和执行流程、风险管理报告流程以及风险管理监督流程。

一、研究背景

风险管理是一个源自实践的产物，在过去几十年的发展过程中，有关风险和风险管理的研究，逐渐成为国际社会高度关注的一个焦点和热点问题，风险管理成为世界各国政府和市场相关主体共同面临的重大挑战。在理论和实践相互作用、相互促进的过程中，全球风险管理已经超越了以往传统概念，超出了单学科、纯学术研究的范畴，具有跨学科、集自然科学与社会科学、研究与管理为一体的特点。尤其是进入21世纪以来，在全球经济一体化的过程中，“9·11”事件恐怖袭击、SARS疫情新发传染病等各种新风险的不断涌现。同时，各种风险越来越具有持续变化的动态特征，风险源、风险发生的背景条件、风险演变特性、风险后果以及社会管理能力等都在不断发生变化，表现出错综复杂的特征，并且各种风险相互交织，这给全球风险治理带来巨大的挑战。

2005年11月初，东交所发生大规模系统故障导致所有股票交易全面告停，这在全球重要证券交易所中实属罕见。经调查，故障原因是东交所为增强系统处理能力而更新的交易程序存在缺陷。2005年12月8日，东交所再次因系统不力，未能及时取消错误交易造成日本瑞穗证券蒙受至少400亿日元损失，酿成日本证券交易史上前所未有的重大事故。这一事件表明，一个旨在提供安全高效的交易平台的交易所，在不断发展壮大的过程中，风险管理越来越至关重要，发展必须建立在安全的前提之下。

2008年12月7日，多伦多证券交易所早上开盘一小时之后出现技术故障，导致这个全国最大证券中心的买卖和交易中断，电脑显示屏上的数字均为“0”。多伦多证券交易所是全球第八大股票市场，股票交易额达6 430亿美元。有业内人士以荒谬来形容这种不该发生的技术故障，因股票不能正常买卖，令投资者错过机会。这是该交易所交易暂停时间最长的一次。

2013年8月16日11点05分，我国上证指数出现大幅拉升，大盘一分钟内涨超5%。最高涨幅5.62%，指数最高报2198.85点，盘中逼近2200点。11点44分，上海证券交易所称系统运行正常。下午2点，光大证券公告称，策略投资部门自营业务在使用其独立的套利系统时出现问题。针对该事件，上交所结合市场的意见和建议认为，将进一步加强和改进一线监管，不断完善监管制度和规则，进一步强化风险控制措施，确保市场安全有效规范运行。

目前我国的相关金融产品和交易方式还比较简单，如果进一步放开，引入各种衍生产品，对操作风险的控制就需要重新审视了。境内证券交易所发展也面临着重大挑战。一是全球主要交易所在上市后加大了购并结盟和市场拓展的力度，全球资本市场正进入大整合时代，境内交易所面临日益激烈的国际竞争。二是中国资本市场仍为新兴加转轨的市场，市场环境和制度环境尚需完善，境内交易所发展仍然面临诸多体制障碍。三是境内交易所在风险管理、治理机制、组织架构、创新意识与服务理念等方面尚未形成自己的核心竞争力，与世界一流交易所相比仍有较大差距。这些方面的挑战和压力，形成了交易所内生变革的动力（见图1）。

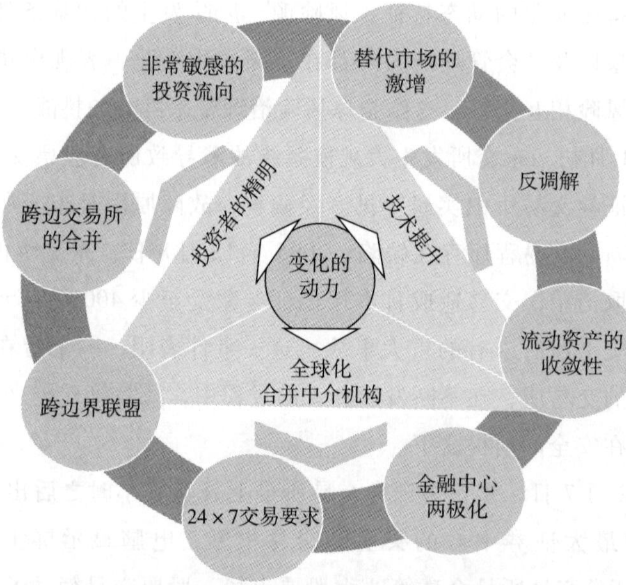

图1 证券交易所竞争影响因素

二、证券交易所风险管理现状

（一）境外证券交易所风险管理实践

1. 国际证监会组织风险管理原则

国际证监会组织有关风险管理的基本原则如下：董事会负责对风险管理进行监督，制定风险管理政策并保证其被严格执行，建立一个永久性的有效风险管理职能部门。该风险管理职能部门应有一个正式的身份，独立于公司经营，职能包括识别、评估和监督风险，将发现的问题及时上报董事会和高级管理层。风险管理职能部门的领导负责日常管理，该部门的员工应有与所从事工作相符的资质。跨国公司应建立风险管理职能的有效架构以确保本地合规。风险管理职能部门应隶属于内部审计部门。单位中特殊的工作，可以在风险管理职能部门领导者的监管下实行外包。

2. 纽约泛欧证券交易所

从内部控制组织结构看，纽约泛欧证券交易所的内控架构很精干，在董事会层设置“审计委员会”，下设保障团队，保障团队的主要职能是具体实施内部审计、风险管理及合规性检查等，保障团队在接受审计及风险委员会领导的同时也向纽约泛欧证券交易所 CEO 汇报工作。保障团队内部分成两个职能部门：风险及审计服务部门和合规检查部门。风险及审计服务部门主要通过实施内部审计揭示风险、控制风险。合规检查部则对公司内部进行各种合规性检查、企业道德规范检查以及面对市场的公司行为合规性检查。

纽约泛欧证券交易所风险及审计服务部，按其职能划分为风险服务和审计服务，共有 20 多名工作人员，包括 1 名风险主管和 1 名审计主管，审计人员分布在纽约、巴黎、伦敦等各地。风险服务工作未设专门的小组从事风险管理，而是审计人员通过内部审计去揭示风险，在风险主管的领导下进行风险评估与控制。该部门的组织形式为矩阵式组织，根据审计领域的不同分为两个小组：业务审计组和 IT 审计组，审计人员既接受审计主管的领导，又要向风险主管汇报工作。

在业务方面，业务审计组参考 COSO 委员会制定的 COSO 内部控制框架，根据该准则展开审计活动。COSO 是美国证券委员会唯一推荐使用的内部控制框架，它是企业内部控制建设、风险管理的指向性框架，它提出了内部控制系统的五大要素：控制环境、风险评估、内控活动、信息与沟通、监督。在技术方面，IT 审计组参考的是信息系统审计和控制协会（ISACA）制定的 COBIT（IT 治理模型）。COBIT 是目前行业公认的专业 IT 治理工具，提供科学化、系统化的方法、经验模型，改善 IT 管理、控制 IT 风险等，为 IT 审计提供了审计标准和指南。

纽约泛欧证券交易所的内部审计，采用以风险为导向的审计方法，审计的目的就是揭示风险和控制风险。在对业务流程和技术流程的审计工作中，纽约泛欧证券交易所根据 COSO 和 COBIT 理论建立了一整套的关于业务和技术审计的评估矩阵、模型、模版，在此基础上审计人员运用 ACL、CAAT 等自动化的分析审计工具，通过大量的数据进行审计分析，为审计提供数据依据。在确定审计计划后，审计部会报审计委员会批准。待批准后，向审计对象发出审计通知，开始实施审计。在审计实施过程中，用既定的审计流程、模版和工具等评估风险是否得到管理和监控，如穿行测试确定是否按流程实施了控制活动，以及实际的控制效果。

纽约泛欧证券交易所的风险管理层可分为三层：首先各业务部门负责对各自部门相关的业务风险点进行具体的风险管理；审计部在此基础上对所有重大风险信息进行分类、识别、评估、监控，并对风险进行专业的管理；在最上层，审计委员会监督风险管理的过程，评估公司是否采取了合适的风险管理措施，审议公司风险评估和管理的政策等。纽约泛欧证券交易所建立了专业的风险管理框架，在此模型中定义了风险分类、风险识别矩阵、评估模型和风险控制措施等。纽约泛欧证券交易所将风险划分为五大类：策略风险、操作风险、IT 风险、合规性风险和财务风险。在各大类风险下又细分成若干具体的风险。同时，风险管理也有 IT 系统的支持。该系统收集各类风险信息，实时监控可能出现的风险隐患，并及时进行风险揭示。目前，审计部、财务部等与风险管理相关的部门在使用该系统。

3. 伦敦证券交易所

（1）风险管理内容。伦敦交易所风险管理工作主要包括两方面内容：一是风险记录，分为风险记录、记录对象（或实体）、经营单位风险、完成对风险的记录和对风险的分类、总风险的认定、控制风险、操作风险（净风险）的认定、第三方冲击与风险的关联、控制风险的测试、对实际风险的认定、对已暴露的风险的补救措施和调整、CARE 软件报告、CARE 软件进入的授权等方面。二是记录的保存，主要有对象和风险及控制、风险测试和实际风险认定、风险报告等。

（2）风险管理的作用和职责。伦敦交易所风险管理委员会对重大的风险定期进行审查和检讨，除特殊情况外，一般每半年讨论一次。财务、风险及审计部是伦敦交易所成本控制、风险预测与监控、内部稽查的核心部门，也是其日常运作的重要保障部门。该部门具有三重职责，除财务审计职责外，还承担风险控制和审计职责。负责制定统一的风险管理政策、信用风险标准、市场标准和操作风险标准等，负责交易所的总风险、操作风险的承受能力和风险等级的设定，负责对风险进行评价，负责日常各业务产品的风险识别、估量、风险指标的监控，并定期起草风险管理方面的报告给审计委员会和风险管理委员会。某种意义上，财务与风险管理工作是伦敦交易所心脏、血液和动脉，它的畅通无阻，保证了交易所成本收入率指标降低、流动性保障充足、风险清晰可控、内部工作严谨有效。

伦敦交易所各经营单位负责日常的风险控制，保存记录在风险软件 CARE 的数据，对本部门的风险进行自我消化，冷处理 3 个月，处理不了的要报送审计部门。此外，在风险管理工作的外部配合方面，主要包括各方利益相关者（股东和客户等），以及外部审计和评估等。

（3）伦敦交易所的风险认定。

①总风险分值。总风险分值是审计部门在风险暴露之前，考虑如何控制风险的必要测试方法。风险管理体系计算总风险的方式如下：

总风险分值 = 风险权重 × 可能性 × 影响力

风险的影响力分类如表 1 所示：

表 1　　风险的影响力分类情况

影响力	用金额表示	不可用金额表示
高	100 万镑	严重
中	50 万镑	显著
低	20 万镑	细微

风险的可能性高低如表 2 所示：

表 2　　风险的可能性分类情况

可能性	在一年发生风险的可能性
高	50% ~100%
中	20% ~50%
低	0 ~20%

②操作风险分值。操作风险的分值是部门内风险暴露之前考虑如何控制风险的测试方法。操作风险分值的计算方法：

操作风险分值 = 总风险的分值 × 工作环境的权重

风险管理工作相关工作人员根据表3的分类情况，针对风险控制程度给出一个分值，根据表4，由风险系统自动分配某个工作环境中，并给出权重。

表3　　确定风险分值的标准

控制分值	说明
5	能够控制和减低风险发生的可能性，或将已发生的事件的风险损失降低为零
4	能够控制和减低风险发生的可能性，或使已发生的事件的风险没有恶化
3	能够控制和减低风险发生的可能性，或将已发生的事件的风险损失降低50%
2	能够控制和减低风险发生的可能性，或将已发生的事件的风险损失降低为10%
1	只是经历了风险，没作任何控制

表4　　风险的影响力分类情况

工作环境	工作环境的权重
A	0.05
B	0.25
C	0.50
D	1.00

③实际风险的分值。实际风险的分值是根据表5，对各部门登记的风险可信度的调整：

实际风险的分值=总风险的分值×实际工作环境的权重

表5　　风险可信度调整的标准

日常的控制（经测试）	评估	修正控制分值
100%	经常	无变动
99%	大部分	每个风险减少2分
75%～99%	有时侯	每个风险减少3分
75%以下	从未	0

4. 香港证券交易所

（1）风险管理基本理念。

港交所的战略目标，是成为一个专注香港、中国内地乃至亚洲其他地区的证券及衍生品的主要国际市场。港交所的经营策略，是建设合适的公司架构，使内部运作更具效率、可靠和具有透明度。在内地继续力求作为中国的国际交易所，寻求改善与内地有关方面的合作和协调，确保内部有足够资源，应付日益增加的内地业务。致力于减少市场障碍、精简收费架构以及提升旗下产品服务，力求进一步拓展业务。

港交所在2000年成立了风险管理委员会，从2003年开始系统推行风险管理工作。事实上，港交所历史上一直采纳一种分散的风险管理模型，即风险由各个运营部门自行进行管理。例如，现货或衍生品清算风险管理部主要关注对手方的风险管理，而法律服务部则关注法律风险管理，IT部门更多关注于IT自身的风险管理。目前，港交所试图在即有风险管理实践基础上，顺应发展的需要，提出和正在建立一种更为综合和正式的风险管理框架，以期达到以下目标：一是提供一个务实的工作模型，用来整合港交所的所有风险管理工作；二是提高风险识别、跟踪、报告乃至化解风险的质量；三是提供有用的信息，来支持整个公司的业务和战略规划。

港交所的风险管理系统囊括现货市场、衍生品市场、企业管理等在内的风险信息，实时监控可能出现的风险隐患，并及时进行风险揭示。在他们看来，风险管理系统绝不是纸上谈兵，更不是官僚系统，而是为帮助管理层更好地管理风险服务。港交所的经验表明，实际工作中最困难的问题，是推行和倡导一种风险管理的文化，使大家能够在对所处领域风险加深理解的基础上学以致用，不断融合。为提高执行效率，要注重讲究工作方法。比如，应说服中层管理人员，使他们首先对工作的重要性引起重视，具体地，会选择一个有代表性的部门进行试点，在总结试点经验教训的基础上，逐步推行到全所内。

(2) 风险管理职责和分工。

港交所风险管理工作由风险管理科负责统筹实施，由现货市场风险管理部、衍生市场风险管理部及企业风险管理部组成。风险管理的主要任务，即对港交所的风险进行专业化的管理。为完成好这个任务，需要做好以下四方面的工作：一是对业务发展提供支持，即对港交所现有和新增业务的风险决策提供支持；二是建立和管理一个专业的“风险管理框架”；三是确保对所有重大风险信息进行恰当的排序；四是对港交所的风险管理框架实施持续的更新和维护。

企业风险管理部的职能，制定及推行香港交易所风险管理方针、承担港交所风险管理委员会的工作、制定市场紧急应变计划、制定企业风险管理政策。

港交所风险管理委员会由 8 名委员组成。其中董事会主席兼风险管理委员会的主席，依照香港《证券和期货监管条例》（SFO）的规定，香港财政司司长可任命 3 ~5 名委员，港交所董事会可任命不超过 2 名委员。

港交所风险管理委员会的主要功能，一是规划与制定与港交所、现货交易和衍生品交易及其清算活动有关的风险管理事宜的政策，并将其提交董事会审议；二是审阅及评估港交所重大风险领域的有关政策；三是对管理层提出和关注的，可能影响到香港证券和衍生品市场稳定和完整的事宜，提出专业性建议或意见。

（二）境内证券交易所风险管理现状

1. 风险分类

（1）操作风险。交易所系统的操作风险体现在技术层面的较少，而在业务层面的相对较多。就目前的业务流程来看，一些可以标准化的工作还有待完善。比如，有关上游业务部门（如上市公司监管部门）将业务处理中生成的电子文件发到执行部门，执行部门接收后要将之转化为手工形式、重新开台账，然后再输入电脑系统中，在这个过程中存在着一定矛盾和风险。再如，以往的业务表明，权证和正股联动停复牌是采用电脑实现还是采用人工操作来规避风险也值得探讨。

（2）系统变更风险。系统变更风险主要体现在缺少 QA 机制、具体业务流程尚不健全。虽然有比较完善的开发和测试环节，但从整体上把握交易运行管理及其部署还不够科学，例如，在有的员工观念中将运行等同于操作。

（3）缺乏风险评估机制的风险。若交易所未建立健全风险评估机制，有些业务部门需求的提出并不理性，与技术部门的开发及其运行产生较深的矛盾。

（4）系统切换风险。交易所系统的切换带来的市场影响相当大，对新系统上线后的风险状况应未雨绸缪。

（5）新系统上线风险。系统的可靠性很重要，由于实施的层面较多，从开发的角度应该给予保障，应急演练要到位。当然这并不能保证不出问题，关键是出现问题后如何应付。

（6）项目决策投资。境内交易所在 IT 决策和执行方面还存在明显不足。突出表现在决策机制和决策程序缺乏科学性，有的项目的可行性分析不够充分。

（7）信息管理风险。一是一些重要数据若过于集中于某些员工手中，存在流失的风险；二是一些数据采样的合理性还有待斟酌；三是对有关数据准确性的审核程序不完善可能带来隐患。

(8) 其他环节风险。其他环节风险指生产和测试环境不独立风险，员工变动的风险，市场风险，后勤支持、电力安全、保密风险，财务风险和对外宣传的风险等。以督办事项效率、可操作性及可控性为例，交易所在内部控制中潜在缺乏检查机制、效率不足。

2. 风险管理步骤

境内交易所开展风险管理相关工作，必须从实际出发，实事求是，立足于本国和具体交易所发展实际。在较为完善和有效的内部控制系统基础上，建立风险管理系统，需开展以下工作：

一是制定交易所的战略目标和进行目标分解：长期战略目标——中长期目标——部门目标。由理事会制定交易所战略目标，在此战略目标下，由总经理制定较为具体的三年或五年中长期目标，同时为实现这些目标，为各职能部门制定具体的部门目标。在制定具体的部门目标时，有可能涉及部门整合或新设部门的问题。

二是进行风险识别。围绕各级目标，交易所从上至下对风险全面识别，找出影响目标实现的各种风险，并在风险识别表中一一列明。风险识别依据不同的层次目标也需分层展开。高管层主要面对各种决策风险、运营风险等，各部门负责人即中管层识别的是部门各类业务风险，各部门员工要识别的是各自岗位上的操作风险。各层次风险不仅要考虑内部管理的风险，同时也要考虑对交易所有不利影响的外部风险。

三是实施风险评估。风险的大小取决于两个要素：发生的概率和影响程度。对已经识别列明的各个风险可分大、中、小三级或更多级别分别评估其发生的可能性和影响程度，如果再精确一点，可设置量化值。这一步骤同样需要全员参与。

四是开展风险控制。各行政部门、职能部门或者业务部门的管理者应对该部门的风险选择相应的风险应对方案，最终由高管层制定。并且，为保证这些风险应对措施得到正确执行，还需制定相应的风险控制流程。

五是保障信息沟通、日常监控和报告。风险管理要求建立科学高效的信息沟通流程和日常风险管理监控与报告流程。来自所内部和外部的相关信息必须以一定的格式和时间间隔进行确认、捕捉和传递，以保证员工能够执行各自的职责。有效的沟通也是广义上的沟通，包括所内自上而下、自下而上以及横向的沟通。

3. 各层级职责

目前未实施公司化的境内交易所的理事会，相当于一般企业的董事会，对企业具备良好的风险管理流程且运转正常负有监督职责。

交易所总经理对交易所的风险管理和控制流程最终负责。相应地，高层各分管领导对其分管领域的风险管理与控制流程负责。

在实施风险管理时，交易所通常应在理事会下，设置风险管理委员会或风险管理员。风险管理员是交易所的首席风险管理员或首席风险管理经理，与交易所的其他管理者一起，在各自的职责范围内建立并维护有效的风险管理框架。首席风险管理员也可担当监督风险管理进度和帮助其他管理人员在向上、向下和横向报告有关风险信息的职责，并可成为风险管理委员会的一员。

各部门负责人负责对风险进行持续的识别、评估和控制，同时负有持续监督本部门各岗位风险管理工作有效性的责任。

内审部门不负风险管理的责任，但应积极协助风险管理过程的初步建立工作，以咨询的方式帮助交易所识别和评估风险、运用风险管理方法，并对风险管理进行定期检查和评价，向总办会报告和提出改进建议。

某种程度上，企业风险管理是交易所每个员工的责任，风险管理应是交易所内每位员工的工作手册的必备内容。本质上，所有的员工都应提供风险管理所需的信息或者采取必要的措施管理风险。同样，所有的员工都有责任向上报告风险。

此外，交易所许多外部相关方也有助于企业目标的实现。如外部审计人员，从独立、客观的角度对交易所的财务报表进行审计，对交易所的内部控制进行复核，直接有助于交易所目标的实现。其他向交易所提供风险管理的有用信息的相关方还包括行政管理部门、会员单位、系统开发商、咨询机构等。当然，外部各相关方并不对交易所的风险管理负责。

三、境内证券交易所风险管理体系

（一）证券交易所战略规划

1. 使命

境内证券交易所当前的历史使命，建设公正、透明、高效、有序的资本市场，支持中国和平崛起和中华民族伟大复兴；推动中国由制造大国、储蓄大国转变为投资大国，增加全民财产性收入，成为建设和谐社会的重要支柱；提升中国金融的核心竞争力，确立证券市场在国际金融中心建设中的核心作用。

交易所的战略发展指导思想，以国家战略为统领，交易所的发展要放到促进国民经济可持续发展和配合国际金融中心建设中来认识，放到维护国家经济金融安全、服务中华民族伟大复兴事业的大局下思考和部署。以制度建设为基础，通过制度建设完善运行管理机制，优化组织结构和健全内控制度，改善交易所治理结构，择机推进公司化进程，不断增强核心竞争力。以稳步发展为主线。积极扩大市场规模，逐步提高交易质量，丰富产品品种和服务内容，同时保持市场平稳运行，实现又好又快发展。以开拓创新为动力。充分利用我国经济金融改革所创造的制度条件，继续解放思想，开拓进取，推动制度、技术、产品和管理的全面创新。以强化自律监管为保障。进一步完善自律监管手段和措施，积极探索监管创新，提高监管效率，努力提升市场规范化程度，降低系统性风险。

实现交易所的战略目标，离不开先进的风险管理，20 多年的发展经验表明，境内交易所进一步提升风险管理水平的内外部环境已日渐成熟。风险管理的核心就是通过完善战略规划、组织结构、制度流程、机制文化等可为的因素，提升安全运行、资源配置、成本控制、市场服务的水平，完善近期目标和中长期目标之间的协调，化解多头业务与分工细化之间的矛盾，加强软实力和硬指标之间的平衡。

2. 战略目标

立足于目前具有中国特色的市场经济的发展特殊的外部环境，境内交易所的战略目标是，建设成为功能健全、运行高效、具有核心竞争力的世界先进的交易所，支持国民经济长期可持续发展。境内交易所要准确把握全球交易所产业发展趋势和中国证券市场发展的阶段性特征，至少应当实施以下竞争战略：

（1）技术领先战略。以技术系统、技术基础设施和技术治理体系建设为基础，形成境内交易所安全、先进的技术保障，为市场发展提供全方位技术支持。

（2）组织优化战略。以市场化为突破口，形成有利于实施各项竞争战略，促进运行效率和管理效率全面提高的组织结构和治理机制。

（3）市场发展战略。以创新和服务推动市场发展，形成以蓝筹股市场建设为核心，债券市场和衍生品市场共同发展的分层市场体系。

（4）监管提升战略。以加强制度建设和丰富监管手段为抓手，推动“三公”市场建设。

(5) 国际合作战略。通过国际交流与合作培育竞争优势，推动市场国际化进程，建设成为全球化交易所。

到2020年，中国将成为全球最主要的经济体，全面建设小康社会的宏伟目标基本实现，境内交易所将发展成为全球最具影响力的交易所集团之一。境内证券市场自律监管体系将更加完善，市场实现公开、公平和公正，投资者合法权益得到有效保障。境内交易所的市场基础设施处于世界一流，拥有技术全球领先的证券交易平台，拥有亚洲最大的证券信息技术服务体系，市场交易机制灵活，市场深度、广度、交易成本、流动性和效率具有很强国际竞争力，实现上市资源、投资品种、投资者和中介机构全面全球化，拥有极大的全球影响力和辐射力。境内交易所将发展成为全球资本交易中心之一，是全球的资产配置中心和风险管理中心，是美、欧、亚太三大时区中亚太时区主要交易所，全球资本市场中除北美、欧洲之外的第三极。

3. 风险管理宗旨

境内证券交易所的持续经营和发展，是根据确定的任务或预期，制定战略目标，选择战略并确定与之相关的其他目标并在交易所内层层落实。只有先确定交易所的目标和战略，才能够确定对目标实现有潜在影响的事项。

交易所风险管理目标包括战略目标、经营目标、报告目标及合规目标。战略目标是交易所的总体目标，体现了交易所的长远发展方向，是建立与交易所总体战略规划相匹配的风险管理体系；经营目标是关于交易所经营效果和效率方面的目标，包括运营类、效益类和控制类等目标，力求实现交易所可持续发展和创新发展，不断提高经营质量；报告目标是建立畅通、可靠、完整的风险及财务报告体系；合规目标是保障交易所各项业务合法合规经营。财务报告目标是编制可靠的财务报告的目标。

为完善和加强交易所风险管理工作，提高交易所经营管理水平和风险防范能力，促进战略规划和经营目标的实现，交易所应参照《企业内部控制基本规范》、《中央企业全面风险管理指引》和国际通行的风险管理体系，结合自身发展实际，建立科学可行的风险管理体系。

（二）证券交易所全面风险管理

交易所各部门和工作小组通过全面参与、过程管理，健全全面有效的风险管理体系、机制、制度和流程，使风险管理与交易所总体经营管理相互融合、相互促进。根据交易所风险管理的四个目标，结合交易所实际经营情况，并考虑管理层已经关注的与交易所业务密切相关的风险状况，将风险区分为四大类：战略风险、运营风险、合规风险和财务风险。

防范风险过程中，业务部门和其他支撑部门通过执行日常的内部控制活动构成了第一道防线，各业务部门建立必要的风险档案。日常风险要自我控制，突发性事件可能引起交易所的风险要上报；部门负责人通过执行其监控职责构成了第二道防线，管理层和内审部门则构成了第三道防线。

1. 理想化的风险管理框架

境内证券交易所的全面风险管理组织框架如图 2 所示：

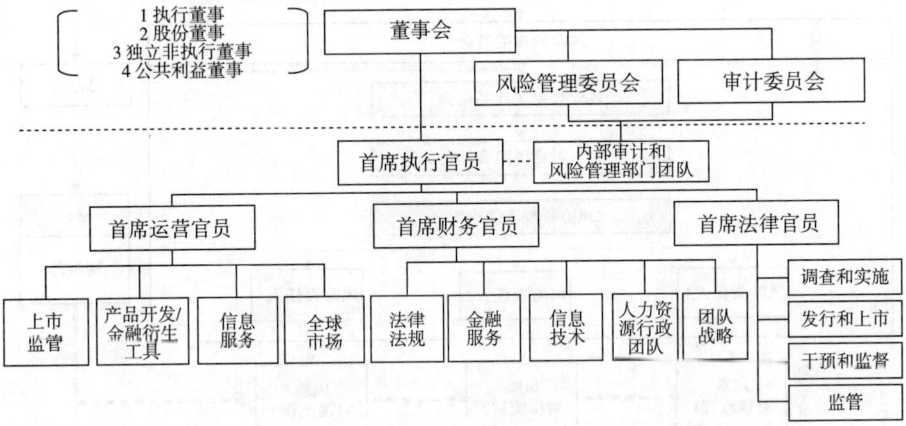

图 2 境内证券交易所风险管理组织架构

其中，董事会即现有的理事会的职责如图 3 所示：

理事会		
风险防范的第三步	审计委员会由内部审计团队协助，为交易所发现和管理风险提供了保障，依附于内部风险管理政策和指引，以及风险相关的法律要求的合规	保证
风险防范的第二步	风险管理委员会由风险管理团队协助，执行对风险政策和框架的监督和支持，以确保交易所的风险管理流程，适当的且达到了设计的功能	监控和支持
风险防范的第一步	首席执行官员及管理层（在代表性的业务部门/ 职能团队）从事风险管理活动，并主张控制和流程与我们的风险管理、公司政策及实际操作保持一致	决策

图 3 境内证券交易所的组织结构在风险管理中的定位

2. 现实的风险管理框架

现实来看，境内证券交易所建立在理事会及下设的风险管理委员会领导下的分级风险管理组织架构。如图 4 所示，交易所各项风险管理工作在理事会和风险管理委员会的授权下，由总办会及风险控制工作委员会负责推动和协调，并在首席风险管理官指导以及内审部、纪检办的监督检查下，由各个风险管理职能部门和各个部门具体执行和落实。交易所风险管理组织架构主要包括以下 5 个层次：理事会及下设的风险管理委员会、总办会及下设的风险控制工作委员会、首席风险管理官、风险管理职能部门、各部门、内审部、纪检办。

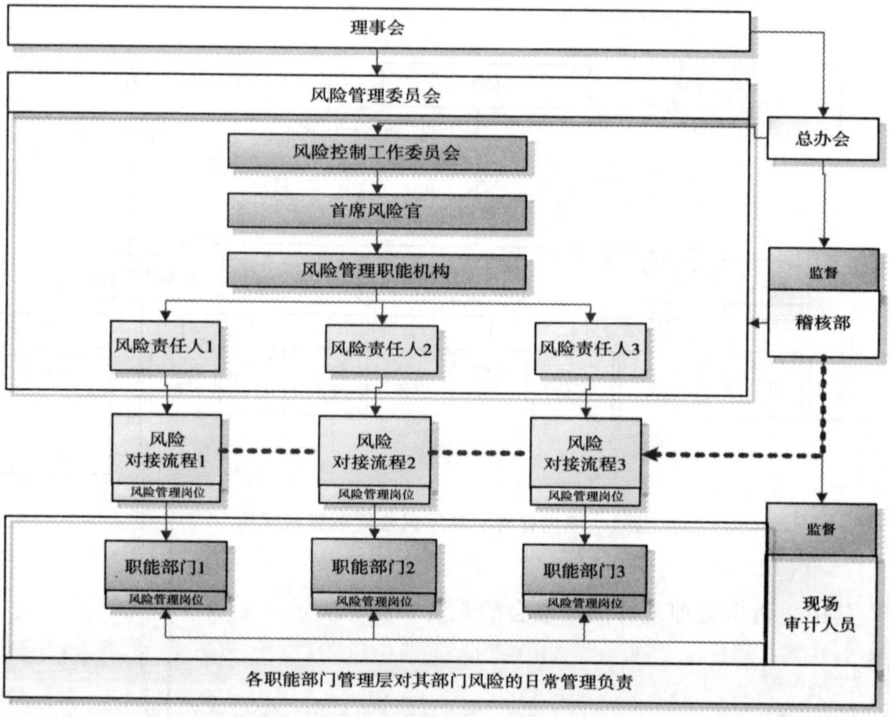

图 4　证券交易所风险管理组织结构

（1）理事会。理事会有关风险管理的职责，在于督促、检查、评价交易所风险管理工作，并对交易所风险管理负最终责任。交易所理事会内设风险管理委员会，在理事会授权范围内开展工作。

（2）风险管理委员会。风险管理委员会对理事会负责，主要履行以下职责：制订交易所风险管理的总体原则和方针；制订交易所的风险管理体系；定期向理事会报告交易所经营活动中的风险管理状况；审议风险管理策略和重大风险管理解决方案；审议重大决策、重大风险、重大事件和重要业务流程的判断标准或判断机制，以及重大决策的风险评估报告；审议内审部门提交的风险管理监督评价报告；审议风险管理组织机构设置及其职责方案；办理理事会授权的其他风险管理工作。

（3）总办会。总办会负责经营管理中风险管理工作的推动和落实。风险控制工作委员会，作为总办会下设的风险决策机构，具体负责总办会授权范围内，重大经营项目和创新业务的风险评估和决策。

（4）风险控制工作委员会。风险控制工作委员会由交易所总经理任主任，委员由有关总办成员以及相关部门负责人组成。风险控制工作委员会对总办会负责，主要履行以下职责：组织协调交易所的风险管理工作；研究提出风险管理工作报告；研究提出有关部门重大决策、重大风险、重大事件和重要业务流程的判断标准或判断机制；研究提出有关部门重大决策风险评估报告；研究提出风险管理策略和重大风险管理解决方案；负责对风险管理信息汇总的适当性和完整性进行监督，对风险管理的有效性进行评估，研究提出风险管理的改进方案，必要时提出改进建议；负责组织协调风险管理日常工作；与内审部审计人员沟通，了解交易所风险状况、风险管理状况、关键风险指标的变化情况等；办理风险管理其他有关工作。

（5）首席风险官。首席风险官负责对交易所经营管理行为的合法合规性、风险管理状况进行监督检查，并向理事会负责报告。首席风险官履行职责应当保持充分的独立性，作出独立、审慎、及时的判断，主动回避与本人有利益冲突的事项。首席风险官应当对交易所经营管理中可能发生的违规事项和可能存在的风险隐患进行质询和调查，并重点检查是否依据法律、行政法规及有关规定，建立健全和有效执行相关制度。首席风险官发现交易所经营管理行为的合法合规性、风险管理等方面存在的问题，应当及时向总经理提出整改意见。

（6）各部门。各部门建立风控小组，设立由部门负责人担任的风控员，承担本部门的日常风险管理工作。各部门在风险管理的框架内，确保将风险管理覆盖到所有岗位、人员和业务全过程，并履行以下职责：执行风险管理基本流程；提出本部门重大决策、重大风险、重大事件和重要业务流程的判断标准或机制；研究提出部门重大决策风险评估报告；做好部门培育风险管理文化的工作；建立健全本部门的风险管理内部控制子系统；办理风险管理其他有关工作。

（7）内审部。内审部是风险监督管理部门，独立行使相应的风险管理职能和监督职能，对交易所的风险进行动态、全面、全程监督和检查。内审部以风险管理为导向，对经营活动的合规性、内部控制的有效性和财务信息的可靠性，进行常规内部审计或专项稽核，履行以下监督职能：对风险管理予以了解与评价，评价是否建立恰当、有效的风险管理机制；对风险管理过程的实施进行检查与评价，评价是否按照已经建立的风险管理机制和流程进行管理与实施；评价管理层是否按照既定标准对重大风险进行适当地评估与认定；检查和评价重大风险是否得到有效的报告、应对和管理，以控制在管理层可承受的水平范围内；向管理层报告审查和评价结果，提出改进建议。

3. 风险管理内容与实施

（1）内部环境与目标设定。境内证券交易所风险管理以建立健全治理结构，包括科学的决策程序和议事规则，高效严谨的业务运作系统，健全、有效的内部监督和反馈系统，有效的激励约束机制为基础。交易所应当树立稳健规范的经营理念和风险控制优先的意识，健全交易所行为准则和员工道德规范，营造合规经营的文化和环境。交易所根据战略目标，设定相应的经营目标，报告目标和合规目标，并确定与交易所战略目标、经营目标、报告目标和合规目标相适应的风险承受水平。

以安全运行为核心，兼顾自身风险承受能力，对经营范围和各项业务的规模、结构进行动态调整，是交易所的首要风险控制指标。

（2）风险识别与风险评估。交易所应当建立健全风险识别、评估、监测和控制，以及计量风险调整后收益等一系列风险管理的方法和流程，确保风险被有效管理。在实施风险管理过程中，应广泛、持续不断地收集与交易所风险和风险管理相关的内部、外部信息，包括历史数据和未来预测。各部门或工作小组的风险管理岗位，有义务对与本部门或工作小组相关的风险管理信息进行收集，并及时送交风险管理职能部门备案。风险控制工作委员会授权风险管理职能部门，定期对风险管理初始信息进行收集、筛选、提炼、对比、分类、组合，以便进行风险评估。

交易所的风险管理，是交易所在组织交易和进行监管过程中，对风险的认识、控制和处理的主动作为，在此基础上，分析风险发生和变化规律，估算风险对交易所自身、市场其他参与主体可能造成损害的程度。交易所风险识别就是对交易所面临和潜在的风险加以判断、归类和鉴定风险性质的过程。为合理管理和控制风险，交易所首先应针对业务特点对风险进行具体辨认并予以分类、定性，以确定主要风险、次要风险、关键风险和派生风险。

(3) 风险应对。风险应对策略，是指交易所根据自身条件和外部环境，围绕发展战略，确定风险偏好，选择风险承受、风险回避、风险分担、风险降低等适合的风险管理工具的总体策略，并确定风险管理所需人力和财力资源的配置原则。

各部门风险责任人，对其所管理风险选择风险应对策略过程中，应考虑下列因素：交易所要采取的应对策略实施后对该风险的影响效果，以及所采取的应对措施需与交易所的整体风险偏好相协调；要采取的应对策略的成本与效益；采取应对策略对交易所战略规划和经营目标的影响等。

风险责任人应根据风险应对策略，针对具体风险制定风险管理解决方案。方案一般包括风险解决的具体目标、组织领导、管理政策及业务流程、管理方法、辅助系统和管理报告等。风险责任人制定风险解决方案时，需考虑以下事项：所采取的控制活动与风险及风险应对策略的相关联性；所要采取的控制活动的成本与效益；所采取的控制活动是否能将风险降低到可接受的水平。

(4) 控制活动、信息沟通及监督。内部控制是实施全面风险管理的重要工作内容，交易所应当遵循健全、合理、制衡、独立的原则，建立健全各项内部控制措施。交易所控制活动，遍及各个层级和各部门，包括不相容职务分离控制、授权审批控制、会计系统控制、财产保护控制、预算控制、运营分析控制和绩效考评控制等，一系列不同的活动。交易所根据实际情况，分阶段设定不同时期的风险管理工作目标，由风险控制工作委员会在每年年初设定风险管理具体工作目标，经总办会审议通过后予以实施。

交易所应建立完善系统的风险报告体系，建立畅通的风险报告途径，实现风险事项的有效报告与反馈机制，建立健全合理的风险管理监督机制，对各项风险控制措施不断进行自我检查和评价，并接受上级管理部门和外部监督检查单位的业务检查和指导。

(5) 日常风险管理。各部门或工作小组风险管理岗位人员，发现风险事件或异常风险事项，应及时上报。各风险管理岗位人员应随时关注所管辖风险的变化情况，并按月报告关键风险变动情况和产生变动的原因。各风险责任人在日常工作中发现超过本岗位授权的风险事件或异常风险事项时，需及时上报风险监督管理部门进行处理。各部门的风险责任人应随时关注所管辖风险的变化情况，及时制定或调整风险应对策略。

内审部应将风险管理工作的检查与测试放入年度审计工作计划中，形成日常风险监督体系的重要组成部分。内审人员应时刻关注各部门的风险管理情况。在识别风险状况变化时，需考虑事件发生后，是否有相应的新部门、新岗位或新制度产生；该事件对于部门和交易所的影响程度，是否需要立即通知风险管理职能部门，转入风险应急预案处理程序。内审人员在日常工作中发现的风险事件或异常风险事项，需及时进行记录，并按月通报内审部备案，若发现任何对部门或交易所造成巨大潜在负面影响的事项，应立即通报内审部。

（6）监督与持续改进。内审部负责对风险管理工作的实施情况和制度的有效性进行监督与稽查，并将检查结果及时与风险责任人进行沟通。实施情况和制度有效性的监督与稽查结果会体现于年度风险管理报告中。各部门的风险责任人与风险对口部门的风险管理岗位，应按照岗位职责分工对风险管理工作进行日常自查，发现问题及时改进。针对交易所风险监督管理部门的检查情况，风险责任人与风险对口部门的风险管理岗位，应对检查结果给予积极反馈，并按照双方认可的整改建议和整改时间进行持续改进。

4. 基本风险管理控制措施

（1）各部门相关所属业务的风险管理由部门各自控制，跨部门协同业务的风险，由相关部门商定风险责任人，如有必要，报管理层批准。各部门制定详细、合理的业务规则和流程，并确保严格遵守。同时应将作业规则和流程置于监察稽核之下，随时接受检查。

（2）按要求健全授权管理制度，明确授权的范围、方式、权限、时效和责任，并建立相应的授权反馈制度，确保授权管理的有效落实。内审部、风险控制工作小组对授权情况进行检查及监督。建立统一的保密制度，与交易所各关键岗位的员工签订保密条款，保守交易所秘密，保障交易所的安全和高效。在实行职务回避的基础上，对关键岗位的人员实行委派制、定期轮岗制及强制休假制度。

（3）在系统构建和制度管理方面完善交易系统、信息系统风险管理，确保交易系统、信息系统设备、数据、系统运行和系统环境的安全，防范各类技术风险。建立健全信息报告制度，规范各类重要信息收集、处理、传递、贮存及使用流程，确保信息的真实、准确、完整，确保信息报告的规范、及时。

（4）建立完善的业务创新工作程序，严格内部审批程序，确保创新业务与既有的风险承受能力相匹配。设立危机处理小组，建立相应的危机处理机制，对于重大风险事项，制订及时有效的应急应变措施和预案。

(5) 建立健全财务管理制度和资金管理制度，不断完善全面预算管理制度，健全财务指标考核体系。健全对子公司的财务集中管理制度，切实履行会计核算及监督职能。严格执行资金调拨、资金运用的授权审批制度。建立健全印章、合同、证照、空白票据等重要物件的管理制度，明确相关部门进行统一管理。各部门严格执行相应的规定及审批流程，规范使用印章、证照、空白票据及对外签订合同，严禁越权使用印章、证照、空白票据，严禁擅自对外签订合同。

5. IT 风险管理适用框架

(1) 完善 IT 治理结构。宏观上，交易所 IT 治理要综合公司治理结构、企业战略规划，使 IT 治理作为公司治理的一部分，也就是要确定 IT 原则、IT 架构、基础设施、应用设施和投资优先顺序的决策权归属和职责分工。通过建立 IT 委员会的方式来建立良好的治理结构，通过对权力的监督与平衡，就可把 IT 战略风险与管理风险控制在一定范围内，那么无论由谁来领导，IT 的建设就不会大起大落。微观上，为保护 IT 与业务目标一致，有限利用 IT 资源，提高绩效，降低风险与控制成本，需按照国际普遍接受的企业内部控制标准 COBIT，在 IT 的计划与组织、获得与实施、交付与支持、监控四个领域建立 IT 控制过程，有效地控制 IT 建设的整个生命周期的风险。

(2) 业务需求识别。实现交易所 IT 与业务的真正融合，需要建立一套具备一定适应能力，能够识别不断变化的业务需求，并能够快速有效地作为响应的机制。业务需求是促进 IT 发展的源动力，准确、及时地捕捉组织的业务需求，并使之成为信息化建设与调整的依据，这是降低 IT 风险的可靠保证。对业务需求的识别，需要 IT 人员了解企业的业务流程，并站在业务管理者的角度思考企业发展的重大问题，这对 IT 人员提出了新的挑战。

(3) 业务建模。信息化项目无论是网络建设、安全建设，还是应用开发，都需要了解组织特征，确定业务流程，应当在信息化之前就为组织建立可靠的业务模型。业务建模可以创建一个复杂业务的抽象描述，使其成为同业务中各项目相关人员（如拥有者、管理者、雇员和客户）交流的基础。一旦能更好地理解业务功能，我们就能较容易地完善业务流程，较容易地发现、识别新的业务机会（即业务的完善或革新），并为网络建设、安全建设及应用开发提供准确的需求定义。

（4）数据标准化。“信息孤岛”现象是信息化的另一个较大风险。交易所IT系统的建设首先要以数据为中心，数据是稳定的，处理是多变的。数据标准化可以根本上解决数据质量控制问题，减少数据处理系统中数据元素总数，提供便捷而准确的信息，用户方便快速地检索到所需信息。数据标准化为提高信息的互操作性、减少信息孤岛、降低信息化的风险奠定了基础。

（5）IT规划与架构设计。交易所IT系统规划是以组织的目标、战略、目的、过程以及信息需求为基础，识别并选择建立哪种IT系统以及什么时间建立的过程。通过IT规划，明确IT的投资方向，实现可控的IT投资成本，在有效地管理信息化有关风险的基础上，获得可持续改进和提升的IT能力。有效的IT规划可以将组织战略目标转化为IT系统的战略目标的过程，是现代企业的战略规划的重要组成部分，是交易所管理系统变革的准备和前奏。在总体规划的指导下，需要进行企业的整体IT框架设计，IT架构由应用、数据、技术架构构成，架构为IT标准化提供了依据和框架，有力地指导IT标准化的工作。

（6）IT业务流程优化。按照国际通行的IT控制框架，建立并优化从信息技术的规划与组织、采集与实施、交付与支持、监控等四个方面的多个信息技术处理过程。从质量、成本、时间、资源利用率、系统效率、保密性、完整性、可用性等方面来保证信息的安全性、可靠性、有效性。

（7）建立信息安全管理体系。建立信息安全管理体系是建立信息安全防线的起点，ISO27001是一个可以指导组织安全实践的信息安全管理标准，它从管理、技术、人员、过程的角度来定义、建立、实施信息安全管理体系，保障组织的信息安全滴水不漏，确保组织业务的持续运营，维护企业的竞争优势。

（8）IT应急计划。交易所应当制定和执行应急计划，通过预防性和恢复性措施的结合，把灾难或者安全事故（例如可能由于自然灾害、突发事件、设备故障和故意的行为）所导致的破坏减少到一个可以接受的水平。IT应急计划适合于广泛的紧急事件准备环境，包括组织和业务处理连续性及恢复计划。为了对影响组织IT系统、业务处理和设施的外部威胁作出反应，并恢复和保持连续性的活动，组织通常会应用一系列计划进行准备工作。

（9）信息系统审计。信息系统审计是获取并评价证据，以判断计算机系统是否能够保证资产的安全、数据的完整以及有效率地利用组织的资源并有效果地实现组织目标的过程。由于交易所信息技术在经营、管理领域的广泛运用，信息系统审计贯穿在各种审计之中。信息系统审计是一种控制信息系统风险的有效方式，是从独立第三方角度审视信息化过程中的各种风险，合理地鉴证被审计单位信息系统及其处理、产生的信息的真实性、完整性与可靠性，政策遵循的一贯性，并可对IT的绩效进行审计，以发现偏离，促进及时进行调整。

四、境内证券交易所全面风险管理流程

(一) 风险管理整体流程

1. 信息收集

围绕交易所的战略目标和相关目标以及风险管理要求，由交易所的风险管理岗位持续收集交易所所面临的风险相关信息，包括收集历史数据和未来信息，关注战略、运营、合规与财务等四个方面。此后职能部门管理层/风险责任人将风险管理岗位收集的风险信息进行必要的筛选、提炼、对比、分类、组合，并初步识别交易所面临的风险。交易所的风险管理职能部门在职能部门管理层/风险责任人初步识别的风险的基础上进一步筛选出交易所的风险。

2. 风险应对策略的选择与实施

根据风险评估结果，由首席风险官和风险控制工作委员会更新认定风险责任人。更新后的风险责任人根据风险管理的优先顺序制定风险应对方案，应对方案主要包括以下几种：回避风险——退出产生风险的各种活动；减少风险——采取行动减少风险的可能性或影响；分担风险——通过将风险转移或者分担部分风险来减少风险的可能性和影响；接受风险——不采取任何行动去影响风险的可能性或影响。

风险责任人在制定风险应对方案时需要综合评估风险反应对风险可能性和影响的效应以及成本和收益等因素。风险责任人根据风险应对策略，针对具体风险制定风险管理解决方案。方案一般包括风险解决的具体目标、组织领导、管理政策及业务流程、管理方法论、辅助系统和管理报告等。风险管理职能机构对各风险责任人的风险应对策略以及风险管理解决方案进行汇总，由首席风险官、风险控制工作委员会以及总办公联合制定风险对策及解决实施方案的决策。

3. 控制活动、信息沟通与监督

风险管理职能机构根据上述风险对策及解决实施方案的决策完成与业务流

程的对接。此后，由风险责任人与风险管理岗位将风险对策及解决实施方案决策完成对各业务流程政策制度和程序的对接，以保证风险责任人的风险应对策略得以实施。控制活动实施后，需要由风险管理职能机构、首席风险官以及风险控制工作委员会持续地对风险对策以及解决实施方案实施监督，并在此基础上开展第二轮风险评估。风险管理职能机构负责对风险管理工作的实施情况和制度的有效性进行监督与稽查，并将检查结果及时与风险责任人进行沟通。实施情况和制度有效性的监督与稽查结果会体现于年度风险管理报告中。首席风险官和风险控制委员会将对年度风险管理报告进行批准后报告总办会、风险管理委员会以及理事会。

4. 风险信息收集流程

实施全面的风险管理，应该围绕交易所战略目标和相关目标以及风险管理要求持续不断的收集内部、外部初始信息。交易所对收集的数据、信息和变化情况进行必要的筛选、提炼、对比、分类、组合，形成与交易所风险管理相关的信息资料库并不断更新，以便进行风险评估。

（1）第一轮风险信息收集。“第一轮风险信息收集”，通常由风险管理职能机构采用编制访谈提纲/风险调查问卷的方式进行。风险管理职能机构分别对风险管理岗位、职能部门管理层进行访谈以了解他们对风险信息的认识情况及对风险的初步识别情况。此后，风险管理岗位以及职能部门管理层将填写风险调查问卷。风险管理职能机构收集风险调查问卷并对调查问卷结果进行分析。风险管理职能机构根据调查问卷分析的结果进一步对风险管理岗位以及职能部门管理层进行有针对性的访谈以进一步了解其对风险的识别情况。

（2）日常风险信息收集。风险管理岗位将在日常中持续收集日常风险信息，即“日常风险信息收集”。同时，风险责任人收集与其责任风险相关的信息并更新风险描述。风险责任人汇总由风险管理岗位以及自行收集的风险信息并更新识别风险。

5. 风险汇总与审批

风险管理职能机构将“第一轮风险信息收集”的收集结果与“日常风险信息收集”结果进行汇总，形成交易所风险清单并对风险参数进行更新。首席风险官、风险控制工作委员会以及总办会对风险列表进行最终的审核批准。

6. 风险评估流程

（1）风险识别与分析。风险识别是指查找交易所各项重要经营管理活动及其重要业务流程中存在的影响目标实现的风险和机遇的过程。交易所分别从实体层面、业务流程层面，动态识别影响交易所战略目标及相关目标实现的、内部和外部的各种不确定性因素。带负面影响的因素代表风险，需要对其分析和应对；带积极影响的因素代表机遇，在制定目标和政策实施过程中对其加以考虑并把握。风险识别与分析是风险评估的基础。风险责任人、各个职能部门以及风险管理职能部门通过日常风险信息的收集，识别交易所在实现其战略目标过程中所面临的环境、运营、决策信息方面的不确定事项。风险识别可采取调研或日常调查问卷方式，由风险管理职能部门定期派发。通过此项工作，初步确定公司在本次风险评估时所面临的与风险相关的事项。风险管理职能部门应在风险评估日前两个月开始进行调研或发放调查问卷，风险评估日两周前将调研结果或问卷调查进行分析、汇总、整合和提炼，形成风险评估的基础性文件，协助风险管理委员会确定每次风险评估的范围。

交易所制定业务流程描述规范，建立流程目录并用流程图对所有业务进行直观描述。在业务流程描述的基础上，以业务流程步骤为主线，全面识别影响目标实现的相关因素。风险识别主要应关注以下方面的风险：（1）技术风险，包括交易、通信系统应用软件故障；交易系统软、硬件设施故障；业务管理系统应用软件故障；交易系统操作失误；网站系统信息安全风险。（2）市场风险，包括上市公司突发性事件；控股股东利益侵占；会员技术系统故障；证券交易异常；基金市场非理性波动及参与主体不当行为。（3）保障风险，包括电力故障；办公场所火灾；交通事故；食堂安全事件；群访事件。（4）业务风险，包括要约、回购、可转换债、吸收合并等业务操作错误；停复牌操作错误；实施或撤销 ST（＊ST），暂停、终止、恢复上市业务操作错误；权益分派操作错误；限制交易操作错误。

（2）对风险参数进行更新。风险管理职能部门负责对风险参数进行分析与更新，选择符合交易所现状的风险参数作为风险评估的依据。风险参数应建立在交易所的风险偏好基础上，即交易所为了实现自己的战略目标而愿意接受的风险程度。考虑以上因素，将风险发生的后果及可能性分为如表 6 所示的五类分值：

表6　　风险影响程度及可能性打分标准

分值	影响程度	发生可能性
1分	可忽略的：在正常活动中将不良影响消化的事件	发生可能性很低，几乎不会发生的事件
2分	轻微的：通过一定的管理手段就能解决的不利事件	发生可能性较低的事件
3分	中等的：需要额外管理的严重事件	发生可能性为中度的事件
4分	严重的：需要特别管理的危机事件	发生可能性较高的事件
5分	灾难性的：可能导致崩溃的灾难/特殊事件	发生的可能性很高或必然会发生的事件

（3）风险评估。首席风险官根据前期信息收集的结果，组织风险责任人、各职能部门、风险管理职能机构及风险控制工作委员会召开风险评估会议。该会议通常采用讨论与投票的形式评估风险对交易所实现目标的影响程度以及风险发生可能性。

各与会者须在参加会议前进行相关的准备工作，包括了解交易所、各部门或者本行业的风险管理现状和风险管理信息。对风险的评估均应从两个方面进行：发生的可能性和影响程度。可能性表示特定风险将会发生的机率，而影响程度则表示该风险一旦发生会给公司带来的后果。评估风险的期间应该与交易所战略和经营目标的设定期间相一致，通常按自然年度，即在交易所设定年度战略和经营目标后评估该年度的风险。在进行风险评估时，需要参考已经设定的风险参数来对影响程度和发生可能性进行思考。同时，按照风险排序标准和方法，确定风险重要性水平，识别交易所重大风险，确定风险管理的优先顺序。

在第二轮风险评估研讨会召开前，风险管理职能部门应协助首席风险官提前将风险与应对策略、风险对接表格发送给与会者审阅，风险管理委员会委员收到表格后，应在第二轮风险评估研讨会前进行分析和阅读。

首席风险官作为风险评估研讨会组织者，需要向与会人员呈现最终的风险评估结果，若与会人员对该排序结果有异议，需要立即提出，并进入讨论过程，否则视为同意该评估结果。在陷入争执时，风险管理委员会主席对于风险评估结果有最终决定权。

（二）风险对策的制定和执行流程

风险应对的控制活动是为防范和规避风险，确保交易所管理层的指令得到贯彻执行的必要措施，包括全面预算、职责分工、授权批准、查证核对、资产安全、运营分析控制、信息系统控制、绩效考核等。交易所建立控制实施责任机制，把控制实施工作相关责任落实到具体的部门和人员。各级业务管理部门必须严格遵守风险控制管理文件规定的控制政策和控制程序，保留控制实施证据，确保控制措施得到全面、准确、有效实施。

1. 风险应对策略的制定

（1）回避风险。在面临一项风险时，首先要根据交易所自身的经营特点和能力，权衡收益和风险的得与失，凡是风险所造成的损失不能由该项目可能获得收益予以抵消的，交易所都应尽量避免该种风险的发生，即采取回避政策。避免风险的方法还可以分为完全避免和部分避免两种。完全避免，就是不惜放弃伴随风险而来的盈利机会。部分避免，主要取决于成本及非经济因素。如果避免收益大于避免成本，就可以考虑避免，否则就可以不避免。

（2）控制风险。控制风险包括两个方面：一是控制会产生风险的因素，从而减少风险的发生；二是控制风险发生的频率和降低风险损害程度。

（3）分担风险。分担风险即设法通过某种方式将部分或全部风险损失转移给他人承担，从而避免可能带来的灾难性损失。在转移风险的过程中，需要付出一定的代价，诸如保险费、赢利机会、担保费和利息等，但是，较之承担风险所面临的损失而言，转移风险所需支付的代价要小得多。特别要指出的是，在转嫁风险时，一定要基于合法、合理、公平和公正的原则，决不能使用欺诈手段使其他企业受损。典型的措施有：以投保的方式将风险转移给保险公司承担；将风险较大的项目转由专门的机构完成；通过契约的形式将风险损失转移；通过技术转让、特许经营、战略联盟、租赁经营和业务外包转让经营风险等。

(4) 接受风险。接受风险即不采取任何行动去影响风险的可能性或影响。

风险责任人在制定风险策略时需要综合评估风险反应对风险可能性和影响的效应以及成本和收益等因素。风险管理职能机构对风险责任人制定的风险策略需要整理汇总。

2. 风险应对方案制定

首席风险官组织召开会议，由风险责任人、职能部门管理层、风险管理职能机构以及风险控制工作委员会共同讨论风险应对具体解决方案。

风险责任人应根据风险应对策略，针对各类风险或每一项重大风险制定风险管理的具体解决方案。方案一般包括风险解决的具体目标、所需的组织领导、所涉及的管理政策及业务流程、所使用的管理方法论、所使用的辅助系统、管理报告等。在风险责任人制定风险解决方案时，需要本着完整、真实的原则，并且考虑如下事项：所采取的控制活动与风险及风险应对策略的相关联性；所要采取的控制活动的成本与效益；所要采取的控制活动是否能够将风险降低到可接受的水平。风险管理职能机构对会议讨论的风险应对具体解决方案进行汇总，并与交易所现有的业务、管理流程加以匹配。

3. 风险对策执行

由风险责任人、风险管理岗位及职能部门管理层共同完成将风险对策及解决实施方案决策与交易所业务流程及各业务流程政策制度和程序的对接，以保证风险应对策略得以实施。控制活动实施后，需要由风险管理职能机构以及风险控制工作委员会持续的对风险对策以及解决实施方案实施持续监督。首席风险官和总办公审阅风险管理职能机构以及风险控制工作委员会的监督结果。

（三）风险管理报告流程

1. 风险管理报告

交易所风险管理职能部门根据前期风险信息收集、分析、评估等过程中成果，在各个职能部门风险管理岗位人员和风险责任人协助下，按统一格式对所有重大风险信息汇总，编制《交易所风险管理报告》。风险管理职能部门负责将风险管理报告以及相关的风险数据送相关部门、子公司审核确认，审核确认后送交首席风险官、风险控制工作委员会审阅，并经过总办会审议后发布实施。根据风险变化情况，结合相关法律法规的变化、经营管理环境的变化以及控制的执行情况，定期或不定期对风险控制管理文件中的业务流程图、业务流程描述文档、风险控制文档以及相关管理制度等内容进行更新与完善。相关部门发生新的业务或现有业务中出现新风险时，应向风险管理职能部门书面报送相关情况。风险管理职能部门根据收集的相关情况，定期或不定期组织人员开展持续性的风险评估工作，对风险数据库进行更新，并将重大的风险变化信息及时报告给首席风险官、风险控制工作委员会审阅，如有必要则汇报给总办会与理事会。

2. 风险管理报告程序

职能部门风险管理岗位人员随时关注所管辖风险的变化情况，结合相关法律法规的变化、经营管理环境的变化以及控制的执行情况，按月向交易所风险管理职能部门书面报告关键风险指标变动情况和产生变动的原因。

风险责任人在日常工作中随时关注所管辖风险的变化情况，发现超过本岗位授权的风险事件或异常风险事项时，须及时上报风险管理职能部门进行处理。同时，各个风险责任人根据所收集的风险信息，评价现有的各项风险应对策略是否仍然恰当，并采取必要措施，及时制定或调整风险应对策略。

风险管理职能部门根据收集的风险相关信息，定期或不定期组织人员开展持续性的风险评估工作，对交易所风险数据库、业务流程图、业务流程描述文档、风险控制文档以及相关管理制度等内容进行更新与完善。在总办会的监督和指导下，风险管理职能部门每年汇总年度风险管理信息，编制《年度风险管理报告》，交首席风险官、风险控制工作委员会及总办会审议。

（四）风险管理监督流程

1. 基本要求

交易所各级业务部门、内审部门、纪检办和风险管理职能部门，应协同进行建立风险管理监督机制，确保风险管理相关制度得到有效实施。风险管理监督机制包括持续监督、独立评估和缺陷报告等方面的监督活动。

交易所各级业务管理部门、内审部门和风险管理部门，应根据各自的职责分工，对风险管理相关管理制度的实施情况履行日常的、持续性的监督职能，并对发现的问题按规定的报告程序向相关部门报告。风险日常管理应与经营业务紧密结合，贯穿于经营业务始终，其管理权力归属于各风险责任人、各部门的管理层，其监督权力属于风险管理职能机构。交易所内审部负责风险管理独立评估工作，按照规定的方法和程序，定期对交易所风险管理的有效性进行测试，发现风险管理过程中存在的问题。

交易所应建立完善的风险管理缺陷报告制度，明确缺陷报告的部门职责、报告内容、报告程序和跟进措施。内审部、纪检部门和风险管理职能部门应就发现的风险管理缺陷，按规定的程序向相关部门报告并提出处理意见或管理建议，相关单位应及时采取措施，确保风险管理缺陷得到及时处理。

2. 具体程序

内审部负责对交易所的风险管理工作实施独立的审计监督评估工作。每年末，内审部根据交易所实际情况，拟定下一年度《风险管理监督审计工作计划》，对下一年度工作内容、工作时间表、责任人等作出规定。《风险管理监督审计工作计划》经理事会审批后下发执行。

内审部每年分阶段开展风险管理审计工作，重点关注风险管理制度、流程设计的有效性以及相关控制执行的有效性。内审部根据审计结果汇总发现的风险管理缺陷，并提出改进建议，然后将检查结果及时与风险责任人进行沟通。经各个部门、公司风险责任人确认后，内审部编制《风险管理监督审计工作报告》，并将报告递交给首席风险官、风险控制工作委员会、总办会、风险管理委员会和理事会，同时抄送各个职能部门、风险管理职能部门。

相关职能部门、风险管理责任人根据审计工作报告中所列明的风险管理缺陷和改进建议，拟定本部门/岗位风险管理整改计划和时间表，并落实到具体的责任人员。整改计划和时间表需要报送内审部和风险管理职能部门。

相关职能部门、风险管理责任人负责落实风险管理缺陷整改计划，并将整改进度情况编制成月度报告向内审部、风险管理职能部门汇报。风险管理职能部门根据《风险管理监督审计工作报告》、各风险管理缺陷整改计划及整改进度报告，持续监督风险管理工作的改进情况。同时，将审计结果和缺陷整改情况汇总于年度风险管理报告中，提交首席风险官和风险控制工作委员会审议。内审部对风险管理缺陷改进情况进行监控，并实施必要的审计检查工作。

3. 风险管理调查和处理

总办会决定是否开展风险事件调查和给予奖惩。风险管理职能机构具体负责组织风险事件调查，并向总办会上报调查结果和奖惩建议。对于存在需进行调查的事件，风险管理职能机构可报请总办会酌情给予通报批评、警告、记过或记大过等处分。

主要参考文献

[1] 孟焰、潘秀丽："企业风险管理审计研究"，《审计研究》，2006 年第 3 期。

[2] 刘宇："内部稽核在证券公司风险管理中的应用"，《管理现代化》，2007 年第 6 期。

[3] 刘宇："上市公司风险管理探析"，《中国注册会计师》，2007 年第 5 期。

[4] 财政部、证监会、审计署、银监会、保监会："企业内部控制基本规范及配套指引"，2010 年。

[5] The Committee of Sponsoring Organizations of the Treadway Commission, COSO. Internal Control - Integrated Framework (2013), Executive Summary.

[6] COSO. Internal Control - Integrated Framework. 1992.

[7] COSO. Internal Control over Financial Reporting - Guidance for Smaller Public Companies. 2006.

[8] COSO. Guidance on Monitoring Internal Control Systems. 2009.

[9] 相关境外交易所风险管理考察报告，上海证券交易所，2006 ~ 2013 年。

[10] 吴瑶："内部控制自我评价报告及其鉴证研究"，东北财经大学，2010 年。

我国会计师事务所效率研究

——基于成本函数模型的随机前沿分析

班级：注册会计师类二期

作者：孟祥军

摘 要

独立审计是市场经济运行配套机制的重要组成部分。审计活动所具有的经济性和社会性双重属性，使得会计师事务所的效率评价同时涉及数量和质量的衡量。效率评价结果既反映了不同会计师事务所投入与产出的决策差异，也体现出市场对不同审计质量的激励作用。效率评价能够让监管者和市场参与者从一个新的角度探索完善独立审计制度，提升独立审计绩效的路径。

本文以会计师事务所效率为研究对象，对我国会计师事务所效率状况进行实证分析，试图通过效率评价结果揭示我国独立审计的总体质量特征和不同会计师事务所之间的审计质量差异。本文创新点包括三个方面：

1. 本文尝试性地将其他社会经济产业研究中被广泛应用的效率分析理论和方法引入独立审计领域的研究，在分析审计产品特征的基础上，系统研究并量度了我国会计师事务所效率状况。

2. 本文在归纳分析效率量度方法的基础上，选用随机前沿分析方法和 Translog 成本函数模型，对我国会计师事务所 2002 ~ 2004 年的效率状况进行实证分析，拓展了会计审计研究领域内数量分析方法的运用。

3. 本文通过效率实证结果印证了关于我国独立审计市场总体特征的分析结论，揭示了“四大”在中国审计市场的表现及其原因；同时，实证结果表明了中注协排名方法有待完善，解释了证监会补充审计政策的合理性及其争议原因。

一、引言

（一）研究主题和意义

1. 研究主题

建立一套完善的经济体制基础设施，引导社会经济资源流向业绩良好的企业，充分发挥市场的优胜劣汰功能和资源配置基础性作用，是市场经济有效运行的内在要求。独立审计是市场有效运行配套机制的重要组成部分，会计师事务所提供的审计鉴证，不仅是市场中介的专业服务，更重要的，它属于整个市场经济体制的一项基础设施，是提高信息透明度，扩大市场参与者之间达成交易的关键因素。

随着我国从计划经济向市场经济体制的逐步转型以及证券市场的不断发展，注册会计师行业得到了很大发展。目前全国会计师事务所达到6400余家，执业注册会计师近8万人，2006年度全行业业务收入达221亿元①。中国注册会计师协会（2007）通过对执行上市公司审计业务会计师事务所的报备资料进行深度研究和分析发现，注册会计师在抑制上市公司利润操纵、挤压股市泡沫、保障再融资制度、维系退市制度、减少税收损失等方面，对中国证券市场作出了积极的贡献。与此同时，近年来国内证券市场上“银广夏”、“麦科特”、“科龙电器”等一些上市公司重大财务舞弊事件的出现，给相关利益方造成了重大损失。随着国内外上市公司财务舞弊案件和审计失败案例的曝光，部分会计师事务所遭到监管部门的处罚，个别会计师事务所被解体②，注册会计师行业面临着巨大的社会信任危机。

与其他社会经济产业一样，会计师事务所同样面临衡量投入产出的效率问题。但是，审计活动所具有的经济性和社会性双重属性，使得会计师事务所的效率评价同时涉及数量和质量的衡量。效率评价结果既反映了不同会计师事务所投入与产出的决策差异，也体现出市场对不同审计质量的激励作用。效率评价能够让监管者和市场参与者从一个新的角度探索完善独立审计制度，提升独立审计绩效的路径。因此，研究会计师事务所的效率问题具有重要的理论和现实意义。

① 资料来源：中国注册会计师协会网站，http://www.cicpa.org.cn。

② 其中中国最典型的案例是中天勤，美国则是安达信。

本文以会计师事务所效率为研究对象，尝试性地将经济效率理论运用于注册会计师行业的研究中，基于随机前沿分析中的参数方法建立评价模型，选用适当的投入产出指标，对我国会计师事务所效率状况进行实证分析。独立审计特有的公共产品属性，使得会计师事务所的效率评价与一般企业存在很大的不同。独立审计有正负两种经济效果，只有高质量审计才能增加社会经济价值，低质量审计则可能会造成社会经济价值的减少。与其他行业中运用效率指标主要着眼于自身经济利益的追求不同，本文对会计师事务所的研究主要定位考察会计师事务所社会效益的实现，即通过对我国会计师事务所效率数值的计算与比较分析，揭示独立审计行业以及不同会计师事务所的审计质量情况。

已有的研究表明，审计质量是注册会计师发现并报告被审计单位违规的联合概率。相同条件下，增加发现违规行为的概率意味着审计质量的提高，而发现违规行为的概率与审计资源投入存在正相关关系。因此，审计质量与审计资源投入正相关。具体到效率计量的结果，会计师事务所审计资源投入越多其效率值越低，即会计师事务所效率计量结果与其审计资源的投入水平正相关。在其他因素不变的情况下，本文量度的效率结果与审计质量呈反向关系，即同等条件下，样本会计师事务所效率值高意味着其审计资源投入较少，相应的审计质量就较低；反之，效率值越低说明其审计质量越高。因为本文将研究的主要目标定位于会计师事务所社会效益的衡量，所以会计师事务所效率计量结果低是更优的，这也充分反映了会计师事务所审计产品特有的公共产品属性。

本文试图通过效率实证研究，考察我国会计师事务所投入和产出的现实状况，揭示我国独立审计的总体质量特征和不同会计师事务所之间的审计质量差异，并在此基础上提出相应的制度改进建议。本文的研究重点在于：基于经验数据对我国会计师事务所效率的现实状况进行实证考察与分析，并通过对会计师事务所效率的评价揭示我国独立审计市场特征和会计师事务所的质量表现。拟研究的具体问题可以归纳为以下几个方面：

（1）什么是会计师事务所效率？影响会计师事务所效率的因素有哪些？

（2）采用何种方法量度会计师事务所效率？

（3）我国会计师事务所效率的实际状况如何？如何认识和理解会计师事务所的效率结果？

（4）针对现实中的不足，如何完善独立审计制度以提高独立审计绩效？

2. 研究意义

笔者认为，基于经济效率理论框架，从我国会计师事务所的投入产出角度对效率进行实证研究，至少在以下几个方面有着较为积极的意义：

（1）有助于改进我国独立审计绩效。

独立审计作为现代市场经济体系的有机组成部分，其作用的发挥不但关系到注册会计师行业自身在市场经济发展中的现实地位和发展空间，而且对整个市场体系功能的发挥有着深刻影响。

我国注册会计师发展起步较晚，独立审计的产生并非源自市场经济母体的自然孕育，不完全是市场选择的过程，较多地借助了政府的行政外力支持，很大程度上是政府选择的结果（易琮，2003）。随着我国社会主义市场经济体制改革的不断推进，市场机制在社会经济资源配置方面的力量逐渐增强。制度变迁的路径依赖理论（诺思，1994）认为，社会制度的演进往往是渐进式的。体现在我国独立审计市场上，行政力量主导下建立的审计制度由于惯性作用而落后于经济体制改革的进程，制度的刚性使得我国独立审计市场呈现出诸多与市场经济纵深发展不相协调的特征，从而影响了我国注册会计师行业在市场经济中功能的发挥。可以说，我国注册会计师行业在发展过程中暴露出来的诸多问题，在很大程度上都与审计制度的调整不能适应我国市场机制改革的进程有关。从这个角度讲，近年来我国政府不断推出一系列有关注册会计师行业的改革措施，正是为了校正独立审计行业的制度设计，寻求独立审计效用发挥与市场经济调节机制的最佳契合点。

脱离惯性轨迹需要外力作用，而如何更有效地发挥外力的作用取决于对惯性运动内在影响因素的深入分析和认识。通过从投入产出角度对我国会计师事务所效率的实证考察，对于客观、准确地把握和剖析当前注册会计师行业进程和现状，认清制约注册会计师行业发展的瓶颈，从而加快独立审计市场改革进程，充分发挥注册会计师行业在社会主义市场经济建设中的作用，具有重要的现实意义。

（2）有助于完善审计制度建设。

审计自身的特性决定了只有高质量的审计服务才能增加经济价值（海普，2002），因此维护审计市场的一个重要方面是对高质量审计提供激励。现实审计质量水平的高低，在很大程度上取决于审计制度安排的合理化程度。诺思认为："制度是人们之间为实现专业化和分工所带来的贸易收益，并使其财富最大化而作出的契约安排，它包含着一套以章程和规则为形式的行为约束，一套从章程和规则出发来检测偏差的程序，最后还有一套道德、伦理的行为规范，这类规范限定了章程和规则的约束方式的轮廓。"① 制度使会计师事务所的行为受到约束，从而才使良好的经济秩序和健康的经济发展成为可能。

效率评价可以揭示各会计师事务所之间的效率差距，一方面能够反映出会计师事务所在审计资源投入方面的不均衡性，揭示出会计师事务所不同的审计质量特征；另一方面也可以透过产出观察审计市场对不同审计质量会计师事务所的激励作用。效率评价的结果能够让审计市场监管者和参与者从一个新的角度审视独立审计市场的制度设计，探索提升独立审计绩效的方法和模式。所以，通过对会计师事务所效率的研究，寻找我国独立审计质量的影响因素，重新审视某些制度安排的功能定位，对于完善审计市场制度建设具有重要的理论和现实意义。

（3）丰富我国独立审计研究成果。

自20世纪80年代初我国注册会计师行业恢复重建以来，有关独立审计的研究也开始出现。最初的研究主要以规范研究和理论分析为主，内容涉及注册会计师审计的含义与称谓、职能问题、性质与特点、组织管理体制、组织形式以及社会地位等诸多方面（中国会计学会，2002）。进入21世纪，有关我国独立审计市场方面的研究成果逐渐增多，尤其是2001年中国证券监督管理委员会要求国内上市公司披露审计收费以来，有关证券审计市场的研究成果已经相当丰富（张继勋，2006）。这些研究以西方实证研究结论在我国证券市场上的再检验为主，研究发现我国的证券审计市场在多个方面与西方发达国家的审计市场存在显著不同（易玄、谢志明，2007）。

相比之下，基于经济效率理论及其量度方法，从会计师事务所投入产出的角度研究效率问题，并进行实证量度的成果还比较少见。将经济效率理论和量度方法体系运用到会计师事务所的研究中，对于拓展理论研究思路，丰富有关我国独立审计的研究成果无疑具有积极意义。

（二）相关研究文献综述

1. 同时涉及审计与效率的相关研究

正如Banker et al.（2003）所提到的，在其之前，注册会计师行业领域内

① 道格拉斯·诺思："交易成本、制度与经济史"，《经济译文》，1994年第2期。

还没有基于投入产出的效率估计的相关研究成果。即使在 Banker et al.（2003）之后，笔者检索的范围内[①]，国内外相关的研究文献也是屈指可数。

（1）国外的研究成果。

Banker et al.（2003）以 1995～1999 年全美最大的 100 家会计师事务所中的 64 家为样本，采用 Translog 生产函数和随机前沿估计（Stochastic Frontier Estimation）的方法，以各会计师事务所的收入和人力分别作为产出和投入指标，检验了会计师事务所规模经济以及合伙人、专业人员和后勤支持人员所带来的边际产出是否存在明显差异。该研究在一定程度上解释了在 20 世纪 90 年代后期出现的事务所大规模合并、获利能力提高以及事务所不同人员产出能力差异的问题。随后，基于同样的数据和会计师事务所投入与产出指标，Banker et al.（2005）采用 DEA 方法研究了 1995～1999 年期间会计师事务所生产效率的改善应该在多大程度上归功于技术进步以及会计师事务所行业相对效率的变化。

相比而言，从单个审计产品的收费和成本角度研究审计项目执行效率的成果较为常见，有些研究采用了与本文相似的研究方法，如 Dopuch N. et al.（2003），Schelleman & Maijoor（2001）以及 O'Keefe et al.（1994）。与本文的研究主题相比，这些研究更为具体和微观，而且数据往往是来源于会计师事务所内部的非公开数据，从而影响了研究的可验证性。

此外，对会计师事务所不同类别的收入与不同级别人员进行各种指标分析的研究成果在西方较为常见，如 Scott and Pearson（1996），但其在方法上与本文的研究存在很大的不同。

（2）国内的研究成果。

从国内的研究成果来看，杨永淼、杨美丽和张彬（2007）采用 Translog 生产函数模型，对我国会计师事务所规模经济效应进行的实证研究，是与本文研究方法比较接近的国内关于会计师事务所的研究文献。但总体上，该研究还显得较为粗糙[②]，而且与本文的研究主题有一定的差异。

除此之外，国内也有不少研究同时涉及“审计”和“效率”两个主题的成果，但是与本文的结合点存在很大不同。归纳起来，有关的研究主要包括三个

① 中文文献检索选择的数据库是清华大学开发的“中文文献全文数据库”（www.cnki.net），国外文献检索使用的是南开大学图书馆的现有外文数据库。

② 笔者认为主要表现在两个方面，首先是他们对于为何引入 x_2 这一变量的阐述不充分，其次筛选后大部分样本（77%）被排除在外，而排除的理由没有介绍清楚。

方面：

一是研究整个审计市场的效率，房巧玲（2006）题为《中国审计市场效率研究》的专著是其中的典型代表。

二是对审计项目组织过程效率的研究，现有关于审计效率的研究文献大多将主题定位于此。比如陈毓圭（2004），谢志华、崔学刚（2007），张继勋、杨明增（2007），宫金生、夏军（2006），项荣（2006），刘波、陈雄智（2005）以及罗亚波（2005）。与本文的研究主题和分析方法相比，此类研究更加微观，方法上也存在较大差异。

三是将效率作为审计的对象或工具，如刘秋明（2007）、张继勋等（2006）、张晓岚等（2007）、黄金枝等（2005）以及喻小明（2004）。这些研究在计量方法上与本文类似，但是研究对象定位于企业而不是会计师事务所。

2. 运用前沿分析的效率实证研究

本文尝试性地将效率理论引入会计师事务所的研究，其基础在于经济效率理论和量度方法在其他社会经济产业领域研究中的成功运用实践。

随着前沿生产函数模型的出现，20世纪90年代开始，采用这一比传统的增长核算法更为合理的方法来研究经济增长，已成为我国效率研究的一个趋势（钱灿等，2006）。

目前有关效率的研究主要集中于两个层面：理论上主要是对效率的测算方法，即对前沿面确定的方法进行研究；经验研究则集中于用不同的方法对企业、行业和区域进行微观和中观层面上的效率测算，进而分析差异并提出政策建议（徐琼，2005）。

在效率量度具体方法上，普遍采用的是数据包络分析（Data Envelopment Analysis，DEA）和随机前沿方法（Stochastic Frontier Approach，SFA）。陈世宗等（2005）总结了基于DEA的企业效率研究方法，而傅晓霞和吴利学（2006）则总结了SFA在我国的应用。

3. 对研究现状的分析结论

通过简单回顾与本文研究主题或研究方法相关的研究成果，我们可以初步得出两个结论：

（1）从国外和国内的研究实践来看，将会计师事务所作为独立审计产业中的独立经济实体，从投入产出视角研究其效率问题还是一个较为新颖的领域，有关的研究成果并不多见。检索范围内，没有发现国内采用随机前沿分析的理论模型和统计计量方法研究会计师事务所效率的文献。

(2) 从国内的其他行业效率研究的实践看，采用随机前沿分析的理论模型和统计计量方法，从投入产出角度研究某一产业领域内的企业效率具有良好的可行性，这为本文的研究奠定了坚实的基础。

(三) 研究方法、思路与创新点

1. 研究方法

基于对前述研究问题的总体设计和考虑，本文拟主要采用理论论证和实证检验相结合的研究方法。

首先，本文结合审计及其产品的特殊性，从决定效率的投入和产出两个角度，对“会计师事务所效率”的含义进行系统的理论梳理。

然后，基于传统效率理论在其他社会经济产业的应用实践，选定本文研究所采用的方法和模型，并对其模型、函数形式和统计检验参数等进行系统阐述，以应用于我国会计师事务所效率的现实考察。

接下来，结合会计师事务所审计服务的特征，选定具体的投入产出替代变量，基于我国独立审计制度和市场的特点，分析会计师事务所投入约束机制和产出激励作用，在此基础上形成主要的实证研究预期。

最后，本文将具体运用选定的效率量度方法和模型，对确定期间的我国会计师事务所样本进行效率量度，检验研究预期，从而对我国会计师事务所特定期间的审计质量状况作出客观评价，形成有关的研究结论与建议。

总地来说，本文将以理论论证贯穿始终，以实证检验突出重点内容，两种方法相辅相成，共同服务于本文研究目标的实现。

2. 技术路线

沿着前述的分析思路，本研究首先以效率理论为基础，通过对审计及其产品的特征分析推演会计师事务所效率的内涵，然后基于效率量度的方法论选定实证分析的方法和模型，再结合我国独立审计市场特征分析会计师事务所效率表现，最后通过实证方法验证理论推演，形成分析结论，并在此基础上提出相关政策建议。

本文的研究技术路线如图 1 所示。

3. 研究的创新之处

本文创新点主要体现在效率研究的视角、量度方法和实证发现三个方面，具体在于：

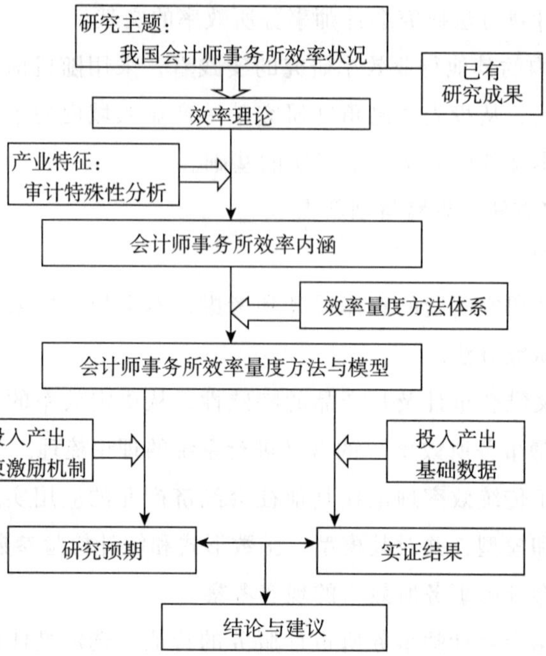

图 1　本文的研究技术路线

第一，本文尝试性地将其他社会经济产业研究中被广泛应用的效率分析理论和方法引入独立审计领域的研究，在分析审计产品特征的基础上，系统研究并量度了我国会计师事务所效率状况。

在之前我国有关审计和效率的研究中，分析视角或者将所有会计师事务所作为一个整体考察审计的市场效率，或者深入到会计师事务所内部探讨审计项目的执行效率。将会计师事务所作为一个独立经济主体，从投入产出角度研究会计师事务所效率的成果还比较少见。本文将效率理论和量度方法运用于会计师事务所，对于拓宽审计研究的视角和思路具有重要的理论和现实意义。

第二，本文在归纳分析效率量度方法的基础上，选用随机前沿分析方法和 Translog 成本函数模型，对我国会计师事务所 2002 ~ 2004 年的效率状况进行实证分析，拓展了会计审计研究领域内数量分析方法的运用。

目前基于收入总额、人均收入、市场结构等简单指标分析会计师事务所的成果较为常见，多元统计回归、数据包络分析等统计分析方法也已经在实证研究中得到了广泛的运用，但使用随机前沿分析方法基于经济分析函数进行数量分析的成果还比较匮乏。本文选用 SFA 方法及 Translog 函数对会计师事务所效率进行量度，对于拓展会计审计研究领域内数量分析方法具有重要的现实意义。

第三，本文通过效率实证结果印证了关于我国独立审计市场总体特征的分析结论，揭示了“四大”在中国审计市场的表现及其原因；同时，实证结果表明了中注协排名方法有待完善，解释了证监会补充审计政策的合理性及其争议原因。

分年计算的结果显示，2002～2004年期间样本会计师事务所平均效率值较高，不同样本效率结果比较接近，从而支持了我国独立审计市场整体审计质量偏低的判断；“四大”效率结果显示其2002年的审计质量更高，但2003年和2004年已经与非“四大”无差异；分析表明，中注协按照收入总额指标的排定会计师事务所顺序的方法不足以区分效率及与其密切相关的审计质量内在特征，从而为此前的批评性意见提供了实证数据支持；而对证监会补充审计规定选定的15家会计师事务所效率结果的分析表明，政府选择虽然有其总体合理性但无法确保公平性。满足连续考察需要的整体计算结果还表明，2002～2004年效率值呈现逐年小幅下降趋势，表明研究期间内审计质量有所改进；对“四大”2002～2004年“V”字形效率结果的进一步分析表明，市场对“四大”的激励作用已经开始有所体现。本文的研究发现对于了解和分析我国会计师事务所的现实状况以及丰富理论研究成果具有一定意义。

二、会计师事务所效率及其量度方法

（一）会计师事务所效率

独立审计[①]是应市场需求而产生的（Watts & Zimmerman，1983）。作为市场经济中一个独立经营实体，同其他企业一样，会计师事务所也面临投入产出的决策问题。相应地，会计师事务所效率也是指投入和产出之间的关系，其反映的是会计师事务所利用和配置审计资源，提供审计鉴证服务的能力。但是，“社会公众是注册会计师唯一的委托人”[②]决定了审计活动具有经济和社会双重属性，审计产品的特殊性使得会计师事务所效率不仅是数量关系的衡量，而且涉

① 审计包括政府审计、内部审计和独立审计。本文的研究主题定位于会计师事务所，除非特别指明，文中所称审计专指由注册会计师实施的独立审计。

② Walter B Meigs等著：冯拙人译，《审计学原理》（第7版），台湾，大中国图书公司1983年版，第71页。

及质量的评价。

1. 审计质量与会计师事务所效率评价

审计不仅有正的经济效果，还可能产生负的经济效果。也就是说，只有高质量的审计才能增加经济价值，低质量的审计不仅不能增加反而可能会造成经济价值的减少（海普，2002）。

审计鉴证服务的产品就是包含由注册会计师鉴证意见的审计报告。审计报告所提供的保证程度是衡量审计服务质量的直接指标。如果审计是高质量的，也就意味着注册会计师能够对财务报表提供公正、公允的鉴证，也就可以起到缓解市场契约关系人之间信息不对称的作用，从而有利于市场经济中契约的执行。此时，审计服务能够发挥其对市场交易和资源配置的保障作用，因而具有正的经济价值。反之，如果审计是低质量的，意味着注册会计师的工作实际没有改变企业的投资者、债权人以及众多利益相关者等委托人的信息不利地位，也就不能向委托人提供决策有用的信息，此时利益相关者对注册会计师的信任会对其决策产生误导，审计非但未能降低契约关系人之间的代理成本，反而加剧了其相互之间的信息不对称，从而可能会造成社会资源的错配而导致社会经济价值的减损。此时，独立审计就丧失了存在的基础和意义。

因此，审计服务质量是决定会计师事务所产出的关键因素。表现在会计师事务所的经营管理过程中，虽然追求利润、讲求效益是其在市场经济条件下的当然目标，但绝不是唯一和全部的目标。只有通过提供高质量的审计服务，充分发挥独立审计在解决市场交易信息不对称中的鉴证作用，会计师事务所对利润的追求才能是持续的，而低质量的审计服务将会从根本上动摇独立审计生存和发展的基础，从而使得会计师事务所对利润的追求成为“无水之源，无本之木”。

会计师事务所利用和配置审计资源的合理状态，就是能够最大限度地满足市场需要的状态。审计质量对于独立审计效用发挥的内在作用，意味着会计师事务所效率评价不仅要考虑审计产品的经济性而且要考虑审计服务的社会性。即，会计师事务所的评价不仅要考虑利润最大化问题，而且要关注其能否提供高质量的审计服务。

2. 投入决策对审计质量的影响及效率表现

（1）审计资源投入是提高审计服务成果的基础。

在其他条件相同的情况下，会计师事务所投入更多的审计资源是其提供更高质量审计服务成果的基础。

与经济学一般研究所涉及的产品市场不同，审计提供的是一种无形的服务而非有形的产品。服务是一种无形的智力活动，在提供服务的同时即满足需求而不需要借助有形商品的间接渠道。服务不能与提供者分离，不能存储，具有非物质的特性，且由提供者和用户共同生产和消费。由于审计活动并不生产产品，因而难以从物质实体上反映出来的使用价值去衡量它的质量。从审计职业特性和审计鉴证目标出发，De Angelo（1981a）将审计质量定义为注册会计师发现客户的会计系统存在违规现象并且报告这些违规现象的联合概率，并指出注册会计师发现客户会计系统存在违规的可能性取决于会计师的技术能力，而报告违规现象的可能性则取决于其独立性。在此基础上，瓦茨和齐默尔曼（1999）进一步把审计质量定义为注册会计师报告管理当局违约行为的概率，并认为其主要取决于以下两个因素：一是注册会计师发现特定违约行为的概率；二是注册会计师对已经发现的违约行为进行报告或披露的概率。其中，发现违约行为的概率即取决于注册会计师的职业能力以及会计师事务所对审计项目投入的人力和物力。

因此，我们可以合理推论：相同条件下，投入更多的审计资源意味着更高的审计质量。

（2）片面追求经济性高效率不利于整个审计产业的生存和发展。

审计服务质量的评价相当困难。因为无论是审计人员的技术能力还是独立性，报告使用人（股东、债权人及其他利益相关者）均无法直接观测，这使得消费者缺乏足够的信息和专业知识来对会计师事务所服务产品的质量作出判断，即使在消费后也同样如此（在现实中审计报告的质量问题往往需要很长时间才能暴露）。虽然消费者可以选择借助专业机构在事后验证审计质量，但证实成本很高。从这一角度看，审计产品符合信用品①的特征。

再者，审计服务过程中存在信息不对称。按发生的时间，信息不对称分为事前（ex ante）不对称和事后（ex post）不对称。事前不对称会导致逆向选择（adverse selection），而事后不对称会引发道德风险（moral hazard）（张维迎，

① 根据了解产品质量的难易程度，经济学的研究通常把商品分为三类：搜寻品（search goods）、经验品（experience goods）和信用品（credence goods）。搜寻品是指那些在购买之前就已经能确定质量的商品；经验品是指那些购买并消费以后才知道质量的商品；信用品是指那些即使消费过后也很难知道质量的商品或服务。常见如医生和律师的服务均是信用品。（李明志、柯旭清，2004）

2001）。对于审计成本和审计质量会计师事务所拥有更多的信息，其可以根据特定的市场情况，随时调整自己的资源投入和独立性意愿，从而影响审计质量。对于委托人而言，这种信息不对称涉及两方面的问题，首先是如何区分不同能力的会计师事务所（避免逆向选择），其次是在选定会计师事务所后如何确保其不通过机会主义的偷懒行为而损害审计质量（降低道德风险）。

审计的信用品特征加上服务过程中的信息不对称，使得会计师事务所审计投入决策中的道德风险很高。在业务执行过程中，单个会计师事务所总是面临两种有利可图的诱惑，一是省略审计程序以减少审计成本，使自己获得额外的利润，或者在与其他会计师事务所竞价时获取成本优势（低价策略）；二是允许企业管理层违反会计核算和披露规则，以争取新客户或维持现有客户（购买审计意见）。当其他会计师事务所都遵守规则并提供高质量审计时，采取这些策略会获取超额回报（海普，2002）。

表现在效率计量结果上，既定的产出条件下，更低的审计资源投入会使得会计师事务所效率更高，显然这是满足审计的经济性要求的结果。然而，审计资源投入的不足则会引致低质量的审计服务成果。鉴于审计质量对于审计社会经济效用发挥的根本性影响，会计师事务所片面追求经济性高效率的结果对于整个审计产业的生存和发展反而是不利的。

3. 市场需求有效性对效率的影响

（1）审计市场需求的特征。

审计服务是针对每个客户的定制服务，意味着审计服务需求实际是异质的（heterogeneous）。同时，由于被审计单位的会计核算是按照单个会计主体来组织进行的，而单个会计主体的审计服务只能由一家会计师事务所来提供。这种基于会计主体的自然特性决定了“要么全部要么没有”（All or Nothing）的审计服务是不可分割的，即审计服务需求实际是粗线条的（lumpy）。

考虑现代审计作为一项法定制度安排所具有的强制性特征，以及政府赋予注册会计师的审计专营权，从所有会计师事务所的角度来看，客户的审计委托缺乏弹性，但是审计自然特性所决定的“非彼即此”的竞争方式，使得客户在与会计师事务所的委托博弈中更加主动。通过在委托过程中引入类似投标制的机制安排，客户可以诱使会计师事务所在审计报价中“说真话”，透露审计成本和独立性意愿，从而根据自身的偏好在不同类型的会计师事务所之间进行选择。如果委托方更愿意减少审计费用支出，则其更可能选择那些提供低质量审计服务同时收取低廉的审计费用的会计师事务所；而如果委托方更在意审计服务所提供的信息保障水平，则其可能会接受那些报价更高但是质量更好的会计师事务所。因此，其他因素相同的条件下，委托方向审计市场传递的审计需求特征对不同会计师事务所能够拥有的客户数量存在显著的影响。

现实市场中对审计服务的需求包括法定审计需求和自愿性审计需求两个层次。由于只有高质量的审计才能产生经济价值，在自发性需求的情况下，市场对审计质量的需求弹性必然大于对审计收费的需求弹性，即购买方对审计质量的敏感程度高于对价格的敏感度。在能够提供高质量审计产品的前提下，会计师事务所将在审计市场竞争性谈判中具有较强的谈判实力。这种谈判优势使得会计师事务所一方面能够通过提高审计收费来补偿高质量审计服务所需要的审计成本支出，另一方面可以通过实施必要的客户评估程序，约束委托客户的高风险。同时，这种质量重于价格的市场导向能够对审计服务的供给方——会计师事务所提供良性激励，通过提供高质量的审计服务赢得市场。而高质量审计服务使得市场参与人决策时所依据的会计信息更加真实可靠，从而能够保障建立在信息基础上的市场机制发挥其引导资源配置的作用。由此，独立审计对市场运行机制的保障功能得以有效发挥。

法定审计的要求使得一些公司仅仅为了满足法律的要求聘请注册会计师，他们在不同的会计师事务所之间进行选择时并不依据声誉、质量和个人品德，而更愿意接受那些收费低廉而又能满足法定要求的注册会计师，意味着审计市场需求并非完全有效。对于这些公司而言，审计收费就成为一项纯粹的成本性支出，其更关注审计收费的大小而不是审计质量的高低。需求方对审计收费的高度敏感使得价格竞争对公司选择会计师事务所的影响显著高于质量竞争产生的影响，提供低价格、低质量的审计服务成为会计师事务所理性的竞争反应。无效市场需求的存在使得提供低质量审计服务的会计师事务所非但不会受到市场惩罚，反而因低价格获得更多的市场份额，而提供高质量的审计师将会被挤出市场，从而在审计市场上出现“劣币驱逐良币”的现象。

(2) 审计市场需求特征对效率度量的影响。

在效率度量中，如果审计市场需求是有效的，那么提供高质量审计服务的会计师事务所能够从市场获得更高的收入，其结果表现为提供高质量审计服务的会计师事务所由于市场对经济产出的激励作用而无损于其效率表现。反之，如果市场需求是无效的，提供高质量审计服务的会计师事务所因无法获取更高的经济产出而可能表现出更低的效率结果。

4. 会计师事务所效率内涵

综上所述，本文所研究的会计师事务所效率是指会计师事务所在保证其独立性和盈利性的基础上，合理配置各项审计资源并最大限度地促进审计在市场经济资源配置中的作用得以充分发挥的能力。就其内涵而言：

首先，会计师事务所效率并不是一个简单的成本收益比例，而是一个从投入产出角度衡量的综合效率概念；

其次，会计师事务所效率的测度与比较是建立在同一背景和基础上的，其效率值只是一个相对值，是在所选取的样本范围内进行的测算与比较，没有绝对的高效率与低效率；

最后，对会计师事务所效率的评价核心在于揭示高质量审计服务的供给状况，而这取决于会计师事务所对审计项目的资源投入决策和审计市场需求有效性的共同作用。

（二）会计师事务所效率的量度方法

效率量度的主流方法可以分为非效率前沿分析方法与效率前沿分析方法两类。其中：非效率前沿分析方法（Non - Frontier Efficiency Analysis Method）是以资产报酬率、总成本对总资产比率等传统的财务比率来测度效率，这种方法容易受到投入和产出价格、公司规模及其他外生变量的影响，因此不易测度出实际效率水平。效率前沿分析方法（Frontier Efficiency Analysis Method）则是指利用一组企业样本数据，从中找到前沿，根据企业与效率前沿的相对位置测度效率的方法，这种方法的优点是不受市场价格等外生变量的影响。本文选用效率前沿分析方法量度我国会计师事务所效率。

1. 效率前沿量度理论

效率前沿分析的基本思想是从一组样本中找到生产前沿面，而样本机构的效率水平由它们与生产前沿面的相对位置决定。

（1）生产前沿面。

生产前沿面是通过连接所有最佳观测点形成的分段曲线所得到一个凸性的生产可能性集合。单投入单产出条件下的生产可能集如图 2 所示，其中曲线与 x 轴所围成的区域构成生产可能集，该曲线表示最大产出 f（X），该生产函数所描述的生产可能性边界称为生产前沿面（Production Frontiers）。

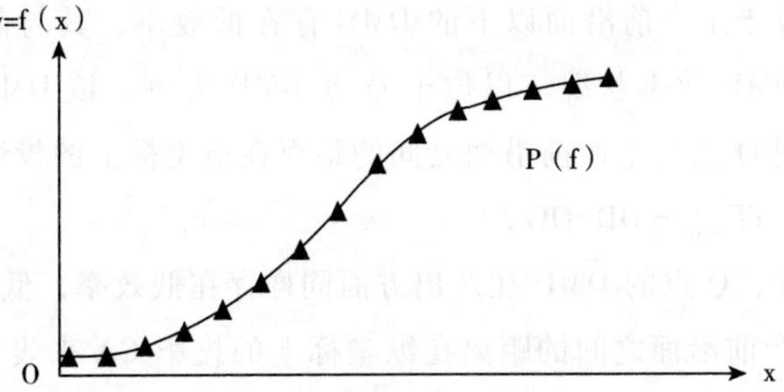

图 2　单投入单产出下的生产可能集

（2）前沿生产函数。

20 世纪 70 年代以后，学者们开始了对描述有效生产前沿面生产函数的研究（Aigner, 1977；Charnes 等，1978），这种描述生产前沿面的生产函数被称为前沿生产函数或边界生产函数（Frontier Production Function）。单投入单产出情况下，假设某个 DMU（Desision Making Unit；决策单元）的要素投入为 x，产出为 y，生产函数为 y =f（x），则该 DMU 的可能生产前沿面可以由图 3 表示。图 3 中，曲线 OHIKL 代表可变生产前沿面（VRS），OM 为不变生产前沿面（CRS）。

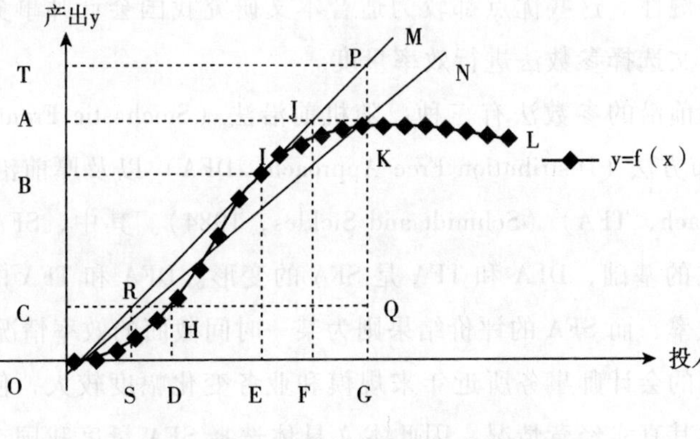

图 3　单投入单产出可能生产前沿面

（3）前沿分析方式。

生产前沿面分析有投入导向和产出导向两种方式，其中：投入导向指产出不变时如何使投入达到最小；而产出导向则考虑的是如何在投入不变的前提下提高产出。两种分析方式在思路上的差别可以用图 3 来说明。

图 3 中，位于生产前沿面以下的 DMU 存在低效率，其与前沿面 OHIKL 的距离反映了该 DMU 效率状况。以位于 Q 点 DMU 为例，该 DMU 在投入方面低效率程度可以用 Q 点与生产前沿面之间的距离在横坐标上的投影 DG 来表示，Q 点的效率值为：$TE_{VRS} = OD/OG$。

换一个角度，Q 点的 DMU 在产出方面同样存在低效率，低效率的程度可用 Q 点与 VRS 生产前沿面之间的距离在纵坐标上的投影 CA 来表示，即 Q 点效率为实际产出与 VRS 生产前沿面的距离的比值：$TE_{VRS} = OC/OA$。

总之，效率量度结果表现的是要素投入量与产出量之间的关系。如果投入要素没有浪费，则不存在低效率而处于效率前沿面上；而处在生产可能集之内但没有处于前沿面上则表明样本存在低效率状况。

2. 效率前沿分析方法

前述有关效率量度的分析中均假定前沿面是已知的，但实际运用过程中，该前沿面需要进行确定。根据是否需要估计参数，确定效率前沿面的方法分为非参数法和参数法两大类（Cooper and Tone，1997）。

与非参数法相比，参数法可考虑随机误差的干扰，而且效率评价结果离散度较小，可作统计检验，不会出现多个样本效率均为 1 的情况。同时，参数方法具有平滑作用，它通过误差项的分解能够滤掉随机因素对效率的影响，得到的结果具有稳健性。这些优点都较为适合本文研究我国会计师事务所效率的目标。因此，本文选择参数法进行效率量度。

估计效率前沿的参数法有三种：随机前沿法（Stochastic Frontier Approach，SFA）、无分布方法（Distribution Free Approach，DFA）以及厚前沿方法（Thick Frontier Approach，TFA）（Schmidt and Sickles，1984）。其中，SFA 是效率前沿分析参数方法的基础，DFA 和 TFA 是 SFA 的变形。DFA 和 TFA 的评价结果为样本的平均效率，而 SFA 的评价结果则为某一时间截面的效率情况。

由于中国的会计师事务所近年来规模和业务变化幅度较大，使用平均效率并不足以描述其真实经营情况，因此本文具体选择 SFA 量度我国会计师事务所的效率。

3. SFA 方法的函数形式选择

（1）生产函数与成本函数的选择。

SFA 需要确定的函数形式，即需要确定投入、产出和环境变量之间的关系，并考虑随机误差的分布形式。按照目标函数不同，效率的参数法模型主要分为生产函数模型和成本函数模型[①]。其中：生产函数形式为产出导向，它假定机构的目标为产出最大化，投入不变；而成本函数形式为投入导向，它假设机构的目标为成本最小化，而产出不变，投入是可以调整的。

本研究决定采用成本函数形式对会计师事务所效率进行评价。之所以选择成本函数形式，首先是因为生产函数确定的产出间缺乏相互关联性；其次，生产函数为产出导向，它假定投入不变下寻求产出最大化，而成本函数为投入导向，它假定产出固定而投入是可以调整的。对独立审计这个特殊行业而言，信息不对称使得会计师事务所在审计服务提供过程中存在道德风险，通过减少审计投入谋取更大的利润，审计资源投入的减少必然会危及审计质量，从而在根本上损害了独立审计制度效用的发挥，因此基于固定产出而研究不同投入的成本函数更加适合。

(2) 具体函数形式的选用。

理论上可供选择的成本函数形式主要有三类：柯布—道格拉斯成本函数(Cobu - dauglas Cost Function，简称 CD 成本函数)、超越对数成本函数（Translog Cost Function，简称 Translog 成本函数），傅里叶弹性成本函数（Fourier Flexible Functional Form，简称 FF 函数)。

CD 函数简单易行，不考虑各变量之间的相互影响，自变量只包括投入价格和产出，小样本下确定参数较为容易。但就本研究而言，使用 CD 成本函数内涵上会假设会计师事务所的规模收益不变，这导致其无法反映受规模变化影响的效率情况。

Translog 函数是在 CD 函数基础上发展起来的，它加入了各变量之间的相互影响；FF 函数在 Translog 函数基础上又增加了三角函数项。理论上，FF 函数为最佳形式。但是，FF 函数加入了正弦和余弦项，使得需要估计的回归系数大幅增加，需要很大的样本量；而本文研究的会计师事务所样本数据量有限，应用 FF 函数时，难以保证结果的可靠性。

综上，本文选用 Translog 成本函数模型计算中国会计师事务所效率。与 CD 成本函数相比，Translog 成本函数模型中包含投入产出指标的交互影响项，符合会计师事务所规模收益可变的实际情况，并且保证成本函数具备足够的弹性，有利于效率计算。且其对于样本数量的要求低于 FF 函数模型，在现有的会计师

① 此外，也有利润函数模型，但由于利润数据取得困难，所以实际研究中很少采用。

事务所样本量情况下能够得到满足。

三、会计师事务所效率量度投入产出指标及其特征

如前所述，本文选用了 Translog 成本函数实际量度我国会计师事务所效率，然后基于选定的投入指标和产出指标，分析效率量度的影响因素，由此建立必要的研究假设，为随后的实证检验建立必要的基础。

（一）投入指标及其特征分析

1. 会计师事务所投入的替代变量

众所周知，会计师事务所具有典型的“人合”特征，劳动力对于会计师事务所的作用和价值远远大于包括资金、设备等在内的财务资本。纵观会计师事务所的整个经营过程，其经营场所往往是租赁而不是购买或自建的，而且审计服务过程中有相当多的工作量实际是由审计人员在被审计单位的经营场所完成，在某种程度上会计师事务所的经营场所甚至不是必需的。作为一种信息鉴证服务，会计师事务所对外提供的产品形式上表现为载有注册会计师鉴证意见的审计报告，但是真正能够满足市场需要的不是审计报告以何种材质制作，而是注册会计师对被审计单位会计信息可靠性的鉴证意见，因此也就没有对原材料的明确要求。随着电子计算机的发展和普及，审计程序和工作记录的电子化在近年得到了迅速发展，似乎电子设备的投资对会计师事务所是必需的，但是本质上审计过程中引入电子设备的目标在于提高审计工作自身的效率，譬如提高批量处理能力、减少重复劳动和机械计算错误等。没有电子设备，审计工作同样可以开展。审计工作进程的这些特征决定了土地、原材料和资本对于会计师事务所都不是必需的，从而意味着劳动是会计师事务所从事经营活动唯一重要的生产投入要素。从笔者所掌握的会计师事务所经营数据来看，在扣除营业税、所得税等税费性支出的全部成本费用中，会计师事务所支付给专业人员的报酬以及与人员直接相关的费用支出（差旅费等）约占75%。

另一方面，本文的研究定位于通过效率的计量和比较来揭示会计师事务所社会效益（审计质量）的实现，而并非会计师事务所经济效益（经营绩效）的改进。在对审计质量的影响方面，人的因素比办公场所、信息技术、物料消耗等费用性支出更为重要，因此专业人员的投入水平与本文的研究目标更加相关。作为需要高度专业化技能的知识型和智力型服务企业，会计师事务所通过向客户提供会计专业产品和服务立足于经济社会，人的因素在其中起着举足轻重的

作用。人的素质和能力，是会计师事务所的第一生产要素，也是其在竞争中生存和取胜的根本。本质上，会计师事务所开拓市场、服务客户、赢得收益，靠的不是资本的投入，也不是机器设备等有形资产的更新，而是注册会计师的专业知识、专业技能等无形的高智力劳动。因此，对于会计师事务所而言，其审计服务提供过程中的资源投入就是其所拥有的各类人员数量。

因此，会计师事务所的经营特征和本文的研究目标共同决定了人员数量是表征其投入的最佳替代变量。在国内外有关会计师事务所效率研究文献中，研究者也都选择了人员数量作为会计师事务所投入的替代变量（Banker et al., 2005；杨永淼等，2007）。

2. 会计师事务所投入的约束因素

（1）审计道德风险及其约束。

会计师事务所以专业人员的劳动为主要生产投入要素的经营特征决定了审计服务提供的成本在很大程度上是可变的。审计服务过程中的信息不对称以及审计产品的信用品特征，使得会计事务所在服务过程中存在很高的道德风险。面对既定的业务委托，其可通过减少参与审计项目工作的人员数量或时间来谋取更多的经济收益。

然而，现代独立审计存在的基础在于其能够降低市场交易双方因信息不对称引起的交易成本，使得经济各方的契约得以顺利执行（黄京菁，2001）。独立审计的贡献来自于注册会计师以“不偏不倚”的态度查知并报告与鉴证对象有关的事实真相，其中“查知”是基础，“报告”是结果。而查知意味着发现被审计单位财务报表的重大错报，在其他因素相同的条件下，投入更多数量的审计人员以及花费更多的审计时间显然更有可能发现错报。因此，放任会计师事务所利用审计服务过程中的信息优势通过减少审计资源的投入谋求更多的经济利益将从根本上损害审计产品的质量供给。

一旦市场上大多数会计师事务所提供低质量的审计产品，提供高质量的会计师事务所将会被挤出市场，从而出现“劣币驱逐良币”的现象。随着审计质量的普遍下降，审计服务对于解决交易过程中的信息不对称问题的功能丧失，契约当事人转而寻求其他的途径解决信息不对称问题，或者使得交易不能完成。无论哪一种情况出现，都会使得审计制度丧失了其存在的基础和价值。“安然—安达信事件”使美国朝野震动，“银广夏—中天勤事件”引发的我国社会对中国注册会计师行业的声讨，以及某些媒体（《经济观察报》，2005）提出对中国注册会计师整体不信任等，均说明了审计质量对于注册会计师行业生存和发展的根本性影响。由此，在制度上寻求对会计师事务所道德风险的约束成为维护独立审计存在必要性的基础条件。

审计质量后验性的产品特征决定了约束制度的核心应当在于会计师事务所发生审计失败时的赔偿机制。赔偿机制的引入使得会计师事务所的服务产品具有了经济收益和法律责任双重特征。一方面，会计师事务所通过提供审计鉴证成果——审计报告而收取服务费用，形成收益；另一方面，如果市场交易任何一方或双方因注册会计师应当揭示而实际未能揭示的事实而蒙受损失，则注册会计师及会计师事务所应对此承担赔偿责任。

（2）赔偿机制对投入决策的影响。

审计失败赔偿机制的存在使得会计师事务所不能简单通过减少经营过程中对审计资源的投入谋求更多的经济利益。因为在其他因素相同的情况下，如果会计师事务所在审计工作中付出更多的努力，花费更多的时间，或者寻求更优秀的人员来执行审计业务，则意味着其执行审计项目的直接成本会增加；相应的，由于其在审计过程中恪尽职守，更有可能发现被审计单位的财务报表的重大错报，减少了审计失败发生的概率，从而有助于降低其未来因审计失败而发生的赔偿支出。反过来，如果会计师事务所选择使用更少的人员，花费更少的时间执行审计业务，其审计直接成本就会下降；但与此同时审计投入的减少也会增加审计失败的概率，从而造成未来赔偿支出的增加。无论是人员成本增加还是赔偿支出上升，都会造成会计师事务所经营净收益的减少。因此审计失败赔偿机制的引入，使得会计师事务所在既定的总收入水平下，净收益与审计资源投入量的关系呈倒U字型，单纯降低作业量不一定能够提高会计师事务所的收益水平。

审计产品所具有的经济收益和法律责任双重特征，使得会计师事务所最优审计资源投入决策取决于其对审计成本支出与审计失败赔偿支出之间的均衡，也就是说需要保持一个最低的审计质量要求以防止由于赔偿支出的过度上升而损害会计师事务所的净收益。可见，赔偿机制的存在对会计师事务所的投入决策构成了约束，促使会计师事务所将其提供审计服务保持在一定的质量水平之上。

3. 我国会计师事务所投入约束的制度特征

在现实经济社会中，投资者因信赖注册会计师的工作而就其所遭受损失要求赔偿的制度设计，体现为法律对会计师事务所及注册会计师民事赔偿责任的界定；而投资者在获得法律支持后，能够获得的赔偿金额在很大程度上与会计师事务所组织形式的安排密切相关。与西方相比，我国无论是在注册会计师的法律责任规范还是会计师事务所的组织形式制度安排上都具有鲜明的特色。这种特殊的制度安排对于我国会计师事务所的投入决策，近而对于其效率表现无疑具有深刻的影响。

（1）我国会计师事务所法律责任规范。

自注册会计师行业于20世纪80年代恢复重建以来的近三十年中，在会计师事务所具体法律责任的承担上，我国司法实践中注册会计师承担法律责任的方式与西方存在显著差异。近十几年来，我国会计界和法学界对注册会计师民事责任的问题也进行了许多细致的研究（谢荣，1994；周志诚，2001；李若山、周勤业，2002；文建秀，2003；彭真明，2006）。

总体上，我国司法实践中对会计师事务所民事责任追究机制正在逐步建立之中。历史上缺乏操作性的审计失败赔偿机制设计以及总体较为低下的执法效率，使得会计师事务所在经营过程中面临实质上的法律风险很低。但是，随着我国证券市场上市公司恶性财务舞弊事件的不断出现，有关会计师事务所审计失败赔偿的法律诉讼机制在2001年以后已经逐渐清晰，最高人民法院发布的最新司法解释（法释［2007］12号文件），标志着针对我国会计师事务所民事责任的诉讼已经在很大程度上具备了实际操作的可行性。

（2）我国会计师事务所的组织形式变迁。

在我国，会计师事务所的组织形式取决于国家在注册会计师行业发展的各个时期颁布的各项法律、法规的规范性要求。与西方对会计师事务所的责任安排截然不同，我国会计师事务所的组织形式是从单一的国家所有制开始，逐渐形成了以有限责任公司制为主体的，无限责任为补充的制度安排现状。

就会计师事务所的诉讼赔偿而言，有限责任公司制的组织形式安排实质上为其提供了最高赔偿限额的保护。因为按照有限责任公司的制度安排，无论司法判决的金额有多大，只要超过其净资产，会计师事务所就可以通过申请破产保护救济将赔偿的金额限定在净资产范围之内。在实践中，一方面由于对会计师事务所注册资本的要求偏低[1]，另一方面对会计师事务所经营过程中的资本保全和资产的流动性方面也没有限制，使得会计师事务所即使被判决赔偿，其实际偿付能力也不足以补偿众多投资者的损失。正如许多学者认为的那样，现行的有限责任公司制组织形式制度安排已经成为会计师事务所规避风险的工具（余玉苗等，2002；于恒等，2002）。

4. 我国会计师事务所投入特征及其对效率结果的影响

（1）法律规范对投入决策和效率表现的影响。

如前所述，会计师事务所提供审计服务的主要投入要素是其拥有的人力资源，而特定法律规范要求条件下的诉讼赔偿责任设计对会计师事务所在经营过程中针对具体审计项目投入多少审计资源构成约束条件。因此总体上，会计师事务所的投入决策表现为，首先对因审计失败在未来可能发生的赔偿作出估计，然后根据对诉讼风险的判断结果调整审计项目的资源投入决策。

会计师事务所审计资源投入决策与对预期诉讼赔偿的判断呈正相关关系，即如果会计师事务所估计因审计失败所发生的诉讼赔偿数额较高，则其有动力通过加大审计资源的投入，通过降低审计失败发生的概率来回避未来高额的诉讼赔偿；反之，如果会计师事务所相信即使发生审计失败，要求其作出相应赔偿的可能性也很低，则其将有动力通过机会主义地减少审计资源投入而获利。

与其他行业的效率衡量结果不同，从审计质量供给的角度来看，会计师事务所更低的相对效率意味着其对审计风险的估计水平更高而愿意在经营过程中投入更多的审计资源，而更多的审计资源投入往往意味着更高的审计质量。因此，单纯从投入的角度看，相对效率更低的会计师事务所提供了更高质量的审计服务。

（2）投入特征分析与实证研究预期。

①投入特征分析。与西方严厉的诉讼赔偿制度设计不同，历史上民事法律责任规范不足以及有限责任公司制组织形式提供的最高赔偿限额保护条件下，我国会计师事务所面临的法律诉讼环境比较宽松。在相对较弱的法律约束条件下，单纯依靠职业道德规范来防范会计师事务所审计服务提供过程中的道德风险是不充足以及不可信的。

---

① 现行《注册会计师法》第二十四条规定有限责任会计师事务所的注册资本不少于30万元，2005年财政部发布的《会计师事务所审批和监督暂行办法》第八条延续了这一规定。

因此，笔者认为我国会计师事务所投入的第一个特征表现为：大多数会计师事务所会选择将诉讼赔偿的水平设为低，从而使得大多数会计师事务所将审计投入限定在较低的水平。

有关学者对我国独立审计整体质量偏低的判断（刘峰，2002；易玄、谢志明，2007），以及政府相关部门和行业协会的检查结果反映出的我国会计师事务所总体审计质量不高的现实状况①，也支持笔者对于我国会计师事务所审计资源投入较低的判断。

另一方面，随着越来越多审计失败案例的出现，社会各界对注册会计师赔偿问题的关注使得近年来有关司法解释对民事赔偿责任的界定越来越清晰和明确。连同政府相关部门酝酿中的会计师事务所组织形式变革规划，会在某种程度上提高会计师事务所的审计风险意识，其对诉讼赔偿的估计水平有所提高。但是鉴于目前的司法实践中仍然缺乏实际赔偿的案例，加之有限责任的组织形式保护依然没有实质性改变的现实，会计师事务所判断中的惯性思维决定了其对风险估计水平的提高是有限的。

建立在此种判断基础上，笔者认为我国会计师事务所投入的第二个特征表现为：随着时间的推移，我国会计师事务所的审计投入将有所增加，但增幅不大。

②效率量度结果的预期。本文研究的效率为相对效率，样本会计师事务所效率的量度值取决于其与由全体样本确定的效率前沿面的相对位置。从投入角度来看，效率前沿面意味着既定产出条件下投入的最小化，由此，在其他条件相同的情况下，会计师事务所的效率量度结果与其投入水平负相关。

基于前述投入特征分析，笔者预期的效率量度结果为：（1）我国多数样本会计师事务所效率测度值较高而且彼此间比较近似；（2）会计师事务所的效率测度结果呈逐年下降的趋势，但下降幅度有限。

（二）产出指标及其特征分析

1. 会计师事务所产出的替代变量

传统微观经济分析中，通常以产品数量即产量指标作为产出的替代变量。但是微观经济分析中隐含着标准产品的假设，即单位产品之间是无差别的。审

① 除证券审计市场频频出现的财务信息舞弊事件以外，从已经公布的财政部历年会计信息质量检查公告、审计署对会计师事务所的执业质量检查结果，以及中注协的行业质量检查结果中的数据表明，我国会计信息资料的失真已经到了相当严重的程度。

计产品所具有的定制性特征使得会计师事务所向不同公司出具的、在形式上没有差别的审计报告实际存在很大的不同，非标准化的产品特征使得不同会计师事务所的产品数量缺乏内涵一致的比较基础，从而意味着产品数量并不是表征会计师事务所产出的理想替代变量。

价格是最重要的市场机制之一，市场正是通过价格机制的作用实现资源配置的功能，独立审计市场也不例外。关于审计市场的一级价格投标模型（Sullivan，2000；Elitzur & Falk，1996）表明，会计师事务所在价格竞争中最优投标决策与其审计成本密切相关。均衡条件下，审计服务对象的异质性会体现在不同的产品价格中。因此，会计师事务所审计产品数量和价格共同决定的服务收入就为不同会计师事务所彼此之间的比较提供较为一致的内涵基础。

世界范围内，收入额已经成为表征会计师事务所特征时最为常见的指标，“四大”之所以能够区别其他会计公司的一个关键性因素就在于其显著超出其他同行的收入额①。在中国，自从2003年中国注册会计师协会公布全国会计师事务所百家信息以来，收入额一直是决定百家会计师事务所排序的核心指标②。因此，以会计师事务所的收入额作为其产出的替代变量是适当的。

除了审计之外，会计师事务所还从事一些其他的业务，包括资产评估、管理咨询等，因此，与本研究最为相关的收入指标是会计师事务所的审计业务收入。但是，由于会计师事务所不是公众公司，因此每家事务所的审计收入数据实际无法取得。从我国注册会计师行业的现实状况来看，审计收入是会计师事务所的主要收入来源。比如2005年中注协公布的行业百家信息③显示，百家事务所的审计收入合计约58.50亿元，占总收入合计（71.08亿元）的82.29%。因此，本文使用会计师事务所的总收入额作为其产出的替代变量。

另一方面，审计职业的特征决定了会计师事务所的产出与其服务质量密切相关，严格意义上讲，只有满足最低质量要求的产出才是有意义的。然而，审

---

① 英格兰及威尔士特许会计师协会（ICAEW）2006年6月在其会刊《Accountancy》上发表的全球前25家国际会计公司的最新排名资料显示，25家会计公司的业务收入总额达1 023亿美元，其中，“四大”会计公司的收入占25家总收入的69%，达710.9亿美元。“四大”中最大的普华永道以203亿美元排名首位，毕马威国际156.90亿美元在“四大”中最小。“四大”之外收入最高的德豪国际33.29亿美元，仅为毕马威国际的21.22%，差距非常明显（转引自钟国，2007）。

② 其中，2003年至2005年完全按照收入额排序，自2006年开始采用综合排名，但是收入额仍然是综合得分的决定性影响因素。

③ 该年度中注协唯一一次公布了事务所的审计业务收入数据。

计的特性之一就在于审计质量难于评价，在实证研究中更是难以找到适当的替代变量来量化审计质量。而且，审计质量在概念上更多的与具体审计项目紧密相关，而本文的研究定位于会计师事务所这一独立的经济实体，对于会计师事务所整体的审计质量如何界定，目前尚缺乏足够的理论和实证研究支持。有鉴于此，本文没有将审计质量作为会计师事务所效率研究中的产出变量。

综上所述，笔者选择会计师事务所收入额作为产出替代变量，有关将审计服务质量作为产出指标之一的设想留待后续研究中再考虑。

2. 我国审计市场的需求特征

市场需求有效性是影响会计师事务所产出的重要因素。对世界上大多数市场经济国家研究（Chow，1982；Francis & Wilson，1988；Joseph，Fan & Wong，2005）表明，独立审计市场需求总体是有效的，意味着市场对审计质量的敏感性大于对价格的敏感性，提供高质量审计服务的会计师事务所能够收取更高的审计费用或者占据更多的市场份额。

但是，我国审计根植于中国经济市场化改革的进程之中，这使得我国注册会计师行业的发展与西方审计相比呈现出许多的独特之处。改革开放以来，中国的经济进入体制转轨发展期。从计划经济向市场经济的转变过程中，政府不得不采取一些行政的手段和力量来促进市场的培育和发展。具体到注册会计师行业上，政府的行政力量是非常明显的，对审计市场的发展起着非常重大的推动作用。表现在市场需求上，我国审计市场需求一开始就表现出强制性审计的特征，自愿性审计需求明显不足。

有关我国审计服务需求的研究也支持了这一分析结论。国内早期的研究（李树华，2000；刘峰等，2002；朱红军等，2004）普遍认为我国独立审计市场缺乏对高质量审计服务的有效需求激励，而近几年研究（孙铮和曹宇，2004；曾颖、叶康涛，2005；王艳艳等，2006；Choi & Wang，2005；张奇峰等，2006；吴粒等，2006）则表明虽然有效需求已经在我国独立审计市场上显现，但是其影响尚不充分，因此市场更多的还是表现出总体无效的特征。

3. 我国会计师事务所产出特征及其对效率结果的影响

如前所述，我国注册会计师职业的恢复重建更多表现为政府强制推行的结果，市场自发的审计需求明显不足。表现在实践中，会计师事务所的大部分审计客户只是在形式上需要审计报告，实际上并不希望注册会计师如实披露公司的实际情况。因此，被审计单位更愿意选择那些很少给自己“添麻烦”的会计师事务所，严格执业反而会受到客户的抵制和排斥。这就意味着我国审计市场上的需求对高质量的审计服务非但缺乏足够的激励，反而存在抑制作用，因而更多地表现为无效需求。

一方面，大量无效需求的存在就使得在市场中提供高质量审计服务的会计师事务所审计业务执行过程中更多的审计资源投入不能得到相应的收入补偿。由此，基于本文选定的效率量度方法、成本函数模型以及相应的产出指标替代变量，在本文有关我国会计师事务所的效率量度结果中，市场声誉更好的会计师事务所效率值更低。

另一方面，随着市场的培育和发展，有效需求的出现可能使得某些具有市场声誉的会计师事务所可以从市场获得激励性收入，在补偿审计资源投入的同时，获得更高的收益。如果事实的确如此，那么随着时间的推移，市场声誉更好的会计师事务所效率值将呈现出逐年升高的总体趋势。

四、我国会计师事务所效率量度的模型与数据

（一）效率量度模型

1. 效率量度实际采用的模型

（1）量度函数。

如前所述，本文选用 Translog 成本函数模型量度我国会计师事务所的效率，与 Banker et al.（2003，2005）将合伙人、专业人员和一般雇员分别作为3个投入变量的研究设计不同，本文选用各会计师事务所的注册会计师人数作为单投入变量，这主要是受数据来源所限。同样基于数据可得性的考虑，本文选用了收入总额作为会计师事务所的单产出变量。

由此，本文实证研究使用的具体函数模型形式为：

$$\ln TC_i = \alpha_0 + \alpha_1 \ln w_i + \beta \ln Y_i + \delta\ (\ln w_i)^2 + \gamma\ (\ln Y_i)^2 + \rho \ln w_i \ln Y_i + \varepsilon_i$$

（公式1）

其中：

i 为第 i 家会计师事务所，i = 1，2，…，I；

TC 为观测期会计师事务所的总成本；

w 为会计师事务所的注册会计师人数；

Y 为会计师事务所的收入总额；

α、β、δ、γ、ρ均为待定参数；

$\varepsilon_{it} = U_{it} + V_{it}$；

V 为随机误差项，$V \sim i.i.dN(0, \sigma_V^2)$，且与 U 相互独立；

U 为非负的随机变量，代表无效率项，$U \sim i.i.d|N(0, \sigma_U^2)|$ 分布。

（2）选用的软件及其计算流程。

研究采用的是 Coelli 教授 1996 年开发的 Frontier 4.1 应用软件。该软件要求首先确定计算所使用的函数形式，然后将原始数据加工成软件所需的纯文本格式的文件，通过程序语言将原始数据输入，由软件计算输出文件中得到前沿成本函数的参数值、变差率、单边似然比检验值以及各会计师事务所样本的效率结果。基于研究选用的会计师事务所投入产出替代变量，采用 Frontier 4.1 软件计算我国会计师事务所效率的流程原理如图 4 所示。

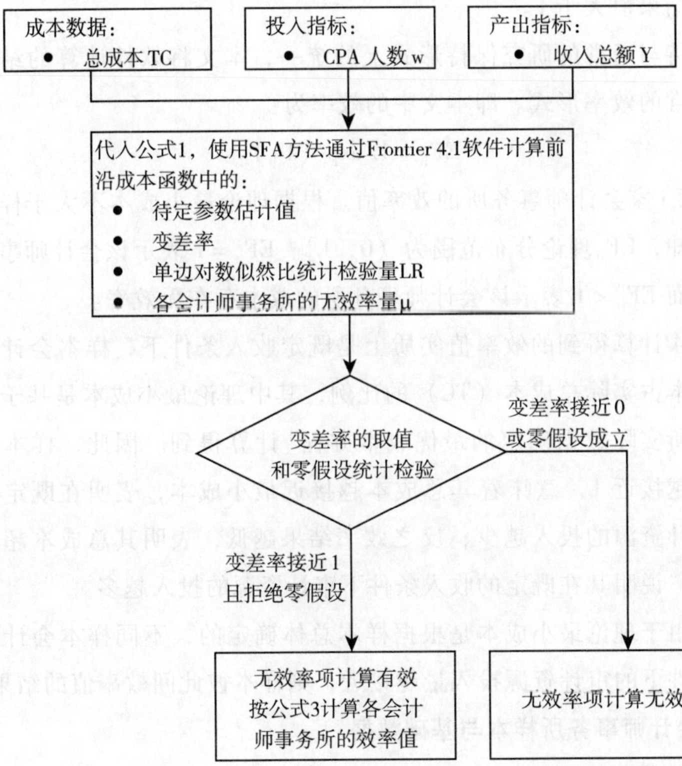

图 4 采用 Frontier 4.1 计算会计师事务所效率流程原理图

2. 效率结果内涵

Frontier 4.1 软件对经济效率 EF_{it} 的定义为：

$$EF_{it} = \frac{E\ (\hat{Y}_{it} \mid U_{it},\ X_{it})}{E\ (\hat{Y} \mid U_{it} = 0,\ X_{it})} \qquad \text{（公式 2）}$$

其中：X 为投入；Y 为产出；其余变量含义同公式 1。

如前文所述，当模型中的函数选用经过对数变换的成本函数时，则经济效率为：

$$EF_{it} = \exp\ (U_{it}) \qquad \text{（公式 3）}$$

采用成本函数形式计算样本效率时，由于效率前沿面代表了既定收入水平下的成本最小化估计结果，因此，所有样本成本均大于前沿成本，此时公式 1 中 $\varepsilon_{it} = U_{it} + V_{it}$为正数。进一步，如果软件计算的变差率结果接近 1 且拒绝零假设，说明该偏差主要是由无效率项 U 引起的，随机误差 V 的影响很小，这就意味着 U 为大于零的正数。因此，Frontier 4.1 软件按照公式 3 计算的样本会计师事务所效率结果恒大于 1。

为了保持与通常的研究保持形式上的统一，本文将软件计算的结果通过倒数变换为通常的效率形式。即本文中的效率为：

$$EF_{it} = 1/\exp\ (U_{it}) \qquad \text{（公式 4）}$$

EF_{it}为第 i 家会计师事务所的效率值。根据理论最小成本不大于样本实际成本的事实可知，EF_{it}理论分布范围为（0，1]。$EF_{it} = 1$ 表示该会计师事务所处于效率前沿，而 $EF_{it} < 1$ 表示该会计师事务所的成本存在无效率。

由公式 4 计算得到的效率值实质上是既定收入条件下，样本会计师事务所理论最小成本占实际总成本（TC）的比例，其中理论最小成本是基于全部样本会计师事务所实际数据确定的最优成本方程①计算得到。因此，样本会计师事务所效率值越接近 1，意味着其总成本越接近最小成本，表明在既定的收入水平下，其审计资源的投入越少；反之效率结果越低，表明其总成本超过理论最小成本越多，说明其在既定的收入条件下审计资源的投入越多。

同时，由于理论最小成本是根据样本总体确定的，不同样本会计师事务所既定收入条件下的审计资源投入量越接近，则样本彼此间效率值的结果越相似。

（二）会计师事务所样本与基础数据

1. 样本选择

本文的研究样本来自中国注册会计师协会（简称中注协）发布的会计师事

① 即公式 1 剔除 U_{it}。

务所全国百家信息，观测年度选择 2002 年至 2004 年。之所以选择这一期间的数据进行研究，主要是因为在中注协已经公布的 2003 年度至 2007 年度会计师事务所全国百家信息中，每年公布的信息格式和数据类型有所不同，与本文研究中确定样本会计师事务所总成本数据直接相关的各会计师事务所不同学历的注册会计师人数自 2006 年起不再公布，意味着 2005 年以后缺乏必要的基础数据来源。此外，这一期间我国会计师事务所相对比较稳定，没有发生大的变动①。

按照统计数据发布的惯例，中注协在数据年度的下一年发布百家信息数据，即 2003 年发布 2002 年的会计师事务所信息，以此类推。因此本文研究的数据实际由中注协 2003 年至 2005 年发布，具体分别为《2003 年度会计师事务所全国百家信息》、《2004 年度会计师事务所全国百家信息》和《2005 年度会计师事务所全国百家信息》（以下简称百家信息）②。为避免分析中的歧义，本文将这些数据按照其实际归属的年份命名，即将《2003 年度会计师事务所全国百家信息》中的数据称为 2002 年数据，以此类推。

通过复核这 300 个基础样本中的数据关系，我们发现其中 2003 年和 2004 年数据中分别有 3 家会计师事务所的注册会计师总人数和分学历公布的人数之和不相等，因此作为瑕疵数据剔除。由此，本文研究的样本数共计 294 个，其中 2002 年 100 个，2003 年和 2004 年各 97 个。被排除的会计师事务所基本情况列于表 1。

2. 数据来源

（1）投入和产出。

如前所述，本文选取了单投入变量和单产出指标，样本会计师事务所的注册会计师人数和总收入数据直接取自中注协发布的百家信息。

① 稳定来源于两个方面，一是国家有关会计师事务所的政策变化不大，二是会计师事务所相互之间也没有大的合并、重组等行为。在此之前，伴随着脱钩改制，我国会计师事务所掀起了第一次合并浪潮（余玉苗，2000），2001 年当时号称国内第一大所的上海大华并入安永，成立了安永大华。而在此之后，2005 年 3 月天健会计师事务所宣布并入德勤华永，揭开我国会计师事务所新一轮合并重组的大幕。

② 各年度百家信息详见中国注册会计师协会网站百家信息专题（http：//www. cicpa. org. cn）。值得注意的是，中注协从 2007 年开始公布百家会计师事务所的从业人员数量，这为今后从更加细致的方面考察我国会计师事务所效率问题提供了可能。

表1　　被排除的会计师事务所基本信息

所属年份	会计师事务所名称	中注协排名	总收入（万元）	总部所在地	CPA总人数	学历结构				CPA 人数差异
						硕士以上	大学	大专	其他	
2003	大信	21	4 317	武汉	132	5	51	57	5	14
2003	武汉众环	26	3 887	武汉	135	5	52	68	6	4
2003	青岛振青	74	2 238	青岛	97	1	28	50	17	1
2004	中喜	24	4 870	北京	149	6	68	63	11	1
2004	山东正源和信	40	3 820	济南	149	6	89	50	3	1
2004	上海佳华	90	2 253	上海	27	2	14	9	1	1

资料来源：作者加工整理。

（2）总成本数据。

会计师事务所不是公众公司，其财务报表并不公开披露，从公开途径很难取得，这就使得在其他行业的效率研究中很容易取得的总成本数据成为本研究的难点之一。为解决这一难题，本文以中注协发布的百家信息中不同学历的注册会计师人数为基础，采用上海国家会计学院（2005）发布的《2004：会计师事务所薪资调查分析报告》（以下简称薪资调查报告）的结果，结合国家统计局人口和就业统计司与劳动和社会保障部规划财务司共同发布的《中国劳动统计年鉴》（2003～2005），计算样本会计师事务所的人员成本，并以此作为研究中的总成本数据。具体计算过程中如下：

①计算基础。本研究中的总成本数据以百家信息中公布的各会计师事务所注册会计师的学历结构为基础进行计算，该信息将注册会计师分别按"硕士以上"、"大学"、"大专"和"其他"公布各会计师事务所的人数。选择学历结构的原因在于，在当前我国的经济社会中，学历通常被视为人员素质的替代变量，注册会计师的学历结构在一定程度上代表了会计师事务所能够投入审计的人员素质水准，同时，学历也是我国通常用以确定人员报酬的重要考虑因素。按照 DeAngelo（1981a）对审计质量的界定，会计师事务所人员的审计技术水平对审计质量有着重要影响。因此，从审计资源投入的角度看，参与审计服务的人员素质越好，成本会越高，但相应的审计服务的质量也越高。学历结构与审计成本和质量之间存在良好的依存关系。

②平均薪酬。在明确了计算基础以后，接下来需要确定不同学历水平的注

册会计师的平均薪酬。在实践中，我国会计师事务所的人员薪酬存在两个众所周知的特征：一是“四大”的员工薪酬明显高于本土会计师事务所；二是同一家会计师事务所中注册会计师的薪酬高于一般员工（胡亦明，2004）。

薪资调查报告中并没有直接给出不同会计师事务所不同学历注册会计师的薪酬数据，本研究在对有关调查结果分析计算的基础上获得这一数据，计算过程如下：

第一，该薪资调查报告中全部样本（1 214 个）的 2004 年平均收入为 57 078元，其中具有注册会计师资格的样本（930 个）平均收入为 63 170 元，照此推算注册会计师的薪酬是全部样本平均值的 1. 11 倍①。

第二，该薪资调查报告中按会计师事务所类型所作的统计显示，中国本土没有证券期货资质会计师事务所样本（778 个）平均收入为 69 132 元，有证券期货资质会计师事务所样本（335 个）平均收入为 46 539 元。直观上，这是一个令人费解的结果②。考虑到两类中国本土会计师事务所在实践中人员薪酬方面较为类似的现状，以及研究样本中两类会计师事务所都有的事实，本文以两类本土会计师事务所调查结果的加权平均值 62 331 元③作为本土会计师事务所人员薪酬数据。

第三，该薪资调查报告中“四大”机构样本（58 个）平均收入为 130 269 元。照此推算，“四大”员工薪酬为本土所员工薪酬的 2. 09 倍④。

第四，该薪资调查报告显示全部样本 2004 年收入增长率为 7. 52%，而按照同期统计年鉴数据⑤计算会计师事务所所属行业⑥ 2004 年工资增长率为 6. 40%，与调查结果比较接近。考虑到统计年鉴中的数据不只包括会计师事务所，因此选用薪资调查报告增长率数据计算 2003 年各类人员的平均工资。

---

① 63 170/57 078 = 1. 11。

② 一般来说，具有证券期货业务资格的会计师事务所无论是业务规模还是人员规模都会更大一些，这可以从全国 78 家具有证券期货业务资格的会计师事务所大多数都出现在百家信息中可见一斑。就笔者掌握的行业实际，具有证券期货业务资格的会计师事务所给付人员的报酬通常会更高一些。

③ 62 331 = （69 132 × 778 + 46 539 × 335）/（778 + 335）。

④ 2. 09 = 130 269/62 331。

⑤ 数据源于《中国劳动统计年鉴 2005》第 197 页和《中国劳动统计年鉴 2005》第 182 页。

⑥ 按照《国民经济行业分类与代码（GB/T 4754 - 2002）》，会计审计服务属“租赁和商务服务业”中的“商务服务业”。

第五，根据劳动和社会保障部与国家统计局联合发布的公报[①]，全国 2003 年城镇职工平均工资比上年上涨了 13%，2004 年这一数据是 14.10%。以调查报告 2004 年的增长率 7.52% 为基础，照此推算 2003 年会计师事务所人员工资增长率为 6.93%[②]，以此推算 2002 年各类人员的平均工资。

按照前述推算过程计算的不同类型会计师事务所不同学历结构的注册会计师各年薪酬数据列于表 2 中。

表 2　　不同学历结构的注册会计师各年薪酬计算结果　　单位：元

学历水平	调查数据	本土所计算数据			"四大"所计算数据		
		2004 年	2003 年	2002 年	2004 年	2003 年	2002 年
专科及以下	45 206	50 179	46 669	43 644	104 874	97 539	91 218
本科	61 214	67 948	63 196	59 100	142 011	132 079	123 519
硕士及以上	123 392	136 965	127 386	119 130	286 257	266 236	248 982

数据来源：调查数据来源于上海国家会计学院（2005），其他数据为作者加工整理。

③总成本计算。按照中注协百家信息中不同会计师事务所注册会计师的学历结构数据以及表 2 中薪酬估计的结果，就可以计算出各研究样本会计师事务所的总成本数据。

3. 对基础数据的初步分析

（1）描述性统计。

按照前述方法确定的本研究所采用的基础数据列于附表 1，样本基础数据的描述性统计结果如表 3 所示。

数据统计结果表明，2002 ~ 2004 年样本会计师事务所在人员、收入和成本规模上都有一定的增长。

首先，从样本会计师事务所注册会计师人数指标来看，注册会计师人数平均值由 2002 年的 99 人增长到 2003 年的 115 人，增长率约为 16%；2004 年这一数据为 113 人，与 2003 年基本持平。注册会计师中值指标数据也体现了与均值

① 《劳动和社会保障事业发展统计公报》。之所以没有选用统计年鉴数据是由于现行的国民经济分类标准订立于 2002 年，因此会计审计服务所属的行业在《中国劳动统计年鉴 2003》中归类与《中国劳动统计年鉴 2004》统计口径是不同的，造成两者之间不具有直接的可比性，从而无法得到增长率。

② 6.93% = 7.52% × 13% / 14.10%。

表3　　样本会计师事务所各指标数据的描述性统计

年份	指标	统计指标					
		均值	标准差	中值	最小值	最大值	样本量
2002	CPA人数（人）	99.00	5.91	82.00	14.00	391.00	100
	总收入（万元）	4 431.16	871.21	2 586.45	1 532.00	76 631	
	总成本（万元）	608.02	57.98	454.05	61.04	4 987.66	
2003	CPA人数（人）	115.00	7.39	92.00	9.00	464.00	97
	总收入（万元）	5 281.16	1 091.05	2 933.00	1 664.00	90 233.00	
	总成本（万元）	769.92	80.18	576.50	45.33	6 433.12	
2004	CPA人数（人）	113.00	6.81	93.00	8.00	457.00	97
	总收入（万元）	7 215.22	1 667.77	3 439.00	2 083.00	124 677.00	
	总成本（万元）	817.44	84.00	617.46	45.47	6 910.35	

数据来源：作者加工整理。

同样的趋势。从极值数据来看，人数最少的会计师事务所的注册会计师数量在观察期内数据不升反降，由2002年的14人降低至2004年的8人，约降低了43%；而最大的会计师事务所注册会计师人数的变动与平均值和中值的趋势表现出很好的一致性，2003年与2002年相比有较大的变化，增长率约为19%，2004年与2003年基本持平。这至少在一定程度上说明我国会计师事务所的人员正在向大小两个极端分化。这种趋势同样体现在注册会计师人数标准差的变化中，相比之下2002年样本会计师事务所在人员规模上相似度更高，而2003年相互间的差异更大一些。

其次，对样本会计师事务所收入指标的统计结果显示，2002～2004年样本均值由2002年的4 431.16万元增长到2004年的7 215.22万元，2003年增长率为20%，2004年增长率更是高达37%，均超过了同期全国注册会计师行业整体的收入增长率①，说明观察期内样本会计师事务所的收入总额增长很快。中值数据的总体变化趋势与均值类似，但增长幅度小于均值的变动，2003年和2004年增长率分别为13%和17%，说明样本会计师事务所的增长并不均衡。极值方面，3年间收入最少的样本会计师事务所的总收入额也在持续增长，但增长率

① 按照中注协的统计，2002～2004年全行业收入总额分别为110亿元、126亿元和154亿元，照此计算2003年和2004年全行业收入增长率分别为14.5%和22.2%。

小于均值的增长，2003 年和 2004 年分别为 9% 和 25%；与此相比，收入最高的样本会计师事务所总收入额的增幅更大，2003 年和 2004 年分别达到 18% 和 38%，说明 3 年间样本会计师事务所相互之间在收入规模上的差异在逐渐增大，这从样本会计师事务所 3 年总收入数据的标准差逐渐增大的变化趋势中也得以体现。

最后，样本会计师事务所总成本数据统计结果与总收入数据的表现既有相似之处，也有差异之点。相似之处表现在总体上升的趋势上，不同的地方主要表现在：①不同年度间的增长率表现不同，与总收入数据在 2004 年取得更高的增长率不同，总成本的均值数据在 2003 年的增长率更高，约达 27%，而 2004 年虽有增长，但幅度降低，为 6%；中值数据的表现与均值保持了比收入更好的一致性。这种变动趋势与样本会计师事务所注册会计师人数的变动趋势更加吻合。样本会计师事务所注册会计师人数、总成本与总收入之间的增长率的这种不同变动趋势，似乎意味着对会计师事务所而言人才的储备是带动收入规模成长的重要因素。②极值的表现有所不同。样本会计师事务所的总成本数据最小值不升反降，说明这些会计师事务所对审计业务的投入减少了，从审计质量控制角度看，这是值得警惕的信号。

综上所述，本研究的观察期内，即 2002 ~ 2004 年间，无论是样本会计师事务所的人员规模还是收入规模都在不断提升，但不同样本之间的差异在逐渐加大，在一定程度上表明我国会计师事务所正处于两极分化的阶段。随着时间的推移，按照传统的收入指标或注册会计师人数指标表征的大事务所和小事务所之间的差距将越来越大。

（2）指标分析。

①比率分析。按照通常的分析思路，本文基于基础数据计算了三个比率，即常见的注册会计师人均收入、人均成本和成本率①，计算结果与基础数据一并列于附表 1 之中，有关三个比率数据的描述性统计结果列于表 4 中。

从表 4 中数据可以看出，研究观察的 2002 年至 2004 年期间样本会计师事务所的人均收入持续增长，其趋势类似于前述总收入的变动，与此同时，人均成本也有所增长，与总成本变动的趋势类似。与前述指标变动趋势不同的是，2002 ~ 2004 年间样本会计师事务所的成本率总体表现较为稳定，只是在 2003 年

① 计算公式为：总成本/总收入 ×100%。

出现了一个小的增长，2004年旋即回落到2002年的水平，不过从极值的情况来看，不同会计师事务所之间的成本率数据差异在拉大，预示着随着会计师事务所规模的分化，其对审计的投入也在发生变化。

表4　　样本会计师事务所指标数据比率分析的描述性统计

年份	指标	统计指标					
		均值	标准差	中值	最小值	最大值	样本量
2002	人均收入	41.59	3.84	31.41	14.16	277.64	100
	人均成本	5.80	0.17	5.36	4.36	13.03	
	成本率	17.97%	0.72%	17.09%	3.97%	38.14%	
2003	人均收入	43.79	4.41	32.33	10.85	285.22	97
	人均成本	6.19	0.19	5.77	4.67	14.43	
	成本率	19.32%	0.85%	17.90%	1.77%	47.01%	
2004	人均收入	57.96	7.42	38.67	12.69	408.09	97
	人均成本	6.72	0.21	6.21	5.17	15.66	
	成本率	17.32%	0.78%	16.61%	1.61%	45.95%	

数据来源：作者加工整理。

②“四大”的相关指标。无论从哪个角度看，“四大”都是会计师事务所中极为特殊的一类，比较“四大”与其他会计师事务所的表现，一直是理论分析和实务研究中百谈不厌的话题。本文研究范围内“四大”在中国的机构的相关数据列于表5中。

与表3和表4中的数据相比，表5中的数据显示，“四大”在中国的机构无论是注册会计师人员规模还是收入规模都大大领先于其他样本会计师事务所。除安永大华以外，其他“四大”的机构的注册会计师人均收入也接近全部样本会计师事务所的最大值，体现出“四大”的机构在规模上的优势。但同时，四大的总成本和人均成本也较高。从成本率来看，除安永大华以外，其他“四大”机构的成本率都比较低。“四大”作为一个整体的成本率远低于研究样本会计师事务所的平均水平，而且成本率呈下降趋势，这在某种程度上印证了“四大”在中国以较低的成本赚到了更多的收益。这从一个侧面支持了近年来国内研究中对“四大”的批评性意见（吴溪，2005；原红旗、李海建，2003；

刘峰、许菲，2002）。

表 5　　　　样本中“四大”在中国的会计师事务所指标数据

年份	名称	统计指标					
		CPA 人数	总收入	总成本	人均收入	人均成本	成本率
2002	普华永道中天	391	76 631	4 987.66	195.99	12.76	6.51%
	毕马威华振	176	33 439	2 269.29	189.99	12.89	6.79%
	德勤华永	105	29 152	1 285.58	277.64	12.24	4.41%
	安永华明	146	24 632	1 902.76	168.71	13.03	7.72%
	安永大华	126	5 524	1 574.44	43.50	12.40	28.50%
	加权平均值	189	33 876	2 404	179.43	12.73	7.10%
2003	普华永道中天	464	90 233	6 433.12	194.47	13.86	7.13%
	毕马威华振	235	43 176	3 310.27	183.73	14.09	7.67%
	德勤华永	191	37 636	2 755.42	197.05	14.43	7.32%
	安永华明	175	32 926	2 435.04	188.15	13.91	7.40%
	安永大华	127	5 887	1 686.78	46.35	13.28	28.65%
	加权平均值	238	41 972	3 324	176.06	13.94	7.92%
2004	普华永道中天	457	124 677	6 910.35	272.82	15.12	5.54%
	毕马威华振	231	71 578	3 487.59	309.86	15.10	4.87%
	德勤华永	181	65 797	2 834.90	363.52	15.66	4.31%
	安永华明	154	62 846	2 352.13	408.09	15.27	3.74%
	安永大华	138	6 153	1 995.08	44.59	14.46	32.42%
	加权平均值[注]	232	66 210	3 516	285.14	15.14	5.31%

注：表中加权平均值对于 CPA 人数、总收入和总成本取算术平均值，人均收入、人均成本和成本率按 5 家总收入、总人数和总成本合计计算。

数据来源：作者加工整理。

五、我国会计师事务所效率量度结果分析

本章主要列示样本会计师事务所 2002 ~ 2004 年间效率实证数据，分析不同类别的会计师事务所以及不同年度间会计师事务所的效率状况，检验研究预期，形成研究结论。

（一）分年计算的实证结果与分析

1. 2002年的实证结果

（1）前沿成本函数的参数和变差率的估计。

在半正态分布的非效率项存在约束条件下，使用 Frontier 4.1 软件，基于本研究选定2002年度数据计算的前沿成本函数的参数和变差率的估计结果如表6所示。

表6　　2002年前沿成本函数的参数估计

参数	项目		
	参数估计值	标准差	t检验
a0	4.13	0.77	5.35 **
a1	2.43	0.20	12.31 **
b	-1.50	0.16	-9.25 **
d	-0.02	0.02	-0.74
g	0.15	0.02	9.66 **
r	-0.17	0.04	-4.14 **
变差率	0.99	0.01	149.58 **
LR检验	59.17		

** 表示在1%水平上显著，* 表示在5%水平上显著。

数据来源：作者加工整理。

数据分析的结果显示，方程计算的变差率为0.99，接近1，t检验值为149.58，在1%水平上显著，拒绝零假设。可知，基于本研究选用数据分析的我国会计师事务所效率偏差主要由无效率项决定，随机误差的影响作用极小。

在变差率为零的假设条件下，约束条件为1，显著性水平为1%的混合χ^2分布的临界值是5.412（Kodde and Palm, 1986）。本研究计算的单边似然比检验统计量 LR = 59.17 > 5.412，于是变差率为零的假设被拒绝，即样本无效率项是存在的。根据SFA方法的统计检验原理，可以推定前沿成本函数有效。

研究计算的前沿成本函数参数值的检验效果较好，除了表征投入变量相互作用的参数d的t检验结果不显著以外，本文选用的Translog成本函数其他参数估计的结果都在1%水平上显著。

（2）样本会计师事务所的效率计算结果。

通过将计算确定的各会计师事务所成本非效率项U带入效率计算公式3，Frontier 4.1软件给出各样本会计师事务所效率计算结果。按照公式4，本文将软件给出的结果转换成常见的效率表达方式。2002年度样本会计师事务所的效率计算结果如附表2所示。

（3）实证结果的分析。

对实证结果的分析包括整体特征和基于不同分类方法下的考察。

①全部样本特征分析。2002年样本效率计算结果的描述性统计列于表7中。

表7　2002年样本会计师事务所效率计算结果的描述性统计

组别	统计指标					
	均值	标准差	中值	最小值	最大值	样本数
全部样本	90.24%	0.89%	92.95%	42.97%	98.65%	100

数据来源：作者加工整理。

表7的结果显示，2002年全国百家会计师事务所效率的平均值达90.24%。结合附表2中全部样本的效率计算结果，其中有63家会计师事务所效率值超过90%；尽管效率值最低者为42.97%，但是计算结果低于80%的只有9个样本，低于70%的更是只有2个样本。全部样本的标准差仅为0.89%，说明样本效率结果的离散程度较小。鉴于SFA方法计算的效率值为相对效率，上述实证结果意味着2002年全国百家会计师事务所的既定产出水平下的投入量比较相似。

该结果支持了本文第三部分分析得出的研究预期，表明我国独立审计市场特殊的法律约束和组织形式安排使得会计师事务所对预期诉讼赔偿责任的估计趋向一致，从而在审计投入决策中采取了较为相近的策略。而较高的效率平均值表明会计师事务所的总体投入水平较低，从而印证了此前本文有关我国独立审计市场总体审计质量较差的推论。

②按中注协排名的分类比较。自2003年中注协开始发布会计师事务所排名信息以来，实务界对于按收入总额排定会计师事务所名次的做法一直有许多批

评意见①。理论上，会计师事务所的效率表现是其内在特征的一种，反映了会计师事务所调整和配置审计资源的结果。那么，效率表现与中注协收入排名之间是否存在一致性可以从一个侧面检验排名的合理性。由此，本文按照中注协公布的百家会计师事务所排名，基于不同的分类对会计师事务所的效率表现进行比较。从附表2中的数据可以看出，百家排名与效率结果排名之间没有明显的规律可循。为了探寻总体的特征，本文从几个角度对样本会计师事务所进行分组比较，以观察是否存在潜在的规律特征。

第一，前后50名分组。

首先，基于两分法的思路，我们将各年百家会计师事务所按中注协公布的排名顺序分为前50名和后50名两组，两组样本的效率值描述性统计结果列于表8中。

表8　　2002年中注协排名前后50名样本效率计算结果的描述性统计

组别	统计指标					
	均值	标准差	中值	最小值	最大值	样本数
前50名样本	90.04%	1.30%	92.78%	42.97%	98.65%	50
后50名样本	90.44%	1.22%	93.33%	52.16%	98.48%	50

数据来源：作者加工整理。

表8中的数据显示，基于中注协排名的两组样本统计指标非常类似，与全部样本的特征相比，只是标准差稍大，意味着分组数据内部差别更大一些，但是两组之间差异很小，说明两组之间在效率表现方面不存在实质性差异。

第二，20名等距分组。

为了从更为细致的角度考察中注协排名与本研究效率表现之间的关系，本文将样本会计师事务所按照中注协的排名顺序每20名为一组，即1~20名为第一组，21~40名为第二组，以此类推，共分为5组样本进行比较分析。有关各组的描述性统计结果列于表9中。

表9中的数据显示，各组之间的统计数据表现仍然没有大的差异。其中中

① 譬如，中华财会网2003年12月29日以《中注协低调操刀会计师事务所百强榜，谁会买账?》为题，指出："排行榜透露出的信息，会干扰本来就不太透明的市场信息。"

间三组，也就是中注协百家信息中21～80名的样本会计师事务所分组统计结果之间最为类似，前20家和后20家的效率稍低，但也没有实质性差异。各组标准差的数据显示最大和最小的会计师事务所之间效率值的分化更大一些。

表9　2002年中注协排名每20名等距分组样本效率计算结果的描述性统计

组别	统计指标					
	均值	标准差	中值	最小值	最大值	样本数
1～20名样本	89.34%	2.95%	94.90%	42.97%	98.65%	20
21～40名样本	90.54%	1.30%	92.75%	74.29%	97.30%	20
41～60名样本	90.52%	1.64%	93.41%	73.23%	98.31%	20
61～80名样本	90.61%	1.32%	91.00%	77.31%	97.84%	20
81～100名样本	90.18%	2.38%	93.54%	52.16%	98.48%	20

数据来源：作者加工整理。

综合前述实证结果表明，单纯按照收入规模确定会计师事务所的排名方法不足以区分类似效率表现的会计师事务所的内在特征。联系到前文分析中效率与审计质量之间的关联关系，本文的研究为实务界有关中注协按会计师事务所收入排名的批评性意见提供了实证数据支持。

③“四大”会计师事务所的效率结果。“四大”在国内共有5家机构，分别是普华永道中天、毕马威华振、德勤华永、安永华明和安永大华，这些会计师事务所的效率结果列于表10中。

表10　2002年“四大”会计师事务所样本效率计算结果

总收入排名	事务所名称	效率值	效率排名
1	普华永道中天会计师事务所	95.80%	26
2	毕马威华振会计师事务所	81.40%	90
3	德勤华永会计师事务所	96.48%	20
4	安永华明会计师事务所	71.92%	98
11	安永大华会计师事务所	42.97%	100

数据来源：作者加工整理。

这些会计师事务所中安永大华系原上海大华通过整体并入安永形成，其余

4 家机构为“四大”在国内的直设机构。考虑到这种不同的历史渊源，本文按照“四大”5 家[①]和“四大”4 家分别观察这些机构的效率表现。作为“四大”机构的对照，本文计算了非“四大”的效率表现，相关统计结果列于表 11 中。

表 11　2002 年“四大”与非“四大”样本效率计算结果的描述性统计

组别	统计指标					
	均值	标准差	中值	最小值	最大值	样本数
“四大”5 家样本	77.72%	9.83%	81.40%	42.97%	96.48%	5
“四大”4 家样本	86.40%	5.95%	88.60%	71.92%	96.48%	4
非“四大”样本	90.90%	0.75%	93.00%	52.16%	98.65%	95

数据来源：作者加工整理。

计算结果显示，2002 年审计服务市场上“四大”作为一个整体（效率平均值为 77.72%）比非“四大”的效率更低（效率平均值为 90.90%）。结合表 10 可以发现，安永大华的绩效表现最差，这可能是因为其前身为内资会计师事务所，在收入规模上与另外 4 家相差悬殊所致。但是即使剔除安永大华的影响，另外 4 家直设机构的整体平均效率仍然低于非“四大”会计师事务所的平均水平约 4.5 个百分点，4 家机构效率表现最好的德勤华永会计师事务所效率排名也只有 20 名。

这样的结果表明在 2002 年，对于既定的审计收入，“四大”投入了更多的成本。同等条件下，“四大”更多审计资源的投入意味着更高的审计质量。因此，本文的实证结果表明，2002 年“四大”作为一个整体提供了更高质量的审计服务。该结果与本文上一部分得出的“四大”作为一个整体的收入成本率远低于研究样本会计师事务所平均水平的分析结论截然相反。笔者认为，两者之间不同的比较内涵基础是形成结论差异的主要原因。

收入成本率反映的是样本会计师事务所总成本占收入总额的比率。正如前文中所提到的，以类似的单一财务指标来测度效率的非效率前沿分析方法曾经在早期效率研究中被广泛选用。对于收入成本率指标而言，其比较的隐含假定或内涵基础是会计师事务所成本与收入之间符合某种一元线性关系，而且并不

① 指全部 5 家会计师事务所，相应的“‘四大’4 家”是指除安永大华之外的 4 家会计师事务所。

考虑样本数据中可能包含的随机误差对分析结果的影响。线性关系是一种很强的理论假设，比率计算结果容易受到投入和产出基础数据、公司规模及其他外生变量的影响，因此其测度的效率与实际可能存在很大的差异。针对单一财务指标的这些不足，基于数理统计和线性规划的效率前沿分析方法才被运用于效率量度研究中。本文选用了 Translog 成本函数作为确定效率前沿面的模型。如公式 1 所示，该模型是基于选定的投入指标和产出指标，以及各指标之间的相互作用模拟会计师事务所实际经营的收入成本关系，而且 SFA 方法在计算效率时也剔除了随机误差项的影响。笔者认为，尽管基于 Translog 成本函数模型的随机前沿分析方法仍然是一种简化了众多现实影响因素的理论模型结果，但其相对优于假设更强的单一财务比率分析结果。

值得注意的是，2002 年“四大”机构样本比内资会计师事务所更高的标准差结果意味着不同的“四大”机构之间效率表现差距较大。联系到效率表现最好的德勤华永会计师事务所随后爆出了“科龙电器”舞弊事件，从一个侧面印证了本文第三部分基于我国特殊的市场发展历程和法律环境对投入产出分析所提出的，“质量越好的会计师事务所效率表现越差”的推论。

④证监会信赖会计师事务所的绩效表现。由于我国审计市场发展时间尚短，市场公认的会计师事务所声誉机制还没有形成，作为一种备选方案，监管者总是试图对不同的会计师事务所进行区分，进而对自己识别的低质量事务所设置市场进入壁垒，中国证监会就是监管者中的典型代表。以往的研究中，对于这种政府对审计市场的强制性干预行为，批评多于认同（朱红军等，2004）。

2001 年“银广夏—中天勤”事件发生以后，中国证监会陆续出台了一系列严厉的监管措施，其中争议最大的当属补充审计规定①。根据当时证监会会计部发布的《具备执行 A 股公司补充审计试点业务及首次发行证券过程中的专项复核业务资格的会计师事务所名单》（会计部便函［2002］25 号），15 家具备专项复核资格的事务所分别为：天健会计师事务所、北京京都会计师事务所、毕马威华振会计师事务所、信永中和会计师事务所、上海立信长江会计师事务所、上海众华沪银会计师事务所、安永大华会计师事务所、德勤华永会计师事务所、普华永道中天会计师事务所、江苏天衡会计师事务所、浙江天健会计师事务所、厦门天健会计师事务所、广东正中珠江会计师事务所、深圳大华天诚

① 吴溪的博士论文对此进行了全面细致的总结和探讨，具体参见吴溪（2005）。

会计师事务所、深圳天健信德会计师事务所。同补充审计暂行规定一样，这份带有歧视性质的专项复核文件最终因为社会各界的强烈反对而实际没有得到执行，但这份名单充分体现了证监会对这15家会计师事务所的偏爱。

这15家会计师事务所的效率计算结果列于表12中。15家会计师事务所效率值的描述性统计结果列于表13中。

表12　证监会选定的15家会计师事务所2002年效率计算结果

中注协排名	事务所名称	效率值	效率排名
1	普华永道中天会计师事务所	95.80%	26
2	毕马威华振会计师事务所	81.40%	90
3	德勤华永会计师事务所	96.48%	20
5	上海立信长江会计师事务所	98.65%	1
8	北京京都会计师事务所有限责任公司	91.72%	58
9	信永中和会计师事务所有限责任公司	83.84%	84
11	安永大华会计师事务所	42.97%	100
13	上海众华沪银会计师事务所	93.92%	45
19	天健会计师事务所有限公司	79.75%	92
25	浙江天健会计师事务所	74.29%	96
28	深圳大华天诚会计师事务所	84.20%	81
31	广东正中珠江会计师事务所	85.20%	79
32	江苏天衡会计师事务所	87.26%	74
54	厦门天健华天有限责任会计师事务所	73.23%	97
55	深圳天健信德会计师事务所	74.81%	95

数据来源：作者加工整理。

表13　"15家"样本组2002年效率计算结果的描述性统计对照

组别	统计指标					
	均值	标准差	中值	最小值	最大值	样本数
"15家"样本	82.90%	3.56%	84.20%	42.97%	98.65%	15
非四大"15家"样本	84.26%	2.52%	84.20%	73.23%	98.65%	11
非"15家"样本	91.53%	0.77%	93.67%	52.16%	98.48%	85

数据来源：作者加工整理。

表13中的数据表明，证监会选择的这15家会计师事务所的效率表现与非“15家”样本会计师事务所存在明显的差异。15家会计师事务所的效率平均值为82.90%，明显低于非“15家”样本会计师事务所的效率平均值91.53%；即使考虑前述“四大”机构较低的效率计算结果，剔除“四大”机构后11家内资会计师事务所的效率平均值为84.26%，仍然与其他会计师事务所的效率表现存在很大差异。结合表12中数据，15家会计师事务所中只有4家的效率排名在前50名以内，却有8家效率排名在80名以后。这至少说明，在既定收入水平下，这15家会计师事务所作为一个整体更愿意加大审计资源的投入，因此也就意味着这些会计师事务所提供了更高质量的审计服务。该实证结果表明，证监会对这些会计师事务所的青睐有加总体上是合理的。

但是，11家内资会计师事务所样本较高的标准差数据说明这些会计师事务所彼此之间的效率结果存在很大差异。表12的数据表明，上海立信长江的效率高居所有会计师事务所的首位；与此相比，曾经在中国独立审计市场中名噪一时的“天健系”会计师事务所①效率计算结果均在70%~80%之间，而没有进入这一名单的重庆天健效率值为84.09%、辽宁天健效率值为81.69%，均远低于其他会计师事务所的效率表现；其他入选该名单的会计师事务所则保持了与其他会计师事务所相似的效率水平。这在一定程度上可以解释为什么证监会的决定会遭受到广泛的批评。尽管这些机构作为一个整体可能比其他机构表现得更好，但证监会无法保证其所挑选的会计师事务所每一个都很优秀，市场表现较差的会计师事务所入选，从根本上损害了政策的公平性。

从这个角度上看，本文的实证结果表明，虽然政府对独立审计市场的干预能够保障总体合理性，从而可能在一定程度和范围内解决市场运行中出现的问题，但是政府选择过程中固有的局限性使得其决策公平性难以保障。由此笔者认为，政府对审计市场的直接干预是不可取的。

⑤基于市场替代数据实证结果的再验证。由于会计师事务所的财务报表并不公开披露，许多涉及会计师事务所市场行为的研究都采用一些可观测的替代指标，常见的包括会计师事务所的客户数量和客户财务指标，如客户总资产、客户股东权益、客户主营业务收入等（Simunic，1980；原红旗等，2003）。

---

① 2000年6月，天健会计师事务所与深圳天健信德会计师事务所、浙江天健会计师事务所、厦门天健会计师事务所、重庆天健会计师事务所、辽宁天健会计师事务所等联合组建为天健会计师事务所集团，总部设于北京。由于其没有实行单一法人制，业内称其为“天健系”。

为了检验这一传统研究方法与本研究基于会计师事务所数据结果之间的一致性，笔者选取了同样以效率为研究主题的房巧玲（2006）的研究结果进行分析。她基于2001～2003年我国证券市场数据采用聚类方法得到的明显区别于其他会计师事务所的“九大”，分别是北京京都会计师事务所、安永华明会计师事务所、毕马威华振会计师事务所、上海立信长江会计师事务所、安永大华会计师事务所、德勤华永会计师事务所、普华永道中天会计师事务所、浙江天健会计师事务所、深圳鹏城会计师事务所。这些会计师事务所的效率计算结果列于表14中。同样的，本文将“九大”作为一组与非“九大”会计师事务所进行比较，相关的描述性统计结果列于表15。

表14　“九大”会计师事务所2002年效率计算结果

中注协排名	事务所名称	效率值	效率排名
1	普华永道中天会计师事务所	95.80%	26
2	毕马威华振会计师事务所	81.40%	90
3	德勤华永会计师事务所	96.48%	20
4	安永华明会计师事务所	71.92%	98
5	上海立信长江会计师事务所	98.65%	1
8	北京京都会计师事务所有限责任公司	91.72%	78
11	安永大华会计师事务所	42.97%	100
25	浙江天健会计师事务所	74.29%	84
33	深圳鹏城会计师事务所	89.05%	69

数据来源：作者加工整理。

表15　“九大”样本组2002年效率计算结果的描述性统计对照

组别	统计指标					
	均值	标准差	中值	最小值	最大值	样本数
“九大”样本	82.48%	5.90%	89.05%	42.97%	98.65%	9
“九大”中非四大样本	88.43%	5.13%	90.39%	74.29%	98.65%	4
非“九大”样本	91.01%	0.76%	93.42%	52.16%	98.48%	85

数据来源：作者加工整理。

从表15中的数据结果可以看出，“九大”会计师事务所作为一个整体的效率平均值确实低于非“九大”，但是其低效率主要来源于“四大”的机构。如果不考虑“四大”的影响，“九大”中的4家内资会计师事务所效率表现与非“九大”会计师事务所之间差异不足3%，高于证监会选择的“15家”样本和“四大”的效率表现。而且，进一步考察4家内资机构在全部样本中的效率表现可以发现，除了浙江天健的效率较低以外，其余3家的效率指标计算结果都接近或超过了全部样本的平均水准。

笔者认为，采用客户财务指标和市场份额等数据对会计师事务所分组的过程中隐含了市场对不同会计师事务所的选择结果。上述对于“九大”会计师事务所效率值彼此之间较大的差异说明，在我国独立市场客户特征较为相似的会计师事务所，其内在审计资源投入决策以及由此决定的审计供给质量状况存在较大的差异，表明市场选择会计师事务所的基准尚未统一，从而验证了前文有关我国独立审计市场存在大量无效审计需求的判断。

同时，前述实证结果也表明，鉴于我国独立审计市场特殊的需求状况，在利用市场替代数据，尤其是会计师事务所审计客户的某些数据研究会计师事务所的有关问题时，应谨慎评估由于替代数据特征所造成的研究结论偏差。

2. 2003年的实证结果

（1）前沿成本函数的参数和变差率的估计。

基于本研究选定2003年度数据计算的前沿成本函数的参数和变差率的估计结果如表16所示。

表16　　2003年前沿成本函数的参数估计

参数	项目		
	参数估计值	标准差	t检验
a0	3.29	0.93	3.53**
a1	2.92	0.33	8.81**
b	-1.57	0.20	-7.79**
d	-0.01	0.02	-0.64
g	0.17	0.02	7.68**
r	-0.23	0.05	-4.49**
变差率	0.96	0.02	46.39**
LR检验	31.14**		

**表示在1%水平上显著，*表示在5%水平上显著。

数据来源：作者加工整理。

数据分析的结果显示，方程计算的变差率接近 1，t 检验在 1% 水平上显著，拒绝零假设。可知，基于本研究选用数据分析的我国会计师事务所效率偏差主要由成本无效率决定，随机误差的影响作用极小。单边似然比检验统计量 LR = 31.14 > 5.412，于是变差率为零的假设被拒绝，即成本无效率项是存在的，所以我国会计师事务所存在成本无效率，由此可推定前沿成本函数有效。

研究计算的前沿成本函数参数值的检验效果较好，除了表征投入变量相互作用的参数 d 的 t 检验结果不显著以外，本文选用的 Translog 成本函数其他参数估计的结果都在 1% 水平上显著。

（2）样本会计师事务所的效率计算结果。

通过 Frontier 4.1 软件将计算确定的各会计师事务所成本非效率项 U 带入效率计算公式 3，得出各样本会计师事务所效率计算结果，然后将软件给出的结果按照公式 4 转换成常见的效率表达方式。2003 年度样本会计师事务所的效率计算结果如附表 3 所示。

（3）实证结果的分析。

沿着 2002 年同样的分析思路，对 2003 年实证结果的分析考察如下。

①全部样本特征分析。2003 年样本效率计算结果的描述性统计列于表 17 中。

表 17　2003 年样本会计师事务所效率计算结果的描述性统计

组别	统计指标					
	均值	标准差	中值	最小值	最大值	样本数
全部样本	91.50%	0.70%	93.45%	45.89%	98.50%	97

数据来源：作者加工整理。

与 2002 年的结果类似，2003 年实证结果同样意味着当年全国百家会计师事务所的既定产出水平下的投入量比较相似。与 2002 年的结果相比，2003 年的样本效率平均值更高，而标准差更小一些。这说明 2003 年我国会计师事务所的效率相似度比 2002 年更高。

该结果同样支持了本文第三部分分析得出的研究预期，表明我国会计师事务所的审计投入决策较为相近；较高的效率平均值同样印证了我国独立审计市场总体审计质量较差的结论。

②按中注协排名的分类比较。按照中注协公布的百家会计师事务所排名，基于不同的分类对会计师事务所的效率表现进行比较。

第一，前后50名分组。百家会计师事务所按中注协公布的排名顺序分为前50名和后50名两组，两组样本的效率值描述性统计结果列于表18中。

表18　2003年中注协排名前后50名样本效率计算结果的描述性统计

组别	统计指标					
	均值	标准差	中值	最小值	最大值	样本数
前50名样本	91.23%	1.20%	93.38%	45.89%	98.50%	48
后50名样本	91.77%	0.76%	94.13%	75.58%	98.09%	49

数据来源：作者加工整理。

表18中的数据显示，2003年实证结果与2002年基本相同，两组之间在效率表现方面仍然不存在实质性差异。

第二，20名等距分组。按照中注协的排名顺序每20名等距分组的描述性统计结果列于表19中。

表19　2003年中注协排名每20名等距分组样本效率计算结果的描述性统计

组别	统计指标					
	均值	标准差	中值	最小值	最大值	样本数
1~20名样本	89.74%	2.56%	92.12%	45.89%	98.50%	20
21~40名样本	92.68%	1.01%	94.03%	82.16%	97.92%	18
41~60名样本	91.94%	1.14%	93.15%	80.28%	97.19%	20
61~80名样本	91.31%	1.42%	94.27%	75.58%	98.09%	19
81~100名样本	91.92%	1.18%	94.19%	80.76%	97.76%	20

数据来源：作者加工整理。

数据显示，各组之间的统计数据表现仍然没有大的差异，但是与2002年有所不同的是，后三组的效率表现更加相似，而前20名效率与其他各组的差异有扩大的趋势，第21~40名成为效率最高的一组。不过各组之间总体上仍然没有实质性差异。

总体上，2003年的实证结果仍然不支持中注协收入排名具有内在合理性。

③“四大”会计师事务所的效率结果。2003年“四大”在国内会计师事务所的效率结果列于表20中。

表20　　2003年“四大”会计师事务所样本效率计算结果

总收入排名	事务所名称	效率值	效率排名
1	普华永道中天会计师事务所	96.33%	16
2	毕马威华振会计师事务所	89.56%	71
3	德勤华永会计师事务所	89.47%	72
4	安永华明会计师事务所	88.36%	76
11	安永大华会计师事务所	45.89%	97

数据来源：作者加工整理。

与2002年相比，“四大”会计师事务所中普华永道的效率表现有所改善，但其他4家的效率排名仍然比较靠后，除安永大华之外的另外3家趋于接近。

“四大”与非“四大”的相关统计结果列于表21中。

表21　　2003年“四大”与非“四大”样本效率计算结果的描述性统计

组别	统计指标					
	均值	标准差	中值	最小值	最大值	样本数
“四大”5家样本	81.92%	9.12%	89.47%	45.89%	96.33%	5
“四大”4家样本	90.93%	1.82%	89.52%	88.36%	96.33%	4
非“四大”样本	92.02%	0.54%	93.94%	75.58%	98.50%	92

数据来源：作者加工整理。

计算结果显示，2003年中国独立审计市场上，“四大”作为一个整体比非“四大”的效率值更低。但是剔除安永大华的影响后，另外4家直设机构的整体平均效率与非“四大”会计师事务所的平均水平已经非常接近，彼此间已经不存在实质性差异，相对于2002年，“四大”在2003年的投入产出绩效方面有所改善。有关这一变化，我们将结合2004年的效率结果进行分析。

④证监会信赖会计师事务所的绩效表现。证监会选择的15家会计师事务所2003年效率计算结果列于表22中。这15家会计师事务所效率描述性统计结果列于表23中。

表 22　　证监会选定的 15 家会计师事务所 2003 年效率计算结果

中注协排名	事务所名称	效率值	效率排名
1	普华永道中天会计师事务所	96.33%	16
2	毕马威华振会计师事务所	89.56%	71
3	德勤华永会计师事务所	89.47%	72
5	上海立信长江会计师事务所	97.82%	5
7	信永中和会计师事务所	86.52%	81
11	北京京都会计师事务所	92.41%	57
12	安永大华会计师事务所	45.89%	97
13	浙江天健会计师事务所	79.83%	94
15	上海众华沪银会计师事务所	90.55%	66
25	天健会计师事务所	82.16%	91
30	广东正中珠江会计师事务所	89.36%	73
31	深圳大华天诚会计师事务所	85.58%	83
39	江苏天衡会计师事务所	87.40%	78
61	厦门天健华天会计师事务所	78.31%	95
66	深圳天健信德会计师事务所	75.58%	96

数据来源：作者加工整理。

表 23　　“15 家”样本组 2003 年效率计算结果的描述性统计对照

组别	统计指标					
	均值	标准差	中值	最小值	最大值	样本数
“15 家”样本	84.45%	3.19%	87.40%	45.89%	97.82%	15
非四大“15 家”样本	85.96%	1.99%	86.52%	75.58%	97.82%	11
非“15 家”样本	92.79%	0.49%	94.40%	80.28%	98.50%	82

数据来源：作者加工整理。

数据表明，15 家会计师事务所 2003 年的效率平均值仍然明显低于其他会计师事务所的效率平均值，剔除“四大”的机构后 11 家内资会计师事务所的效率平均值也与非“15 家”会计师事务所的效率表现存在较大差异。与 2002 年相比进入效率排名前 50 名的会计师事务所更少，只有 2 家。“天健系”4 家会计师事务所中只有北京天健的效率值超过了 80%。同时，不同会计师事务所之间效率结果的巨大差异也依然存在。

2003年的实证结果仍然支持证监会对会计师事务所的选择总体合理但有失公平的总体特征。

⑤基于市场替代数据实证结果的再验证。2003年“九大”会计师事务所的效率计算结果列于表24中。同样的，“九大”与非“九大”会计师事务所相关的描述性统计结果列于表25中。

该组样本的2003年的实证结果与2002年结果基本相同，表明我国独立审计市场有效需求特征仍然不显著。

表24　“九大”会计师事务所2003年效率计算结果

中注协排名	事务所名称	效率	效率排名
1	普华永道中天会计师事务所	96.33%	16
2	毕马威华振会计师事务所	89.56%	71
3	德勤华永会计师事务所	89.47%	72
4	安永华明会计师事务所	88.36%	76
5	上海立信长江会计师事务所	97.82%	5
11	北京京都会计师事务所有限责任公司	92.41%	57
12	安永大华会计师事务所	45.89%	97
13	浙江天健会计师事务所	79.83%	94
14	深圳鹏城会计师事务所	93.31%	51

数据来源：作者加工整理。

表25　“九大”样本组2003年效率计算结果的描述性统计对照

组别	统计指标					
	均值	标准差	中值	最小值	最大值	样本数
“九大”样本	85.89%	5.29%	89.56%	45.89%	97.82%	9
非四大“九大”样本	90.84%	3.86%	92.86%	79.83%	97.82%	4
非“九大”样本	92.07%	0.54%	94.19%	75.58%	98.50%	85

数据来源：作者加工整理。

尽管存在一些细微的差异，但是总体上2003年的实证结果与2002年实证结果基本相同，意味着2003年我国审计市场的总体特征与2002年类似。

3. 2004 年的实证结果

（1）前沿成本函数的参数和变差率的估计。

基于本研究选定 2004 年度数据计算的前沿成本函数的参数和变差率的估计结果如表 26 所示。

数据分析的结果显示，方程计算的变差率接近 1，t 检验在 1% 水平上显著，拒绝零假设。可知，基于本研究选用数据分析的我国会计师事务所效率偏差主要由成本无效率决定，随机误差的影响作用极小。单边似然比检验统计量 LR = 51.20，于是变差率为零的假设被拒绝，即成本无效率项是存在的，所以我国会计师事务所存在成本无效率。同时，可推定前沿成本函数有效。

表 26　　2004 年前沿成本函数的参数估计

参数	项目		
	参数估计值	标准差	t 检验
a0	3.67	0.98	3.76**
a1	2.21	0.21	10.45**
b	-1.20	0.15	-7.78**
d	-0.02	0.01	-1.65*
g	0.11	0.01	11.14**
r	-0.13	0.03	-4.01**
变差率	0.98	0.02	64.77**
LR 检验	51.20**		

** 表示在 1% 水平上显著，* 表示在 5% 水平上显著。

数据来源：作者加工整理。

研究计算的前沿成本函数参数值的检验效果较好，除了表征投入变量相互作用的参数 d 的 t 检验结果在 5% 水平上显著以外，本文选用的 Translog 成本函数其他参数估计的结果都在 1% 水平上显著。

（2）样本会计师事务所的效率计算结果。

通过 Frontier 4.1 软件将计算确定的各会计师事务所成本非效率项 U 带入效率计算公式 3，得出各样本会计师事务所效率计算结果，然后将软件给出的结果按照公式 4 转换成常见的效率表达方式。2004 年度样本会计师事务所的效率计算结果如附表 4 所示。

(3) 实证结果的分析。

沿着与前两年同样的分析思路，对2004年实证结果的分析考察如下。

①全部样本特征分析。2004年样本效率计算结果的描述性统计列于表27中。

表27　2004年样本会计师事务所效率计算结果的描述性统计

组别	统计指标					
	均值	标准差	中值	最小值	最大值	样本数
全部样本	91.72%	0.73%	93.73%	42.73%	98.50%	97

数据来源：作者加工整理。

与2002年和2003年的结果类似，2004年实证结果同样说明全国百家会计师事务所既定产出水平下的投入量比较相似。与前两年的结果相比，2004年的样本效率平均值更高，而标准差与2003年类似，小于2002年的数值。这说明2004年我国会计师事务所的效率相似度与2003年类似，比2002年高。

该结果同样支持了本文第三章分析得出的研究预期，表明我国会计师事务所的审计投入决策较为相近；较高的效率平均值同样印证了我国独立审计市场总体审计质量较差的结论。

②按中注协排名的分类比较。按照中注协公布的百家会计师事务所排名，基于不同的分类对会计师事务所的效率表现进行比较。

第一，前后50名分组。百家会计师事务所按中注协公布的排名顺序分为前50名和后50名两组，两组样本的效率值描述性统计结果列于表28中。

表28　2004年中注协排名前后50名样本效率计算结果的描述性统计

组别	统计指标					
	均值	标准差	中值	最小值	最大值	样本数
前50名样本	91.84%	1.23%	93.81%	42.73%	98.50%	48
后50名样本	91.61%	0.82%	93.39%	77.63%	98.06%	49

数据来源：作者加工整理。

数据显示，两组之间在效率表现方面不存在实质性差异。

第二，20 名等距分组。按照中注协排名顺序每 20 名等距分组的描述性统计结果列于表 29 中。

表 29　2004 年中注协排名每 20 名等距分组样本效率计算结果的描述性统计

组别	统计指标					
	均值	标准差	中值	最小值	最大值	样本数
1～20 名样本	89.40%	2.73%	92.04%	42.73%	98.50%	20
21～40 名样本	93.68%	0.89%	94.97%	82.90%	97.76%	18
41～60 名样本	91.51%	1.29%	94.03%	77.63%	97.15%	20
61～80 名样本	91.21%	1.30%	90.60%	78.29%	98.06%	20
81～100 名样本	93.08%	1.10%	94.72%	82.45%	97.98%	19

数据来源：作者加工整理。

与前两年结果不同，2004 年排名前 20 名的会计师事务所与随后第二组样本之间的差异已经超过 4 个百分点，结合 2003 年的结果，在一定程度上说明那些收入规模更大的会计师事务所，在同等收入条件下的审计资源投入有所增加，意味着排名前列的会计师事务所审计质量意识有所增强。但是与前两年一样，20 名以后其他各组之间的差异仍然不明显，总体上仍然不支持收入排名的内在合理性。

③“四大”会计师事务所的效率结果。2004 年“四大”会计师事务所的效率结果列于表 30 中。与 2002 年和 2003 年相比，除安永大华之外，“四大”的机构整体的效率排名有所提升但仍然不高，其中安永华明的效率表现最好。

表 30　2004 年“四大”会计师事务所样本效率计算结果

总收入排名	事务所名称	效率值	效率排名
1	普华永道中天会计师事务所	93.20%	53
2	毕马威华振会计师事务所	91.07%	63
3	德勤华永会计师事务所	92.22%	59
4	安永华明会计师事务所	96.11%	24
17	安永大华会计师事务所	42.73%	97

数据来源：作者加工整理。

“四大”与非“四大”的相关统计结果列于表31中。

表31　2004年“四大”与非“四大”样本效率计算结果的描述性统计

统计指标 / 组别	均值	标准差	中值	最小值	最大值	样本数
“四大”5家样本	83.07%	10.12%	92.22%	42.73%	96.11%	5
“四大”4家样本	93.15%	1.08%	92.71%	91.07%	96.11%	4
非“四大”样本	92.19%	0.55%	93.81%	76.01%	98.50%	92

数据来源：作者加工整理。

计算结果显示，2004年中国独立审计市场上，“四大”作为一个整体比非“四大”的效率更低。但是剔除安永大华的影响后，另外4家直设机构的整体平均效率已经超过了非“四大”会计师事务所的平均水平，但两者之间较小的差异结果说明两者没有实质性差异。

根据本文选定的成本函数效率结果，研究期间内“四大”4家直设会计师事务所的效率与非“四大”会计师事务所逐年接近的结果，对于既定的收入水平，“四大”在审计资源投入方面已经与内资会计师事务所没有实质性差别，说明同等条件下，2003年和2004年“四大”的审计质量并不高于非“四大”会计师事务所。本研究对“四大”2002年至2004年期间的效率结果逐步提高的变化趋势，与第三章有关“四大”收入成本率逐年下降的变动表现出很好的一致性。

④证监会信赖会计师事务所的绩效表现。证监会选择的15家会计师事务所的2004年效率计算结果列于表32中。15家会计师事务所效率的描述性统计结果列于表33中。

表32　证监会选定的15家会计师事务所2004年效率计算结果

中注协排名	事务所名称	效率值	效率排名
1	普华永道中天会计师事务所	93.20%	53
2	毕马威华振会计师事务所	91.07%	63
3	德勤华永会计师事务所	92.22%	59
17	安永大华会计师事务所	42.73%	97

续表

中注协排名	事务所名称	效率值	效率排名
5	上海立信长江会计师事务所	98.44%	2
6	信永中和会计师事务所	90.90%	64
10	北京京都会计师事务所	92.24%	58
13	天健会计师事务所	82.65%	90
15	上海众华沪银会计师事务所	90.76%	67
16	浙江天健会计师事务所	76.01%	96
39	广东正中珠江会计师事务所	89.67%	73
41	深圳大华天诚会计师事务所	83.50%	87
51	江苏天衡会计师事务所	84.89%	86
55	厦门天健华天会计师事务所	77.63%	95
63	深圳天健信德会计师事务所	78.29%	94

数据来源：作者加工整理。

表 33　　“15 家”样本组 2004 年效率计算结果的描述性统计对照

组别	统计指标					
	均值	标准差	中值	最小值	最大值	样本数
“15 家”样本	84.28%	3.41%	89.67%	42.73%	98.44%	15
非四大“15 家”样本	85.91%	2.14%	84.89%	76.01%	98.44%	11
非“15 家”样本	93.09%	0.48%	94.64%	79.87%	98.50%	82

数据来源：作者加工整理。

表 33 中的数据表明，15 家会计师事务所 2004 年的效率平均值仍然明显低于其他会计师事务所的效率平均值，剔除“四大”的机构后的 11 家内资会计师事务所的效率平均值也与其他会计师事务所的效率表现存在较大差异，进入效率排名前 50 名的会计师事务所只有 1 家。“天健”系 4 家会计师事务所中只有北京天健的效率值超过了 80%。同时，相互之间的效率表现差异也依然存在。

2004 年的实证结果也支持证监会对会计师事务所的选择总体合理但有失公平的总体结论。

⑤基于市场替代数据实证结果的再验证。2004 年“九大”会计师事务所的效率计算结果列于表 34 中。同样的，“九大”与非“九大”会计师事务所相关

的描述性统计结果列于表 35 中。该组样本 2004 年的实证结果与前两年的结果有着基本相同的表现。

表 34　　　　"九大"会计师事务所 2004 年效率计算结果

中注协排名	事务所名称	效率	效率排名
1	普华永道中天会计师事务所	93.20%	53
2	毕马威华振会计师事务所	91.07%	63
3	德勤华永会计师事务所	92.22%	59
4	安永华明会计师事务所	96.11%	24
17	安永大华会计师事务所	42.73%	97
5	上海立信长江会计师事务所	98.44%	2
10	北京京都会计师事务所	92.24%	58
16	浙江天健会计师事务所	76.01%	96
21	深圳鹏城会计师事务所	92.26%	57

数据来源：作者加工整理。

表 35　　　　"九大"样本组 2004 年效率计算结果的描述性统计对照

组别	统计指标					
	均值	标准差	中值	最小值	最大值	样本数
"九大"样本	86.03%	5.80%	92.24%	42.73%	98.44%	9
非四大"九大"样本	89.74%	4.80%	92.25%	76.01%	98.44%	4
非"九大"样本	92.31%	0.54%	93.97%	77.63%	98.50%	85

数据来源：作者加工整理。

除了"四大"投入产出的效率表现与内资会计师事务所持平以外，2004 年的实证结果能够支持本文对 2002 年和 2003 年实证结果的分析结论。

4. 分年效率量度实证结论小结

归纳前述对实证结果的分析，本文对 2002 ~ 2004 年期间我国会计师事务所基于效率表现的主要分析结论包括：

（1）观察期内样本会计师事务所平均效率值较高，不同样本效率计算结果比较接近，表明 2002 ~ 2004 年期间，我国会计师事务所既定收入水平下的审计资源投入量较为相似。该结果支持了本文基于我国独立审计市场特殊的发展历程和法律约束环境分析投入产出时作出的研究预期，即投入成本约束机制和市场产出激励条件形成了会计师事务所相互之间较为一致的投入决策。其他条件相同的情况下，本文的实证结果支持了我国独立审计市场整体审计质量偏低的判断。

（2）基于中注协排名的效率结果分析表明，按照收入总额指标排定会计师事务所顺序的方法不足以区分效率及与其密切相关的审计质量内在特征，从而为此前对中注协排名的批评性意见提供了实证数据支持。

（3）相对于内资会计师事务所，2002 年“四大”在中国的机构作为一个整体在既定收入水平下投入了更多的审计资源，表明相同条件下“四大”的审计质量更高。但是，2003 年和 2004 年的结果表明，“四大”的审计资源投入和审计质量状况已经与非“四大”结果无差异。同时，“四大”会计师事务所彼此之间效率结果更大的差距说明不同的“四大”机构的审计质量存在较大差异。本文的结果可以在一定程度上解释不同学者就我国独立审计市场上“四大”审计质量所得到的截然相反的研究结论。

（4）相对于其他会计师事务所，按照证监会文件选择的 15 家样本的效率值结果总体较低，而且在 3 年期间保持较为一致的趋势，说明这些会计师事务所在既定收入水平下投入了更多的审计资源，从而表明了政府选择的总体合理性。但是，样本中不同会计师事务所的效率结果存在很大差异的事实也说明政府的选择无法确保公平性。由此，笔者认为，政府对审计市场的直接干预实际并不可取。

（5）本文对其他学者就会计师事务所分类结果的再检验表明，采用客户财务指标和市场份额等数据对会计师事务所分组结果未能完全体现效率特征，表明我国独立市场对会计师事务所的选择基准尚未统一，从而验证了前文有关我国独立审计市场存在大量无效审计需求的判断。该结果同时也表明，鉴于我国独立审计市场特殊的需求状况，在利用市场替代数据，尤其是会计师事务所审计客户的某些数据研究会计师事务所的有关问题时，应谨慎评估因替代数据特征所造成的研究结论偏差。

（二）整体计算的实证结果与分析

本文上一节对效率结果的计算是分年进行的，也就是说，对于各年度的样本会计师事务所分别建立效率前沿面，并计算各年度样本会计师事务所的相对效率表现。这种分年处理的方法对于研究同一年度内不同样本之间的相对效率表现是适当的，但是各年分别构建效率前沿面的方法使得不同年份的数据缺乏统一的比较基础。出于对各年样本之间纵向比较的考虑，本文将 3 年共 294 个样本作为一个整体，重新计算并分析样本会计师事务所的效率结果。

1. 整体计算的实证结果

（1）前沿成本函数的参数和变差率的估计

在存在半正态分布的成本非效率项约束条件下，使用 Frontier 4.1 软件，基于全部数据计算的前沿成本函数的参数和变差率的估计结果如表 36 所示。

表 36　　全部样本前沿成本函数的参数估计

参数	项目		
	参数估计值	标准差	t 检验
a0	2.50	0.58	4.35**
a1	2.28	0.15	14.94**
b	-1.03	0.11	-9.12**
d	-0.03	0.01	-1.98*
g	0.11	0.01	11.23**
r	-0.13	0.02	-5.40**
变差率	0.96	0.02	60.86**
LR 检验	84.17		

** 表示在 1% 水平上显著，* 表示在 5% 水平上显著。

数据来源：作者加工整理。

数据分析的结果显示，方程计算的变差率为 0.96，接近 1，t 检验值为 60.86，在 1% 水平上显著，拒绝零假设。可知，基于本研究选用数据分析的我国会计师事务所效率偏差主要由成本无效率决定，随机误差的影响作用极小。本研究计算的单边似然比检验统计量 LR = 84.17，于是变差率为零的假设被拒绝，即成本无效率项是存在的。根据 SFA 方法的统计检验原理，因此可推定本研究的前沿成本函数有效。

研究计算的前沿成本函数参数值的检验效果较好，除了表征投入变量相互作用的参数 d 的 t 检验结果在 5% 水平上显著，相对较差以外，本文选用的 Translog 成本函数其他参数估计的结果都在 1% 水平上显著。

（2）样本会计师事务所的效率计算结果

通过 Frontier 4.1 软件将计算确定的各会计师事务所成本非效率项 U 带入效率计算公式 3，得出各样本会计师事务所效率计算结果，然后将软件给出的结果按照公式 4 转换成常见的效率表达方式。全部样本会计师事务所的效率计算结果如附表 5 所示。

（3）实证结果的分析

与前文的分析类似，对实证结果的分析仍然包括整体特征和基于不同分类方法下的考察。

①全部样本特征分析。全部样本效率计算结果的描述性统计列于表 37 中。

表 37　　全部样本会计师事务所效率计算结果的描述性统计

组别	统计指标					
	均值	标准差	中值	最小值	最大值	样本数
全部样本	90.01%	0.45%	92.05%	41.78%	98.24%	294
2002 年样本	92.54%	0.76%	95.18%	47.94%	98.24%	100
2003 年样本	89.99%	0.74%	92.25%	45.44%	97.98%	97
2004 年样本	87.43%	0.75%	89.10%	41.78%	97.16%	97

数据来源：作者加工整理。

表 37 的结果表明，与分年量度的结果类似，总体上 2002～2004 年间全国百家会计师事务所的效率表现比较接近，全部样本会计师事务所效率的平均值达 90.01%。分析附表 2 中全部样本的效率计算结果，其中有 182 家会计师事务所（约占全部样本的 62%）效率值超过 90%。尽管效率值最低者为 41.78%，但是计算结果低于 80% 的只有 24 个样本，低于 70% 的更是只有 4 个样本。全部样本的标准差仅为 0.45%，说明样本效率结果的离散程度较小。上述实证结果意味着本研究观察期内，2002～2004 年间全国百家会计师事务所的既定产出水平下的投入量总体差异不大，仍然支持本文上一节对我国会计师事务所形成的总体结论。

将全部样本按照其所属的年份分类后的统计结果表明，2002～2004 年期间，无论是样本均值、中值还是极值都逐年降低；而 3 年数据的标准差基本一致，说明各年度样本之间离散程度并没有大的差异，这种趋势更多的是一种整体的表现。此种效率变动趋势说明研究观察期内，基于同一效率前沿面计算的我国会计师事务所的效率水平呈现出逐年下降的趋势，说明2002~2004年期间，我国会计师事务所既定收入水平下对审计资源的投入呈现出逐年增加的趋势。其他条件相同情况下，该结果表明研究期间内我国会计师事务所的审计质量总体有所改进。但是，各年数据之间微小的差异表明，这种质量改进还非常有限。

②按中注协排名的分类比较。按照中注协公布的百家会计师事务所排名，基于不同的分类对会计师事务所的效率表现进行比较。

第一，前后50名分组。基于中注协公布的排名顺序的前50名和后50名两组样本的效率值描述性统计结果列于表38中。

表38　　中注协排名前后50名样本整体效率计算结果的描述性统计

组别	年份	统计指标					
		均值	标准差	中值	最小值	最大值	样本数
前50名样本	2004年	88.79%	1.22%	90.06%	41.78%	97.16%	48
	2003年	89.40%	1.29%	92.26%	45.44%	97.98%	48
	2002年	92.89%	1.13%	95.48%	47.94%	98.24%	50
后50名样本	2004年	86.10%	0.86%	86.50%	73.27%	95.32%	49
	2003年	90.57%	0.75%	92.25%	74.33%	96.42%	49
	2002年	92.19%	1.02%	94.69%	54.80%	97.57%	50

数据来源：作者加工整理。

从各年间效率结果的变动趋势来看，虽然两组样本的效率值均体现出逐年下降的总体趋势，但是相比前50名样本组，后50名的样本组效率值下降幅度更大，表明2002~2004年期间，在既定收入水平下，后50名样本组审计资源投入的增幅更大。显然，这意味着中注协的排名仍然没有能够体现对高质量审计服务的推动作用。

两组样本的各年效率结果标准差呈现出不同的变动趋势。前50名样本组的标准差逐年增大，表明样本会计师事务所相互之间的效率差异在增大，呈现出一定的分化趋势，而后50名样本组的标准差逐年减小，表明样本会计师事务所之间的效率差异在缩小，不同事务所之间正在变得越来越相似。与本文前述基于基础数据的描述性统计结果的传统分析结论相比，基于效率计算的结果统计揭示出2002~2004年间我国会计师事务所规模分化主要发生在规模较大的会计师事务所中。

第二，20名等距分组。按照中注协排名顺序每20名等距分组的描述性统计结果列于表39中。

表39　中注协排名每20名等距分组样本整体效率计算结果的描述性统计

组别	年份	统计指标					
		均值	标准差	中值	最小值	最大值	样本数
1～20名样本	2004年	88.04%	2.77%	89.99%	41.78%	97.16%	20
	2003年	86.96%	2.74%	90.47%	45.44%	97.98%	20
	2002年	91.21%	2.68%	95.98%	47.94%	98.24%	20
21～40名样本	2004年	89.66%	0.97%	90.23%	79.61%	94.70%	18
	2003年	91.66%	1.00%	92.83%	81.47%	97.33%	18
	2002年	94.05%	0.83%	95.55%	81.51%	97.15%	20
41～60名样本	2004年	86.82%	1.28%	89.23%	73.29%	93.22%	20
	2003年	90.76%	1.14%	92.11%	79.07%	96.44%	20
	2002年	93.23%	1.19%	95.54%	78.70%	97.57%	20
61～80名样本	2004年	86.06%	1.39%	85.74%	73.27%	95.32%	20
	2003年	90.13%	1.48%	93.05%	74.33%	96.33%	19
	2002年	92.92%	0.91%	93.92%	82.37%	97.16%	20
81～100名样本	2004年	86.77%	1.26%	88.05%	75.27%	94.12%	19
	2003年	90.62%	1.09%	91.83%	82.11%	96.42%	20
	2002年	91.29%	2.13%	94.23%	54.80%	97.46%	20

数据来源：作者加工整理。

从表39中数据可以看出，各组样本的效率表现延续了样本整体在2002～2004年间逐年降低的总体趋势，相比而言前20名的效率降幅小于后4组的降幅，说明后4组既定审计收入水平下审计资源投入的增幅相对更大，但相互数据之间较小的差距也表明这种差异可能并不是实质上的。同时，与其他各组的效率变动趋势不同，排名前20的样本会计师事务所虽然2004年效率值低于2002年，但却高于2003年。另外，该组数据的标准差是各组中最大的，说明样本相互之间的差异更大。与其他样本组相比，排名前20的效率均值在2002年和2003年均低于其他样本组，但2004年已经超过了后3组的效率均值，这至少在一定程度上说明了排名前列的会计师事务所收入的增长可能缺乏同等程度的审计资源投入，意味着市场对其的选择是有偏的。

综上，与分年量度的结果相似，基于总体数据效率量度的结果也未能改变本文上一节对按收入排名的结论。也许正是看到了这种收入排名的不足，中注协于2006年开始放弃了这种单纯按照收入排名的方式，转而采用考虑收入、培训、人才培养和处罚在内的综合排名体系。尽管在该体系中收入仍然对排名结果有很大的影响，但放弃这种争议很大的排名体系本身就是一种进步。

③“四大”会计师事务所效率结果。“四大”在国内的机构的相关统计结果列于表40中。

表40　“四大”与非“四大”样本整体效率计算结果的描述性统计

组别	年份	统计指标					
		均值	标准差	中值	最小值	最大值	样本数
“四大”5家样本	2002年	77.48%	8.18%	81.40%	47.94%	93.24%	5
	2003年	71.61%	6.82%	75.44%	45.44%	85.51%	5
	2004年	84.71%	10.74%	94.64%	41.78%	97.16%	5
“四大”4家样本	2002年	84.87%	4.56%	86.30%	73.61%	93.24%	4
	2003年	78.16%	2.47%	75.96%	75.19%	85.51%	4
	2004年	95.45%	0.61%	95.05%	94.52%	97.16%	4
非“四大”样本	2002年	93.33%	0.59%	95.28%	54.80%	98.24%	95
	2003年	90.99%	0.54%	92.46%	74.33%	97.98%	92
	2004年	87.58%	0.59%	88.73%	73.20%	97.13%	92

数据来源：作者加工整理。

与分年量度的结果相比，按整体数据计算结果更加清晰地显示了观察期内“四大”在中国的机构效率方面的改善。

首先，与前述整体样本会计师事务所效率逐年降低的趋势不同，2002～2004年间“四大”在国内的机构的效率表现呈“V”字形，而且2004年的效率值均超过了2002年的效率值。除安永大华之外的4家会计师事务所2004年的效率平均值已经明显超过了同期非“四大”样本平均效率。

其次，包括安永大华在内的5家会计师事务所的标准差较大，说明“四大”机构间的差异在拉大，而表40中除安永大华之外的4家机构的标准差逐渐在缩小，说明“四大”5家机构之间的高标准差主要是因为安永大华与其他“四大”

的会计师事务所间的差距在扩大。结合附表1中安永大华与内资会计师事务所类似的注册会计师人员业务收入水平和逐年降低的收入排名，以及同期安永华明突飞猛进的表现，似乎都表明加入安永的大华会计师事务所可能徒有“四大”之名而无“四大”之实。

“四大”在连续期间的效率结果是颇耐人寻味的，根据本文所选用的效率量度模型，理论上，效率值的增加来源于两个方面：一是成本减少，二是产出增加，“四大”会计师事务所效率值的此种变化究竟是来源于其投入策略的调整，还是市场对产出的激励？结合前文对“四大”不同年份效率结果的分析结论，“四大”在3年期间内的既定收入条件下的审计资源投入变动趋势是一致的，并不能完全解释这种“V”字形效率结果。

联系研究期间内我国审计市场的变化，在“银广夏—中天勤”等一系列财务舞弊事件以后，内资会计师事务所的声誉几乎降到了冰点，尽管同时期美国的“安然—安达信”事件对“四大”的声誉也构成了冲击，但是我国政府监管部门对“四大”的偏好是显而易见的①。本文2002年数据的实证结果也支持了“四大”作为一个整体提供了更高审计质量的推论。因此，2003年“四大”效率改进的一个可能原因在于，随着我国独立审计市场的发展，市场开始出现的对“四大”的偏好使得其能够获得更高的收入。这与张奇峰（2006）总结的我国审计市场定价实证研究有关国际“五大”的结论是一致的。

表41列出了“四大”4家直设机构3年间的投入和产出变化。

表41　“四大”4家直设机构3年间的投入和产出变化

指标	事务所	2002年	2003年	2003年增长率	2004年	2004年增长率
收入额（万元）	普华永道中天	76 631	90 233	17.75%	124 677	38.17%
	毕马威华振	33 439	43 176	29.12%	71 578	65.78%
	德勤华永	29 152	37 636	29.10%	65 797	74.82%
	安永华明	24 632	32 926	33.67%	62 846	90.87%
	“四大”合计	163 854	203 971	24.48%	324 898	59.29%
	非“四大”合计	279 262	308 301	10.40%	374 978	21.63%

① 其中最具代表性的就是补充审计规定，对此可参见吴溪（2005）的专著《双重审计模式下的审计独立性与审计定价》，中国财政经济出版社2005年版。

续表

指标	事务所	2002 年	2003 年	2003 年增长率	2004 年	2004 年增长率
CPA 人数（人）	普华永道中天	391	464	18.67%	457	-1.51%
	毕马威华振	176	235	33.52%	231	-1.70%
	德勤华永	105	191	81.90%	181	-5.24%
	安永华明	146	175	19.86%	154	-12.00%
	“四大”合计	818	1 065	30.20%	1 023	-3.94%
	非“四大”合计	9 082	10 133	11.57%	9 939	-1.91%

数据来源：作者加工整理。

表 41 中的数据显示，“四大”2003 年收入增长率是非“四大”会计师事务所的 2 倍多，其注册会计师人数增长率约为非“四大”会计师事务所的 3 倍，结合前沿成本函数的参数估计值，“四大”更高的投入（注册会计师人数）可以解释其 2003 年降低的效率量度结果。反观 2004 年，“四大”的收入增长率约为非“四大”机构的 3 倍，而注册会计师人数比上年略有下降，表明“四大”2004 年效率量度结果的改善主要来源于产出（收入）的增加。这一结果表明，我国独立审计市场需求对“四大”的产出激励作用在 2003 年和 2004 年已经开始有所体现。

④证监会信赖会计师事务所的绩效表现。证监会选定的 15 家会计师事务所效率结果的描述性统计列于表 42 中。

表 42　　证监会选定的 15 家样本整体效率计算结果的描述性统计对照

组别	年份	统计指标					
		均值	标准差	中值	最小值	最大值	样本数
“15 家”样本	2004 年	82.58%	3.62%	85.57%	41.78%	97.13%	15
	2003 年	81.47%	3.09%	84.87%	45.44%	97.42%	15
	2002 年	86.44%	3.18%	91.13%	47.94%	98.24%	15
非四大“15 家”样本	2004 年	82.94%	2.40%	81.76%	73.20%	97.13%	11
	2003 年	85.38%	2.04%	86.78%	74.33%	97.42%	11
	2002 年	89.34%	2.03%	91.13%	78.70%	98.24%	11

续表

组别	年份	统计指标					
		均值	标准差	中值	最小值	最大值	样本数
非“15家”样本	2004年	88.32%	0.56%	89.23%	74.39%	97.16%	82
	2003年	91.55%	0.52%	93.15%	75.19%	97.98%	82
	2002年	93.62%	0.64%	95.40%	54.80%	97.94%	85

数据来源：作者加工整理。

表42中的数据表明，15家会计师事务所2002～2004年的效率平均值仍然明显低于其他会计师事务所的效率平均值，剔除“四大”的机构后11家内资会计师事务所的效率平均值在研究观察期内稳步降低，结果仍然支持本文上一节对该类会计师事务所的分析结论。

⑤基于市场替代数据实证结果的再验证。“九大”与非“九大”会计师事务所相关的描述性统计结果列于表43中。

表43　“九大”样本组整体效率计算结果的描述性统计对照

组别	年份	统计指标					
		均值	标准差	中值	最小值	最大值	样本数
“九大”样本	2004年	85.78%	6.04%	94.52%	41.78%	97.16%	9
	2003年	79.96%	5.12%	79.49%	45.44%	97.42%	9
	2002年	84.11%	5.27%	91.21%	47.94%	98.24%	9
非四大“九大”样本	2004年	87.11%	5.02%	89.07%	73.20%	97.13%	4
	2003年	90.39%	3.83%	92.32%	79.49%	97.42%	4
	2002年	92.41%	3.73%	94.94%	81.51%	98.24%	4
非“九大”样本	2004年	87.60%	0.58%	88.72%	73.27%	97.02%	88
	2003年	91.02%	0.54%	92.61%	74.33%	97.98%	88
	2002年	93.37%	0.60%	95.28%	54.80%	97.94%	91

数据来源：作者加工整理。

从该组样本的实证结果来看，“九大”作为一个整体更多地表现出前文所述的“四大”的“V”字形效率变动特征，剔除“四大”的机构以后，“九大”中内资会计师事务所的表现与非“九大”没有明显的差异，这进一步验证了本文上一节中有关“九大”的分析结论。

⑥对“天健系”的补充分析。前文的分析中，曾经在内资会计师事务所独树一帜的“天健系”会计师事务所的效率表现明显异于其他会计师事务所。本文分年计算和整体计算的“天健系”会计师事务所效率结果分别列于表44和表45中。

表44　“天健系”会计师事务所分年效率计算结果

年度	事务所名称	中注协排名	效率值	效率排名
2002	天健会计师事务所有限公司	19	79.75%	58
	浙江天健会计师事务所	25	74.29%	84
	厦门天健华天有限责任会计师事务所	54	73.23%	97
	深圳天健信德会计师事务所	55	74.81%	95
	重庆天健会计师事务所	52	84.09%	83
	辽宁天健会计师事务所有限公司	72	81.69%	89
2003	浙江天健会计师事务所	13	79.83%	94
	天健会计师事务所	25	82.16%	91
	重庆天健会计师事务所	57	86.11%	82
	厦门天健华天会计师事务所	61	78.31%	95
	深圳天健信德会计师事务所	66	75.58%	96
	辽宁天健会计师事务所	71	84.74%	87
2004	天健会计师事务所	13	82.65%	90
	浙江天健会计师事务所	16	76.01%	96
	厦门天健华天会计师事务所	55	77.63%	95
	重庆天健会计师事务所	58	86.10%	83
	深圳天健信德会计师事务所	63	78.29%	94
	辽宁天健会计师事务所	91	82.45%	91

数据来源：作者加工整理。

表45　“天健系”会计师事务所整体样本效率计算结果

事务所名称	年度	中注协排名	效率值	效率排名
天健会计师事务所	2002	19	86.60%	225
	2003	25	81.47%	266
	2004	13	81.76%	264

续表

事务所名称	年度	中注协排名	效率值	效率排名
浙江天健会计师事务所	2002	25	81.51%	265
	2003	13	79.49%	273
	2004	16	73.20%	290
厦门天健华天会计师事务所	2002	54	78.70%	276
	2003	61	77.41%	278
	2004	55	73.29%	288
重庆天健会计师事务所	2002	52	89.81%	185
	2003	57	85.09%	238
	2004	58	81.09%	268
深圳天健信德会计师事务所	2002	55	80.22%	270
	2003	66	74.33%	286
	2004	63	73.27%	289
辽宁天健会计师事务所	2002	72	86.58%	226
	2003	71	82.30%	259
	2004	91	75.27%	283

数据来源：作者加工整理。

表45中数据显示，“天健系”中的6家会计师事务所各年效率值的计算结果均比较低，从效率值排名可以看出，除了2002年天健排名58以外，其余年份“天健系”会计师事务所的效率排名均在80名以后，大部分的排名甚至在90名开外，表现出明显低于其他会计师事务所平均水平的整体态势。

按照本文选用的计量模型和函数方法以及投入产出指标，上述“天健系”的效率结果意味着，同等收入条件下这些会计师事务所投入了更多的审计资源。这种低效率的表现一方面源于这些会计师事务所选择了更谨慎的执业态度，另一方面也表明市场对它们这种质量选择的激励不足。

基于全样本（294）的计算结果表明，“天健系”会计师事务所的效率排名大多数处于260名以后的区间，效率表现仍然很差。作为国内当时较具影响力的会计师事务所，“天健系”的效率结果至少在一定程度上说明其高审计资源投入虽然赢得了类似证监会等政府监管部门的青睐，但却并没有得到市场的认可。缺乏市场支撑的结果在一定程度上影响了这些会计师事务所的生存能力，这可以部分地解释2005年3月天健会计师事务所宣布并入德勤华永会计师事务所后“天健系”分崩离析的内在原因。

2. 整体效率量度实证结论

归纳前述对实证结果的分析，将全部样本数据在同一效率前沿面的计算结果同样支持本文上一节基于分年度效率量度结果的分析结论。除此之外，对于研究观察期内，2002~2004年期间我国会计师事务所的效率变动趋势，本文形成了以下结论：

（1）2002~2004年期间，我国会计师事务所效率计算结果稳步下降，既定收入水平下会计师事务所审计资源投入量呈现出逐年增加的趋势，表明研究期间内我国会计师事务所的审计质量有所改进。但各年之间数据的微小差异也表明，这种改进是非常有限的。

（2）与内资会计师事务所效率逐年降低的趋势不同，2002~2004年间“四大”在国内的机构的效率表现呈“V”字形，而且2004年的效率值均超过了2002年的效率值。这表明本文研究期间内，除“四大”审计投入策略调整之外，市场对“四大”的激励作用在2003年和2004年已经开始有所体现。

（3）本文对“天健系”会计师事务所的效率计算结果以及2005年3月之后这些会计师事务所的变动实践，表明在成本约束不足和市场激励缺乏背景下，提供更高质量审计服务会使会计师事务所面临更为严峻的市场处境，说明我国独立审计市场对内资会计师事务所仍然缺乏足够的有效需求支撑。

六、研究结论与展望

本部分将对前面实证检验和分析结论进行简要的归纳和总结，提出相应的政策建议，并指出本文研究的局限性以及进一步研究的展望。

（一）主要研究结论

本文的研究重点在于通过经验数据对我国会计师事务所效率的现实状况进行实证考察。本文围绕第二部分对会计师事务所效率的理论推演结论和第三部分效率量度的方法论，结合我国会计师事务所现实特征确定的投入产出指标替代变量，以中注协发布的我国会计师事务所百家信息的数据为样本，对2002~2004年间我国会计师事务所效率进行了实证检验，得出了以下主要研究结论：

1. 我国会计师事务所效率现实状况总体特征

（1）我国会计师事务所效率平均值较高，不同会计师事务所效率计算结果比较接近，表明 2002 ~ 2004 年期间我国会计师事务所既定收入水平下的审计资源投入量比较接近。在其他条件相同的情况下，本文的实证结果支持了我国独立审计市场整体审计质量偏低的判断。

（2）2002 ~ 2004 年期间，我国会计师事务所效率计算结果呈现小幅下降趋势，意味着同等收入条件下审计资源投入量有所增加。该结果表明随着我国独立审计市场近年来不断朝着规范方向发展，研究期间内我国会计师事务所的审计质量有所改进。但各年之间数据的微小差距也表明这种改进还非常有限。

2. 其他相关结论

（1）基于中注协排名的实证结果分析表明，按照收入总额指标排定会计师事务所顺序的方法不足以区分效率这一内在特征，从而为此前对中注协排名的批评性意见提供了实证数据支持。

（2）相对于内资会计师事务所，2002 年“四大”会计师事务所作为一个整体效率更低，表明相同条件下“四大”的审计质量更高。但是，2003 年和 2004 年的结果表明“四大”的审计资源投入和审计质量状况已经与非“四大”结果无显著差异。同时，“四大”会计师事务所彼此之间效率结果更大的差距说明不同的“四大”机构的审计质量存在较大差异。本文的结果可以在一定程度上解释不同学者就我国独立审计市场上“四大”审计质量所得到的截然相反的研究结论。

（3）与内资会计师事务所效率逐年降低的趋势不同，2002 ~ 2004 年间“四大”在国内的机构的效率表现呈“V”字形，而且 2004 年的效率值均超过了 2002 年的效率值。这表明本文研究期间内，除“四大”审计投入策略调整之外，市场对“四大”的激励作用在 2003 年和 2004 年已经开始有所体现。但是，本文对“天健系”会计师事务所的效率计算结果以及 2005 年 3 月之后这些会计师事务所的变动实践，表明在成本约束不足和市场激励缺乏背景下，提供更高质量审计服务会使会计师事务所面临更为严峻的市场处境，说明我国独立审计市场对内资会计师事务所仍然缺乏足够的有效需求支撑。

（4）相对于其他会计师事务所，按照证监会文件选择的 15 家样本的效率值结果总体较低，而且在 3 年期间保持较为一致的趋势，说明这些会计师事务所在既定收入水平下投入了更多的审计资源，从而表明了政府选择的总体合理性。

但是，样本中不同会计师事务所的效率存在很大差异的事实也说明政府的选择无法确保公平性。

（5）本文对其他学者利用会计师事务所审计客户的数据对会计师事务所进行分类的再检验结果表明，采用客户财务指标和市场份额等数据对会计师事务所进行分组的结果未能完全体现效率特征，表明我国独立市场对会计师事务所的选择基准尚未统一，从而验证了前文有关我国独立审计市场存在大量无效审计需求的判断。同时该结果也表明，鉴于我国独立审计市场特殊的需求状况，在利用市场替代数据，尤其是审计客户的某些数据研究会计师事务所的有关问题时，应谨慎评估因替代数据特征造成的研究结论偏差。

（二）相关政策建议

本文对会计师事务所效率的实证分析结果支持了笔者有关我国独立审计市场整体审计质量偏低的研究预期，研究期间内会计师事务所的审计质量虽然有所改进，但还非常有限。该结论印证了本文第三部分基于我国独立审计投入约束的制度特征和审计市场需求特征对效率结果的有关分析预期结论，从而表明提升我国审计质量，一方面需要完善有关审计资源投入的约束机制建设，另一方面在于通过培育独立审计市场有效需求以对高质量审计服务形成产出激励。

有鉴于此，笔者从会计师事务所成本约束和产出激励两个方面，提出提升我国独立审计市场绩效的政策建议。

1. 基于成本约束的分析

正如本文第三部分中所分析的，就成本约束机制而言，重点在于构建会计师事务所审计失败的诉讼赔偿机制，这可以从以下两个方面入手：

（1）切实加强审计民事赔偿法律补偿机制。

①立法上注意区分会计责任和审计责任。归根结底，会计师事务所的法律责任问题是一个市场风险的公平与合理分配问题，是如何公平分配商业活动中出现的资金损失问题。一个良好的法律制度设计应当能够兼顾独立审计的制度价值和注册会计师执业活动的内在局限两个方面。西方国家司法实践历史上在合同相对人、已知第三人或可预见第三人等标准之间循环往复的变动表明，仅仅按照侵权法的框架试图在会计师事务所与社会公众之间寻求这种损失分配的公平合理会陷入两难（刘燕，2003）。

审计活动内在特征及其风险救济手段的局限决定了被审计单位在会计师事务所侵权事件中是不可或缺的一环。引致第三人（社会公众）发生损失的直接动因可能是其使用或信赖了会计师事务所出具的不实报告而进行了经济交易或商业决策。但是，注册会计师提供的是信息鉴证服务，其目标在于提高被审计单位会计信息的可靠性。作为投资者的社会公众在选择信赖注册会计师的工作时，其收益不仅取决于审计服务的质量，还与不同的市场信息披露状况，也就是被审计单位编制的会计信息的真实性密切相关。注册会计师出具不实报告意味着被审计单位编制的财务报告存在重大错报而审计报告未能进行相应的披露，从而使得第三人在决策过程中将错误的信息当作正确的信息使用造成不当交易或决策失误。所以，产生损失的真正原因是被审计单位内部存在的欺诈、错弊或经营失败，而会计师事务所的过错仅仅在于没有及时发现或披露出这些错弊。

因此，会计师事务所的侵权责任案件通常都涉及被审计单位的经营失败和会计师事务所的审计失败两个方面，从而在“被审计单位—会计师事务所—利害关系人”之间形成了一个三角法律关系。在利害关系人无过错的前提下，其损失由被审计单位和会计师事务所共同承担是毫无疑问的，也是符合民事法律一般公正原则的。但是，被审计单位和会计师事务所的过错性质有所不同，存在大家所熟知的会计责任和审计责任之分。根据民法公平原则，双方应当就各自的过错分别承担责任，相互间并非连带责任关系。因此，除非会计师事务所与被审计单位恶意串通、共同作弊，否则会计师事务所仅应为自己的执业过失而向利害关系人承担赔偿责任。从这个角度来看，最高人民法院法释［2007］12号文件将被审计单位强制性列为共同被告①，而且将被审计单位定为第一顺位赔偿②，限定会计师事务所的赔偿责任在不实审计金额范围以内等规定，都是依据会计师事务所业务特点作出的、符合民法公平原则的司法考量。这体现了会计师法律责任问题解决过程中对法律制度建设的促进作用。

②改革注册会计师签字制度，提高司法效率。毫无疑问，法律规定的原则只有在日常司法实践中得到有效执行才能发挥其作用。没有有效的执法，再好的法律制度设计也只能是一纸空文。如果说立法着重解决的是法律原则的公平问题，那么执法的关键就是司法效率的问题。长期以来，我国的司法效率，特别是民事法律责任方面的执法效率一直为社会各界所诟病。执法效率的低下使

① 该文件第三条：“利害关系认为对被审计单位提起诉讼而直接对会计师事务所提起诉讼的，人民法院应当告知其对会计师事务所和被审计单位一并提起诉讼；利害关系人拒不起诉被审计单位的，人民法院应当通知被审计单位作为共同被告参加诉讼。”

② 该文件第十条第一款：“应当先由被审计单位赔偿利害关系人的损失。”

得我国注册会计师行业在法律责任虽然有明文规定，但实际承担的法律责任很小，对注册会计师而言这就意味着因审计失败承担损失责任的期望概率很小。会计师事务所诉讼惩罚机制的丧失将会使其在审计服务供给过程中的道德风险无法得到有效抑制，导致注册会计师存在很强的动机通过机会主义谋取利益，从而在根本上损害了市场上的审计质量供给状况。

诚然，影响执法效率的因素可能包括很多，比如法律规则的明晰性、司法人员的勤勉程度以及社会司法意识等。但是从注册会计师行业自身的角度来看，笔者认为，长期以来我国所采取的注册会计师签字制度实际上不利于司法效率的提高。

在我国的审计实践中，除了有关会计师事务所的法律责任设定外，对注册会计师个人也存在一种责任追究机制。我国实行审计报告签字注册会计师负责制，从目前的法律规范和以往的司法实践来看，针对注册会计师个人的法律惩戒措施不能说不严厉。一旦被查处，注册会计师个人轻则被通报并处罚款，重则被吊销执业资格，丧失继续执业能力，部分人甚至被追究了刑事责任。审计报告最开始要求执行审计业务的注册会计师一个人签字，后来演变到双人签字。目前的规定是必须由双人签字，其中一人应当是会计师事务所的主任会计师或经授权的副主任会计师。应当说，要求注册会计师个人在审计报告上签字并对自己的行为负责本身没有错，但是与西方通常所采取的合伙人签发并相应的追究合伙人责任制度相比，我国能够签字的注册会计师在数量上远远超过了西方的合伙人。在既定的法律监管条件下，更多的签字注册会计师意味着每个注册会计师签署的报告数量更少，其签署的审计报告被纳入监管检查范围的可能性降低，由此实际上被追究责任的概率也随之降低了。

从会计师事务所经营中的现实来看，许多有关审计意见的决策，尤其是重大问题的决策实际并不是由经办注册会计师决定的。这种签字注册会计师责任追究体制会出现本质上应当承担责任者逃脱惩罚的情况[①]。当然，理论上每个注册会计师都应当坚持原则，拒绝在不恰当的报告上签字。但是正如公司的会计人员很难拒绝公司管理层不恰当的财务安排一样，作为职员的注册会计师个人在实践中也很难做到这一点。而且，我国目前对能够在报告上签字的注册会

① 这一问题在“四大”的中国机构中较为普遍，历史上这些机构是由香港的机构派员组建的，这些香港人在机构内占据了重要的管理地位，很多重大决策都是由他们作出的。但是，其在国内作为外籍人的身份使得其不可能在会计师事务所出具的报告上签字，也就无法被追究责任。

计师认定主要基于两个条件，一是取得注册会计师考试全科合格或通过考核[①]取得注册会计师资格，二是具有两年执业经验。由于第二个条件在实际执行过程中由会计师事务所出具一个执业证明即可，弄虚作假的情况时有发生。宽松的资格认证制度必然造成注册会计师执业水平和专业判断能力的不足，这更加加剧了注册会计师对会计师事务所管理层意见的依赖。

有鉴于此，笔者认为改革目前的注册会计师签字制度，提高签字注册会计师的审批条件，减少能够在审计报告上签字的注册会计师数量，对于提高注册会计师对预期诉讼成本的判断，进而发挥法律规范对于会计师事务所行为的约束作用，提高审计市场产品供给质量具有积极的意义。

（2）努力增强会计师事务所的实际赔偿能力。

会计师事务所审计失败发生时的实际偿付能力，对于外部利益相关者而言是现实保障的问题，对会计师事务所自身是经济约束的问题。总体看来，现行有限责任公司制的组织形式对于会计师事务所偿付能力的影响主要表现在以下几个方面，一是注册资本的要求偏低[②]；二是对会计师事务所经营过程中的资本保全没有限制；三是对会计师事务所资产的流动性没有限制。

笔者认为，针对有限责任制下造成会计师事务所偿付能力不足的三个方面，在现有的法律框架下谋求某些能够在根本上增进会计师事务所偿付能力的措施，对于解决会计师事务所的约束不足问题具有较为现实的意义。结合自己在会计师事务所实践中的观察和经验，这些措施可以包括：①提高会计师事务所设立的最低注册资本要求；②为防止会计师事务所成立以后通过各种手段侵占资本而影响其实际偿付能力，在会计师事务所后续管理中引入资本保全机制，对于净资产未能达到最低注册资本要求的会计师事务所取消其执业资格；③考虑到各种资产的实际偿付能力有较大的差异[③]，为了防止会计师事务所通过资产结构安排降低实际偿付能力，可以对会计师事务所的资产结构设定比率限制，比如限定银行存款在总资产中的比率不得低于60%，不能满足条件的会计师事务

---

① 在1993年我国注册会计师行业推出职业资格考试之前，注册会计师资格通过主管机关的考核取得，虽然考核制在1995年被取消，但是个人在此之前取得的注册会计师资格一直有效。一个很有趣的现象是，近年来有些企事业单位会计岗位退休人员因持有十几年前考核取得的注册会计师资格而纷纷成为执业注册会计师的一员，尽管现在的会计准则和审计准则较之他们取得资格时已经发生了颠覆性的变化。

② 现行《注册会计师法》第二十四条规定：有限责任会计师事务所的注册资本不少于30万元，2005年财政部发布的《会计师事务所审批和监督暂行办法》第八条延续了这一规定。

③ 譬如同等账面价值的电子设备、办公家具等固定资产与银行存款的清算价值就相差很大。

所也将被取消执业资格。

以上三个方面的措施可以从源头上解决会计师事务所发生民事赔偿时实际偿付能力不足的现实问题，与现有的会计师事务所年检制度结合起来能够实现对会计师事务所行为的约束效力。由于这些指标简单直观，具有很强的刚性，人为操作的空间比较小，因此政策的执行成本也比较低。当然，如果考虑到个别会计师事务所有法不依的可能性，避免其利用两次年检的时间间隔逃避惩罚的情况发生，也可以设定对会计师事务所股东按照其出资数额追偿的制度安排。这在有限责任的法律框架下也是有可能实现的，因为我国有限责任公司的资本采用注册制，股东对于其出资不实或者出资后抽逃的资本在法律上具有补足的义务。

2. 对产出激励的考虑

通过市场机制促使会计师事务所提供高质量审计服务的根本在于充分构建有效需求，现代独立审计产生和存在的基础是市场交易过程中的信息不对称引发的代理问题，而其作用的发挥离不开信息在市场资源配置中的基础性地位。由此，培育和发展我国独立审计市场的有效需求取决于以下两个方面：

(1) 继续推进所有制结构改革，完善公司治理结构。

我国独立审计是伴随着改革开放的进程而逐步发展起来的，这一时期我国的宏观经济经历了从完全的计划经济逐步向政府宏观调控基础上的社会主义市场经济转变的过程。作为这一转轨过程的重要组成部分，我国公司的所有权结构也发生了重大变革。总体上，过去的三十年中我国公司所有权结构已经从完全公有制逐步发展到以公有制为主导多种经济所有制共存的现实状况。相应的，在最初完全由强制性需求建立的独立审计市场中，自发性有效需求也经历了从无到有、逐步培育的过程。独立审计是基于所有权和经营权分离的私有经济环境而产生的，公司的所有权结构对于独立审计存在深刻影响。可以说，我国转轨经济时期特殊的产权制度安排是造成我国独立审计市场需求迥异于西方审计发展历程的内在原因。

有鉴于此，一方面要从根本上提升我国独立审计市场需求的有效性，促使审计需求方对高质量审计服务的追求充分体现在对会计师事务所的产出激励上，就需要继续推进所有制结构改革，持续构建有利于审计作用机制发挥的所有权结构。另一方面，完善公司治理机制，在公司内部形成健全的责、权、利制衡体系，对于从根本上实现审计市场对高质量审计服务的有效需求，无疑具有非常积极的作用和深远的意义。

（2）逐步培育信息在市场资源配置中的核心地位。

从根本上看，现代审计已经成为保护公司外部财务信息使用人的一种制度安排和利益协调机制。作为一种信息服务，审计作用的发挥前提在于信息在市场资源配置中的核心地位。

而考察我国从计划经济向市场经济转轨的过程，其本身就需要大量的制度创新，在此过程中，政府的制度安排对各种市场利益的分配有着举足轻重的作用。长期执行的计划经济政策使得政府在面对市场化改革进程中出现的问题时，首先就是利用行政手段干预经济发展。同时，急于改变中国在世界经济中落后地位的赶超式发展战略，也使得政府没有耐心让市场依靠本身规律按部就班地发展。因此在我国社会主义市场经济培育的过程中，更多地采用了强制性制度变迁模式，通过政府对社会资金配置的干预，保证其执行产业发展策略、实现跨越式发展所需的资本。由于行政力量作用于市场运行，既定制度安排下信息难以发挥其在资源配置中的作用，从而造成社会行为的扭曲。

由于经济制度和市场条件的不同，政府主导型经济与西方自由发展的市场经济之间存在信息租金和信息成本差异。在自由市场经济框架下，成熟的市场制度为市场有效运作提供完全的竞争环境，公司财务制度和审计制度安排为投资者提供稳定可靠的信息作为决策基础，这在很大程度上降低了信息与资本的搜集成本。而管理行为的公开性和财务透明性的存在，产生了对经营绩效不良管理者进行替代（接管）的持续性外部压力。这种低成本的信息搜集要求，使得西方独立审计成为市场有效运行不可或缺的一环。然而，在类似于我国这种政府推进型制度变迁中，政府为市场发展提供制度性安排，可以在短时间内将市场基本框架搭建起来，但此种市场结构中的缺陷不可避免。为了弥补有缺陷的市场结构，政府需要解决信息不对称性和谈判问题，以行政性长期契约关系降低信息和资本搜集成本就成为一种现实的选择，突出表现为国家信用对某一市场局部的过度倾斜，从而在客观上为市场发展提供一种“隐性担保契约”。

按照市场经济作用机制，有效运行的市场对信息进行反映并将其体现为价格。通过市场定价效率，实现价格信号的有效传导，既保证市场价格的合理形成，又能实现社会资本向优势产业的流动，并由此发挥市场对社会资源的动员和配置效能。正是由于信息在有效市场对资源配置的这种核心作用，社会才需要真实可信的信息。此时，作为信息真实性保障手段的独立审计才能真正为市场所需，而这将会促使会计师事务所提供高质量的审计服务以回应市场对高质量会计信息的需求。由此，积极推进我国市场化改革进程，努力培育信息在市场资源配置中的核心地位是改进我国独立审计市场绩效的前提和根本所在。

（三）研究局限与后续研究展望

1. 研究局限

尽管本文通过系统的实证检验，对我国会计师事务所效率的现实状况进行了客观量度，并根据效率结果得出了一些有益的结论。但是，由于受到数据获取等方面的限制，本文的研究也不可避免地存在一定的局限，这主要体现在：

（1）独立审计的公共产品属性使得单纯以效率作为衡量标准具有一定的局限性。同时，本研究在计量会计师事务所效率中所使用的投入和产出均采用了单一变量。由于审计收入是我国会计师事务所最重要的收入来源，人员报酬是其成本支出最主要的组成部分，使用收入总额作为产出的替代变量以及使用人员报酬作为投入的替代变量，虽然在总体上是合理的，但是在细节上可能难以精确反映会计师事务所的投入和产出。

（2）因会计师事务所的总成本数据无法直接取得，考虑到本研究的尝试性特征，在研究中采用了估算数据来代替。尽管笔者已经尽可能努力减少这种状况带来的不利影响，但仍然无法消除这种数据来源上的缺憾。这是否以及会在多大程度上影响本文前述的研究结论，还有待今后对这一研究主题的进一步实证检验。

（3）基于研究数据的可得性，本文将研究样本确定为中注协公布的全国会计师事务所百家信息的范围之内，相对于全国六千余家会计师事务所的总量，本文研究的样本只是很少的一部分。这是否以及会在多大程度上影响本文对我国会计师事务所效率现实状况的总体结论，还有待今后对更大样本的实证研究发现予以检验。

2. 后续研究建议

（1）出于数据可得性方面的考虑，本文在量度会计师事务所效率时采用了单投入单产出模型。如果能够找到审计质量的适当替代变量并解决数据来源问题，将量度函数扩展为多产出模型，或者将本文有关效率结果与审计质量的直观推论采用实证数据进行检验，就可以对本文的研究形成有益的延伸及补充。

（2）本文只考察了 2002 ~ 2004 年间我国会计师事务所效率的现实状况，如果能在此基础上将研究期间进一步延长，将有助于从更深层次把握我国会计师事务所效率的长期趋势和演变规律。

主要参考文献

[1] 阿瑟·奥肯著:《平等与效率》(中译本), 华夏出版社 1999 年版。

[2] 白晓红:“对我国会计师事务所组织形式的立法回顾与建议”,《中国注册会计师》, 2003 年第 4 期。

[3] 白晓红:“美国注册会计师管理体制的演变”,《中国注册会计师》, 2002 年第 12 期。

[4] 保罗·萨缪尔森、威廉·诺德豪斯:《经济学》(中译本), 华夏出版社 1999 年版。

[5] 陈汉文、王华、郑鑫成主编:《安达信: 事件与反思》, 暨南大学出版社 2003 年版。

[6] 陈世宗、赖邦传、陈晓红:“基于 DEA 的企业绩效评价方法”,《系统工程 》, 2005 年第 6 期。

[7] 陈颖:“美国会计师事务所的组织形式”,《中国注册会计师》, 2004 年第 10 期。

[8] 陈毓圭:“对风险导向审计方法的由来及其发展的认识”,《会计研究》, 2004 年第 2 期。

[9] 丁平准:《中国注册会计师: 世纪末的回眸》(改革卷), 东北财经大学出版社 2001 年版。

[10] 樊纲:《公有制宏观经济理论大纲》, 上海人民出版社 1995 年版。

[11] 范里安 H. :《微观经济学: 现代观点》(中译本), 上海三联书店、上海人民出版社 1994 年版。

[12] 房巧玲:《中国审计市场效率研究》, 经济管理出版社 2006 年版。

[13] 傅晓霞、吴利学:“随机生产前沿方法的发展及其在中国的应用”,《南开经济研究》, 2006 年第 2 期。

[14] 高伟、何枫:“我国家电行业上市公司技术效率分析——基于随机前沿技术的实证研究”,《产业经济研究》, 2005 年第 3 期。

[15] 宫金生、夏军:“制约审计成本控制的有效途径”,《中国审计》, 2006 年第 19 期。

[16] 顾洪梅:“我国商业银行的效率测度与经验研究”, 吉林大学博士学位论文, 2006 年。

[17] 顾建国、张文修:“基于随机前沿生产函数的我国烟草企业效率分

析”，《当代经济科学》，2007 年第 4 期。

[18] 海普·约翰：“审计质量和经济结构”，《会计研究》，2002 年第 6 期。

[19] 何特韦尔等编：《新帕尔格雷夫经济学大辞典》，经济科学出版社 1992 年版。

[20] 胡汝银：《低效率经济学——集权体制理论的重新思考》，上海三联书店、上海人民出版社 1992 年版。

[21] 胡亦明：“会计师事务所的内部管理：绩效与报酬”，见中国注册会计师学会编，《注册会计师行业课题研究报告》，经济科学出版社 2004 年版。

[22] 胡奕明：“人合观与资合观下的有限责任制和合伙制之比较”，《中国注册会计师》，2004 年第 9 期。

[23] 黄金枝、冯英浚、孙佰清等：“管理审计中效率性计量的一种有效方法——数据包络分析”，《审计与经济研究》，2005 年第 3 期。

[24] 黄京菁：《独立审计目标及其实现机制研究》，暨南大学出版社 2001 年版。

[25] 季永杰、徐晋涛：“环境政策与企业生产技术效率——以造纸企业为例”，《北京林业大学学报》（社会科学版），2006 年第 2 期。

[26] 江苏省高级人民法院民二庭：“关于股东瑕疵出资及其民事责任的认定”，《中国民商审判》（第 3 卷）。

[27]《经济观察报》：“对审计意见说‘不’”，2005 年 10 月 24 日。

[28] 李凤圣、吴云亭：《公平与效率——制度分析》，经济科学出版社 1995 年版。

[29] 李健：“中外会计师事务所组织形式之比较”，《江西社会科学》，2004 年第 1 期。

[30] 李明志、柯旭清：《产业组织理论》，清华大学出版社 2004 年版。

[31] 李若山、周勤业：《注册会计师法律责任理论与实务》，中国时代经济出版社 2002 年版。

[32] 李树华：《审计独立性的提高与审计市场的背离》，上海三联书店、上海人民出版社 2000 年版。

[33] 李爽、吴溪：《审计师变更研究》，中国财政经济出版社 2002 年版。

[34] 李慰严、樊光鼎：《社会主义经济效益通论》，人民出版社 1997 年版。

［35］李子奈：《计量经济学——方法和应用》，清华大学出版社 1992 年版。

［36］梁小民："莱宾斯坦及其 X 效率理论"，《经济文献信息》，1991 年第 5 期。

［37］刘波、陈雄智："审计效率与审计资源优化配置"，《审计月刊》，2005 年第 6 期。

［38］刘传哲、王艳丽："我国技术效率省际差异影响因素——基于随机前沿技术的实证研究"，《科技导报》，2006 年第 12 期。

［39］刘峰、林斌："会计师事务所脱钩与政府选择：一种解释"，《会计研究》，2000 年第 2 期。

［40］刘峰、许菲："风险导向审计·法律风险·审计质量——兼论'五大'在我国审计市场的行为"，《会计研究》，2002 年第 2 期。

［41］刘峰、张立民、雷科罗："我国审计市场制度安排与审计质量需求——中天勤客户流向的案例分析"，《会计研究》，2002 年第 12 期。

［42］刘玲利、李建华："基于随机前沿分析的我国区域研发资源配置效率实证研究"，《科学学与科学技术管理》，2007 年第 12 期。

［43］刘秋明："国际政府绩效审计研究：一个文献综述"，《审计研究》，2007 年第 1 期。

［44］刘燕："合伙制与会计职业之间关系的几个基本问题"，《中国注册会计师》，2002 年第 6 期。

［45］刘燕："在合伙与公司间踯躅前行——美国会计师事务所组织形式的演变与企业组织法律制度的创新"，《中国注册会计师》，2003 年第 1 期。

［46］刘燕："注册会计师民事责任研究：回顾与展望"，《会计研究》，2003 年第 11 期。

［47］刘勇、穆鸿声："中国银行业效率研究综述"，《审计与经济研究》，2007 年第 1 期。

［48］吕鹏、陈小悦："有限责任制、无限责任制与审计质量：一个博弈的视角"，《审计研究》，2005 年第 2 期。

［49］罗亚波："关于提高审计效率的思考"，《经济问题探索》，2005 年第 2 期。

［50］米杨："推行合伙制　规范注册会计师行业发展"，《中国注册会计

师》，2002 年第 6 期。

［51］诺思·道格拉斯："交易成本、制度与经济史"，《经济译文》，1994 年第 2 期。

［52］诺思·道格拉斯：《制度、制度变迁与经济绩效》（中译本），上海三联书店、上海人民出版社 1994 年版。

［53］潘克勤："审计师的异质性和审计质量差异：文献综述及启示"，《财会通讯》（学术版），2005 年第 8 期。

［54］彭真明："论注册会计师不实财务报告的法律责任"，《法律科学》（西北政法学院学报），2006 年第 5 期。

［55］钱灿、冉茂盛、钟韬："生产率研究的前沿方法"，《统计与决策》，2006 年第 13 期。

［56］乔根森：《生产率（第 2 卷）：经济增长的国际比较》，中国发展出版社 2001 年版。

［57］上海国家会计学院：《2004：会计师事务所薪资调查分析报告》，中国会计视野（http：//www. esnai. com），2005 年 5 月。

［58］石晓军、王立杰、邵春伟："我国油田技术效率与影响因素的实证研究"，《西安石油大学学报》（社会科学版），2007 年第 2 期。

［59］孙巍：《生产资源配置效率——生产前沿面理论及其应用》，社会科学文献出版社 1998 年版。

［60］孙铮、曹宇："股权结构与审计需求"，《审计研究》，2004 年第 3 期。

［61］陶章华、郭耀煌、张炜："生产函数的一种基本理论表达式——弹性生产函数"，《管理工程学报》，2001 年第 2 期。

［62］托马斯·G. 罗斯基："经济效益与经济效率"，《经济研究》，1993 年第 6 期。

［63］瓦茨、齐默尔曼：《实证会计理论》（中译本），东北财经大学出版社 1999 年版。

［64］王聪、谭政勋："我国商业银行效率结构研究"，《经济研究》，2007 年第 7 期。

［65］王利明：《民法本论》，东北财经大学出版社 2001 年版。

［66］王晓东、赵昕升："基于 SFA 的我国高科技上市公司技术效率及其影响的因素分析"，《工业技术经济》，2007 年第 11 期。

［67］王艳艳、陈汉文、于李胜："代理冲突与高质量审计需求——来自中国上市公司的经验数据"，《经济科学》，2006 年第 2 期。

［68］王争、史晋川："转型时期中国工业生产绩效的地区差异及波动性的解释——基于随机前沿生产函数的分析"，《世界经济文汇》，2007 年第 4 期。

［69］文建秀：《证券市场信息披露中注册会计师的法律责任》，法律出版社 2003 年版。

［70］文硕：《世界审计史》，企业管理出版社 1996 年版。

［71］吴粒、马圆圆、尹中华："中国上市公司外部审计需求的实证研究"，中国会计学会 2006 年学术年会交流论文，2006 年。

［72］吴溪：《双重审计模式下审计独立性与审计定价：中国 B 股市场的证据》，中国财政经济出版社 2005 年版。

［73］奚晓明主编：《最高人民法院关于会计师事务所审计侵权赔偿责任司法解释理解与适用》，人民法院出版社 2007 年版。

［74］项荣："审计取证中审计效率问题"，《审计月刊》，2006 年第 8 期。

［75］谢荣：《市场经济中的民间审计责任》，上海社会科学出版社 1994 年版。

［76］谢志华、崔学刚："风险导向审计：机理与运用"，《会计研究》，2006 年第 7 期。

［77］徐琼："技术效率与前沿面理论评述"，《财经论丛》，2005 年第 2 期。

［78］杨永淼、杨美丽、张彬："我国会计师事务所规模经济效应的实证研究"，《财会月刊》，2007 年第 14 期。

［79］易琮：《行业制度变迁的诱因与绩效——对中国注册会计师行业的实证考察》，中国财政经济出版社 2003 年版。

［80］易玄、谢志明："中国资本市场审计质量：理论与实证综述"，《当代财经》，2007 年第 10 期。

［81］于恒、李莉、贾莉："英国会计师事务所组织形式的演变及其对我国的启示"，《审计与经济研究》，2002 年第 6 期。

［82］余玉苗、陈波："资产特征、治理结构与会计师事务所组织形式"，《审计研究》，2002 年第 5 期。

［83］余玉苗、李国运、吴联生：《以史为镜——注册会计师执业发展史》，中国经济出版社 1997 年版。

［84］喻小明："企业效率审计中应注意对 X 效率的审计"，《审计与理财》，2004 年第 12 期。

［85］原红旗、李海建："会计师事务所组织形式、规模与审计质量"，《审计研究》，2003 年第 1 期。

［86］曾颖、叶康涛："股权结构、代理成本与外部审计需求"，《会计研究》，2005 年第 10 期。

［87］张继勋、杨明增、刘成立："中美政府绩效审计比较：基于案例的视角"，《审计与经济研究》，2006 年第 2 期。

［88］张继勋、杨明增："审计判断及其研究"，《中国注册会计师》，2007 年第 9 期。

［89］张继勋、刘成立："审计收费研究综述及启示"，《当代财经》，2006 年第 7 期。

［90］张军：《中国过渡经济导论》，立信会计出版社 1996 年版。

［91］张莉侠、孟令杰："我国食品加工业技术效率及影响因素的实证分析"，《南京农业大学学报》（社会科学版），2006 年第 2 期。

［92］张奇峰、张鸣、王俊秋："公司控制权安排影响外部审计需求吗？——以上市公司的审计师选择及其审计费用为例"，中国会计学会 2006 年学术年会交流论文，2006 年。

［93］张维迎：《博弈论与信息经济学》，上海三联书店、上海人民出版社 2001 年版。

［94］张晓岚、李强、吴勋："持续经营审计判断的改进：经营效率证据的引入"，《会计研究》，2007 年第 1 期。

［95］张佑才：《合伙人与合伙所发展之路》，经济科学出版社 1999 年版。

［96］赵蕾、杨向阳："中国服务业技术效率变化的实证分析"，《财经论丛》，2007 年第 2 期。

［97］中国会计学会编：《中国会计研究文献摘编（1979 ~ 1999）审计卷》，东北财经大学出版社 2002 年版。

［98］中国注册会计师协会：《中国注册会计师法律责任——案例与研究》，辽宁人民出版社 1998 年版。

［99］中国注册会计师协会编：《同流合污还是中流砥柱——对中国注册会计师上市公司审计效果的深度分析》，行业发展研究资料（No. 2007 - 3），http：//www. cicpa. org. cn。

［100］中注协行业发展规划研究考察组："英国和德国的会计师行业考察报告"，《中国注册会计师》，2003 年第 3 期。

［101］钟国："国际会计公司 2006 年度排名资料分析"，《中国注册会计师》，2007 年第 3 期。

［102］周志诚：《注册会计师法律责任——中国海峡两岸案例比较研究》，上海财经大学出版社 2001 年版。

［103］朱红军、夏立军、陈信元："转型经济中审计市场的需求特征研究"，《审计研究》，2004 年第 5 期。

［104］朱小平、叶友："会计师事务所合伙制的发展趋势——从人力资本的不可分离性和专业知识的通用性谈起"，《财会通讯》，2004 年第 3 期。

［105］Aigner D. J. and Chu S. F. On Estimating the Industry Production Function. American Economic Review, 1968, 13 (3).

［106］Aigner D. J. Lovell C. A. K. and Schmidt P. Formulation and Estimation of Stochastic Frontier Production Function Models. Journal of Econometrics, 1977, 6 (2).

［107］Banker R. D., Hsihui Chang and R. Cunningham. The public accounting industry production function. Journal of Accounting and Economics, 2003, 35 (2).

［108］Banker R. D., Hsihui Chang and R. Natarajan. Productivity change, technical progress, and relative efficiency change in the public accounting industry. Management Science, 2005, 51 (2).

［109］Battese G. E. and Coelli T. J. Prediction of firm level technical efficiencies with a generalized frontier production function and panel data. Journal of Econometrics, 1988, 38 (2).

［110］Battese G. E, and Collie T. J. Frontier Production Functions, Technical Efficiency and Panel Data: With Application to Paddy Farmers in India. Journal of Productivity Analysis. 1992, (3).

［111］Battese G. E. and Coelli T. J. A model of technical inefficiency effects in stochastic frontier production for panel data. Empirical Economics, 1995, 20.

［112］Battese G. E. and Corra G. S. Estimation of a production frontier model:

with application to the pastoral zone of eastern Australia. Australian Journal of Agricultural Economics, 1977, 21 (3).

[113] Battese G. E., Coelli T. J. and Colby T. C. Estimation of Frontier Production Functions and the Efficiencies of Indian Farms Using Panel Data From ICRISAT's Village Level Studies. Journal of Quantitative Economics, 1989, 5.

[114] Bjurek H., Hjamlmarsson L., and Forsund F. R. Deterministic parametric and nonparametric estimation of efficiency in service production: A comparison. Journal of Economics, 1990, 46.

[115] Carlton D. W. and Perloff J. M. Modern Industrial Organization, HarperCollins College Publishers, 1994. 中译本参见《现代产业组织》，上海三联书店、上海人民出版社 1998 年版。

[116] Chames A., W. W. Cooper and E. Rhodes. Measuring the efficiency ofDecision Making Uunits. European Journal of Operational Research, 1978, 2 (6).

[117] Choi, J., Wong T. J. Audit markets and legal environments: an international investigation. Working paper, The Hong Kong University of Science and Technology, 2005.

[118] Chow, C. The Demand for external auditing: size, debt and ownership influence. The Accounting Review, 1982, 57 (2).

[119] Claessens S., Djankov S., Fan J. P. H. et al. Disentangling the Incentive and Entrenchment Effects of Large Shareholdings. Journal of Finance, 2002, (3).

[120] Coelli T., Rao P. and Battase E. An Introduction To Efficiency and Productivity Analysis. Boston: Kluwer Academic Publishers, 1998.

[121] Cooper W. W., and K. Tone. Measuring inefficiency in data envelopment analysis and stochastic frontier estimation. European Journal of Operations Research, 1997, 99 (1).

[122] Crsund F., Lovell C. and Schmidt, P. A Survey of Frontier Production Functions and of their relationship to Efficiency Measurement. Journal of Econometrics, 1980, 13 (2).

[123] DeAngelo L. E. Auditor size and audit quality. Journal of Accounting and Economics, 1981a, 3 (3).

[124] DeAnglo L. E. Audit independence, "low balling", and disclosure regulations. Journal of Accounting and Economic, 1981b, 3 (2).

[125] Denison, R. Acanthodii. Gustav Fischer Verlag. New York: Handbook of Paleoichthyology, 1979, (5).

[126] Dopuch N., M. Gupta, D. A. Simunic et al. Production efficiency and the pricing of audit service. Contemporary Accounting Research, 2003, 20 (1).

[127] Elitzur R. R., Falk H. Auctions for audit services and Low - balling. Auditing, 1996, 15.

[128] Epstein M. J. and Spalding A. D. The Accountants guide to legal liability and ethics. Homewood: Business One Iran, 1993.

[129] Farrell, M. J. The measurement of productive efficiency. Journal of Royal Statistical Society, 1957, 120.

[130] Francis J., Wilson E. Auditor changes: a joint test of theories relating to agency costs and auditor differentiation. The Accounting Review, 1988.

[131] Gallant A. R. On the Bias in Flexible Functional Forms and an Essentially Unbiased Form: The Fourier Flexible Form. Journal of Econometrics, 1981, 15.

[132] Gallant A. R. Unbiased Determination of Production Technologies. Journal of Econometrics, 1982, 20.

[133] Giokas D. Bank branch operating efficiency: A comparative application of DEA and the logliner model, OMEGA. International Journal of Management Science, 1991, 19.

[134] Granderson G. and Linvill C. Parametric and non - parametric approaches to benchmarking the regulated firm. Journal of Productive Analysis, 1999, 12.

[135] Greene W. A Gamma Distributed Stochastic Frontier Model. Journal of Econometrics, 1990, 46 (1).

[136] Griliches, Zvi., Issues in Assessing the Contribution of Research and Development to Productivity Growth, The Bell Journal of Economics, 1979, 10.

[137] Hjamarsson L., Kumbhakar S. C. and Heshmati A. DEA, DFA and SFA: a comparison. Journal of Productive Analysis, 1996, 7.

[138] Joseph P., Fan H. and Wong T. J. Do external auditors perform a corporate governance role in emerging markets? Evidence from East Asia. Journal of Ac-

counting Research, 2005.

[139] Kalirajan K. P. and Shand R. T. Technology and farm performance: paths of productive efficiencies over time. Agricultural Economics, 2001, 24 (3).

[140] Kendrick J. International Comparisons of Productivity and the Causes of the Slowdown. Washington, D. C.: American Enterprise Institute, 1984.

[141] Kendrick, J. W. Productivity trends in the United States. N. J.: Princeton University Press, 1961.

[142] Kodde D. A. and Palm F. C. Wald criteria for jointly testing equality and inequality restrictions. Econometrica, 1986, 54 (5).

[143] Kumbhakar S. C., Ghosh S. and McGuckin, J. T. A Generalized Production Frontier Approach for Estimating Determinants of Inefficiency in US Dairy Farms. Journal of Business and Economic Statistics, 1991, 9, 3 (7).

[144] Lee L. F. Asymptotic distribution for the maximum likelihood estimator for a stochastic frontier function model with a singular information matrix. Econometric Theory, 1993, 9.

[145] Magee R. P., Tseng M. Audit pricing and independence. The Accounting Review, 1990, 65 (4).

[146] Meeusen W. and Broeck J. van den. Efficiency estimation from Cobb – Douglas production functions with composed error. International Economic Review, 1977, 18.

[147] Mo Pak – hung and Li, Sung – ko. Contract Responsibility Systems and Productive Efficiency: A Case Study on State – Owned Enterprises in China pp. Bulletin of Economic Research, 1998, 50 (4).

[148] Mundell, R. A. International Monetary Options. Cato Journal, 1983, 3 (1).

[149] O' Keefe T. B., Simunic D. A., Stein, M. T. The production of audit services: Evidence from a major public accounting firm. Journal of Accounting Research, 1994, 32 (2).

[150] Pitt M. M. and Lee, L. F. The Measurement and Sources of Technical Inefficiency in Indonesian Weaving Industry. Journal of Development Economics, 1981, 9.

[151] Reifschneider D. and Stevenson R. Systematic Departures from the Frontier: A Framework for the Analysis of Firm Inefficiency, International Economic Review, 1991, 32.

[152] Schelleman C. and S. Maijoor. Benchmarking the production of audit services: an efficiency frontier approach. MARC Working paper MARC - WP/3/2000 -17, 2001.4.

[153] Schmidt P. and Sickles R. E. Production Frontiers and Panel Data. Journal of Business and Economic Statistics. 1984, 2 (4).

[154] Scott J. I., Pearson T. A. Benchmarking CPA firms for productivity and efficiency. CPA Journal, 1996, 67 (7).

[155] Sharma K. P., Leung P. and Zaleski H. M. Productive efficiency of the Swine Industry in Hawaii: Stochastic Frontier vs. Data Envelopment Analysis. Journal of Productive Analysis, 1997, 8.

[156] ShepherdW. G. Monopoly profits and economics of scale, in Indusrial Orgnization, Antitrust and Public Policy.

[157] Simon D. T. and Francis J. R. The effects of auditor change of audit fee: tests of price cutting and price recovery. The Accounting Review, 1988, (4).

[158] Simunic D. A. The pricing of audit service: Theory and evidence. Journal of Accounting Research, 1980, 18 (1).

[159] Stevenson R. E., Likelihood Functions for Generalized Stochastic Frontier estimation. Journal of Econometrics, 1980, 13.

[160] Sullivan M. W. The effect of the Big Eight accounting firm mergers on the market for the audit services. Economic Analysis Group Discussion Paper, 2000.

[161] Watts R., Zimmerman J. Agency problems, auditing, and the theory of the firm: some evidences. Journal of Law and Economics, 1983, 26.

[162] Whitesell D. R. The Orga - Series of Comedias Sueltas 1761 - 1803: Identifying and Dating the Concealed Reprints, 1994.

附　录

附表 1　　样本会计师事务所基础数据及比率

年份	百家排名	会计师事务所名称	所在地	总收入（万元）	CPA人数	总成本（万元）	人均收入	人均成本	成本率
2004	1	普华永道中天会计师事务所	上海	124 677	457	6 910.35	272.82	15.12	5.54%
2004	2	毕马威华振会计师事务所	北京	71 578	231	3 487.59	309.86	15.10	4.87%
2004	3	德勤华永会计师事务所	上海	65 797	181	2 834.90	363.52	15.66	4.31%
2004	4	安永华明会计师事务所	北京	62 846	154	2 352.13	408.09	15.27	3.74%
2004	5	上海立信长江会计师事务所	上海	15 330	273	1 632.59	56.15	5.98	10.65%
2004	6	信永中和会计师事务所	北京	12 095	231	1 609.54	52.36	6.97	13.31%
2004	7	中审会计师事务所	北京	11 659	297	1 789.47	39.26	6.03	15.35%
2004	8	岳华会计师事务所	北京	10 096	315	1 958.85	32.05	6.22	19.40%
2004	9	中瑞华恒信会计师事务所	北京	8 423	154	1 090.65	54.69	7.08	12.95%
2004	10	北京京都会计师事务所	北京	7 540	171	1 125.66	44.09	6.58	14.93%
2004	11	天职孜信会计师事务所	北京	7 500	144	892.00	52.08	6.19	11.89%
2004	12	江苏公证会计师事务所	无锡	7 298	129	746.50	56.57	5.79	10.23%
2004	13	天健会计师事务所	北京	7 067	98	767.82	72.11	7.83	10.86%
2004	14	利安达信隆会计师事务所	北京	7 038	193	1 279.95	36.47	6.63	18.19%
2004	15	上海众华沪银会计师事务所	上海	6 385	90	631.71	70.94	7.02	9.89%
2004	16	浙江天健会计师事务所	杭州	6 366	183	1 424.19	34.79	7.78	22.37%
2004	17	安永大华会计师事务所	上海	6 153	138	1 995.08	44.59	14.46	32.42%
2004	18	中和正信会计师事务所	北京	5 939	161	1 006.83	36.89	6.25	16.95%
2004	19	浙江东方中汇会计师事务所	杭州	5 812	148	988.19	39.27	6.68	17.00%
2004	20	大信会计师事务所	武汉	5 615	139	845.46	40.40	6.08	15.06%
2004	21	深圳鹏城会计师事务所	深圳	5 358	135	870.20	39.69	6.45	16.24%
2004	22	中天华正会计师事务所	北京	5 265	121	727.58	43.51	6.01	13.82%
2004	23	广东羊城会计师事务所	广州	5 038	89	562.80	56.61	6.32	11.17%
2004	25	武汉众环会计师事务所	武汉	4 509	142	858.75	31.75	6.05	19.05%
2004	26	上海东华会计师事务所	上海	4 499	140	789.33	32.14	5.64	17.54%
2004	27	亚太中汇会计师事务所	北京	4 309	145	907.84	29.72	6.26	21.07%
2004	28	北京天华会计师事务所	北京	4 298	89	643.02	48.29	7.22	14.96%
2004	29	江苏苏亚金城会计师事务所	南京	4 277	101	614.79	42.35	6.09	14.37%
2004	30	北京永拓会计师事务所	北京	4 276	199	1 246.35	21.49	6.26	29.15%

续表

年份	百家排名	会计师事务所名称	所在地	总收入（万元）	CPA人数	总成本（万元）	人均收入	人均成本	成本率
2004	31	北京中路华会计师事务所	北京	4 168	245	1 406.70	17.01	5.74	33.75%
2004	32	上海上会会计师事务所	上海	4 152	71	444.32	58.48	6.26	10.70%
2004	33	浙江万邦会计师事务所	杭州	4 140	95	566.97	43.58	5.97	13.69%
2004	34	深圳南方民和会计师事务所	深圳	4 071	110	681.21	37.01	6.19	16.73%
2004	35	华证会计师事务所	北京	4 035	113	747.97	35.71	6.62	18.54%
2004	36	天津五洲联合会计师事务所	天津	4 020	117	731.88	34.36	6.26	18.21%
2004	37	北京亚洲会计师事务所	北京	4 014	86	498.78	46.67	5.80	12.43%
2004	38	上海公信中南会计师事务所	上海	3 924	93	541.00	42.19	5.82	13.79%
2004	39	广东正中珠江会计师事务所	广州	3 866	82	541.42	47.15	6.60	14.00%
2004	41	深圳大华天诚会计师事务所	深圳	3 753	88	622.27	42.65	7.07	16.58%
2004	42	山东万隆齐鲁会计师事务所	济南	3 726	84	527.68	44.36	6.28	14.16%
2004	43	湖南开元会计师事务所	长沙	3 721	75	483.87	49.61	6.45	13.00%
2004	44	中兴财会计师事务所	北京	3 646	172	1 002.67	21.20	5.83	27.50%
2004	45	中威华浩会计师事务所	北京	3 541	78	484.57	45.40	6.21	13.68%
2004	46	华寅会计师事务所	北京	3 520	131	775.61	26.87	5.92	22.03%
2004	47	江苏天华大彭会计师事务所	南京	3 509	57	350.83	61.56	6.15	10.00%
2004	48	广东天华华粤会计师事务所	广州	3 508	74	445.42	47.41	6.02	12.70%
2004	49	五联联合会计师事务所	兰州	3 471	104	617.46	33.38	5.94	17.79%
2004	50	中磊会计师事务所	北京	3 440	133	815.34	25.86	6.13	23.70%
2004	51	江苏天衡会计师事务所	南京	3 439	77	532.45	44.66	6.91	15.48%
2004	52	中兴新世纪会计师事务所	北京	3 408	107	698.58	31.85	6.53	20.50%
2004	53	南京永华会计师事务所	南京	3 368	63	383.52	53.46	6.09	11.39%
2004	54	中天恒会计师事务所	北京	3 292	78	462.16	42.21	5.93	14.04%
2004	55	厦门天健华天会计师事务所	厦门	3 248	84	633.25	38.67	7.54	19.50%
2004	56	四川华信会计师事务所	成都	3 216	79	484.48	40.71	6.13	15.06%
2004	57	西安希格玛会计师事务所	西安	3 204	79	454.79	40.56	5.76	14.19%
2004	58	重庆天健会计师事务所	重庆	3 201	84	568.96	38.11	6.77	17.77%
2004	59	山东天恒信会计师事务所	临沂	3 169	108	651.70	29.34	6.03	20.56%
2004	60	北京中洲光华会计师事务所	北京	3 130	89	641.25	35.17	7.21	20.49%
2004	61	中兴宇会计师事务所	北京	3 126	125	908.87	25.01	7.27	29.07%
2004	62	江苏天业会计师事务所	南京	3 116	58	319.48	53.72	5.51	10.25%

续表

年份	百家排名	会计师事务所名称	所在地	总收入（万元）	CPA人数	总成本（万元）	人均收入	人均成本	成本率
2004	63	深圳天健信德会计师事务所	深圳	3 056	99	736.87	30.87	7.44	24.11%
2004	64	上海同诚会计师事务所	上海	3 024	12	62.01	252.00	5.17	2.05%
2004	65	北京红日会计师事务所	北京	3 002	124	701.93	24.21	5.66	23.38%
2004	66	上海信光会计师事务所	上海	2 998	23	150.46	130.35	6.54	5.02%
2004	67	安徽华普会计师事务所	合肥	2 851	72	433.81	39.60	6.03	15.22%
2004	68	中天运会计师事务所	北京	2 834	89	587.18	31.84	6.60	20.72%
2004	69	广东恒信德律会计师事务所	珠海	2 834	93	548.28	30.47	5.90	19.35%
2004	70	上海兴中会计师事务所	上海	2 830	8	45.47	353.75	5.68	1.61%
2004	71	北京中平建会计师事务所	北京	2 775	94	585.93	29.52	6.23	21.11%
2004	72	山东汇德会计师事务所	青岛	2 760	102	653.24	27.06	6.40	23.67%
2004	73	上海万隆会计师事务所	上海	2 663	71	454.74	37.51	6.40	17.08%
2004	74	福建华兴会计师事务所	福州	2 602	77	490.77	33.79	6.37	18.86%
2004	75	北京中证国华会计师事务所	北京	2 519	52	289.36	48.44	5.56	11.49%
2004	76	北京方圆华信会计师事务所	北京	2 508	79	457.93	31.75	5.80	18.26%
2004	77	中一会计师事务所	北京	2 475	195	1 137.20	12.69	5.83	45.95%
2004	78	上海瑞和会计师事务所	上海	2 442	16	90.94	152.63	5.68	3.72%
2004	79	中鸿信建元会计师事务所	北京	2 434	113	757.22	21.54	6.70	31.11%
2004	80	山东乾聚会计师事务所	烟台	2 408	85	543.52	28.33	6.39	22.57%
2004	81	四川君和会计师事务所	成都	2 387	92	585.34	25.95	6.36	24.52%
2004	82	中天银会计师事务所	北京	2 370	161	912.25	14.72	5.67	38.49%
2004	83	中勤万信会计师事务所	北京	2 369	130	777.47	18.22	5.98	32.82%
2004	84	华建会计师事务所	北京	2 340	55	348.07	42.55	6.33	14.87%
2004	85	北京中兴正信会计师事务所	北京	2 325	65	386.08	35.77	5.94	16.61%
2004	86	广西祥浩会计师事务所	南宁	2 320	75	417.21	30.93	5.56	17.98%
2004	87	北京兴华会计师事务所	北京	2 306	74	511.68	31.16	6.91	22.19%
2004	88	云南天赢会计师事务所	昆明	2 301	79	484.68	29.13	6.14	21.06%
2004	89	上海上审会计师事务所	上海	2 262	53	285.53	42.68	5.39	12.62%
2004	91	辽宁天健会计师事务所	沈阳	2 228	107	757.96	20.82	7.08	34.02%
2004	92	广东广信会计师事务所	广州	2 228	60	356.07	37.13	5.93	15.98%
2004	93	中建华会计师事务所	北京	2 207	44	259.82	50.16	5.91	11.77%
2004	94	湖南天华会计师事务所	长沙	2 204	79	449.68	27.90	5.69	20.40%

续表

年份	百家排名	会计师事务所名称	所在地	总收入（万元）	CPA人数	总成本（万元）	人均收入	人均成本	成本率
2004	95	亚太(集团)会计师事务所	郑州	2 202	68	405.08	32.38	5.96	18.40%
2004	96	河北华安会计师事务所	石家庄	2 161	76	471.59	28.43	6.21	21.82%
2004	97	广东康元会计师事务所	广州	2 131	86	582.54	24.78	6.77	27.34%
2004	98	宁波德威会计师事务所	宁波	2 160	45	254.22	48.00	5.65	11.77%
2004	99	新疆宏昌会计师事务所	乌鲁木齐	2 092	66	361.21	31.70	5.47	17.27%
2004	100	北京华夏天海会计师事务所	北京	2 083	56	342.47	37.20	6.12	16.44%
2003	1	普华永道中天会计师事务所	上海	90 233	464	6 433.12	194.47	13.86	7.13%
2003	2	毕马威华振会计师事务所	北京	43 176	235	3 310.27	183.73	14.09	7.67%
2003	3	德勤华永会计师事务所	上海	37 636	191	2 755.42	197.05	14.43	7.32%
2003	4	安永华明会计师事务所	北京	32 926	175	2 435.04	188.15	13.91	7.40%
2003	5	上海立信长江会计师事务所	上海	11 360	252	1 386.96	45.08	5.50	12.21%
2003	6	岳华会计师事务所	北京	8 619	409	2 343.86	21.07	5.73	27.19%
2003	7	信永中和会计师事务所	北京	8 473	243	1 573.77	34.87	6.48	18.57%
2003	8	中审会计师事务所	北京	7 459	275	1 498.39	27.12	5.45	20.09%
2003	9	中瑞华恒信会计师事务所	北京	7 368	182	1 146.97	40.48	6.30	15.57%
2003	10	江苏公证会计师事务所	无锡	6 833	134	706.45	50.99	5.27	10.34%
2003	11	北京京都会计师事务所	北京	6 573	187	1 134.02	35.15	6.06	17.25%
2003	12	安永大华会计师事务所	上海	5 887	127	1 686.78	46.35	13.28	28.65%
2003	13	浙江天健会计师事务所	杭州	5 072	149	1 054.87	34.04	7.08	20.80%
2003	14	深圳鹏城会计师事务所	深圳	5 061	137	823.90	36.94	6.01	16.28%
2003	15	上海众华沪银会计师事务所	上海	4 770	101	649.36	47.23	6.43	13.61%
2003	16	中天华正会计师事务所	北京	4 589	135	737.34	33.99	5.46	16.07%
2003	17	广州羊城会计师事务所	广州	4 584	89	517.21	51.51	5.81	11.28%
2003	18	天职孜信会计师事务所	北京	4 565	129	743.61	35.39	5.76	16.29%
2003	19	利安达信隆会计师事务所	北京	4 516	163	1 010.39	27.71	6.20	22.37%
2003	20	上海公信中南会计师事务所	上海	4 460	73	391.88	61.10	5.37	8.79%
2003	22	上海东华会计师事务所	上海	4 266	153	809.85	27.88	5.29	18.98%
2003	23	苏亚金诚会计师事务所	南京	4 202	131	714.07	32.08	5.45	16.99%
2003	24	北京中路华会计师事务所	北京	3 937	287	1 532.98	13.72	5.34	38.94%
2003	25	天健会计师事务所	北京	3 933	102	701.52	38.56	6.88	17.84%
2003	27	中喜会计师事务所	北京	3 858	174	962.01	22.17	5.53	24.94%

续表

年份	百家排名	会计师事务所名称	所在地	总收入（万元）	CPA人数	总成本（万元）	人均收入	人均成本	成本率
2003	28	深圳南方民和会计师事务所	深圳	3 855	109	632.42	35.37	5.80	16.41%
2003	29	中磊会计师事务所	北京	3 853	146	842.44	26.39	5.77	21.86%
2003	30	广东正中珠江会计师事务所	广州	3 570	94	585.86	37.98	6.23	16.41%
2003	31	深圳大华天诚会计师事务所	深圳	3 550	83	544.57	42.77	6.56	15.34%
2003	32	湖南开元会计师事务所	长沙	3 480	81	475.26	42.96	5.87	13.66%
2003	33	山东正源和信会计师事务所	济南	3 473	149	902.65	23.31	6.06	25.99%
2003	34	广东天华华粤会计师事务所	广州	3 455	74	419.47	46.69	5.67	12.14%
2003	35	中和正信会计师事务所	北京	3 425	153	904.65	22.39	5.91	26.41%
2003	36	中兴财会计师事务所	北京	3 387	222	1 189.11	15.26	5.36	35.11%
2003	37	江苏天业会计师事务所	南京	3 343	58	297.26	57.64	5.13	8.89%
2003	38	上海上会会计师事务所	上海	3 293	66	368.91	49.89	5.59	11.20%
2003	39	江苏天衡会计师事务所	南京	3 252	68	432.34	47.82	6.36	13.29%
2003	40	天津五洲联合会计师事务所	天津	3 245	129	745.26	25.16	5.78	22.97%
2003	41	北京亚洲会计师事务所	北京	3 240	83	438.58	39.04	5.28	13.54%
2003	42	中兴宇会计师事务所	北京	3 231	128	874.66	25.24	6.83	27.07%
2003	43	北京永拓会计师事务所	北京	3 202	201	1 182.18	15.93	5.88	36.92%
2003	44	北京天华会计师事务所	北京	3 202	89	593.86	35.98	6.67	18.55%
2003	45	江苏天华大彭会计师事务所	南京	3 180	81	455.10	39.26	5.62	14.31%
2003	46	华寅会计师事务所	北京	3 105	127	691.73	24.45	5.45	22.28%
2003	47	安徽华普会计师事务所	合肥	3 047	117	612.03	26.04	5.23	20.09%
2003	48	北京中洲光华会计师事务所	北京	3 035	145	907.64	20.93	6.26	29.91%
2003	49	浙江万邦会计师事务所	杭州	3 014	88	475.13	34.25	5.40	15.76%
2003	50	亚太中汇会计师事务所	北京	2 996	190	1 095.77	15.77	5.77	36.57%
2003	51	浙江中汇会计师事务所	杭州	2 933	52	334.70	56.40	6.44	11.41%
2003	52	山东万隆齐鲁会计师事务所	济南	2 912	81	467.19	35.95	5.77	16.04%
2003	53	浙江东方会计师事务所	杭州	2 874	82	483.41	35.05	5.90	16.82%
2003	54	华证会计师事务所	北京	2 823	102	605.61	27.68	5.94	21.45%
2003	55	南京永华会计师事务所	南京	2 813	87	503.46	32.33	5.79	17.90%
2003	56	西安希格玛会计师事务所	西安	2 780	71	380.89	39.15	5.36	13.70%
2003	57	重庆天健会计师事务所	重庆	2 760	88	556.37	31.36	6.32	20.16%
2003	58	华信会计师事务所	成都	2 742	82	456.65	33.44	5.57	16.65%

续表

年份	百家排名	会计师事务所名称	所在地	总收入（万元）	CPA人数	总成本（万元）	人均收入	人均成本	成本率
2003	59	广东恒信德律会计师事务所	珠海	2 698	91	499.22	29.65	5.49	18.50%
2003	60	五联联合会计师事务所	兰州	2 655	116	632.29	22.89	5.45	23.82%
2003	61	厦门天健华天会计师事务所	厦门	2 629	83	576.85	31.67	6.95	21.94%
2003	62	上海万隆众天会计师事务所	上海	2 610	70	382.82	37.29	5.47	14.67%
2003	63	上海兴中会计师事务所	上海	2 567	9	45.33	285.22	5.04	1.77%
2003	64	华建会计师事务所	北京	2 516	70	410.33	35.94	5.86	16.31%
2003	65	山东汇德会计师事务所	青岛	2 497	106	618.41	23.56	5.83	24.77%
2003	66	深圳天健信德会计师事务所	深圳	2 454	90	648.60	27.27	7.21	26.43%
2003	67	福建华兴会计师事务所	福州	2 434	86	511.81	28.30	5.95	21.03%
2003	68	北京中威华浩会计师事务所	北京	2 417	92	514.90	26.27	5.60	21.30%
2003	69	中鸿信建元会计师事务所	北京	2 362	113	727.57	20.90	6.44	30.80%
2003	70	山东天恒信会计师事务所	临沂	2 337	101	557.29	23.14	5.52	23.85%
2003	71	辽宁天健会计师事务所	沈阳	2 333	113	730.33	20.65	6.46	31.30%
2003	72	北京中兴新世纪会计师事务所	北京	2 312	90	538.20	25.69	5.98	23.28%
2003	73	上海同诚会计师事务所	上海	2 242	17	79.39	131.88	4.67	3.54%
2003	75	亚太(集团)会计师事务所	郑州	2 233	68	373.66	32.84	5.50	16.73%
2003	76	北京中证国华会计师事务所	北京	2 193	63	341.70	34.81	5.42	15.58%
2003	77	中天银会计师事务所	北京	2 192	202	1 030.43	10.85	5.10	47.01%
2003	78	江苏华星会计师事务所	苏州	2 156	28	142.31	77.00	5.08	6.60%
2003	79	上海永诚会计师事务所	上海	2 144	27	131.04	79.41	4.85	6.11%
2003	80	中天恒会计师事务所	北京	2 124	66	362.49	32.18	5.49	17.07%
2003	81	北京方圆华信会计师事务所	北京	2 099	83	444.82	25.29	5.36	21.19%
2003	82	上海信光会计师事务所	上海	2 098	23	136.75	91.22	5.95	6.52%
2003	83	广东康元会计师事务所	广州	2 044	101	630.28	20.24	6.24	30.84%
2003	84	广东广信会计师事务所	广州	2 039	63	355.08	32.37	5.64	17.41%
2003	85	上海佳华会计师事务所	上海	2 028	33	198.12	61.45	6.00	9.77%
2003	86	河北华安会计师事务所	石家庄	2 017	88	494.93	22.92	5.62	24.54%
2003	87	中勤万信会计师事务所	北京	2 015	117	649.62	17.22	5.55	32.24%
2003	88	广西祥浩会计师事务所	南宁	2 009	68	347.26	29.54	5.11	17.29%
2003	89	兴华会计师事务所	北京	2 008	78	499.95	25.74	6.41	24.90%

续表

年份	百家排名	会计师事务所名称	所在地	总收入（万元）	CPA人数	总成本（万元）	人均收入	人均成本	成本率
2003	90	上海上审会计师事务所	上海	1 994	70	353.30	28.49	5.05	17.72%
2003	91	北京中平建会计师事务所	北京	1 987	65	378.73	30.57	5.83	19.06%
2003	92	四川君和会计师事务所	成都	1 934	84	497.52	23.02	5.92	25.72%
2003	93	山东乾聚会计师事务所	烟台	1 926	110	634.15	17.51	5.77	32.93%
2003	94	北京红日会计师事务所	北京	1 863	101	514.57	18.45	5.09	27.62%
2003	95	河南兴豫会计师事务所	郑州	1 835	72	383.91	25.49	5.33	20.92%
2003	96	中天运会计师事务所	北京	1 812	94	576.50	19.28	6.13	31.82%
2003	97	湖南天华会计师事务所	长沙	1 804	75	409.29	24.05	5.46	22.69%
2003	98	北京中兴正信会计师事务所	北京	1 803	27	126.09	66.78	4.67	6.99%
2003	99	北京兴洲会计师事务所	北京	1 762	43	248.12	40.98	5.77	14.08%
2003	100	福州闽都会计师事务所	福州	1 664	79	433.10	21.06	5.48	26.03%
2002	1	普华永道中天会计师事务所	上海	76 631	391	4 987.66	195.99	12.76	6.51%
2002	2	毕马威华振会计师事务所	北京	33 439	176	2 269.29	189.99	12.89	6.79%
2002	3	德勤华永会计师事务所	上海	29 152	105	1 285.58	277.64	12.24	4.41%
2002	4	安永华明会计师事务所	北京	24 632	146	1 902.76	168.71	13.03	7.72%
2002	5	上海立信长江会计师事务所	上海	10 089	223	1 137.33	45.24	5.10	11.27%
2002	6	岳华会计师事务所	北京	8 342	321	1 760.01	25.99	5.48	21.10%
2002	7	中瑞华恒信会计师事务所	北京	7 081	165	964.45	42.92	5.85	13.62%
2002	8	北京京都会计师事务所	北京	6 498	160	914.35	40.61	5.71	14.07%
2002	9	信永中和会计师事务所	北京	6 464	191	1 154.11	33.84	6.04	17.85%
2002	10	中审会计师事务所	北京	6 324	238	1 207.78	26.57	5.07	19.10%
2002	11	安永大华会计师事务所	上海	5 524	127	1 574.44	43.50	12.40	28.50%
2002	12	江苏公证会计师事务所	无锡	4 762	130	642.55	36.63	4.94	13.49%
2002	13	上海众华沪银会计师事务所	上海	4 744	89	507.54	53.30	5.70	10.70%
2002	14	广州羊城会计师事务所	广州	4 531	80	441.00	56.64	5.51	9.73%
2002	15	中兴财会计师事务所	北京	4 530	205	1 018.35	22.10	4.97	22.48%
2002	16	上海东华会计师事务所	上海	4 342	146	724.51	29.74	4.96	16.69%
2002	17	天职孜信会计师事务所	北京	4 204	110	588.85	38.22	5.35	14.01%
2002	18	北京中天华正会计师事务所	北京	4 088	96	487.91	42.58	5.08	11.94%
2002	19	天健会计师事务所	北京	3 976	91	592.36	43.69	6.51	14.90%
2002	20	上海公信中南会计师事务所	上海	3 796	65	331.25	58.40	5.10	8.73%

续表

年份	百家排名	会计师事务所名称	所在地	总收入（万元）	CPA人数	总成本（万元）	人均收入	人均成本	成本率
2002	21	利安达信隆会计师事务所	北京	3 711	144	853.69	25.77	5.93	23.00%
2002	22	天一会计师事务所	北京	3 684	214	1 163.94	17.21	5.44	31.59%
2002	23	天津五洲联合会计师事务所	天津	3 616	104	567.34	34.77	5.46	15.69%
2002	24	江苏苏亚金诚会计师事务所	南京	3 588	105	550.80	34.17	5.25	15.35%
2002	25	浙江天健会计师事务所	杭州	3 565	149	984.69	23.93	6.61	27.62%
2002	26	山东正源和信会计师事务所	济南	3 531	128	732.03	27.59	5.72	20.73%
2002	27	上海上会会计师事务所	上海	3 499	63	328.53	55.54	5.21	9.39%
2002	28	深圳大华天诚会计师事务所	深圳	3 367	72	439.62	46.76	6.11	13.06%
2002	29	湖南开元会计师事务所	广州	3 337	67	370.77	49.81	5.53	11.11%
2002	30	中喜会计师事务所	北京	3 268	146	759.76	22.38	5.20	23.25%
2002	31	广东正中珠江会计师事务所	广州	3 232	80	477.20	40.40	5.97	14.76%
2002	32	江苏天衡会计师事务所	南京	3 196	64	376.09	49.94	5.88	11.77%
2002	33	深圳鹏城会计师事务所	深圳	3 145	116	646.16	27.11	5.57	20.55%
2002	34	武汉众环会计师事务所	武汉	3 135	113	580.23	27.74	5.13	18.51%
2002	35	北京中路华会计师事务所	北京	3 088	199	992.99	15.52	4.99	32.16%
2002	36	广东恒信德律会计师事务所	珠海	3 009	81	415.16	37.15	5.13	13.80%
2002	37	湖北大信会计师事务所	武汉	3 002	105	557.75	28.59	5.31	18.58%
2002	38	甘肃五联联合会计师事务所	兰州	2 962	102	525.12	29.04	5.15	17.73%
2002	39	山东汇德会计师事务所	青岛	2 948	93	504.48	31.70	5.42	17.11%
2002	40	云南亚太会计师事务所	昆明	2 898	126	662.31	23.00	5.26	22.85%
2002	41	北京永拓会计师事务所	北京	2 834	179	999.49	15.83	5.58	35.27%
2002	42	中磊会计师事务所	北京	2 786	138	739.98	20.19	5.36	26.56%
2002	43	深圳南方民和会计师事务所	深圳	2 768	83	446.73	33.35	5.38	16.14%
2002	44	广东天华华粤会计师事务所	广州	2 742	67	353.72	40.93	5.28	12.90%
2002	45	北京中洲光华会计师事务所	北京	2 701	117	697.02	23.09	5.96	25.81%
2002	46	福建华兴会计师事务所	福州	2 658	79	440.14	33.65	5.57	16.56%
2002	47	亚太集团会计师事务所	郑州	2 633	66	337.36	39.89	5.11	12.81%
2002	48	江苏天华大彭会计师事务所	南京	2 631	84	433.64	31.32	5.16	16.48%
2002	49	广东康元会计师事务所	广州	2 629	81	477.11	32.46	5.89	18.15%
2002	50	浙江东方会计师事务所	杭州	2 596	78	429.78	33.28	5.51	16.56%
2002	51	安徽华普会计师事务所	合肥	2 576	84	426.29	30.67	5.07	16.55%

续表

年份	百家排名	会计师事务所名称	所在地	总收入（万元）	CPA人数	总成本（万元）	人均收入	人均成本	成本率
2002	52	重庆天健会计师事务所	重庆	2 553	88	520.03	29.01	5.91	20.37%
2002	53	华寅会计师事务所	北京	2 545	121	618.61	21.03	5.11	24.31%
2002	54	厦门天健华天会计师事务所	厦门	2 537	76	517.46	33.38	6.81	20.40%
2002	55	深圳天健信德会计师事务所	深圳	2 504	71	473.01	35.27	6.66	18.89%
2002	56	西安希格玛会计师事务所	西安	2 503	64	322.24	39.11	5.04	12.87%
2002	57	四川华信（集团）会计师事务所	成都	2 411	78	409.23	30.91	5.25	16.97%
2002	58	南京永华会计师事务所	南京	2 344	62	322.82	37.81	5.21	13.77%
2002	59	中天银会计师事务所	北京	2 337	165	788.75	14.16	4.78	33.75%
2002	60	上海上审会计师事务所	上海	2 319	55	261.50	42.16	4.75	11.28%
2002	61	湖北发展竞江会计师事务所	武汉	2 211	81	402.56	27.30	4.97	18.21%
2002	62	北京兴华会计师事务所	北京	2 193	75	443.60	29.24	5.91	20.23%
2002	63	山东乾聚会计师事务所	烟台	2 154	83	454.88	25.95	5.48	21.12%
2002	64	河北华安会计师事务所	石家庄	2 149	77	413.02	27.91	5.36	19.22%
2002	65	北京天华会计师事务所	北京	2 141	75	480.20	28.55	6.40	22.43%
2002	66	北京中威华浩会计师事务所	北京	2 105	69	362.24	30.51	5.25	17.21%
2002	67	上海万隆众天会计师事务所	上海	2 103	63	328.53	33.38	5.21	15.62%
2002	68	江苏天业会计师事务所	南京	2 023	55	264.60	36.78	4.81	13.08%
2002	69	中勤万信会计师事务所	北京	2 021	99	505.44	20.41	5.11	25.01%
2002	70	华建会计师事务所	北京	1 990	57	317.47	34.91	5.57	15.95%
2002	71	福建弘审会计师事务所	福州	1 967	67	367.67	29.36	5.49	18.69%
2002	72	辽宁天健会计师事务所	沈阳	1 961	106	647.51	18.50	6.11	33.02%
2002	73	浙江万邦会计师事务所	杭州	1 917	86	423.01	22.29	4.92	22.07%
2002	74	上海宏大会计师事务所	上海	1 902	30	159.85	63.40	5.33	8.40%
2002	75	北京中证国华会计师事务所	北京	1 893	62	314.87	30.53	5.08	16.63%
2002	76	山东万隆齐鲁会计师事务所	济南	1 885	69	370.39	27.32	5.37	19.65%
2002	77	四川君和会计师事务所	成都	1 877	82	453.22	22.89	5.53	24.15%
2002	78	上海永诚会计师事务所	上海	1 875	20	91.85	93.75	4.59	4.90%
2002	79	中鸿信建元会计师事务所	北京	1 860	97	591.82	19.18	6.10	31.82%
2002	80	华证会计师事务所	北京	1 803	80	447.00	22.54	5.59	24.79%
2002	81	河南兴豫会计师事务所	郑州	1 778	63	313.23	28.22	4.97	17.62%

续表

年份	百家排名	会计师事务所名称	所在地	总收入（万元）	CPA人数	总成本（万元）	人均收入	人均成本	成本率
2002	82	北京中兴新世纪会计师事务所	北京	1 769	81	457.56	21.84	5.65	25.87%
2002	83	北京中兴宇会计师事务所	北京	1 753	104	668.59	16.86	6.43	38.14%
2002	84	广州健明会计师事务所	广州	1 712	36	184.86	47.56	5.14	10.80%
2002	85	中鹏会计师事务所	北京	1 705	43	228.93	39.65	5.32	13.43%
2002	86	山东天恒信会计师事务所	临沂	1 689	92	470.87	18.36	5.12	27.88%
2002	87	江苏兴光会计师事务所	南京	1 679	28	249.28	59.96	8.90	14.85%
2002	88	上海佳华会计师事务所	上海	1 673	33	183.58	50.70	5.56	10.97%
2002	89	上海光华会计师事务所	上海	1 659	23	108.03	72.13	4.70	6.51%
2002	90	新疆驰远天合会计师事务所	乌鲁木齐	1 649	55	281.45	29.98	5.12	17.07%
2002	91	江苏华星会计师事务所	苏州	1 606	23	111.13	69.83	4.83	6.92%
2002	92	大连华连会计师事务所	大连	1 586	71	439.31	22.34	6.19	27.70%
2002	93	上海东亚会计师事务所	上海	1 579	32	161.02	49.34	5.03	10.20%
2002	94	四川红日会计师事务所	成都	1 561	83	397.53	18.81	4.79	25.47%
2002	95	北京中天恒会计师事务所	北京	1 540	67	341.52	22.99	5.10	22.18%
2002	96	上海同诚会计师事务所	上海	1 536	14	61.04	109.71	4.36	3.97%
2002	97	山西天元会计师事务所	太原	1 534	77	408.17	19.92	5.30	26.61%
2002	98	新疆瑞新会计师事务所	乌鲁木齐	1 514	77	375.62	19.66	4.88	24.81%
2002	99	北京中平建会计师事务所	北京	1 513	55	299.65	27.51	5.45	19.81%
2002	100	广西祥浩会计师事务所	南宁	1 512	48	224.78	31.50	4.68	14.87%

数据来源：作者加工整理。

附表 2　　2002 年度样本会计师事务所的效率计算结果

会计师事务所名称	百家排名	SFA 结果	效率值	效率排名
普华永道中天会计师事务所	1	1.04	95.80%	26
毕马威华振会计师事务所	2	1.23	81.40%	90
德勤华永会计师事务所	3	1.04	96.48%	20
安永华明会计师事务所	4	1.39	71.92%	98

续表

会计师事务所名称	百家排名	SFA 结果	效率值	效率排名
上海立信长江会计师事务所	11	2.33	98.65%	1
岳华会计师事务所有限责任公司	5	1.01	85.82%	78
中瑞华恒信会计师事务所有限公司	8	1.09	90.88%	61
北京京都会计师事务所有限责任公司	25	1.35	91.72%	58
信永中和会计师事务所有限责任公司	33	1.12	83.84%	84
中审会计师事务所有限公司	9	1.19	94.63%	39
安永大华会计师事务所	13	1.06	42.97%	100
江苏公证会计师事务所	19	1.25	98.28%	4
上海众华沪银会计师事务所	28	1.19	93.92%	45
广州羊城会计师事务所	31	1.17	96.30%	23
中兴财会计师事务所有限责任公司	32	1.15	95.50%	33
上海东华会计师事务所	54	1.37	97.50%	12
天职孜信会计师事务所有限责任公司	55	1.34	95.16%	36
北京中天华正会计师事务所有限公司	6	1.17	97.91%	9
天健会计师事务所有限公司	7	1.10	79.75%	92
上海公信中南会计师事务所	10	1.06	98.28%	5
利安达信隆会计师事务所有限责任公司	12	1.02	83.16%	86
天一会计师事务所有限责任公司	14	1.04	86.96%	75
天津五洲联合会计师事务所	15	1.05	92.58%	53
江苏苏亚金诚会计师事务所	16	1.03	95.44%	34
浙江天健会计师事务所	17	1.05	74.29%	96
山东正源和信有限责任会计师事务所	18	1.02	86.78%	76
上海上会会计师事务所	20	1.02	97.30%	13
深圳大华天诚会计师事务所	21	1.20	84.20%	81
湖南开元有限责任会计师事务所	22	1.15	92.91%	51
中喜会计师事务所有限责任公司	23	1.08	93.70%	46
广东正中珠江会计师事务所	24	1.05	85.20%	79
江苏天衡会计师事务所	26	1.15	87.26%	74
深圳鹏城会计师事务所	27	1.03	89.05%	69
武汉众环会计师事务所有限责任公司	29	1.08	95.75%	27
北京中路华会计师事务所有限责任公司	30	1.07	95.08%	37
广东恒信德律会计师事务所	34	1.04	96.59%	18

续表

会计师事务所名称	百家排名	SFA 结果	效率值	效率排名
湖北大信会计师事务有限公司	35	1.05	93.43%	48
甘肃五联联合会计师事务所	36	1.04	95.72%	28
山东汇德会计师事务所有限公司	37	1.07	92.03%	56
云南亚太会计师事务所	38	1.04	93.42%	49
北京永拓会计师事务所有限责任公司	39	1.09	86.53%	77
中磊会计师事务所有限责任公司	40	1.07	91.33%	60
深圳南方民和会计师事务所	41	1.16	92.66%	52
广东天华华粤会计师事务所	42	1.09	94.55%	41
北京中洲光华会计师事务所有限公司	43	1.08	82.90%	87
福建华兴有限责任会计师事务所	44	1.06	89.50%	68
亚太集团会计师事务所有限公司	45	1.21	96.34%	22
江苏天华大彭会计师事务所	46	1.12	95.54%	32
广东康元会计师事务所	47	1.04	84.61%	80
浙江东方会计师事务所	48	1.05	90.35%	62
安徽华普会计师事务所	49	1.18	96.44%	21
重庆天健会计师事务所	50	1.11	84.09%	83
华寅会计师事务所有限责任公司	51	1.04	95.55%	31
厦门天健华天有限责任会计师事务所	52	1.19	73.23%	97
深圳天健信德会计师事务所	53	1.05	74.81%	95
西安希格玛有限责任会计师事务所	56	1.03	96.85%	16
四川华信(集团)会计师事务所有限责任公司	57	1.06	94.17%	42
南京永华会计师事务所	58	1.06	94.57%	40
中天银会计师事务所有限公司	59	1.02	98.09%	8
上海上审会计师事务所	60	1.02	98.31%	3
湖北发展竞江会计师事务有限公司	61	1.03	97.17%	14
北京兴华会计师事务所有限责任公司	62	1.20	83.65%	85
山东乾聚有限责任会计师事务所	63	1.11	90.28%	63
河北华安会计师事务所有限公司	64	1.09	92.08%	55
北京天华会计师事务所	65	1.29	77.31%	94
北京中威华浩会计师事务所有限公司	66	1.07	93.67%	47
上海万隆众天会计师事务所	67	1.06	94.02%	44
江苏天业会计师事务所	68	1.02	97.84%	10

续表

会计师事务所名称	百家排名	SFA 结果	效率值	效率排名
中勤万信会计师事务所有限公司	69	1.04	96.11%	24
华建会计师事务所有限责任公司	70	1.14	87.88%	73
福建弘审有限责任会计师事务所	71	1.12	89.68%	66
辽宁天健会计师事务所有限公司	72	1.22	81.69%	89
浙江万邦会计师事务所	73	1.02	97.63%	11
上海宏大会计师事务所	74	1.13	88.39%	71
北京中证国华会计师事务有限公司	75	1.05	95.65%	30
山东万隆齐鲁会计师事务所有限责任公司	76	1.09	91.72%	59
四川君和会计师事务所有限责任公司	77	1.11	89.74%	65
上海永诚会计师事务所	78	1.03	97.00%	15
中鸿信建元会计师事务所有限责任公司	79	1.22	81.89%	88
华证会计师事务所有限公司	80	1.13	88.84%	70
河南兴豫会计师事务所有限公司	81	1.03	96.81%	17
北京中兴新世纪会计师事务所有限公司	82	1.14	88.02%	72
北京中兴宇会计师事务所有限责任公司	83	1.28	78.33%	93
广州健明会计师事务所	84	1.09	91.89%	57
中鹏会计师事务所有限公司	85	1.11	89.89%	64
山东天恒信有限责任会计师事务所	86	1.04	96.48%	19
江苏兴光会计师事务所	87	1.92	52.16%	99
上海佳华会计师事务所	88	1.19	84.20%	82
上海光华会计师事务所	89	1.05	95.44%	35
新疆驰远天合有限责任会计师事务所	90	1.06	94.67%	38
江苏华星会计师事务所	91	1.08	93.00%	50
大连华连会计师事务所	92	1.24	80.35%	91
上海东亚会计师事务所	93	1.08	92.26%	54
四川红日会计师事务所有限责任公司	94	1.02	98.48%	2
北京中天恒会计师事务所有限责任公司	95	1.04	96.01%	25
上海同诚会计师事务所	96	1.04	95.71%	29
山西天元会计师事务所有限公司	97	1.06	94.08%	43
新疆瑞新有限责任会计师事务所	98	1.02	98.09%	7
北京中平建会计师事务所有限公司	99	1.12	89.56%	67
广西祥浩会计师事务所	100	1.02	98.14%	6

数据来源：作者加工整理。

附表 3　　2003 年度样本会计师事务所的效率计算结果

会计师事务所名称	百家排名	SFA 结果	效率值	效率排名
普华永道中天会计师事务所	1	1.04	96.33%	16
毕马威华振会计师事务所	2	1.12	89.56%	71
德勤华永会计师事务所	3	1.12	89.47%	72
安永华明会计师事务所	4	1.13	88.36%	76
安永大华会计师事务所	12	2.18	45.89%	97
上海立信长江会计师事务所	5	1.02	97.82%	5
北京京都会计师事务所	11	1.08	92.41%	57
浙江天健会计师事务所	13	1.25	79.83%	94
深圳鹏城会计师事务所	14	1.07	93.31%	51
信永中和会计师事务所	7	1.16	86.52%	81
上海众华沪银会计师事务所	15	1.10	90.55%	66
天健会计师事务所	25	1.22	82.16%	91
广东正中珠江会计师事务所	30	1.12	89.36%	73
深圳大华天诚会计师事务所	31	1.17	85.58%	83
江苏天衡会计师事务所	39	1.14	87.40%	78
厦门天健华天会计师事务所	61	1.28	78.31%	95
深圳天健信德会计师事务所	66	1.32	75.58%	96
岳华会计师事务所	6	1.18	85.02%	84
中审会计师事务所	8	1.05	94.82%	38
中瑞华恒信会计师事务所	9	1.09	91.82%	59
江苏公证会计师事务所	10	1.02	98.50%	1
中天华正会计师事务所	16	1.03	96.77%	12
广州羊城会计师事务所	17	1.04	96.28%	18
天职孜信会计师事务所	18	1.05	95.05%	35
利安达信隆会计师事务所	19	1.13	88.42%	75
上海公信中南会计师事务所	20	1.02	98.08%	3
上海东华会计师事务所	22	1.03	97.00%	10
苏亚金诚会计师事务所	23	1.04	96.60%	13
北京中路华会计师事务所	24	1.06	94.48%	43
中喜会计师事务所	27	1.05	94.97%	36
深圳南方民和会计师事务所	28	1.06	94.32%	44
中磊会计师事务所	29	1.07	93.45%	49

续表

会计师事务所名称	百家排名	SFA 结果	效率值	效率排名
湖南开元会计师事务所	32	1.07	93.75%	48
山东正源和信会计师事务所	33	1.12	89.60%	70
广东天华华粤会计师事务所	34	1.05	95.51%	29
中和正信会计师事务所	35	1.10	91.32%	61
中兴财会计师事务所	36	1.04	95.73%	27
江苏天业会计师事务所	37	1.02	97.92%	4
上海上会会计师事务所	38	1.04	95.82%	26
天津五洲联合会计师事务所	40	1.07	93.26%	53
北京亚洲会计师事务所	41	1.03	97.19%	8
中兴宇会计师事务所	42	1.25	80.28%	93
北京永拓会计师事务所	43	1.10	90.92%	64
北京天华会计师事务所	44	1.21	82.86%	89
江苏天华大彭会计师事务所	45	1.05	95.23%	33
华寅会计师事务所	46	1.04	96.00%	22
安徽华普会计师事务所	47	1.03	97.14%	9
北京中洲光华会计师事务所	48	1.15	86.97%	79
浙江万邦会计师事务所	49	1.04	96.41%	14
亚太中汇会计师事务所	50	1.08	92.77%	55
浙江中汇会计师事务所	51	1.18	84.84%	86
山东万隆齐鲁会计师事务所	52	1.07	93.34%	50
浙江东方会计师事务所	53	1.09	91.82%	60
华证会计师事务所	54	1.10	91.29%	62
南京永华会计师事务所	55	1.08	92.96%	54
西安希格玛会计师事务所	56	1.04	96.31%	17
重庆天健会计师事务所	57	1.16	86.11%	82
华信会计师事务所	58	1.05	94.91%	37
广东恒信德律会计师事务所	59	1.05	95.57%	28
五联联合会计师事务所	60	1.04	95.94%	23
上海万隆众天会计师事务所	62	1.05	95.34%	32
上海兴中会计师事务所	63	1.07	93.26%	52
华建会计师事务所	64	1.10	91.08%	63
山东汇德会计师事务所	65	1.08	92.41%	56

续表

会计师事务所名称	百家排名	SFA 结果	效率值	效率排名
福建华兴会计师事务所	67	1.11	90.41%	67
北京中威华浩会计师事务所	68	1.06	94.53%	40
中鸿信建元会计师事务所	69	1.18	85.00%	85
山东天恒信会计师事务所	70	1.05	95.37%	31
辽宁天健会计师事务所	71	1.18	84.74%	87
北京中兴新世纪会计师事务所	72	1.11	90.14%	68
上海同诚会计师事务所	73	1.04	96.40%	15
亚太（集团）会计师事务所	75	1.06	94.49%	42
北京中证国华会计师事务所	76	1.05	94.81%	39
中天银会计师事务所	77	1.02	98.09%	2
江苏华星会计师事务所	78	1.06	94.51%	41
上海永诚会计师事务所	79	1.04	96.19%	19
中天恒会计师事务所	80	1.06	94.27%	45
北京方圆华信会计师事务所	81	1.04	96.07%	21
上海信光会计师事务所	82	1.24	80.76%	92
广东康元会计师事务所	83	1.14	87.62%	77
广东广信会计师事务所	84	1.08	92.39%	58
上海佳华会计师事务所	85	1.21	82.40%	90
河北华安会计师事务所	86	1.06	94.24%	46
中勤万信会计师事务所	87	1.04	95.83%	25
广西祥浩会计师事务所	88	1.03	96.96%	11
兴华会计师事务所	89	1.19	83.76%	88
上海上审会计师事务所	90	1.03	97.27%	7
北京中平建会计师事务所	91	1.11	90.12%	69
四川君和会计师事务所	92	1.10	90.73%	65
山东乾聚会计师事务所	93	1.06	94.13%	47
北京红日会计师事务所	94	1.02	97.76%	6
河南兴豫会计师事务所	95	1.04	95.86%	24
中天运会计师事务所	96	1.12	89.22%	74
湖南天华会计师事务所	97	1.05	95.14%	34
北京中兴正信会计师事务所	98	1.04	96.19%	20
北京兴洲会计师事务所	99	1.15	86.61%	80
福州闽都会计师事务所	100	1.05	95.41%	30

数据来源：作者加工整理。

附表 4 2004 年度样本会计师事务所的效率计算结果

会计师事务所名称	百家排名	SFA 结果	效率值	效率排名
普华永道中天会计师事务所	1	1.07	93.20%	53
毕马威华振会计师事务所	2	1.10	91.07%	63
德勤华永会计师事务所	3	1.08	92.22%	59
安永华明会计师事务所	4	1.04	96.11%	24
安永大华会计师事务所	17	2.34	42.73%	97
上海立信长江会计师事务所	5	1.02	98.44%	2
北京京都会计师事务所	10	1.08	92.24%	58
浙江天健会计师事务所	16	1.32	76.01%	96
深圳鹏城会计师事务所	21	1.08	92.26%	57
信永中和会计师事务所	6	1.10	90.90%	64
天健会计师事务所	13	1.21	82.65%	90
上海众华沪银会计师事务所	15	1.10	90.76%	67
广东正中珠江会计师事务所	39	1.12	89.67%	73
深圳大华天诚会计师事务所	41	1.20	83.50%	87
江苏天衡会计师事务所	51	1.18	84.89%	86
厦门天健华天会计师事务所	55	1.29	77.63%	95
深圳天健信德会计师事务所	63	1.28	78.29%	94
中审会计师事务所	7	1.04	96.26%	21
岳华会计师事务所	8	1.09	91.86%	61
中瑞华恒信会计师事务所	9	1.12	89.19%	78
天职孜信会计师事务所	11	1.03	96.97%	16
江苏公证会计师事务所	12	1.02	98.50%	1
利安达信隆会计师事务所	14	1.12	89.31%	76
中和正信会计师事务所	18	1.06	94.06%	46
浙江东方中汇会计师事务所	19	1.12	89.41%	75
大信会计师事务所	20	1.04	96.10%	25
中天华正会计师事务所	22	1.03	96.74%	17
广东羊城会计师事务所	23	1.05	95.21%	34
武汉众环会计师事务所	25	1.05	95.19%	35
上海东华会计师事务所	26	1.02	97.76%	6
亚太中汇会计师事务所	27	1.08	92.55%	55
北京天华会计师事务所	28	1.21	82.90%	89

续表

会计师事务所名称	百家排名	SFA 结果	效率值	效率排名
江苏苏亚金城会计师事务所	29	1.04	95.70%	31
北京永拓会计师事务所	30	1.10	90.57%	68
北京中路华会计师事务所	31	1.05	95.49%	33
上海上会会计师事务所	32	1.06	94.75%	41
浙江万邦会计师事务所	33	1.04	96.54%	20
深圳南方民和会计师事务所	34	1.06	94.20%	45
华证会计师事务所	35	1.13	88.76%	79
天津五洲联合会计师事务所	36	1.07	93.22%	52
北京亚洲会计师事务所	37	1.03	97.46%	10
上海公信中南会计师事务所	38	1.03	97.25%	13
山东万隆齐鲁会计师事务所	42	1.07	93.33%	51
湖南开元会计师事务所	43	1.09	91.43%	62
中兴财会计师事务所	44	1.04	96.02%	28
中威华浩会计师事务所	45	1.07	93.87%	47
华寅会计师事务所	46	1.04	95.86%	29
江苏天华大彭会计师事务所	47	1.06	94.55%	43
广东天华华粤会计师事务所	48	1.04	95.73%	30
五联联合会计师事务所	49	1.04	96.04%	27
中磊会计师事务所	50	1.07	93.75%	48
中兴新世纪会计师事务所	52	1.12	89.21%	77
南京永华会计师事务所	53	1.05	94.93%	38
中天恒会计师事务所	54	1.04	96.18%	23
四川华信会计师事务所	56	1.06	94.20%	44
西安希格玛会计师事务所	57	1.03	97.15%	15
重庆天健会计师事务所	58	1.16	86.10%	83
山东天恒信会计师事务所	59	1.05	94.97%	36
北京中洲光华会计师事务所	60	1.24	80.94%	92
中兴宇会计师事务所	61	1.25	79.87%	93
江苏天业会计师事务所	62	1.02	98.06%	3
上海同诚会计师事务所	64	1.03	97.50%	9
北京红日会计师事务所	65	1.03	97.44%	11
上海信光会计师事务所	66	1.17	85.13%	85

续表

会计师事务所名称	百家排名	SFA 结果	效率值	效率排名
安徽华普会计师事务所	67	1.05	94.79%	40
中天运会计师事务所	68	1.14	87.86%	80
广东恒信德律会计师事务所	69	1.04	96.06%	26
上海兴中会计师事务所	70	1.14	87.52%	81
北京中平建会计师事务所	71	1.08	92.59%	54
山东汇德会计师事务所	72	1.11	90.42%	69
上海万隆会计师事务所	73	1.11	89.89%	72
福建华兴会计师事务所	74	1.11	90.40%	70
北京中证国华会计师事务所	75	1.03	97.37%	12
北京方圆华信会计师事务所	76	1.04	96.56%	19
中一会计师事务所	77	1.04	96.62%	18
上海瑞和会计师事务所	78	1.10	90.79%	66
中鸿信建元会计师事务所	79	1.15	86.82%	82
山东乾聚会计师事务所	80	1.11	90.28%	71
四川君和会计师事务所	81	1.10	90.89%	65
中天银会计师事务所	82	1.02	97.62%	8
中勤万信会计师事务所	83	1.05	95.68%	32
华建会计师事务所	84	1.12	89.57%	74
北京中兴正信会计师事务所	85	1.05	94.97%	37
广西祥浩会计师事务所	86	1.02	97.70%	7
北京兴华会计师事务所	87	1.20	83.30%	88
云南天赢会计师事务所	88	1.07	93.39%	50
上海上审会计师事务所	89	1.02	97.98%	4
辽宁天健会计师事务所	91	1.21	82.45%	91
广东广信会计师事务所	92	1.06	94.72%	42
中建华会计师事务所	93	1.07	93.73%	49
湖南天华会计师事务所	94	1.03	97.17%	14
亚太（集团）会计师事务所	95	1.05	94.88%	39
河北华安会计师事务所	96	1.08	92.45%	56
广东康元会计师事务所	97	1.17	85.61%	84
宁波德威会计师事务所	98	1.04	96.24%	22
新疆宏昌会计师事务所	99	1.02	97.90%	5
北京华夏天海会计师事务所	100	1.08	92.20%	60

数据来源：作者加工整理。

附表 5　　全部样本会计师事务所的效率计算结果

会计师事务所名称	年度	百家排名	SFA 结果	效率值	效率排名
普华永道中天会计师事务所	2002	1	1.10	91.21%	164
毕马威华振会计师事务所	2002	2	1.23	81.40%	267
德勤华永会计师事务所	2002	3	1.07	93.24%	124
安永华明会计师事务所	2002	4	1.36	73.61%	287
安永大华会计师事务所	2002	5	1.02	98.24%	1
上海立信长江会计师事务所	2002	6	1.06	93.99%	102
北京京都会计师事务所有限责任公司	2002	7	1.05	95.54%	63
浙江天健会计师事务所	2002	8	1.04	95.84%	56
深圳鹏城会计师事务所	2002	9	1.09	91.93%	149
信永中和会计师事务所有限责任公司	2002	10	1.03	96.98%	22
上海众华沪银会计师事务所	2002	11	2.09	47.94%	292
天健会计师事务所有限公司	2002	12	1.02	97.94%	3
深圳大华天诚会计师事务所	2002	13	1.04	96.11%	49
广东正中珠江会计师事务所	2002	14	1.03	96.88%	25
江苏天衡会计师事务所	2002	15	1.03	97.06%	19
厦门天健华天有限责任会计师事务所	2002	16	1.02	97.60%	6
深圳天健信德会计师事务所	2002	17	1.03	96.67%	30
岳华会计师事务所有限责任公司	2002	18	1.02	97.64%	5
中瑞华恒信会计师事务所有限公司	2002	19	1.15	86.60%	225
中审会计师事务所有限公司	2002	20	1.02	97.71%	4
江苏公证会计师事务所	2002	21	1.11	90.46%	177
广州羊城会计师事务所	2002	22	1.07	93.52%	116
中兴财会计师事务所有限责任公司	2002	23	1.05	95.68%	62
上海东华会计师事务所	2002	24	1.03	96.68%	29
天职孜信会计师事务所有限责任公司	2002	25	1.23	81.51%	265
北京中天华正会计师事务所有限公司	2002	26	1.08	92.97%	132
上海公信中南会计师事务所	2002	27	1.03	97.15%	15
利安达信隆会计师事务所有限责任公司	2002	28	1.11	90.18%	181
天一会计师事务所有限责任公司	2002	29	1.05	95.42%	67
天津五洲联合会计师事务所	2002	30	1.04	96.16%	47
江苏苏亚金诚会计师事务所	2002	31	1.10	91.13%	165
山东正源和信有限责任会计师事务所	2002	32	1.08	92.31%	142

续表

会计师事务所名称	年度	百家排名	SFA 结果	效率值	效率排名
上海上会会计师事务所	2002	33	1.06	94.04%	101
湖南开元有限责任会计师事务所	2002	34	1.03	96.73%	28
中喜会计师事务所有限责任公司	2002	35	1.03	96.62%	33
武汉众环会计师事务所有限责任公司	2002	36	1.03	96.91%	24
北京中路华会计师事务所有限责任公司	2002	37	1.04	95.84%	57
广东恒信德律会计师事务所	2002	38	1.03	96.65%	31
湖北大信会计师事务所有限公司	2002	39	1.05	95.21%	75
甘肃五联联合会计师事务所	2002	40	1.04	95.87%	55
山东汇德会计师事务所有限公司	2002	41	1.08	92.48%	139
云南亚太会计师事务所	2002	42	1.05	95.01%	77
北京永拓会计师事务所有限责任公司	2002	43	1.05	95.33%	69
中磊会计师事务所有限责任公司	2002	44	1.04	95.95%	54
深圳南方民和会计师事务所	2002	45	1.12	89.17%	195
广东天华华粤会计师事务所	2002	46	1.07	93.72%	110
北京中洲光华会计师事务所有限公司	2002	47	1.03	96.64%	32
福建华兴有限责任会计师事务所	2002	48	1.04	96.41%	38
亚太集团会计师事务所有限公司	2002	49	1.11	90.26%	179
江苏天华大彭会计师事务所	2002	50	1.06	94.13%	98
广东康元会计师事务所	2002	51	1.03	96.76%	27
浙江东方会计师事务所	2002	52	1.11	89.81%	185
安徽华普会计师事务所	2002	53	1.04	96.48%	34
重庆天健会计师事务所	2002	54	1.27	78.70%	276
华寅会计师事务所有限责任公司	2002	55	1.25	80.22%	270
西安希格玛有限责任会计师事务所	2002	56	1.03	96.82%	26
四川华信（集团）会计师事务所	2002	57	1.04	95.74%	61
南京永华会计师事务所	2002	58	1.04	95.77%	60
中天银会计师事务所有限公司	2002	59	1.03	97.56%	8
上海上审会计师事务所	2002	60	1.02	97.57%	7
湖北发展竞江会计师事务所有限公司	2002	61	1.03	96.94%	23
北京兴华会计师事务所有限责任公司	2002	62	1.13	88.78%	201
山东乾聚有限责任会计师事务所	2002	63	1.07	93.74%	108
河北华安会计师事务所有限公司	2002	64	1.06	94.63%	88

续表

会计师事务所名称	年度	百家排名	SFA 结果	效率值	效率排名
北京天华会计师事务所	2002	65	1.21	82.37%	258
北京中威华浩会计师事务所有限公司	2002	66	1.05	95.28%	72
上海万隆众天会计师事务所	2002	67	1.05	95.40%	68
江苏天业会计师事务所	2002	68	1.03	97.16%	14
中勤万信会计师事务所有限公司	2002	69	1.04	96.37%	40
华建会计师事务所有限责任公司	2002	70	1.09	91.74%	155
福建弘审有限责任会计师事务所	2002	71	1.07	93.04%	129
辽宁天健会计师事务所有限公司	2002	72	1.15	86.58%	226
浙江万邦会计师事务所	2002	73	1.03	97.06%	20
上海宏大会计师事务所	2002	74	1.10	91.28%	163
北京中证国华会计师事务所有限公司	2002	75	1.04	95.97%	53
山东万隆齐鲁会计师事务所有限责任公司	2002	76	1.06	94.11%	100
四川君和会计师事务所有限责任公司	2002	77	1.08	93.01%	130
上海永诚会计师事务所	2002	78	1.04	96.08%	50
中鸿信建元会计师事务所有限责任公司	2002	79	1.16	86.49%	228
华证会计师事务所有限公司	2002	80	1.08	92.27%	143
河南兴豫会计师事务所有限公司	2002	81	1.04	96.46%	35
北京中兴新世纪会计师事务所有限公司	2002	82	1.09	91.61%	156
北京中兴宇会计师事务所有限责任公司	2002	83	1.21	82.57%	256
广州健明会计师事务所	2002	84	1.07	93.60%	114
中鹏会计师事务所有限公司	2002	85	1.08	92.49%	138
山东天恒信有限责任会计师事务所	2002	86	1.04	96.24%	45
江苏兴光会计师事务所	2002	87	1.82	54.80%	291
上海佳华会计师事务所	2002	88	1.14	87.48%	219
上海光华会计师事务所	2002	89	1.05	95.15%	76
新疆驰远天合有限责任会计师事务所	2002	90	1.05	95.21%	74
江苏华星会计师事务所	2002	91	1.07	93.70%	113
大连华连会计师事务所	2002	92	1.19	84.04%	247
上海东亚会计师事务所	2002	93	1.07	93.54%	115
四川红日会计师事务所有限责任公司	2002	94	1.03	97.46%	9
北京中天恒会计师事务所有限责任公司	2002	95	1.04	95.80%	59
上海同诚会计师事务所	2002	96	1.06	94.75%	83

续表

会计师事务所名称	年度	百家排名	SFA 结果	效率值	效率排名
山西天元会计师事务所有限公司	2002	97	1.06	94.78%	81
新疆瑞新有限责任会计师事务所	2002	98	1.03	97.09%	18
北京中平建会计师事务所有限公司	2002	99	1.09	91.99%	148
广西祥浩会计师事务所	2002	100	1.03	97.10%	17
普华永道中天会计师事务所	2003	1	1.17	85.51%	235
毕马威华振会计师事务所	2003	2	1.31	76.48%	280
德勤华永会计师事务所	2003	3	1.33	75.44%	282
安永华明会计师事务所	2003	4	1.33	75.19%	284
安永大华会计师事务所	2003	5	1.03	97.42%	10
上海立信长江会计师事务所	2003	6	1.14	87.66%	216
北京京都会计师事务所	2003	7	1.15	87.33%	221
浙江天健会计师事务所	2003	8	1.05	94.93%	79
深圳鹏城会计师事务所	2003	9	1.09	91.43%	159
信永中和会计师事务所	2003	10	1.02	97.98%	2
上海众华沪银会计师事务所	2003	11	1.09	92.12%	147
天健会计师事务所	2003	12	2.20	45.44%	293
广东正中珠江会计师事务所	2003	13	1.26	79.49%	273
深圳大华天诚会计师事务所	2003	14	1.08	92.53%	137
江苏天衡会计师事务所	2003	15	1.12	89.52%	188
厦门天健华天会计师事务所	2003	16	1.04	96.02%	52
深圳天健信德会计师事务所	2003	17	1.05	95.29%	71
岳华会计师事务所	2003	18	1.06	94.20%	97
中审会计师事务所	2003	19	1.14	87.85%	215
中瑞华恒信会计师事务所	2003	20	1.03	97.39%	11
江苏公证会计师事务所	2003	22	1.04	96.26%	44
中天华正会计师事务所	2003	23	1.04	95.80%	58
广州羊城会计师事务所	2003	24	1.08	92.84%	135
天职孜信会计师事务所	2003	25	1.23	81.47%	266
利安达信隆会计师事务所	2003	27	1.07	93.85%	107
上海公信中南会计师事务所	2003	28	1.07	93.36%	120
上海东华会计师事务所	2003	29	1.08	92.39%	140
苏亚金诚会计师事务所	2003	30	1.13	88.51%	205

续表

会计师事务所名称	年度	百家排名	SFA 结果	效率值	效率排名
北京中路华会计师事务所	2003	31	1.18	84.87%	241
中喜会计师事务所	2003	32	1.08	92.82%	136
深圳南方民和会计师事务所	2003	33	1.13	88.24%	211
中磊会计师事务所	2003	34	1.06	94.62%	89
湖南开元会计师事务所	2003	35	1.11	89.84%	184
山东正源和信会计师事务所	2003	36	1.06	93.98%	103
广东天华华粤会计师事务所	2003	37	1.03	97.33%	12
中和正信会计师事务所	2003	38	1.05	94.99%	78
中兴财会计师事务所	2003	39	1.15	86.78%	224
江苏天业会计师事务所	2003	40	1.09	91.89%	151
上海上会会计师事务所	2003	41	1.04	96.44%	36
天津五洲联合会计师事务所	2003	42	1.26	79.07%	275
北京亚洲会计师事务所	2003	43	1.13	88.49%	206
中兴宇会计师事务所	2003	44	1.22	82.12%	260
北京永拓会计师事务所	2003	45	1.06	94.33%	96
北京天华会计师事务所	2003	46	1.06	94.78%	80
江苏天华大彭会计师事务所	2003	47	1.04	96.20%	46
华寅会计师事务所	2003	48	1.18	85.10%	237
安徽华普会计师事务所	2003	49	1.05	95.51%	64
北京中洲光华会计师事务所	2003	50	1.11	90.16%	182
浙江万邦会计师事务所	2003	51	1.18	84.55%	244
亚太中汇会计师事务所	2003	52	1.08	92.37%	141
浙江中汇会计师事务所	2003	53	1.10	90.85%	168
山东万隆齐鲁会计师事务所	2003	54	1.11	89.90%	183
浙江东方会计师事务所	2003	55	1.09	91.85%	153
华证会计师事务所	2003	56	1.05	95.51%	65
南京永华会计师事务所	2003	57	1.18	85.09%	238
西安希格玛会计师事务所	2003	58	1.07	93.88%	106
重庆天健会计师事务所	2003	59	1.06	94.44%	95
华信会计师事务所	2003	60	1.06	94.48%	92
广东恒信德律会计师事务所	2003	61	1.29	77.41%	278
五联联合会计师事务所	2003	62	1.06	94.48%	91

续表

会计师事务所名称	年度	百家排名	SFA 结果	效率值	效率排名
上海万隆众天会计师事务所	2003	63	1.08	92.24%	145
上海兴中会计师事务所	2003	64	1.11	90.25%	180
华建会计师事务所	2003	65	1.10	90.52%	175
山东汇德会计师事务所	2003	66	1.35	74.33%	286
福建华兴会计师事务所	2003	67	1.12	89.01%	199
北京中威华浩会计师事务所	2003	68	1.07	93.05%	128
中鸿信建元会计师事务所	2003	69	1.21	82.63%	255
山东天恒信会计师事务所	2003	70	1.07	93.70%	112
辽宁天健会计师事务所	2003	71	1.21	82.30%	259
北京中兴新世纪会计师事务所	2003	72	1.13	88.41%	209
上海同诚会计师事务所	2003	73	1.04	96.33%	41
亚太（集团）会计师事务所	2003	75	1.07	93.49%	117
北京中证国华会计师事务所	2003	76	1.06	93.94%	104
中天银会计师事务所	2003	77	1.04	96.28%	43
江苏华星会计师事务所	2003	78	1.06	94.71%	84
上海永诚会计师事务所	2003	79	1.04	96.13%	48
中天恒会计师事务所	2003	80	1.07	93.25%	123
北京方圆华信会计师事务所	2003	81	1.06	94.70%	86
上海信光会计师事务所	2003	82	1.21	82.41%	257
广东康元会计师事务所	2003	83	1.18	84.82%	242
广东广信会计师事务所	2003	84	1.09	91.41%	160
上海佳华会计师事务所	2003	85	1.20	83.56%	252
河北华安会计师事务所	2003	86	1.08	92.25%	144
中勤万信会计师事务所	2003	87	1.07	93.30%	121
广西祥浩会计师事务所	2003	88	1.04	96.04%	51
兴华会计师事务所	2003	89	1.22	82.11%	261
上海上审会计师事务所	2003	90	1.04	96.37%	39
北京中平建会计师事务所	2003	91	1.12	89.03%	198
四川君和会计师事务所	2003	92	1.13	88.47%	207
山东乾聚会计师事务所	2003	93	1.10	90.99%	167
北京红日会计师事务所	2003	94	1.04	96.42%	37
河南兴豫会计师事务所	2003	95	1.06	94.45%	94

续表

会计师事务所名称	年度	百家排名	SFA 结果	效率值	效率排名
中天运会计师事务所	2003	96	1.16	85.99%	233
湖南天华会计师事务所	2003	97	1.07	93.42%	118
北京中兴正信会计师事务所	2003	98	1.04	96.31%	42
北京兴洲会计师事务所	2003	99	1.15	86.98%	223
福州闽都会计师事务所	2003	100	1.07	93.27%	122
普华永道中天会计师事务所	2004	1	1.06	94.64%	87
毕马威华振会计师事务所	2004	2	1.06	94.52%	90
德勤华永会计师事务所	2004	3	1.05	95.47%	66
安永华明会计师事务所	2004	4	1.03	97.16%	13
安永大华会计师事务所	2004	5	1.03	97.13%	16
上海立信长江会计师事务所	2004	6	1.12	89.41%	190
北京京都会计师事务所	2004	7	1.07	93.71%	111
浙江天健会计师事务所	2004	8	1.13	88.54%	204
深圳鹏城会计师事务所	2004	9	1.14	87.55%	218
信永中和会计师事务所	2004	10	1.12	89.55%	187
天健会计师事务所	2004	11	1.06	94.78%	82
上海众华沪银会计师事务所	2004	12	1.03	97.02%	21
广东正中珠江会计师事务所	2004	13	1.22	81.76%	264
深圳大华天诚会计师事务所	2004	14	1.16	86.13%	231
江苏天衡会计师事务所	2004	15	1.12	89.10%	197
厦门天健华天会计师事务所	2004	16	1.37	73.20%	290
深圳天健信德会计师事务所	2004	17	2.39	41.78%	294
中审会计师事务所	2004	18	1.11	90.43%	178
岳华会计师事务所	2004	19	1.16	86.05%	232
中瑞华恒信会计师事务所	2004	20	1.08	92.85%	134
天职孜信会计师事务所	2004	21	1.13	88.59%	202
江苏公证会计师事务所	2004	22	1.07	93.72%	109
利安达信隆会计师事务所	2004	23	1.08	92.24%	146
中和正信会计师事务所	2004	25	1.10	90.77%	169
浙江东方中汇会计师事务所	2004	26	1.06	94.70%	85
大信会计师事务所	2004	27	1.14	87.58%	217
中天华正会计师事务所	2004	28	1.26	79.61%	271

续表

会计师事务所名称	年度	百家排名	SFA 结果	效率值	效率排名
广东羊城会计师事务所	2004	29	1.09	91.88%	152
武汉众环会计师事务所	2004	30	1.18	84.77%	243
上海东华会计师事务所	2004	31	1.12	89.49%	189
亚太中汇会计师事务所	2004	32	1.10	91.29%	162
北京天华会计师事务所	2004	33	1.08	92.98%	131
江苏苏亚金城会计师事务所	2004	34	1.12	89.69%	186
北京永拓会计师事务所	2004	35	1.19	84.20%	245
北京中路华会计师事务所	2004	36	1.13	88.42%	208
上海上会会计师事务所	2004	37	1.06	94.45%	93
浙江万邦会计师事务所	2004	38	1.06	93.91%	105
深圳南方民和会计师事务所	2004	39	1.17	85.57%	234
华证会计师事务所	2004	41	1.26	79.46%	274
天津五洲联合会计师事务所	2004	42	1.13	88.87%	200
北京亚洲会计师事务所	2004	43	1.15	87.22%	222
上海公信中南会计师事务所	2004	44	1.10	90.50%	176
山东万隆齐鲁会计师事务所	2004	45	1.12	89.33%	194
湖南开元会计师事务所	2004	46	1.10	90.68%	170
中兴财会计师事务所	2004	47	1.10	90.62%	172
中威华浩会计师事务所	2004	48	1.09	91.57%	158
华寅会计师事务所	2004	49	1.09	91.34%	161
江苏天华大彭会计师事务所	2004	50	1.14	87.87%	214
广东天华华粤会计师事务所	2004	51	1.24	80.55%	269
五联联合会计师事务所	2004	52	1.19	83.81%	250
中磊会计师事务所	2004	53	1.10	90.65%	171
中兴新世纪会计师事务所	2004	54	1.09	91.80%	154
南京永华会计师事务所	2004	55	1.36	73.29%	288
中天恒会计师事务所	2004	56	1.12	89.13%	196
四川华信会计师事务所	2004	57	1.07	93.22%	125
西安希格玛会计师事务所	2004	58	1.23	81.09%	268
重庆天健会计师事务所	2004	59	1.12	89.35%	192
山东天恒信会计师事务所	2004	60	1.31	76.06%	281
北京中洲光华会计师事务所	2004	61	1.34	74.39%	285

续表

会计师事务所名称	年度	百家排名	SFA 结果	效率值	效率排名
中兴宇会计师事务所	2004	62	1.05	95.25%	73
江苏天业会计师事务所	2004	63	1.36	73.27%	289
上海同诚会计师事务所	2004	64	1.05	95.32%	70
北京红日会计师事务所	2004	65	1.08	92.86%	133
上海信光会计师事务所	2004	66	1.22	82.10%	262
安徽华普会计师事务所	2004	67	1.12	89.34%	193
中天运会计师事务所	2004	68	1.22	81.90%	263
广东恒信德律会计师事务所	2004	69	1.10	90.58%	173
上海兴中会计师事务所	2004	70	1.17	85.30%	236
北京中平建会计师事务所	2004	71	1.16	86.18%	230
山东汇德会计师事务所	2004	72	1.19	83.85%	249
上海万隆会计师事务所	2004	73	1.19	83.86%	248
福建华兴会计师事务所	2004	74	1.19	84.05%	246
北京中证国华会计师事务所	2004	75	1.07	93.20%	126
北京方圆华信会计师事务所	2004	76	1.10	91.06%	166
中一会计师事务所	2004	77	1.12	89.39%	191
上海瑞和会计师事务所	2004	78	1.16	86.50%	227
中鸿信建元会计师事务所	2004	79	1.26	79.60%	272
山东乾聚会计师事务所	2004	80	1.20	83.27%	253
四川君和会计师事务所	2004	81	1.20	83.65%	251
中天银会计师事务所	2004	82	1.09	91.89%	150
中勤万信会计师事务所	2004	83	1.13	88.38%	210
华建会计师事务所	2004	84	1.20	83.23%	254
北京中兴正信会计师事务所	2004	85	1.13	88.57%	203
广西祥浩会计师事务所	2004	86	1.07	93.12%	127
北京兴华会计师事务所	2004	87	1.30	76.87%	279
云南天赢会计师事务所	2004	88	1.16	86.26%	229
上海上审会计师事务所	2004	89	1.06	94.12%	99
辽宁天健会计师事务所	2004	91	1.33	75.27%	283
广东广信会计师事务所	2004	92	1.13	88.12%	212
中建华会计师事务所	2004	93	1.14	87.39%	220
湖南天华会计师事务所	2004	94	1.09	91.60%	157

续表

会计师事务所名称	年度	百家排名	SFA 结果	效率值	效率排名
亚太（集团）会计师事务所	2004	95	1.14	88.05%	213
河北华安会计师事务所	2004	96	1.18	84.94%	240
广东康元会计师事务所	2004	97	1.28	78.26%	277
宁波德威会计师事务所	2004	98	1.10	90.57%	174
新疆宏昌会计师事务所	2004	99	1.07	93.37%	119
北京华夏天海会计师事务所	2004	100	1.18	84.99%	239

数据来源：作者加工整理。

民用客机寿命周期成本费用估算与控制方法研究

班级：企业类五期

作者：邵光兴　刘锦　李振　邱嘉臣

摘　要

本文综合分析了目前国内外飞机全寿命成本研究的历史和现状，针对我国商用飞机设计、生产和营运中经济性研究方面存在的问题，提出了一些新的思路和方法。商用飞机的寿命成本等经济性研究是一个贯穿飞机设计、生产、使用整个寿命周期的实践活动，是一个复杂而又带有不确定性的过程。

全寿命成本控制是商用飞机经济性研究重要组成部分，作为一种工程实践活动，它不仅是一个技术主题，更是一个经济主题，要依靠人的参与和制度的保证，需要整个组织从上到下（top - down）的分解落实，更需要从下至上（bottom - up）的验证确认。因此，如何改变企业的设计开发文化和理念，把全寿命成本控制的思想贯彻到设计活动中，提高到企业的战略高度，以确保飞机经济性实践活动的成功。

开展大型客机研制项目是我国当前的一项重大战略决策，其意义重大，对我国航空工业具有深远影响。大型客机的研制过程是一项极其复杂的系统工程，其技术难度高，工程量浩大，涉及众多研制单位的协调管理。无论从人力财力投入量来看，其规模都将创下我国航空工业项目研制的新纪录，成为我国航空发展历史上的一个重要里程碑。

经济性是大型客机项目系统设计中的一个重要组成部分。飞机的经济性与安全性、舒适性和可靠性，是民用飞机设计的重要指标。民用飞机市场的激烈竞争，决定了民用飞机经济性的优劣往往对民用飞机项目的成败起着关键的作用。在概念设计和初步设计阶段，需要对竞争机型和不同设计方案的经济性进行分析，尤其是直接使用成本，以便选择合适的参数来达到设计方案的综合最优，提高在市场上取得成功的几率。

一、民用飞机的寿命周期成本费用

（一）寿命概念

飞机项目的全寿命周期指一种型号飞机项目从需求调查、项目可行性论证、方案论证、工程研制、生产制造、使用保障、产品支援以及到寿命后的报废处置整个从项目产生到终结的全过程。寿命周期成本费用（Life Circle Cost，LCC）是指在系统的预期寿命周期内，为系统的论证、研制、生产、使用保障及退役处置各阶段产生的所有费用之和，如图 1 所示。

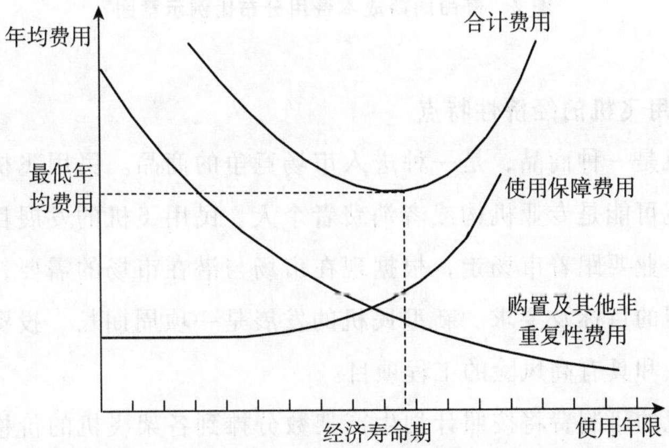

图 1　飞机经济寿命示意图

（二）民用飞机全寿命周期阶段与费用

飞机项目按任务性质分阶段实施和管理。就民用飞机而言，一般划分为：项目前期论证阶段、技术经济可行性论证阶段、总体方案论证阶段、型号研制阶段、生产阶段和营运阶段。飞机项目的寿命周期成本费用为：LCC = 论证费 + 研制费 + 生产费 + 使用与保障费 + 退役处理费。对于购买使用方而言，飞机的寿命周期成本费用为：LCC = 投资费 + 年度费。

一般来讲，论证研制阶段成本投入较少，但是对整个寿命周期成本费用的影响程度最大，而后面的生产阶段、使用保障阶段是投入寿命周期成本费用的主要部分，但对整体成本的影响很小，而退役处置阶段几乎没有影响。图 2 展示了各个阶段的成本费用在寿命周期成本费用中的比例分布。

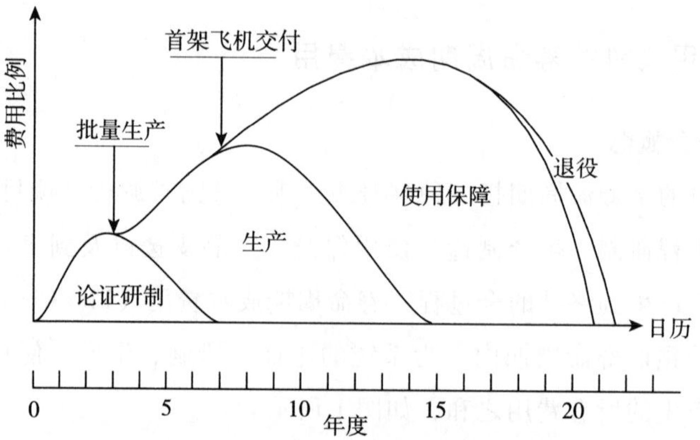

图 2　寿命周期成本费用分布比例示意图

（三）民用飞机的经济性特点

民用飞机是一种商品，是一种进入市场竞争的商品。民用飞机的采购者可能是企业，也可能是专业机构或者消费者个人。民用飞机的发展目标和要求来源于市场，企业要跟着市场走，根据现在市场与潜在市场的需要，提出并确定新型飞机发展的目标及要求。新型民机的发展是一项周期长、投资大、技术密集、协调复杂和具有高风险的工程项目。

民用飞机的研制费将按照计划生产架数分摊到各架飞机的价格中，靠用户的购机费逐步予以回收。在民用飞机采购费中，含生产成本、研制费的摊销、销售及售后服务费、税金等，航空公司购机前，通常需要进行投资分析与决策。

航空公司的使用费用一般分为直接使用费用与间接使用费用。以飞机买价为基础的飞机折旧费及地面设施的折旧费等都是使用费用的一部分。

（四）寿命周期成本费用评估的意义

开展寿命周期成本费用评估的目的和意义，主要有以下几点：

1. 支持方案决策

首先，通过寿命周期成本费用的估算，可比较不同替代方案的现值成本，支持替代方案决策。

其次，通过寿命周期成本费用的估算，可认识飞机寿命周期各阶段成本分布、成本构成以及成本特性，支持研制成本和使用保障费用之间权衡决策。使设计者、生产者和使用者都围绕着总的效益，着眼全局，从降低全寿命周期成本费用的角度进行成本决策权衡。

最后，通过寿命周期成本费用的估算，可以有效地支持研制、生产和使用保障的成本预算决策，改善军费的合理运用。

2. 支持经济性设计

（1）支持有重点地开展经济性设计。通过寿命周期成本费用的分析，特别是成本结构组成的分析，可以提供减少寿命周期成本费用的途径，有利于抓住主要成本矛盾，对成本占比较大的部分系统开展有重点的经济性设计。

（2）支持有方向地开展经济性设计。通过成本敏感因子分析，可找出影响寿命周期成本费用的关键因素，从而支持设计人员有方向性地针对关键性能参数开展经济性设计，从而达到有效降低成本的目标。

（3）支持系统参数的经济性设计权衡。通过系统参数的权衡实现优化设计，使飞机既要具有较低的生产制造成本，又要具有合理的使用保障费用，使飞机的寿命周期成本费用最低，最大限度延长飞机的经济寿命。影响飞机寿命周期成本费用的因素很多，以可靠性、保障性和维修性为主的飞机系统参数是其中一个比较重要的因素，是平衡飞机的制造成本（或航空公司采购费用）与使用维修费用的关键因素。一般来讲，当可靠性参数设计较高时，研制和生产成本会增高，使用保障费用会降低；而当可靠性参数设计较低时，研制和生产成本会偏低，使用保障费用会急剧增加，如图 3 所示。因而实现系统参数设计的经济性权衡也是寿命周期成本费用估算的一个目的。

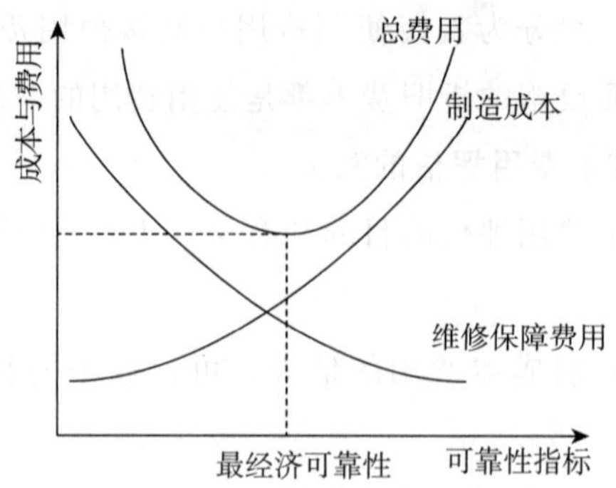

图 3　系统可靠性参数与总成本的平衡关系图

二、费用估算方法

（一）成本估算方法

目前成本估算方法有三种主流方法：工程估算法、参数估算法和类比估算法。

1. 工程估算法

该方法是按费用分解结构从基本费用单元起，自下而上逐项将整个装备系统在寿命周期内的所有费用单元累加起来得出寿命周期成本费用估计值。采用该方法进行估算时，当较低层次的费用单元尚无实际值时，可以使用参数估算法或类比估算法的估算值进行估算。寿命周期成本费用的通用数学表达式为：

$$C_T = \sum_{i=1}^{n} C_i \qquad \text{（公式 1）}$$

式中：C_T——寿命周期成本费用

n——费用单元数

C_i——第 i 项费用单元的费用

2. 参数法

该方法是根据多个同类产品的历史成本数据，选取对成本敏感的若干主要物理与性能特征参数（如重量、体积、射程、探测距离、平均故障间隔时间等，一般不超过 5 个参数），运用回归分析法建立成本与这些参数的数学关系式，从而用以估算该类产品的寿命周期成本费用或某主要单元的成本。关系模型如下：

$$C_T = f\ (t_1,\ t_2,,,\ t_n) \qquad \text{（公式 2）}$$

式中：C_T——寿命周期成本费用

f ——关系模型函数

t_1，t_2，…，t_n——特征参数

n——参数个数

参数法是成本估算领域中一个重要方法，其核心是建立参数与成本之间的关系模型，即所谓的 CER（Cost Estimate Relation）。建立 CER 关系需要应用历史成本数据进行建模。常见的一般有如下建模方法：

（1）多元线性回归方法；

（2）多元非线性回归方法；

（3）偏最小二乘方法；

（4）人工神经网络方法 ANN。

3. 类比法

该方法是将待估算产品或单元与已经有准确成本数据和技术资料的基准产品或单元进行类比，在技术、使用与保障方面进行比较，分析两者的异同点及其对费用的影响，利用经验判断求出待估产品相对于基准比较产品的成本修正方法，再计算出侍估产品的成本估计值。

（二）考虑学习效率

随着生产数量的增加和年度增加，由于工人逐渐熟练、生产方法改进、管理改善及废品率降低等因素，后期生产的单台产品成本会低于初期设定的单台生产成本 C_0，并且会随着生产数量的增加而一直呈逐渐降低态势。这就是所谓的学习曲线效应。

学习曲线函数一般采用指数函数样式：

$$C_x = C_0 x^b \quad \text{（公式 3）}$$

式中：

C_0——表示初期第一架飞机的生产成本；

C_x——表示第 x 个产品的生产成本；

x——表示累计生产数量；

b——表示学习效率指数。

且 $b = \lg S/\lg 2$，S 为产品生产数量翻倍时，产品的生产成本的下降率，S 的取值可以参考有关的数量度曲线手册。

在估算飞机生产成本时，由于是采用当前情况进行估算的，有了第一架飞机的估算结果后，以后的每架飞机的生产成本都应该应用学习曲线函数，在第

一架飞机生产成本基础上进行再次估算。

（三）现值折算方法

飞机的寿命周期一般较长，会跨越多个年度。寿命周期成本费用实际上是分布在这个较长的期间发生的，因而资金是具有时间特性的。从工程经济学的观点来看，不同时间节点发生的费用是不可比较的，必须将他们折算到某一个时间点（如时间起点或时间终点）或者以年均值来考虑。

例如，在未来第 n 年投资 A 元人民币，需要折算到当前年度来参与计算。一般的折算方法是将利率考虑进去，采用银行利率计算的折算公式：

现值计算公式：$P = F/(1+i)^{n-1}$

终值计算公式：$F = P(1+i)^{n}$

年值计算公式：$A = F_i/[(1+i)\ n-1]$

上述公式中：

P 为现值，指资金现在的价值，是资金处于资金运动起点时刻的价值。

F 为终值，指资金经过一定时间的增值后的资金值，即本利和。

A 为年值，又称为等年值，指分期等额投资的资金值。

n 为年度，一般为整年数。

i 为利率，资金的年度增值比率。投资时采用银行存款利率，融资时采用银行贷款利率。

因而，估算飞机寿命周期成本费用不能仅仅将各寿命阶段的成本简单加起来，而是要折算到现值或年值来考虑。现值折算公式如下：

$$P = \sum_{y=1}^{n} [F_y/(1+i)^{y-1}] \qquad \text{（公式 4）}$$

其中：P 为现值，F_y为第 y 年的成本费用，n 为全寿命周期总年度，i 为利率。折算公式的含义为：飞机寿命周期各年度发生的成本费用折算到当前年度的汇总成本。

年值折算公式如下：

$$A = P\left[\frac{i(1+i)^n}{(1+1)^n-1}\right] = \sum_{y=1}^{n} [F_y/(1+i)^{y-1}] \cdot \left[\frac{i(1+i)^n}{(1+1)^n-1}\right] \text{（公式 5）}$$

其中：A 为现值，F_y为第 y 年的成本费用，n 为全寿命周期总年度，i 为利率。折算公式的含义为：装备寿命周期各年度平均发生的当年年度成本费用。

（四）考虑通货膨胀率

通货膨胀率对飞机装备寿命周期成本费用的影响也是十分明显的。特别是当飞机装备的寿命周期比较长时，且在我国当前物价指数上升较快的社会环境下，物价指数也是飞机装备寿命周期成本费用估算不可忽略的一部分。

例如：某飞机第 n 年的研制成本估算为 A 万元，那么考虑每年的通货膨胀率为 r 的话，第 n 年的实际预算 B 应该是：

$B = A\ (1+r)^n$。

进一步考虑银行利率，折算现值为：

$$P = B/\ (1+i)^n = A\ (1+r)^n/\ (1+i)^n = A\left(\frac{1+r}{1+i}\right)^n$$

上面公式为考虑银行利率和通货膨胀系数情况下的现值折算公式。

三、民机寿命周期成本费用参数模型

（一）民用飞机研制费估算模型

民用飞机研制费是指民用飞机研究、研制、试验及鉴定阶段（RDTE 阶段）所需费用的总称，可用公式表示为：

$$C_{RDTE} = C_{acdr} + C_{dstr} + C_{ftar} + C_{ftor} + C_{tsfr} + C_{fiar} \quad \text{（公式 6）}$$

其中：

C_{RDTE}：民用飞机研制费用

C_{acdr}：飞机机体设计费用

C_{dstr}：飞机试制和试验费用

C_{ftar}：飞行试验机费用

C_{ftor}：飞行试验费用

C_{tsfr}：试验及模拟设施费用

C_{fiar}：筹措 RDTE 阶段财务费用

1. 飞机机体设计费用

飞机机体设计费用可按下列公式计算：

$$C_{acdr} = MHR_{acdr} \cdot R_{er} \quad \text{（公式 7）}$$

其中 R_{er} 是与飞机机体工程有关活动的工程人工小时费用率（简称工时费率）。通常按照当前人工小时费用率计算。工程人工小时费用率由下列成本要素构成：直接工程人力成本、间接费用、企业管理费、其他费用（加班奖金、差旅、零星支出）、其他税金等。

总工时MHR_{acdr}可以用下式估算：

$$MHR_{acdr}=0.0396\ (W_{ampr})\ 0.791\cdot(V_{max})\ 1.526\cdot(N_{rdte})\ 0.183\cdot F_{diff}\cdot F_{cad}$$

（公式 8）

其中：对于民用飞机来说，V_{max}为V_c；

N_{rdte}是 RDTE 阶段制造的飞机架数，该飞机架数包括飞行试验所需飞机及为试验生产的飞机机体数。

F_{diff}是考虑新机研制难度的评判因子，可以取 1、1.5、2。

F_{cad}是设计受计算机辅助设计影响的成本评判因子，可取为 0.8.。

W_{ampr}是飞机的 AMPR（Aeronautical Manufactures Planning Report）重量。

2. 飞机试制和试验费用

飞机试制和试验费用包括风洞试验、系统试验（如铁鸟试验等）、结构试验（如强度、疲劳等试验）、推进系统试验、发展支持试验等工作的费用。

$$C_{datr}=0.008325\ (W_{ampr})^{0.873}\cdot(V_{max})^{1.89}\cdot(N_{rdte})\ 0.346\cdot CEF\cdot F_{diff}$$

（公式 9）

其中，CEF 是物价上涨指数。

3. 飞行试验机费用

飞行试验机的成本可按下式计算：

$$C_{ftar}=C_{(e+a)r}+C_{manr}+C_{matr}+C_{toolr}+C_{qer} \qquad \text{（公式 10）}$$

其中，$C_{(e+a)r}$是发动机和航空电子设备的采购费用。

C_{manr}是制造人工费用。

C_{matr}是制造材料费用。

C_{toolr}是工装费用。

C_{qer}是质量控制费用。

$C_{(e+a)r}$可按下式估算。

$$C_{(e+a)r}=\ (C_{er}\cdot N_e+C_{avi})\ (N_{rdte}-N_{st}) \qquad \text{（公式 11）}$$

其中，C_{er}是单台发动机的费用。

N_e 是每架飞机的发动机台数。

C_{avi}是每架飞机航空电子设备的费用，这些设备通常包括雷达、导航设备、自动飞行控制系统、计算机、维修和故障检测设备等。

N_{st}是指静力试验机和疲劳试验机的架数，这些飞机一般不装发动机、机载成品等。

制造人工成本可按下式计算：

$$C_{manr} = MHR_{manr} \cdot R_{mr} \quad (公式12)$$

其中 R_{mr} 是人工小时费用率（简称工时费率）。总工时 MHR_{manr} 可以用下式估算：

$$MHR_{manr} = 28.984 (W_{ampr}) 0.74 \cdot (V_{max}) 0.543 \cdot (N_{rdte}) 0.52 \cdot F_{diff} \quad (公式13)$$

试制材料费用可用下式计算：

$$C_{matr} = 37.632 (F_{mat}) \cdot (W_{ampr}) 0.639 \cdot (V_{max}) 0.624 \cdot (N_{rdte}) 0.792 \cdot CEF \quad (公式14)$$

其中，F_{mat} 是取决于结构的修正系数，一般的，以铝合金为主体的结构选1，以碳复合材料、铝合金等为机体主体的选2到2.5之间，以碳复合材料为主体的选3。

工装成本可按下式计算：

$$C_{toolr} = MHR_{toolr} \cdot R_{tr} \quad (公式15)$$

其中，R_{tr} 是人工小时费用率（简称工时费率）。总工时 MHR_{toolr} 可以用下式估算：

$$MHR_{toolr} = 4.0127 (W_{ampr}) 0.764 \cdot (V_{max}) 0.899 \cdot (N_{rdte}) 0.176 \cdot (N_{rr}) 0.066 \cdot F_{diff} \quad (公式16)$$

N_{rr} 是 RDTE 阶段每月的生产率，对于 RDTE 阶段，典型值是 0.33 架/月。

质量控制费用的估算一般按照制造人工成本的比例进行估算。

4. 飞行试验费用

飞行试验费用包括设计验证试飞、适航验证试飞、局部试飞以及与飞行试验有关的模拟费用。

$$C_{ftor} = 0.001244 (W_{ampr}) 1.16 \cdot (V_{max}) 1.371 \cdot (N_{rdte} - N_{st}) 1.281 \cdot F_{obs} \cdot F_{diff} \cdot CEF \quad (公式17)$$

F_{obs} 是取决于降低可见性程度的因子，民用客机一般取1。

5. 试验及模拟设施费用

在飞机研制过程中，需要建造必需的专用试验设备，将飞机控制软件和实际飞机控制硬件结合在一起，进行多次软件验证试验。C_{tsfr} 一般是 C_{RDTE} 的0.2倍。

6. 筹措 RDTE 阶段财务费用

在飞机研制阶段需要大量资金投入，资金来源一般是贷款、自有资金、国家拨款、社会投资等。C_{qiar}一般占C_{RDTE}的0.1到0.2之间。

（二）民用飞机生产成本估算模型

生产成本是生产制造阶段的总成本。一般分为飞机机体工程费用、飞行试验费用、工装费用、制造劳务费用、质量控制费用、制造材料费用、客机内设费用和发动机、机载设备等采购费用等，并要考虑筹款利息。估算民用飞机的生产成本并有效加以控制，合理制定飞机价格，适应市场需求，是民用飞机企业在生产阶段经济活动的主要任务。

1. 飞机机体工程费用

机体工程费用估算公式为：

$$E = E_H \cdot C_H \quad \text{（公式 18）}$$

其中，C_H 是工程小时费用率；

E_H 是飞机机体工程累积总工时，计算公式为：

$$E_H = 0.0396A^{0.791} \cdot S^{1.526} \cdot N^{0.183} \cdot E_{diff} \cdot F_{end} \quad \text{（公式 19）}$$

其中，

A 是 AMPR 总重量；

S 是最佳高度下的最大速度；

N 是累计产量；

E 是考虑新机研制难度因子，一般取 1、1.5、2；

F 是考虑计算机辅助设计能力的因子，一般取 0.8、1、1.2.

2. 飞行试验费用

生产阶段的飞行试验费用一般用飞机每小时使用成本进行估算。

$$F'' = 4 \cdot N_p \cdot TOC \cdot t \quad \text{（公式 20）}$$

其中，TOC 是飞机每小时飞行费用。

t 是每架飞机的试飞小时数。

3. 工装费用

工装费用分为一般工装费用和专用工装费用。

一般工装费用包括工装设计、计划、制造、生产试验设备、工具、测试、维修等工时与费用。一般工装费用的估算模型为：

$$T = 4.0127A^{0.764} \cdot S^{0.899} \cdot N^{0.178} \cdot E_{diff} \cdot C_H \cdot R^{0.066} \quad \text{（公式 21）}$$

其中，R 是生产率，以每月出厂几架飞机为准。

专用工装费用包括：工艺规程制定费、专用工艺研究费、专用工艺装备的购置制造费等。民用飞机研制中专用工装制造费按发生额的比例摊入民用飞机科研费，主机摊入30%，辅机摊入40%，待摊部分在批量生产后逐步摊销。

4. 制造劳务费用

制造劳务费用包括机加、钣金、热表处理、部装、总装整个机体时所需的工时费用。

$$L = 28.984A^{0.74} \cdot S^{0.543} \cdot N^{0.524} \cdot F_{diff} \cdot C_H \qquad \text{（公式 22）}$$

5. 质量控制费用

质量控制的任务是对照图样、技术文件和有关验收标准来检查生产件和外购件的质量，此工作与直接制造劳动密切相关，一般平均为总制造工时的13%。即 $Q = 0.13L$。

此外，本部分还应该包括贯彻设计更改所需的费用。多改、多变、多试是新机研制的特点之一，研制阶段设计更改频繁、量大。批量生产阶段是根据用户要求，改变飞机交付状态所发生的设计更改费用。因贯彻设计更改所发生的费用不可忽视。由于飞机型别、研制和批量生产之间差异较大，目前尚无统计系数可供参考，因此只能按照具体情况予以考虑。

6. 制造材料费用

$$M = 37.632A^{0.689} \cdot S^{0.624} \cdot N^{0.792} \cdot CEF \cdot Y \qquad \text{（公式 23）}$$

其中，Y是材料修正系数，对于主体结构为铝合金的取1，主体结构为不锈钢的取1.5，主体结构为传统复合材料或锂/铝合金或ARAL结构的取2－2.5，对碳纤维复合材料的取3。

7. 客机内设费用

$$H = B \cdot Z_P \cdot N \qquad \text{（公式 24）}$$

其中，B是平均每座装饰成本；Z_P 是每架座位数。

8. 发动机、机载设备等采购费用

按发动机、电子设备和机载成品选购费用。

（三）民用飞机直接运营成本估算模型（DOC模型）

直接运营成本（DOC）包括两部分：所有权成本和现金成本。其中，所有权成本包括利息或租金、折旧费、保险费三项；现金成本包括空勤组费用、燃油费用、维修费用、运行费用和旅客餐食费用五项。其中空勤组费用包括了飞行员费用和客舱乘务员费用；运行费用：着陆导航费（飞机起降服务费、航路费和机场进近指挥费）、地面服务费等。如图 4 所示。

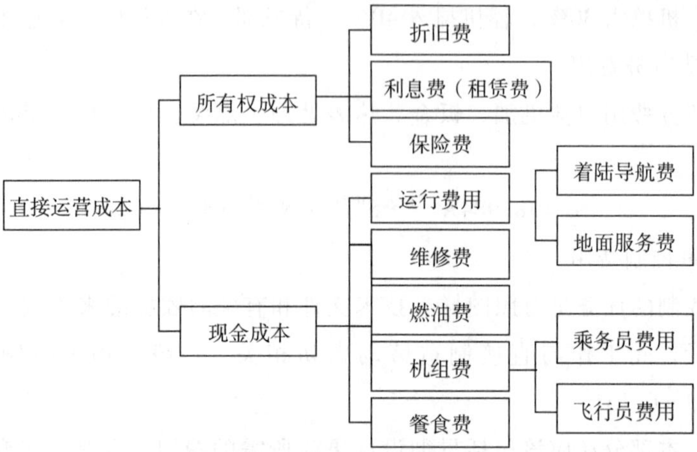

图 4　DOC 的组成

DOC 的计算可以用如下公式表示：

DOC = 折旧费 + 利息费（租赁费） + 保险费 + 着陆导航费 + 地面服务费 + 维修费 + 燃油费 + 机组费 + 餐食费。

1. 所有权成本

所有权成本由利息或租金、折旧费和保险费三项组成，是飞机采购过程完成之后生成的一笔相对稳定的支出。传统上，航空公司采用贷款的形式购置飞机，还要为购机贷款支付利息。现在航空公司更多地采用融资租赁的形式购买飞机，此时需要支付的是租赁费。

（1）贷款模式。在贷款购买模式下，所有权成本的计算是基于飞机整机的总价得到的，包括贷款利息、折旧费和保险成本三个部分。

①贷款利息（元/轮档小时）。

$$X = \frac{AB}{1-(1+B)^{-m}}$$

$$\text{Intterest} = \frac{X \cdot m \cdot M - A}{N \cdot U} \qquad (公式 25)$$

其中，A——总投资额；B——利率；m——年还款次数，一般为 2；M——贷款年限；N——折旧年限；U——年利用率。

贷款年限一般为 20 年，年还贷次数一般为 2 次，整机贷款年利率一般为

6.5%，备件贷款年利率一般为4.8%。

②折旧费（元/轮档小时）。

$$Dep = \frac{TIP \cdot (1 - R_v)}{D_p \cdot U} \quad \text{（公式26）}$$

其中，TIP——总投资额；R_v——残值系数；D_p——折旧年限；U——年利用率；折旧年限一般为20年，残值系数一般为5%。

总投资额=整机价格+机体备件价格+发动机备件价格，其中机体备件价格一般为机体价格的6%，发动机备件价格一般为发动机价格的20%。

（2）租赁模式。假设A为需要支付的月租赁费，飞机总价格为C_{total}，租赁保证金比例为10%，租期为20年，年贴现率r为6%，残值为30%，租赁手续费为5%。则A可由下式计算得出：

$$C_{total} \times 10\% + A \times (1+5\%) \times PVIFA(r, 20) + C_{total} \times 30\% \times PVIF(r, 20) = C_{total} \quad \text{（公式27）}$$

其中：

$$PVIF(r, 20) = \frac{1 - \frac{1}{(1 + r/12)^{20 \times 12}}}{r/12}$$

$$PVIF(r, 20) = \frac{1}{(1 + r/12)^{20 \times 12}}$$

注：租赁费的计算公式和租赁合同密切相关，需要进一步调研该费用的计算方法。

（3）保险费。保险费是航空公司为了规避飞机在使用中的风险而支付的费用，不论是贷款购机还是融资租赁都需要购买保险。

计算公式通常为：

$$Ins = k \cdot \frac{ADP}{U}$$

其中，ADP——飞机价格；U——年利用率；k——保险费率，一般为0.5%～2%　3.2 现金成本（元/轮档小时）。

2. 现金成本

现金成本是航空公司最大的成本项目，包括机组费用、运行费用、旅客餐食费、燃油费和维修费用。其中，燃油费和维修费用是整个现金成本及直接运营成本中占比较大的，是DOC控制的重点。

（1）机组费用。目前一般假设机长年薪为70万元，副机长年薪为15万元，空乘年薪10万元。

则有：

$$机组费用=\frac{机长年薪+副机长年薪+空乘年薪\times空乘数}{U}。$$

民航总局规定，每增加50位乘客，空乘相应增加1名。

（2）旅客餐食费。经济舱餐食费水平一般按16元/人，则有：

$$餐食费=\frac{16\times全经济舱人数}{T（R）}$$

其中，T（R）——航段轮档小时。

（3）导航费。导航费包括导航费和进近指挥费，民航［2005］146号文、［2005］145号文和民航［1992］94号文等文件的规定，导航收费标准如表1所示。

表1　　导航收费标准

MTOW（吨）	<25	<50	<100	≥100
导航费（元/公里）	0.1	0.2	0.3	0.4
MTOW（吨）	<25	<100	<200	≥200
进近指挥费（元/吨）	4	5	7	8

则：

$$导航费=\frac{导航费标准\times般段公里数+进近指挥费标准\times MTOW}{T（R）}$$

（4）机场收费。机场收费包括起降费、停场费、旅客服务费、客桥费和案件费等，由民航局与发改委联合发布的［2007］159号文规定。

其中，中国民航机场类别及机场收费标准分别如表2和表3所示。

表2　　机场类别

机场类别	机场
一类（1级）	首都、浦东
一类（2级）	广州、虹桥、深圳、成都、昆明
二类	杭州、西安、重庆、厦门、青岛、海口、长沙、大连、南京、武汉、沈阳、乌鲁木齐、桂林、三亚、郑州、福州、贵阳、济南、哈尔滨
三类	其他机场

表 3　　　　　　　　　　机场收费标准

机场类别	起降费（元/架次）					停场费（元/架次）	客桥费（元/小时）	旅客服务费（元/人）	安检费	
	25t以下	26~50t	51~100t	101~200t	201t以上				旅客行李（元/人）	货物邮件（元/t）
一类（1级）	240	650	1100+22×(T−50)	2200+25×(T−100)	5000+32×(T−200)	2小时内全免收。超过2小时，每停场24小时（包括不足24小时）按照起降费的15%计收。	单桥：1小时以内200元。超过1小时每半小时（包括不足半小时）100元。多桥：按单桥标准的倍数计收。	34	5	35
一类（2级）	250	700	1100+23×(T−50)	2250+25×(T−100)	5050+32×(T−200)			40	6	40
二类	250	700	1150+24×(T−50)	2350+26×(T−100)	5100+33×(T−200)			42	7	41
三类	370	800	1300+24×(T−50)	2500+25×(T−100)	5150+33×(T−200)			42	7	42

则：

$$\text{机场收费}=\frac{\text{起降费}+\text{停场费}+\text{客桥费}+\text{旅客服务费}+\text{安检费}}{\text{T (T)}}$$

$$=\frac{\text{起降费标准}\times\text{MTOW}+\text{停场费}+\text{客桥标准}\times\text{工作小时}+\text{旅客标准}\times\text{旅客人数}+\text{行李标准}\times\text{人数}+\text{货物标准}\times\text{货物重量}}{\text{T (R)}}$$

（5）地面服务费。按照［2007］159 号文，地面服务费标准为：

①一般代理费：协议收费。

②配载/通信/集装设备管理/旅客/行李服务收费：飞机最大商载小于 10 吨时，每吨 30 元，大于 10 吨时，每吨 33 元。

③站坪收费。

基本收费：飞机最大商载等于小于 10 吨时，每吨 5 元，大于 10 吨时，每吨 6 元；

摆渡车：旅客摆渡车每次 55 元，机组摆渡车每次 40 元；

客梯：客梯 45 元每小时。

④货物和邮件服务。

基本收费：飞机最大商载小于等于 10 吨，25 元/吨；大于 10 吨，28 元/吨。

⑤过站服务与飞机勤务服务，（见表4）。

表4　　过站服务与飞机勤务收费

飞机座位数	座位≤100	100<座位≤200	200<座位≤300	座位>300	说明
过站服务收费标准（元/架次）	100	120	240	480	般前按110%收费，般后按120%收费
飞机勤务收费标准（元/架次）	100	150	300	600	

此外，例行检查费为160元/人工时，飞机放行按照例行检查收费总额的50%计收。则一般情况下的计算公式为：

每航段地面服务费=（配载费标准+站坪标准+货物邮件标准）×最大商载+过站标准×3.3+飞机勤务标准+160×1.5

$$\text{则按照轮档小时的地面服务费}=\frac{\text{每航段地面服务费}}{T\ (R)}$$

（6）民航基建基金（见表5、表6）。

表5　　航线分类

第一类航线	东中部16省市范围内航线：北京、天津、上海、河北、山西、江西、浙江、福建、山东、安徽、江西、河南、湖北、湖南、广东、海南
第二类航线	东中部16省市与西部、东北15省市之间的航线
第三类航线	西部、东北15省市范围内航线

表6　　收费标准

飞机最大起飞全重	第一类航线	第二类航线	第三类航线
≤50t	1.15	0.90	0.75
50~100t	2.30	1.85	1.45
101~200t	3.45	2.75	2.20
>200t	4.60	3.65	2.90

则：

$$\text{民航基建费}=\frac{\text{基建费标准}\times\text{航线里程}}{T\ (R)}$$

（7）燃油费用。燃油费用是航空公司运营成本的重要指标，它直接影响到航空公司的经济效益。燃油费用随油价变化而变化，一般情况下航空公司的燃油费用约占公司运营成本的10%－20%，当油价升高时，航空公司燃油费用所占运营成本比重将高达30%－40%。经分析计算，一加仑燃油费用每增加一美分，航空公司每年就需要多支出6亿美元。燃油价格会受到国际局势的影响，我国的燃油价格远高于国际燃油价格。

在计算燃油费用时，需要充分考虑燃油价格和燃油消耗量的关系。计算模型如下：

$$Fuel=\frac{F(R)\times FP}{T(R)} \quad \text{（公式 28）}$$

其中：R——航程；FP——燃油价格；

F（R）——轮档耗油；T（R）——轮档小时。

燃油费用中的轮档油耗是一个需要根据飞机特性来确定的参数，同时又受航程、商载、起飞重量等的影响。在计算轮档油耗时，假定按最大起飞重量、100%上座率、标准飞行剖面为依据，200海里备份油。

燃油消耗与飞机重量有很大关系，一些飞机制造商为了在竞争中取得优势，给出的燃油曲线是在100海里备份油下的油耗，所以在竞争机型比较时应该换算到同一标准。

9. 维修费用

（1）机体维修成本。

①机体维修劳务成本（元/轮档小时）。

$$DMCa=R\left[\left(0.09Waf+6.7-\frac{350}{Waf+75}\right)\times\left(0.8+\frac{0.68(t-0.25)}{t}\right)\right] \quad \text{（公式 29）}$$

其中，Waf为机体重量（吨），即制造空重减去发动机重量；t为轮档时间（小时），其中地面时间是0.25小时，即空中时间是（t－0.25）；R为工时费，单位是“元/小时”。

②机体材料成本（元/轮档小时）。

$$DMCb=\frac{4.2+2.2\times(t-0.25)}{t}\times P \quad \text{（公式 30）}$$

其中，P为机体交付价（百万元）：飞机交付价减去发动机裸价。

③发动机维修成本。

a. 发动机劳务成本。

与时间有关的发动机劳务成本（元/飞行小时）：

$$Lt = 0.21 \times R \times C1 \times C3 \times (1 + T) \times 0.4 \quad (公式31)$$

其中，$C1 = 1.27BPR^{0.2}$；$C3 = 0.032nc + k$；

T为海平面起飞静推力（t）；BPR为涵道比；nc为压气机级数（包括风扇）；k为发动机转轴的函数，如表7所示。

表7

K－发动机转轴（Nah）的函数			
Nah	1	2	3
K	0.5	0.57	0.64

与起落次数有关的发动机劳务成本（元/起落次数）：

$$Lc = 1.3Lt$$

b. 发动机材料成本。

与时间有关的发动机材料成本（元/飞行小时）：

$$Mt = 2.56 \times (1 + T)^{0.8} \times C1 \times (C2 + C3) \quad (公式32)$$

式中：$C2 = 0.4 \times \left(\frac{OAPR}{20}\right)^{1.3} + 0.4$；OAPR为总压比。

与起落次数有关的发动机材料成本（元/起落次数）：

$$MC = 1.3Lt$$

其中，发动机维修成本（EMC）统一为“元/轮档小时”时，可综合写成：

$$EMC = \frac{Ne \times (Lt + Mt) \times (tf + 1.3)}{tf + 0.25} \quad (公式33)$$

其中，Ne为每架飞机的发动机数；tf为空中时间，tf＝（t－0.25）。

四、总结与展望

本文综合分析了目前国内外飞机经济性分析研究现状，针对我国飞机设计和生产中经济性研究方面存在的问题，提出了一些新的思路和策略。归纳起来，主要体现在以下两个方面：

（1）总结了飞机研制过程中费用估算的方法和流程；

（2）建立了民用飞机寿命周期成本费用的参数模型。

民用飞机的经济性研究是一个贯穿飞机设计、生产、使用整个寿命周期的实践活动，是一个复杂而又带有不确定性的过程。限于本课题研究的时间和精力，本课题还具有一定深入研究的空间。比如面向 LCC 的飞机多学科优化设计方法的研究。当今多学科优化设计主要着眼于飞机性能质量方面，飞机设计中对成本的考虑往往通过 DTC 来实现，而 DFC 尚未发展成为成熟的体系；将 MDO 与 DFC 思想相结合将会给飞机设计带来更大的发展。

经济性工程作为一种工程实践活动，它不仅是一个技术主题，更需要依靠人的参与和制度的保证，需要整个组织从上到下的实施。因此，如何改变企业的文化和企业工作人员的传统思想模式，把经济性工程的思想提高到企业的战略高度，是企业经济性实践成功的保证，这方面的研究还需加强。

本文的选题属于飞机设计与管理科学的交叉部分，具有一定的研究难度，并且很多数据难以取得。因此本文的研究进行了部分简化。在实际的设计活动中，交叉学科涉及复合型人才的管理和培养，管理机制的健全更有利于设计活动更好地开展。

主要参考文献

[1] 叶叶沛：《民用飞机经济性》，西南交通大学出版社 2013 年版。

[2] 刘英军："基于 LCC 理论的新涡桨飞机项目成本估算方法研究"，北京航空航天大学学报，2012 年第 5 期。

[3] 李晓勇、宋文滨："民用飞机全寿命周期成本及经济性设计研究"，中国民航大学学报，2012 年 4 月：第 30 卷第 2 期。

[4] 王宜新："基于全寿命周期成本的民用飞机总体参数优化"，《飞机设计》，2012 年 2 月：第 32 卷第 1 期。

[5] 何沙玮："基于不确定理论的干线客机概念设计阶段单机成本测算方法研究"，南京航空航天大学学报，2011 年第 3 期。

[6] 陈晓川、李晴："大飞机全生命周期成本估算方法和控制策略研究"，《机械设计》，2010 年 5 月：第 27 卷第 5 期。

[7] 吴宏亮："某飞机寿命周期费用估算与分析研究"，西北工业大学学报，2008 年第 6 期。

[8]《飞机设计手册》总编委会：《飞机设计手册第22册技术经济设计》，航空工业出版社2001年版。

[9]王修方："飞机型号研制可行性论证中的投资盈亏平衡分析算法研究"，《民用飞机设计与研究》，2001年第1期。

[10]《美军武器装备采办经费管理译文集》编委会：《美国军用手册：定费用设计》，内部资料，1989年8月。

[11] RegimantasJusas. Generic Life Cycle Cost Model and Cost - effective Solutions [D]. Lappeenranta University of Technology, Apr 2012.

[12] Tim Lammering. Aircraft Cost Model for Preliminary Design Synthesis [C]. 50th AIAA Aerospace Sciences Meeting, Jan 2012.

[13] Xincai Tan. A Framework for Systematically Estimating Life Cycle Cost for an Integrated Wing. 7th AIAA Aviation Technology, Integration and Operations Conference, Sep 2007.

[14] Research and Technology Organisation. Methods and Models for Life Cycle Costing. Task Group SAS - 054, www. rto. nato. int, Jun 2007.

[15] R. Curran, J. Early, M. Price. Economics Modelling for Systems Engineering in Aircraft. AIAA 5th Aviation Technology, Integration and Operation Forum. Sep 2005.

[16] R. Curran, S. Raghunathan. Review of Aerospace Engineering Cost Modelling_ The genetic causal approach. Progress in Aerospace Sciences, 40 (2004).

[17] P. Watson, R. Curran, A. Murphy. A Cost Estimating Model for Aerospace Procurement Pro - COST EST. AIAA 4th Aviation Technology, Integration and Operation Forum. Sep 2004.

[18] S. Castagne, R. Curran. A Generic Tool for Cost Estimating in Aircraft Design. AIAA 4th Aviation Technology, Integration and Operation Forum. Sep 2004.

[19] Ryan Peoples, Karen Willcox. Value - Based Multidisciplinary Optimization for Commercial Aircraft Design. 45th AIAA Structures, Structural Dynamics & Materials Confer. Apr 2004.

[20] Henry Apgar. Developing the Cost Estimating Model. AIAA Space 2003 Conference, Sep2003.

[21] Jacob Markish. Valuation Techniques for Commercial Aircraft Program De-

sign. Massachusetts Institute of Technology, Jun 2002.

[22] L. B. llcewicz, G. E. Mabson. Cost Optimization Software for Transport Aircraft Design Evaluation. NASA Contractor Report 4737, Aug 1996.

[23] W. J. Marx. A Hierarchical Aircraft Life Cycle Cost Analysis Model. 1st AIAA Aircraft Engineering, Technology, and Operations Congress, Sep 1995.

[24] R. W. Hess, H. P. Romanoff. Aircraft Airframe Cost Estimating Relationships: Bombers and Transports. The RAND Corporation. Dec 1987.

H. E. Boren, Jr. DAPCA: AComputer Program for Determining Aircraft Development and Production Costs. The RAND Corporation. Feb 1967.

行政事业单位会计改革和财务报告构想

——基于建构新的中国公共会计体系框架的现实路径选择

班级：行政事业类三期

作者：董撵群　何铁彦　施剑锋

摘 要

构筑健全而透明的会计体系是良好公共部门治理基石。本文尝试探索我国公共领域会计改革突破的现实路径。目前包括行政事业单位在内的我国公共领域存在严重“会计失灵”问题，必须通过全面深化会计改革重塑新的会计体系，以应对日趋纷繁复杂的现实。新的会计体系应“量体裁衣”而非“削足适履”，本文从破解事业单位会计改革发展“无所适从”的难题出发，指出了“政府会计”概念的局限性，提出了“公共会计”名称、概念和基本体系。本文认为人为地把一部分事业单位排除在政府会计之外，是已过时的“预算外”思维模式。公共会计具有鲜明的公共性、独立性和融合性，公共会计是现代会计在公共领域的回归、重建和复兴。在我国，公共会计改革的现实最佳路径是从行政事业单位会计改革和建立财务报告制度起步。要确立为公众服务的会计目标，通过统一规范的财务报告全面、完整、系统地反映行政事业单位公共受托责任的履行情况，同时提供决策有用信息。财务报告不仅是公共会计的结果，更是公共会计的核心。公共会计责任的关键在于会计公开。构建适合我国国情的公共部门会计制度体系需要建立一套会计准则，协调两种会计基础，实现财务会计、预算会计和管理会计三位一体。建议时机成熟时研究制定《公共会计法》，专设公共会计机构，推进公共会计队伍建设，研发公共会计和财务报告信息系统。对公众的公共会计宣传教育至关重要。我们应该确立这样的奋斗目标，要推动我国在2020年迈入公共会计强国。

按照我国现行会计制度，行政事业单位会计是对预算会计两大主要组成部分行政单位会计和事业单位会计的合称，又简称为单位预算会计。近年来随着医院会计制度、事业单位会计准则、事业单位会计制度和行政单位财务准则、事业单位财务准则等修订发布，我国行政事业单位会计改革大幕已经拉开，但是公共部门的会计改革兼具独特性、复杂性和紧迫性，当前特别需要科学的顶层设计和整体谋划。王军（2012）认为“相对于企业会计标准而言，非企业会计标准建设目前面临的挑战要大些，任务更显艰巨。比如，事业单位分类改革对事业单位预算管理和财务管理提出了新的更高要求，应当加快推进事业单位会计准则建设。再如，相对于公共财政体制改革的迅速推进，政府会计核算和报告领域的改革比较滞后，健全既借鉴国际惯例又符合中国国情的，涵盖各级政府、各类主体、各项业务的政府会计体系迫在眉睫。”

目前国内从政府角度研究会计改革的成果已不少见，但有关行政事业单位会计改革与发展的方向性问题尚未解决，许多研究还局限于就会计论会计的细枝末节，这是制约我国行政事业单位会计改革关键因素之一。全国会计领军（后备）人才（行政事业类）应该知晓历史使命，勇于担当大任，积极推动中国行政事业单位会计改革。本文期望以公共会计理念推动行政事业单位会计改革和财务报告构建，为全面推动我国公共领域的会计改革提供些许参考思路。

一、市场失灵、政府失灵背后的会计失灵

中国属于新兴市场经济国家，正处于社会转型期，不可避免地会出现市场失灵。然而有一种市场失灵并不是市场本身引发的，而是由政府失灵而产生的市场失灵。政府失灵是指政府由于对非公共物品市场的不当干预而最终导致市场价格扭曲、市场秩序紊乱，或由于对公共物品配置的非公开、非公平和非公正行为，公共部门在提供公共物品时趋向于浪费和滥用资源，致使公共支出规模过大或者效率降低，而最终导致政府形象与信誉丧失的现象。目前我国的政府失灵主要表现为政府及其部门无效干预、过度干预、职能不清、效率低下、权力腐败等。在我国现阶段，由于政府失灵导致的市场失灵现象更普遍、后果更严重（丁兴业、田志娟，2006）。

导致政府失灵的重要原因之一是信息不完全和不对称。对此，“作为历史上与信息打交道最为密切，甚至可以认为正是人类出于对信息无时不在的需要而产生并发展了的会计”（杨雄胜等，2013）却显得无能为力。比如全国人民关

心的“三公经费”究竟一年能花多少，哪里有一个比较准确的数字？国家国有资产究竟有多少？中国全口径预算收入是多少？全国地方政府债务靠统计和审计而不是会计得出的数据真实可靠吗？政府部门之间的资源、福利“贫富差距”究竟有多大？如果财务数据足够透明，一个郭美美事件还能那样“击倒”一个组织庞大的红十字会吗？等等，不一而足。

会计的本质是信息系统，但现在最大的问题是政府及其部门、公共组织会计信息不同程度地存在不完整、不准确、不透明、不对称、不及时、不真实、不管用等问题。这与当年美国城市所曾经经历的那样“一个事实与数据混杂的制度，貌似会计但不能提供信息，即使有，也是一些无用的信息”（乔纳森·卡恩，1997）何其相似乃尔！难道在当代中国公共领域，会计也“失灵”了吗？而这时的预算正在脱去层层“外衣”；审计不停引发阵阵风暴；会计却顶多是个侍者，不幸成为马克斯·韦伯（1987）所断言的“社会铁笼的奴仆式执行人”；至于在国际现代会计中已与会计平起平坐的“孪生兄弟”——标准的财务报告，在我国仍孕育胎中，此时只能鸦雀无声了。

中国经济社会的迅猛发展，以至于许多制度跟不上现实的需要，会计目前的尴尬处境并不奇怪。我国现行预算会计是核算、反映和监督政府及行政事业单位以预算为中心的各项财政资金收支活动的专业会计，其目的主要是为国家预算执行服务，它是国家财政预算管理的有机组成部分，是实现国家财政职能、执行国家预算的重要手段。现行预算会计体系建立于 20 世纪 90 年代中期，由财政总预算会计、行政单位会计、事业单位会计以及参与预算执行的国库会计、税收征解会计和基本建设拨款会计等组成，其中财政总预算会计是核心，行政单位会计、事业单位会计是基本组成部分。预算会计实施财政供给管理方式和报账制会计模式。这一制度体系对于保护国家公共财产的安全完整，强化财政预算管理，贯彻落实国家宏观经济政策发挥着重要作用，但也日益显现出很大弊端。对此理论界和实务界已基本形成共识。综合已有研究报告，本文认为现行预算会计制度存在的主要问题可概括为：

1. 会计缺乏独立性。会计从属于预算，会计仅是为了适应预算管理的需要而存在。

2. 会计目标不明确。没有对预算会计目标的专门表述，特别是没有充分关注公众等信息使用者的需求。

3. 会计报告信息不完整。着重反映预算执行结果，主要为政府宏观经济调控和制定政策服务，无法提供一套能综合反映政府财务资源、负债和净资产全貌的财务报告，没有披露国有资本、养老金和失业金等使用和安全情况，不能广泛地反映政府及其部门的整体财务状况和持续营运能力，严重影响了政府的执行力和公信力，也不利于加强预算管理、审计监督、人大监督和公众监督。

4. 会计体系结构不合理。分行业、分领域的设置会计制度，造成会计制度的条块分割，会计信息不全面，不利于信息使用者评价政府的管理责任。这点与企业会计制度统一前的现象相似。

5. 会计核算基础不完善。收付实现制下生成的预算会计信息，不能充分完整地核算政府的所有资产和负债，不能客观地反映政府公共管理成本，不利于科学地评价政府及其部门的运营绩效，无法分清各届政府及预算单位的财务受托责任，也难以完全满足政府经济决策和人大与社会监督的需要。

6. 会计制度缺乏灵活性。改革开放和市场经济发展迅速，政府的职能也在不断的变化，公共财政制度也进行了比较大的调整。在这些变化面前，现行预算会计制度过于死板和教条，缺乏灵活性和适应性，无法保证会计信息的质量。

比较典型的是，近年来各地政府为了使当地尽快摆脱贫穷落后的面貌，增添政绩，纷纷以地生财、借地融资，到处找资金，亏本上项目，早已突破了《预算法》地方政府不准举借债务的约束，虽说财政部后来出台了《地方政府融资平台公司公益性项目债务核算暂行办法》，但有哪个城市政府能够说清自己债务究竟有多少？当地公众又知晓市民“集体负债”有多少呢？现行会计制度显得无能为力，失去应有的确认、计量、记录和报告的基本功能。这种景象也似乎再现了美国19世纪末新兴工业化和城市化引发的问题。美国进步时代会计改革家克里夫兰（1904）在题为《城市会计：城市改革的第一步》的论文开头这样写道：

众所周知，在城市的行政管理中，存在着众多的资金和资源的浪费现象。人们大都把这归罪于公共官员的寡廉鲜耻。然而，当我们试图确立这个推论的真理性时，我们马上遇到一个严重的困难：我们无法确定亏损出在哪些地方，从而确定责任所在。由于这种状况，无论是官员，还是纳税人，都无法就防止公共资金被滥用提出救治之策，无法保证服务诚实无欺。于是，许多极其聪明并富有公共精神的公民，在经历了几次拼命的改革后，对城市政治持有一种听天由命的态度。而另一些改革者则仍在黑暗中摸索，试图找到一种能给我们指明公共事务治理的正确途径的方法。正确之道需要光亮，而一个设计得更好的公共会计体系就是能够给我们带来光明的东西。

由此看来，改革包括单位预算会计在内的我国现行预算会计体系，逐步建立起适应我国社会主义市场经济发展和公共管理需要的新的会计体系，已是迫在眉睫。为此，财政部于近年相继修订发布了《医院会计制度》、《事业单位会计准则》、《事业单位会计制度》等。这些制度吸收了会计理论发展的最新成果，对单位预算会计改革进行了积极探索，在制度设计上有了一定突破。但这些新制度仍带有明显的过渡色彩，与国际公共部门会计准则等还有明显差距，具体效果有待观察。应该说，目前行政事业单位会计改革的基本理念、总体目标和整体部署还不太明朗。已两度列入国家最高规划的政府会计改革和财务报告整体方案至今尚未出台。

二、从官厅会计、预算会计、政府会计到公共会计

汉语中的“会计”一词起源于西周时期。在我国历史上官厅会计曾引领了中国会计的发展，民国时期从西方引入了政府会计，新中国成立后创建并发展了预算会计，并长期沿用苏联的模式。

进入新世纪，受美国等西方发达国家影响，会计界对政府与非营利组织会计开始广泛研究并主张引入我国，政府会计改革和建立政府财务报告制度曾引发热议。行政事业单位会计无疑处于改革设想的范围，甚至有人主张从事业单位开始推进政府会计改革。但事业单位分类改革迟迟没有明显进展，对事业单位分类归入政府及政府部门，或归入非营利组织和企业，显然还没有明确的答案。围绕这一话题的讨论、争论还在持续。全国事业单位126万家、总数超过4000万人。显然从会计的角度把其简单归入或分类归入政府或非营利组织都是不妥的，而且，我们也不能等所谓事业单位改革到位了以后再推进政府会计改革。关于非营利组织，美国政府财务官协会（GFOA）《政府会计、审计和财务报告》一书第一页上有句话耐人寻味：“非营利组织被视为私人部门实体，除非它们是基本政府单位”。

还有一个更重要的因素，就是对于“政府”含义的不同理解。汉语中的政府与西文中的政府、中国的政府与西方国家的政府、社会主义国家的政府与资本主义国家的政府、成熟市场经济国家的政府和新兴市场经济国家的政府、转型国家政府的过去和未来并不相同，甚至有的差别很大。《现代汉语词典》和《辞海》都将政府定义为国家行政机关，例如我国的国务院（中央人民政府）

和地方各级人民政府。这可以理解为它不包含党派机关（中共及民主党派机关）、国家权力机关（人大）、政协组织、法院、检察院、群团组织和大部分事业单位、国有企业（政府企业）等。也有人用“广义政府”来解释政府会计的范围，但广义政府本身就是一个模糊概念，而会计需要精确。

国有企业（公营企业、政府企业）在美国等国家也是政府会计准则规定的适用范围。在中国却大不相同。虽然也可以探讨国有企业会计与政府会计的关系与交叉，但现在看来若将其作为政府会计改革的范围至少为时过早且无能为力。

看来，我们不能简单照搬西方（尤其是美国）的政府会计概念。不仅如此，在公共领域会计改革内容和改革路径上对国外政府会计改革的经验教训虽可以有所借鉴汲取，但更重要的是要立足中国实际、改进解决中国问题。中国当代历史发展和其他改革领域的实践已充分证明，只有这样做才是唯一正确的选择。有学者认为，政府会计即政府财务会计，不包含预算会计，那政府会计概念的局限性就更大了。名不正则言不顺，言不顺则事不成。政府会计在当代中国有点“水土不服”，这也许是政府会计改革在我国迟迟难以突破的原因之一。

会计应是“量体裁衣”而非“削足适履”。会计不是预算，会计不能用来界定政府活动的范围，会计只能反映公共部门与社会之间的界限，进而表明当下公共领域的边界。政府只是公共部门的一部分，而非全部。本文主张，我国预算会计包括单位预算会计改革的方向是建立公共会计体系。在中国，非企业会计的确也需要一个科学规范简洁的术语命名。现实需要我们在中国开启一个公共会计理论、制度、程序、形式的标准化时代。

“公共会计”一词并非本文第一次使用，实际它也是舶来品。法国对公共会计定义是，记录国家、地方政府和行政事业单位的账目。公共会计的目的是为能了解和控制预算和资金流动的步骤、财产状况、成本和年终结果。公共会计和企业会计一起构成国民会计的一部分（张月玲，2009）。葡萄牙 1881 年 8 月 31 日颁布《公共会计一般法规》，该法规将公共会计分为立法、管理和司法会计。

会计的原则是必须真实全面反映现实。那种人为地把一部分事业单位排除在公共部门之外，是已过时的“预算外”思维模式，而且是自找苦吃。事实上，美国、澳大利亚等国对公共部门的界定都是指政府拥有或控制的所有单位、实体和项目等。立足中国实际，本文认为公共会计是指各级政府、党政机关和事业单位会计的统称。中国的公共会计的范畴接近于《国际公共部门会计准则》所使用的公共部门会计，但不能完全等同。《国际公共部门会计准则》适用于除政府企业以外的所有公共部门主体。在中国，公共会计的覆盖范围要更大一些。按照政企分开的原则，已作为企业会计准则适用范围的国有企业（包括国资委、银监会、保监会管理的国有企业），可全部或部分不作为公共会计的适用范围。而所有行政事业单位，包括所谓企业化管理的事业单位，例如国有（公办）学校、医疗机构、保险机构、地方政府所属非银行金融机构等，都应纳入公共会计范围。所有政府性（包括所有或代管）资产、负债和所有者权益，都应纳入公共会计反映的对象。这样表述既借鉴了美国、澳大利亚等国家对政府会计财务报告主体的界定，便于国际比较，也有利于真实全面准确反映中国公共部门的范围和边界，便于加强政府管理、人大监督和民主监督。

公共部门是公共会计的主体。从会计目标上来说，公共部门与人民之间存在着一种委托与受托的关系，所以公共会计目标坚持受托责任观，主要是为公众服务。又由于公共部门不仅负有公共资源受托责任，还负有公共权力受托责任，因此决策有用观也应作为公共会计的目标之一。所以，公共会计的主要目标应包括报告受托责任和提供决策信息两方面。从服务对象来说，公共部门的受托责任应是受公民所托，公共会计信息既要满足政府宏观管理需要，还要特别注意满足人大、政协、公众、债权人、投资人需要。

本文定义的公共会计可以认为是会计在公共领域的“自我拯救”，是会计与预算分离、独立、重建、成长。“公共性”是公共会计的本质特征，特别强调公开、公平、公正，注重透明、精确、控制、绩效、责任、监督。与官厅会计、预算会计、政府会计、企业会计不同，公共会计更具公共性、公开性、全面性、易懂性、经济性等。

本文设想公共会计可以实现以下功能：

(1) 政治功能。公共会计是一个独特的政治概念。公共会计既可作为政府控制的手段，也可以作为发扬社会主义民主的政治工具。特别在当今中国，建设透明、节约、有效的公共会计机制有利于整个国家长治久安。健全的公共会计制度可以促进透明政府、责任政府、诚信政府建设，便于预算监督、财务监督、审计监督、人大监督、民主监督、党派监督和公众监督，促进干部清正、政府清廉、政治清明，增强执政合法性。

（2）经济功能。促进公共资源有效配置，有利于控制和减轻政府失灵和市场失灵，改善政府宏观经济调控，提高政府绩效，防范政府债务风险和财政风险，有效应对经济危机。

（3）社会功能。促进改善民生，缓解收入分配不公，增强社会保障，实现代际公平，保持社会稳定。

这些功能也可以说是公共会计的梦想，公共会计必须为之而奋斗。

这里还要厘清与公共会计相关的两组重要关系：

（1）公共会计与企业会计。这是中国会计的两大分支。企业会计，也称商业会计、公司会计，包括多种经济成分，但不含行政事业单位。相对于企业会计，公共会计发展相对滞后，其会计体系碎片化、地位矮化、作用弱化，需要整合、提升、强化。公共会计看似简单，实则复杂，其包含政治、公共预算等企业会计没有的元素。公共会计应该积极借鉴企业会计最新发展成果，相比较竞相发展、相互促进。实际上国际上公共会计、政府会计改革，都引入了企业会计的先进理念与技术，有效推动了公共会计的科学化发展。但公共会计不仅要实现财务管理目标，还要能真实地反映预算执行情况，为政府管理部门提供有效信息和决策依据，为公民履行公共受托责任，接受公众和审计部门的监督。因此，公共会计在借鉴企业会计发展成就的同时，要充分考虑其特殊性。公共会计发展方向和企业会计发展方向从长远看要逐步趋同。

（2）公共会计与公共预算、公共财政。有学者这样认为："会计广义地包括预算、财务报告和审计"，或"预算根本上是先天的财务会计"。但是实际上会计与预算就如会计与审计一样都享有很高的独立性。借用一个很形象的比喻，就像女人不能从属男人一样，会计也不能从属于预算。正如有人所得出的结论那样："近些年，人们逐渐认识到，一定程度上的会计独立是非常必要的，否则预算外资金就会游离于账户之外，导致出现严重的违规现象"（Chan，2000）。正确处理与公共预算的关系，有利于公共会计更好地发展壮大。公共财政也应改变目前公共预算一手硬、公共会计一手软，或者企业会计一手硬、公共会计一手软的局面。现代会计制度可以轻易收集和编制准确、明白的数据，现代预算体系则提供计划、优先选择和监督行政管理必需的复杂结构和程序，两者相辅相成，携手并肩共同致力于公共财政和公共管理健康发展。目前，公共会计是一支"潜力股"，急需增加投入。值得注意的是，我国作为单一制国家，现阶段无论国家、地方还是公众都不应过分夸大预算的作用，特别是在人大监督、民主监督尚不健全的时候，应该更重视公共会计的基础作用和财务报告的基本作用。清晰易懂的会计与报告是保证政府内部有效管理和加强人大监督、公众监督的有效途径。有学者提出“先会计后预算”的改革思路是有一定道理的。

日本企业家稻盛和夫“会计七原则”中有这样一句话：“构建一个玻璃般透明的系统，使隐蔽或模糊事实的企图变得不可能。”这句话完全可以作为公共会计目标的表述。如果在中国，各级政府和所有行政事业单位都建立了这样的公共会计，就会为国家长治久安奠定坚实的基石。

三、中国公共会计改革的第一步：从行政事业单位开始

（一）抓住时机，选择一条现实改革道路

简单地说，中国公共会计改革可以采取自下而上、自上而下和从行政事业单位突破三种路径。不少会计专家主张会计改革应从地方政府开始，实际上在中国也有个别基层政府尝试财务信息公开。尽管地方政府最接近公众，但自下而上如同美国政府会计改革实践的那样，需要地方政府在各自的会计领域享有高度的自治，地方政府有压力、动力和自主权实施改革。本文认为，这在中国尚不具备条件，不少地方公共预算改革进程缓慢，落后于中央和省级实施水平就是一个明显写照。而自上而下如同我国政府机构改革做法一样，虽有优于自下而上之处，但需要广泛达成共识、全面谋划方案、突破相关瓶颈、承担巨大风险、付出时间成本。

借鉴部门预算改革和“三公经费”公开经验，也顺应改进作风和政府职能转变、建设清廉政府的要求，从行政事业单位开始推进公共会计改革存在必要、可行、时机和动力的优势。在技术上，也能为财务、预算、内控、审计提供丰富有用信息，便于会计、财务、预算、内控、审计“五指并拢”发挥协同效应，形成合力。当然行政事业单位也是公共会计改革的难点所在，存在很大的复杂性和艰巨性，但公共会计改革的难点如果破解了，全面推开公共会计改革就只剩下时间问题了。美国政府会计改革之所以从地方市政会计改革起步，也与地方政府的多样性、复杂性不无关系。在我国，中央政府与地方政府有着高度的同质性。一项问卷调查表明，我国预算会计最佳的改革方式是“由中央政府部门开始改革，逐渐推广到整个中央政府层次，再扩大到地方政府”（陈工孟等，2005）。

（二）由终而始，从行政事业单位开始建立公开规范统一的财务报告制度

会计的本质是信息系统。会计学者告诉我们："会计不能满足于对各种业务的记录，更关键的是实现会计记录的功能，即把记录的结果及时报告给管理有关方面。""会计记录与报告其实是会计工作的两个侧面，两者互为因果甚至可以认为是孪生的。会计之存在，首先在于记录，而这种记录的全部作用仅在于知晓和证明"（杨雄胜等，2013）。

公共会计是公共部门的计量和报告体系。陈立齐（2009）的研究表明："在过去的20年中，席卷全球的民主和市场经济的浪潮推动了政府的受托责任和透明度。这两个价值观是公共部门会计和审计实务的基础。""会计范围的现代解释将财务会计延伸到财务报告，是要授益于那些有政治权力知晓财务状况和经济上需要知道政府财务状况，但是没有权力或资源来获取这些信息的人。会计因此变成了在政治体制下民主受托责任和市场经济下经济互惠的产物和强制机制。"预算已不再是唯一的政府告知公众其财务状况的主要文件。"在近几十年，以事实为依据的年末财务报告被认为是实施财政纪律和反映受托责任的另一项工具，这已成为许多国家的重大政治、经济改革协调的一部分。"

本文认为，公共会计主要通过公开财务报告体现公共性。会计责任的关键在于公开，任何监督都不如公开有益。会计公开有利于强化公民的主人翁意识。统一精准公开的财务报告可以达到以下目的：第一，会计公开可以使公众知晓公共部门的决策和运行；第二，会计公开在光天化日之下，可以有效地预防暗箱操作，它提供了制约公共部门的手段；第三，它促进金融稳定，维护公共部门的信用，获得公众的信任；第四，它提供了公共部门比较的基础，便于部门之间相互学习；第五，它便于加强政府对公共部门、中央对地方的管理控制，强化人大和公众对政府及其他公共部门的监督；第六，"会计信息也可能驯化或者引导市民的普遍参与和采取更加可接受和安全的表达方式"（乔纳森·卡恩，1997）。简而言之，清则正、清则廉、清则明。当然，会计公开也应适应现实、循序渐进。

推进行政事业单位会计改革，首先要确立为公众服务的会计目标，并按照公共会计要求构建财务报告，通过统一规范的财务报告全面、完整、系统地反映行政事业单位财务受托责任的履行情况。国际公共部门会计准则和美国、澳大利亚等国家的政府会计准则及会计教科书都是首先围绕财务报告展开的。而我国现行的预算会计制度体系，包括新修订的《事业单位会计准则》等都是把

财务会计报告放在制度的末尾部分。究竟谁是本末倒置呢？

目前，我国行政事业单位有关财务受托责任的信息，不完整地分散在财务报表和工作报告之中。它的财务报表，一般包括资产负债表（静态表，反映一定日期的财务状况）、预算执行情况表、收入支出表（动态表，反映会计期间的收、支、余状况）、附表及说明书等。从财务报表本身来说，其格式的固定性和以数据反映为主的特点决定了它所表达的会计信息的局限性，随着市场经济日益发展，政府管理和公众对会计信息的披露提出了更高、更严的要求。按照公共会计理念要求，财务报告不是简单的几张报表，而应该包括更丰富的内容，能够满足不同信息使用者的需求，发挥更重要的作用。必须从现在的财务报表发展成为真正意义上的财务报告。应该在充分考虑我国国情的基础上，建立一定程度权责发生制为基础的财务报告，逐步向权责发生制方向转变。制定财务报告制度时，要考虑行政事业单位的公共性和管理性特质，统筹兼顾解脱公共受托责任和提供决策有用信息两个主要目标。

一是完善报告内容。从国际通行做法看，财务报告的主要内容包括财务报表及附注、以财务报表为基础的经济状况分析、财务管理情况阐述等部分，其中财务报表主要包括资产负债表、收入费用表、现金流量表。我国行政事业单位财务报告初期可从编制一定程度权责发生制的资产负债表、收入费用表入手，待各项条件具备后，再着手编制现金流量表及其他报表。

二是规范表外信息。表内信息越来越不能满足政府决策和公众的需要，为了提高可比性，增进可理解性，体现完整性，突出重要性，表外信息应该作为财务报告的重要内容。特别是近年来财政资金的支出结构越来越细化、公众对财政资金的流向和地方政府债务热点等问题越来越关注，这就要求行政事业单位财务报告不仅要披露财务信息，还要求更多地披露业绩信息；不仅要披露定量信息，还要求更多地披露定性信息；不仅要披露确定的信息，还要求更多地披露不确定的信息；不仅要披露历史性信息，还要求更多的预测性信息。当然，在目前我国公共部门财务报告制度起始阶段，当务之急是规范表内信息，特别是报告的数据。用真实明白的数字说话始终应是公共会计的第一追求。

三是增加绩效报告。行政事业单位肩负着社会管理和提供公共服务的职责，不以营利为直接目的，其工作成果与价值不直接表现或主要不表现为可以估量的物质形态或货币形态，更多是表现在完成的公共受托责任情况。现行的行政事业单位财务报表，主要是披露单位财务运行情况，是证明公共资源的取得及使用的目的是合理的，但是使用结果和产生的社会效果不能得到体现。因此，由于行政事业单位的特殊性质，财务报告内容应该包括绩效报告，重点阐述资金的使用绩效和取得的社会效益。

四是确立财务信息质量特征。参照国际惯例，我国公共部门财务报告的信息应当具有相关性、可靠性、重要性、可比性和可理解性。

五是扩大公布范围。按照公共会计理念，行政事业单位财务报告应该向公众和所有利益相关者公布。现行的行政事业单位会计信息主要限定由各级政府机关、部门单位内部管理者以及审计部门使用，信息使用者限定过窄。根据我国的实际情况，现阶段公共会计信息使用者应该包括：本部门（单位）、财政部门、审计机关、人民代表大会及其常务委员会、政协组织和政协委员、公民、政府投资者和债权人、国际组织和其他政府、捐赠人等。新的会计准则和财务报告制度应明确规定行政事业单位发布通用的外部财务报告格式，并按一定程序接受公众的监督和质询，履行受托责任。

（三）系统重构，将行政事业单位会计制度纳入公共会计制度体系统筹设计

我国新的行政事业单位会计体系应该是按照公共会计体系整体框架设计。在借鉴世界发达国家经验教训的基础上，分析利益相关者，构建适合我国国情的公共部门会计制度体系，至少做到建立一套会计准则、协调两种会计基础、实现三类会计同步。

一是建立统一、科学、有前瞻性的公共会计准则。为了确保财务报告信息质量，为公共部门财务报告编制提供标准，积极借鉴企业会计发展成果和国际公共会计改革经验，要研发制定我国统一的公共会计准则。会计准则是以公共部门特定的业务或特别的报表项目为对象，详细分析各业务或项目的特点，规定必须引用的概念定义，然后以确认与计量为中心并兼顾披露，对围绕该业务或项目有可能发生的各种会计问题作出处理的规范。根据我国实际情况，应该按照社会主义市场经济下公共财政和公共会计的特点，建立规范、统一的公共会计准则，所有公共部门（包括政府及其构成实体）执行统一的准则，不再分类制定准则（如事业单位会计准则）。可先制定基本准则，再制定具体准则、应用指南。对财务报告的要求应作为公共部门会计准则的核心。由于公共部门比较复杂，在统一的公共部门会计准则体系下，借鉴澳大利亚等国做法，可对政府部门（或事业单位）、地方政府、政府（或财政）的财务报告制定针对性强的具体准则，允许适当个性化、简化、便利化，单独发布。制定原则应与公共会计理念和改革方向相一致，先在试点单位试运行，待公共部门会计改革整体推进后，不断修改完善补充，并将国际公共部门会计准则和其他国家公共部门（政府）会计准则作为参考借鉴。在统一的公共会计准则下，可修改或重新制定高校、医院、社保基金、文化单位、企业化管理的事业单位等特殊公共部门的会计制度。

二是处理好收付实现制与权责发生制的关系。收付实现制是一种简便而且经过良好检验的方法，便于安排预算拨款和预算支出进度，并能如实反映预算收支结果，但存在明显缺陷，比如政府资产、负债以及资金运用情况和效果等财务状况无法全面反映等。权责发生制能够全面准确真实反映现在和未来的负债情况，以及所提供的公共产品或公共服务的费用情况，但技术难度较高。采用何种会计基础，不能仅仅认为一种会计基础比另一种更优越，要结合国情和改革进程慎重选择、循序渐进、逐步过渡。我国近期出台公共部门会计准则，可采用修正的权责发生制。如有必要，在尽量做到不繁琐的情况下，也可考虑预算会计部分仍采用收付实现制（或修正的收付实现制），而财务会计、成本会计部分可以采用修正的权责发生制（或权责发生制）。

三是实现财务会计、预算会计、管理会计同步。公共会计应有之义包括财务会计、预算会计、管理会计（或成本会计）。公共部门与企业不同，通过税收等强制方式来筹集资金，公共部门的收支必须依照立法通过的预算进行，所以我国长期以来预算会计的地位显著。公共会计的实质是会计重塑，首先是重建财务会计，进一步完善预算会计，并为管理会计或成本会计留出相应位置。随着公众对财政资金使用效益越来越关注，管理会计和成本会计在公共部门会计中的作用也越来越明显。公共会计应该使财务会计、预算会计、管理会计（或成本会计）尽量融合，三位一体发挥协同效应。

四、行政事业单位会计变革转型中的其他相关问题

（一）建议时机成熟时研究制定《公共会计法》

基于目前公共会计薄弱局面急需改变，公共会计又与企业会计有很大不同，公共会计与公共预算同等重要且密切相连，可将《预算法》修改为《公共预算与会计法》，或单独制定《公共会计法》。我国《宪法》规定，一切权力属于人民。财务报告应是政府向人大提供的基本文件，建议在条件成熟时将公共部门财务报告制度写入宪法，并将公共部门财务报告作为审计机关审计的基本内容、

人大监督的主要内容、协商民主的重要内容。

（二）专设公共会计机构

国际会计师联合会成立国际公共部门会计准则委员会，负责制定国际通用的公共部门会计准则。许多国家也成立了推进公共部门会计改革的机构。我国也应该尽快成立公共会计改革和管理机构，以便统一协调、统筹谋划尽快推动公共会计有关工作。

（三）开展行政事业单位会计改革试点工作

挑选具有代表性的部门、单位先行试点改革，通过试点找出改革中的重点和难点，检验改革成效，修正改革方案。对改革过程中遇到的部分难点问题进行针对性研究，结合本部门、单位的实际情况，加强调查研究，提出切实可行的操作建议，提高改革方案的可行性，并通过试点锻炼队伍，为下一步推进整体改革奠定坚实基础。

（四）推进公共会计队伍建设

我国巨大的公共资源和特殊的公共部门结构需要一支比较优秀的公共会计专业人才队伍。据财政部统计，截至 2010 年我国大陆行政事业单位会计人员有 253 万人，占全部会计人员的 18%。这是我国公共会计改革的重要基础。但如果不说行政单位，仅按 126 万家事业单位、每家 2 名会计人员计算就需要 252 万会计人员。而且与企业会计人员相比，目前行政事业单位会计人员特别是基层单位会计留不住、待遇低、素质差问题比较突出。公共会计改革对从业人员素质要求较高，专业性也比现行的行政事业单位会计人员更强。要以推动行政事业单位会计改革为契机，集中选拔培养轮训一大批公共会计专业人员。特别要教育广大会计人员树立公共精神和公共会计意识，掌握公共会计和信息化技能，乐于献身公共会计事业。公共会计人员的基本义务和职责是保证会计数字的神圣和不可侵犯。要造就若干杰出的中国公共会计专家，融合会计界领导者、各级行政事业类会计领军人才、学术界精英、注册会计师等力量，坚持梦想、敢冒风险、勇于探索，开启中国公共会计改革和财务报告制度建设的良好局面。

（五）研发公共会计和财务报告信息系统

新的公共部门财务报告和会计体系的建立，势必要利用现代信息技术，以提高会计信息的相关性、及时性和可靠性，充分发挥会计信息优化资源配置的功能。可建立电子联机实时财务报告系统，能使交易事项在发生时即可记录、处理和报告。信息使用者通过联机，可直接获得所需信息，而不必等到分期报告出来后再去获取那些经整合的历史信息。

（六）公共部门、学界、实务界同心协力加强公共会计领域研究

公共部门会计改革是提高财政管理水平、提高公共部门透明度、改进部门绩效管理、加强人大和公众监督的一项重大工程。行政事业单位只是公共部门的一部分，公共会计改革目前仍处在探索阶段，还有很多具体问题需要深入研究解决。我国应继续加强与国际公共部门会计准则委员会等组织的交流与合作，积极参与国际公共部门会计准则的研究制定工作，借鉴国际经验与做法，着力推进我国公共会计改革，逐步建立中国特色的公共部门财务报告制度。各级人大、政府及党政部门、学术界、实务界与社会公众应携起手来共同完成这一历史进程。建议吸收上述领域人员特别是以公共会计与预算界实务人员为主，组建公共会计协会（不同于目前的会计学会），成立公共会计报告专业委员会，深入持续开展实践、调研、培训、交流，由政府资助定期编制发布《中国公共会计和财务报告蓝皮书》，创办《公共会计与财务报告》会刊，主持编写《公共会计学》教材，建立公共会计与财务报告网站，努力为公共会计改革和财务报告制度运行提供理论支持、奠定坚实基础和创造良好条件。

（七）对公众的公共会计宣传教育至关重要

“如果不宣传，会计与报告制度方面的技术就毫无价值”（乔纳森·卡恩，1997）。政府应努力搭建便捷畅通有效的财务信息沟通平台，编写《公共会计与报告手册》等普及读物，充分发挥媒体力量，采用现代信息渠道，如各种热线、博客、微信、短信等平台，最大限度地公开政府财务信息，使公众能够从不同渠道及时地获取所需相关信息。政府这样做，可以“将会计从内部的记账手段转变为公共关系工具”，而且未来以财务报告为形式的公开宣传将在吸引和维持投资、增加上级政府信任和授权、化解普通公众的社会焦虑与不安等方面变得越来越重要。中国特色的公共会计和财务报告的信息应该在及时、全面、可靠的基础上，更加突出简明清晰和易于理解。同时，人大代表、政协委员与公众的公共会计和财务报告知识普及也是一项需要广泛推动、持续做好的基础性工作。说到底，公共会计改革不仅要改变公共管理的方式，还将改变人们理解政府、认识自身与政府关系的方式。美国早期的会计改革家告诉我们这样一个道理：“知识的社会化”是有效民主的关键，因为“如果没有公众的理性控制，就不可能有高效的、进步的和成功的民主”（乔纳森·卡恩，1997）。因而在未来中国，接受以财务报告为形式、以会计信息为内容的“扫盲”教育是一个公民的义务。我们可以毫不夸张地说，为了实现“中国梦”，优秀的公民必须掌握公共会计信息并能可靠地运用它。我们应该确立这样的奋斗目标，不仅要推动我国在2020年迈入会计强国，而且也要迈入公共会计强国。这是国之大幸，民之福祉。

主要参考文献

1. 乔纳森、卡恩：《预算民主》，上海人民出版社2008年版。

2. 陈立齐：《美国政府会计准则研究》，中国财政经济出版社2009年版。

3. 张光：《美国进步主义时代的政府会计改革》，上海人民出版社2010年版。

4. 杨雄胜等：“会计理论范式革命：黎明前的彷徨与思考”，《会计研究》，2013年第3期。

5. 财政部会计司：《政府会计研究报告》，东北财政大学出版社2005年版。

6. 中国会计学会：《政府会计理论与准则体系研究》，大连出版社2010年版。

7. 国际会计师联合会：《国际公共部门会计文告手册》，中国财政经济出版社2010年版。

8. 政府财务官协会：《政府会计、审计和财务报告》，经济科学出版社2011年版。

9. 财政部国库司：《政府会计的国际趋势与经验》，中国财政经济出版社2009年版。

10. 财政部国库司：《关于政府会计改革的考察报告》，2005年。

11. 娄洪：“推进政府会计改革 建立政府财务报告制度”，《预算管理与会计》，2012年第9期。

12. 张琦：《政府会计改革：系统重构与路径设计》，东北财政大学出版社2011年版。

13. 张月玲：《政府会计概念框架构建研究》，光明日报出版社2009年版。

14. 丁兴业、田志娟：“论市场失灵的类型、原因及对策”，《武汉科技学院学报》，2006年第8期。

企业集团战略现金流管理探析

班级：企业类五期

作者：杜奎峰　韩旭　彭亮　周响华　周雅琴

摘 要

在变化环境中竞争的企业面临着越来越大的风险，而现金流就是其“护身符”。一旦现金断流，再好的企业也难免陷于万劫不复之境地。所以，现金流管理是企业管理的一个战略重点。传统的现金流管理基于“收付实现制”，侧重于管理当期的现金流。然而，所有眼前的问题，都是长期效应的反映。侧重于短期目标的传统现金流管理难以适应现代企业集团竞争和发展的需要，战略性现金流管理对于组织结构复杂、经营业务多元的企业集团日显重要而急迫。有效进行战略性现金流管理，需要以战略思维，全面地分析企业集团的结构层次和业务模块，从组织层级和实体流程出发，构建多维度、多模块的立体现金流管理控制模型，设计相应的现金流分析指标体系。

现金是企业经营管理活动中重要的经济资源，并且是最具流动性和灵活性的资源。现金流是维系企业生存的“血液”，其一旦绷裂，企业立即就会陷入危机。“所以现金流一定不能断，否则就必死无疑。”（李荣融，2010）然而不幸的是，悲剧一再上演：2001 年安然垮台，2004 年德隆系崩溃，2008 年雷曼兄弟破产……这些活生生的例子一再警示人们，现代企业管理应该超越以利润为中心的财务管理模式，转向更本质的价值驱动因素——现金流管理。统计资料表明，发达国家破产企业中的 80% 在破产时账面仍是盈利的，使其倒闭的根本原因是现金流量不足。我国也不例外，曾经盛极一时的德隆和柯林格尔，都是在盈利状况良好的情况下，因现金流断裂引发财务危机、进而陷入破产境地的。所以良好的现金流、而非盈利才是企业持续发展的前提。几年前，华为创始人任正非一再告诫下属，“现金就是华为过冬的棉袄”，的确是一句饱含哲思的忠告。

传统现金流管理注重企业经营活动的“战术”层面，立足于维持企业经营的安全和稳定，所以强调保持充足的现金流动性和现金流的平衡性。但在“现金为王”和“战略制胜”的时代，现金流管理不能再局限于传统的经营管理范畴，而应提升到企业战略管理层面。战略性现金流管理，就是着眼于前瞻性和战略思维，为保证企业持续经营和实现发展战略目的，研究企业现金流管理的理论、资金运行规律和管理策略等内容。战略性现金流管理超越了传统的“战术”层面，从企业经营目标、价值创造、资本运营等战略层面切入，在满足传统现金流管理需求的基础上，进一步突出战略管理层面的现金流需求，保障企业实现价值最大化目标。战略性现金流管理是与企业战略发展相适应的现金流管理活动，而非传统的与短期经营活动相适应的现金流管理活动。现金是企业资本周期的中枢，良好的战略现金流管理将能够有效地管理现金流量资本周期中的所有项目。

一、文献综述

早期的现金流管理理论主要关注企业随时具有充足的现金，以满足生产经营过程中的资金需求，这是企业现金流管理的首要目标。为此，企业必须保持合理的现金水平和资产的流动性。威廉·T. 福斯特（1922）研究了企业的现金流循环及其波动性后指出，有效的现金流管理攸关企业生死，忽视现金流管理可能招致严重后果。尽管企业必须保持充足的流动性，但作为流动性高、但收益低的资产，现金富余又会造成资源浪费，理想情况是保持最佳的现金规模。为此，威廉·鲍莫尔（1952）、默顿·米勒和丹尼尔·奥尔（1966）创立了最佳现金流量模型。但真正激发国际上现金流研究热潮的是1975年当时美国最大的商业零售企业W. T. Grant公司破产案。在该公司破产的前五年，虽然仍有高额利润，但净现金流量已为负数，不足以支付巨额的成本支出和到期债务，最终导致“成长性破产”。为何在企业高速发展、盈利良好的情况下，会出现“成长性破产”呢？根本原因就是过于重视会计利润与营运业绩，而忽视了现金流的均衡，一旦现金流绷断，极容易导致企业崩盘。类似事件的频发吸引了金融、财务学者的兴趣，现金流管理的重要性日益受到重视。沃尔特（James E. Walter，1953）曾经提出，用净现金流是否能满足流动负债的支付需求，作为判别企业是否面临财务危机或资不抵债的标准，这是利用现金流指标进行现金流危机预警的起点，并引起了20世纪70年代以来对财务危机预警的深入研究。

20世纪90年代以来，随着企业整合风险管理理论方法的兴起，现金流管理开始被纳入整合风险管理的框架。学者们分别从理论和实证角度研究了现金流风险对企业价值、公司治理、投融资决策、资本结构、信息披露以及市场微观结构的影响。随着经济全球化加剧、信息技术迅猛发展，复杂金融衍生产品层出不穷，现金头寸的风险管理、现金流风险的度量以及现金流风险对冲成为现金流管理的核心内容。现金流管理技术方法上也超越了一般的财务管理手段，发展出了诸如现金流在险值、现金流套期保值等风险管理和金融工程技术。

近几年来，越来越多的企业和学者开始关注战略现金流管理问题，希望通过加强现金流管理来增强企业的抗风险能力和长期盈利能力。战略现金流管理这一名词开始经常出现在相关的论著与学术期刊当中。Sharma（2000）、Churchill（2001）、切克利（2004）以及小谢弗（2002）分别在其著作中强调了现金流入与现金流出之间平衡的重要性，论述了企业战略现金流管理的具体技术方法。

在国内，徐蕾（2005）对战略现金流管理的内容进行了总结，提出战略现金流管理主要包括现金流向战略的确定、方案评价、标杆选择、实施控制与反馈等内容。孟焰、李连清（2006）对战略现金流管理的特征进行了概括，认为战略现金流管里的目标必须以企业的理财目标为导向，而公司的理财目标最终归结为“公司的可持续性价值最大化”；战略现金流管理必须与企业所处的生命周期相匹配，同时要注意在不同发展阶段，经营活动、投资活动和筹资活动现金流之间的转化与配合。作者还提出，要从观念上重视现金流管理，关注影响现金流管理的重要因素和指标，并提出了现金流管理全面控制体系的思路。

陆庆春、周丽娜（2008）探讨了现金流战略管理的概念和特征，指出应从整体上把握现金流的管理，将现金流管理作为一项战略、一个系统，从内外环境出发，协调一致，实现现金流在流量、时间、结构及其风险等方面的动态平衡。他们认为，现金流战略管理可以通过战略性现金流预算来实现，并且论述了有效实施战略性现金流预算应当做好的几方面工作。李亚典（2010）分析了企业在现金流管理方面存在的缺陷，提出应将企业现金流管理融入企业战略管理，建立现金流战略管理。企业现金流的战略管理需要建立在企业整体发展战略决策的基础上，加强对企业现金的规划和管理，保障其资金周转的有效性，保障企业的长期稳定发展。祁致廷（2012）进一步探讨了现金流日常管理中的各项战略要素管理。

梁丽（2014）分析了企业价值链理论对现金流管理的意义，提出在价值链视角下，现金流管理的应从风险战略、营销战略、利润战略和企业价值战略四个战略角度展开。陈志斌等（2006）提出，促进增长、防范风险、创造价值是企业战略现金流管理的三个重点，三者必须均衡。企业在制定战略的过程中，必须坚持价值创造的增长战略，只有创造价值的增长才是有效的增长。在进行战略现金流管理时应引入新的理念，要从价值链业务模式转变为价值网模式，重点挖掘“金牛类”投资项目，作者还强调了自由现金流与战略现金流匹配的重要性。

王建财（2012）以房地产企业为例，提出应以企业合理的理财目标为导向，结合房地产行业的生命周期，从整体上把握现金流入与流出的动态平衡，并提出了用CVA模型来衡量企业的真实业绩，以期对房地产企业现金流进行战略型管理。槐波娟（2014）[21]结合企业生命周期的不同阶段，认为各个阶段的企业的现金流管理都有一定的差异，所以针对不同的生命周期阶段，也都有一定的管理战略，并简要分析了幼苗期、成长期、成熟期、衰退期的现金流管理战略。

从国内外已有研究成果来看，对现金流的研究主要还是集中于现金流日常管理方法上，而少数从战略角度研究现金流管理的文献只是论述了对现金流进行战略管理的意义，在论述现金流管理方法时，又回到了现金流日常管理上。因此，有必要从企业发展战略层面深化对战略现金流管理的理解和为实践提供指引。

二、当前我国企业集团战略现金流管理问题分析

企业集团是现代经济体系中越来越流行的企业组织形式，尤其受到各行业领先企业的偏爱，其经济影响力正日益扩大。由于集团内部各成员公司都是独立的法人主体，处于不同的管理层次，具有各自的经营目标和利益取向，导致集团内部财务决策的多层级化，“集而不团”现象普遍存在。经营目标和利益驱动的差异，使内部各成员公司更注重局部的财务目标，导致整体决策的次优化，阻碍集团公司整体核心竞争力的提升。同时，中国崇尚“高大全”的文化心态，也体现在了企业发展上，集团公司普遍采用多元化投资经营战略，追求产业的多元化和产品的系列化，没有多少企业安于做小而精的公司。企业集团内部经营范围和管理模式差异巨大，战略和管理的整合非常困难，表现在现金流管理方面，主要问题有：

（一）现金流管理理念滞后，战略现金流管理意识缺失

当前，我国企业集团经营实践中的现金流管理，仍着眼于企业经营活动的操作层面，关注现金流的安全和平衡，立足于保持充足的现金流动性，以避免陷入财务困境甚至破产倒闭。但正如前文所述，环境在不断变化，竞争在持续升级。在“战略制胜”时代，现金流管理不能再局限于传统的经营管理范畴，而应提升到企业战略管理层面。良好的战略现金流管理将能够有效地管理现金流量资本周期中的所有项目，充分协同各项目发挥出最大的效能。如果现金流管理仍囿于传统领域，则远不能适应形势发展的要求。现金流管理没有能够与企业的战略相契合，是目前我国企业集团现金流管理的最大短板。

（二）现金流管理没有嵌入经营管理全流程，存在现金流“管涌”

传统现金流管理只关注财务系统的资金收支活动，而未能认识到企业的一切经营管理活动均对现金流运行具有重要影响，因此也就未能将现金流管理作为“经络”，串起各职能单位、各业务单元和各产品线相，形成现金流管理网络。事实上，现金流是企业资本周期的中枢，贯穿于实现企业价值的经济活动的全过程，并且连接供应商、销售渠道以及顾客所构成的整个价值网和企业生态环境。企业集团的财务系统只是整个经营网络中的一个链条，也是企业经营管理活动的中后台（生产销售活动相当于前台）。其实，任何时候现金流管理的关键环节都在业务前台，中后台只能在一定程度上提高现金流管理的效率和

效果，却不能从根本上改变现金流运行的态势。当前，企业集团的现金流管理只重视财务环节，就忽视了其他更为重要的领域，造成了很多现金流“管涌”，现金截留、小金库、“体外循环”等现象屡见不鲜，这反过来也削弱了财务系统的“汇流”效果。

（三）现金整合管理程度低，影响资金使用配置和使用效率

目前，除了少数设立财务公司的大型央企之外，我国企业集团的现金流管理普遍存在集团系统整合管理要求与内部多级法人资金分散占用的矛盾，集团总部难以对全系统的现金加以统一筹划和管理。现金流整合管理涉及现金资源控制权的内部转移，集团总部既缺乏对全系统有效的现金监控手段，使得总部难以对下属企业的现金质量及运行状况实施有效监督，也缺乏合理的激励约束机制，现金的整合管理和统一调配实现起来就很困难。由于现金没有实现统一归集和有效配置，内部不同经营主体之间资金余缺并存，资金配置低效，无谓地增加了集团整体的财务成本、降低了资金使用效益。

（四）现金流管理未与绩效考核结合，激励导向作用弱化

目前，大部分企业集团的绩效考核评价体系仍是“利润导向型”的，有些企业在引入和完善“增加值导向型”考核体系，但一般属于国资委管理的央企。总体而言，无论是利润导向型还是增加值导向型，对于流动性风险的重视程度都不够，现金流考核的导向作用还很弱。在实践中，企业集团对现金流的管理存在着明显的滞后性和被动性特征，往往到了现金流紧张或陷入财务危机前，才临阵抱佛脚开始重视现金流管理，可往往悔之晚矣！

（五）现金流财务信息含量低，不利于科学决策

信息是一切决策的原点。面对快速变化的市场状况和竞争形势，企业的组织结构越复杂，经营领域越广泛，迅速正确地决策对于真实准确的信息的依赖程度就越高。但在我国企业集团管理实践中，现金流信息的决策有用性低却是个很大的问题。究其原因，一方面在分散的资金管理模式下，不仅现金及现金流本身是分散的，关于现金流的财务信息也是零散的，而零散信息的真实性和准确性难以保障。在有现金流账外循环或“管涌”等现象时，信息的有用性更要大打折扣。另一方面是管控技术手段比较滞后。客观而言，近些年很多大集团在信息系统方面的投入是很大的，单个企业的信息系统也许还很先进。但却存在着两个突出问题：系统是很先进，但未必适合企业实际，薄弱的基础管理难以满足系统对信息输入的规范要求；另外各系统未能整合互联，系统间的数据标准又不统一，这样在信息的收集、整合、传递等过程中，信息失真会被逐步放大。甚至有时下属公司也会隐瞒不利信息甚至提供虚假信息，如果其不能被及时发现和纠正，累积起来往往会掩盖危险的真实境况。安然公司倒闭案足以说明，即使在著名大公司和会计师事务所，信息造假和欺上瞒下也可以畅通无阻。

三、企业集团战略现金流管理模型及评述

企业集团复杂的组织结构、多元化的业务范围、差异化的经营业态和盈利模式使得集团总部能否有效地对各成员单位进行管控成为规避风险、获得持续发展的关键。进而言之，在现金流管理方面，集团总部必须能够对各级机构的现金流进行管控，保证整个集团现金流的平衡，促使集团战略目标的实现。目前，大型企业集团普遍实行的是财务集中管理，其形式有结算中心、内部银行和财务公司等。不论具体形式如何，现金流的集中管理，都是财务集中管理的核心。

要管控好企业集团的现金流，就需要构建现金流管理的整体模型。在此基础上，结合每一业务单元的商业模式、业务流程和资金运行特征，确定现金流管控的重点和方式。因此，构建企业集团现金流管理整体模型是有效开展战略现金流管理的基础。

（一）现金流管理整体模型——两部三维三块四变量八指标模型介绍①

陈志斌等（2007，2009）认为，现金流管理不是一个孤立的活动，它与企业的外部环境、内部因素密切相关。从宏观角度来看。社会文化、政治法律、特别是经济环境都会影响企业经营活动进而影响现金流的运行方式、运行状态和运行效果；从中观层次来看，行业因素、技术发展、市场状况等对企业的现金流有直接的影响；从企业内部来看，企业的现金流与企业的价值流、业务流、信息流相伴相生，现金流的管理效果与企业的组织架构、制度特征、运作形式、管理模式等有紧密的联系。要实现现金流管理为企业或股东创造价值的目的。靠零星的非体系化的管理手段和方法是难以完成的，必须构建一个整体的现金流管理范式。

① 本模型是陈志斌等人的研究成果，本文在此只是引述，特此说明。该模型具体内容见参考文献［22］和［23］。

陈志斌等认为，企业的现金流管理是一个系统工程，相应的企业现金流管理模型包括内、外两部分；纵向、横向、侧向三个维度；投资性活动、融资性活动、营运性活动三个业务模块；流向、流程、流量、流速四变量；八个考核评价指标①，简称“两部三维三块四变量八指标模型”，如图 1 所示。企业应依据这一模型，分层、分块、分因素对现金流进行有效的管理。

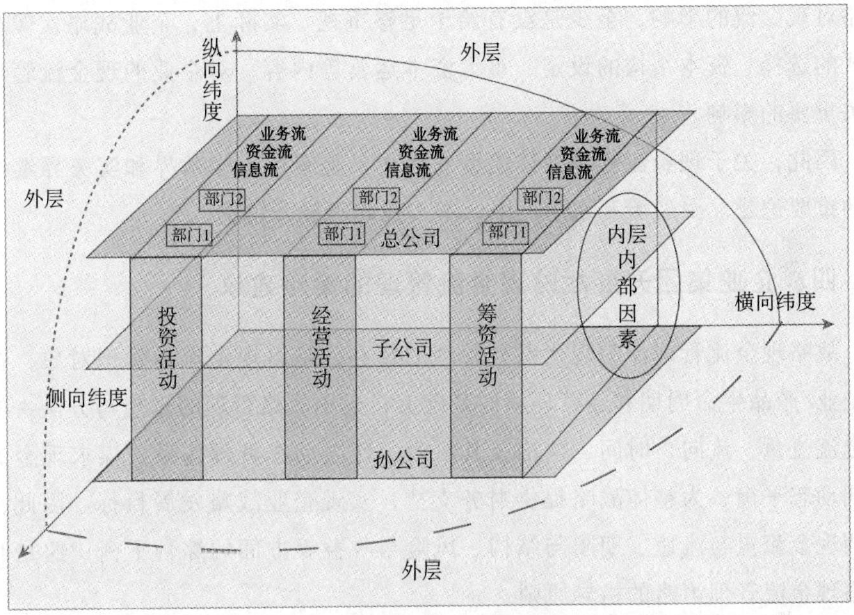

图 1　现金流管理立体透视图

（二）“两部三维三块四变量八指标模型” 评述

作为现金流管理的权威学者团队，陈志斌等全面系统地分析了影响企业现金流的内外部因素，聚焦现金流分析和管理的关键指标与变量，构建了一套比较完善的现金流管理通用模型，对于现金流管理的学术研究以及实务操作，都是一个值得称道的贡献。但客观而言，该模型也存在某些不足。比如该模型给人的直观感觉是面面俱到，把过多的因素纳入到模型中，使模型看起来异常繁复。自然和社会的运行皆遵循“大道至简”法则，越是深刻的规律，越是呈现

① 这八个考核评价指标包括两个一级指标：价值、风险；六个二级指标：安全性、流动性、灵活性、持续性、效益性和效率性。

出某种形式的“简约美”，从物理学的洛仑兹曲线、狄拉克方程，到经济学的泰勒规则、菲利普斯曲线都是如此。模型工具越是复杂，其实用性就越差，这是显而易见的。再比如，该模型考虑的因素、变量和指标很多，但到底哪些的影响是最显著的，哪些是最主要的控制变量……该模型并不能给出解答。所以，该模型似乎重点不突出，怎么应用这个模型去分析、管理企业的现金流，难免使人困惑。另外，该模型是基于企业共性构建起的通用模型，故没有考虑企业战略对现金流的影响，至少是没有给予足够重视。实际上，企业战略，像盈利模式的选择、资本结构的设定、重大资本运营等内容，对企业的现金流管理有至关重要的影响。

因此，关于现金流管理整体模型的优化，是有待于学术界和实务界继续深化的重要论题。受经验和水平所限，本人在此不展开讨论。

四、企业集团开展战略现金流管理的策略建议

战略现金流管理作为现代财务管理的核心，是以现金流为管理对象，在分析企业/产品生命周期和经营环境的基础上，运用战略管理的思想与方法，根据现金流流量、流向、时间、结构及其风险，建立动态管理体系，谋求现金流的长期动态平衡，为整体战略提供财务支持，实现企业战略发展目标。因此，它强调现金流量与流速、期限与结构、风险与收益等方面的综合平衡，这是制定战略现金流管理策略的指导原则。

进行战略现金流管理，首先要对企业的组织结构、商业模式、业务流程和绩效体系有深入的理解，而不能仅仅依赖财务信息，任何高效的分析和管理都必须考虑非财务的因素——竞争、战略、市场、技术等。现金流管理只有深入到组织、模式、流程、绩效等层面，才能够抓得准、管得好。反过来，现金流管理得当，就能够正确地理解企业的历史业绩和现实绩效，本企业的现实绩效与行业标杆的优势与差距，进而促进优化组织结构、重塑商业模式、再造业务流程、改进绩效管理、提升价值创造、实现发展目标。因此，现金流量管理不是单兵突进的，而应作为企业管理合成军团的有机组成部分，协力整体推进。

（一）管理前置——推行战略现金流预算

战略现金流预算是全面预算管理思想方法在现金流战略管理中的运用，它是在企业战略目标的指引下，以现金流为对象，结合企业风险和生命周期，对企业战略执行过程（日常经营是战略执行过程的一个方面）进行全面系统的预

测和筹划，编制战略现金流预算，并通过执行预算将企业现金流的流量、流向、时间、结构及风险与预算不断进行比对，及时调整和改善战略方案及其实施，以增进企业管理效率和实现战略目标。企业集团战略现金流预算的流程如图 2 所示。

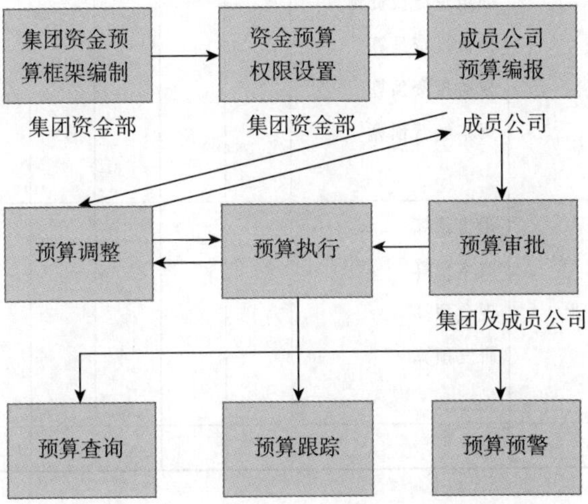

图 2　战略现金流预算的核心业务流程

企业集团的战略现金流管理与日常现金流管理是既有区别、但又紧密衔接的。战略现金流管理强调的是在企业战略目标下的现金流管理。因此，战略现金流预算的制定、实施与控制应当在日常现金流预算基础上，主要围绕现金流的长期流转，如资本运营和筹资计划。而一般意义上的现金流预算属于现金流的日常管理，不是战略现金流预算管理的重点。虽然战略现金流预算是从战略目标和价值创造角度对企业进行长远的规划，但它又是通过短期现金预算来实现的，所以二者是密切衔接在一起的。战略现金流预算的主要内容如表 1 所示。在战略现金流预算的执行过程中，企业集团必须重视其无缝衔接，而实现二者无缝衔接的一个有效工具是动态现金流预算控制。

战略现金流预算管理涉及企业集团的长远发展，因此需要在最高管理层级上建立起相适应的决策协调机构，组织、指导、推动系统内各层级编制和执行战略现金流预算。

表 1　企业集团战略现金流预算的主要内容

预算分类	编制主体	预算项目	资金收入	资金支出	收支差额	融资需求	资金配置方案	资金成本	资金回报率
长期资金	核心层企业	长期销售预算 固定资产投资预算 债权投资预算 权益投资预算 资本经营预算 ……							
短期资金	松散层企业 半紧密层企业 紧密层企业	销售预算 成本预算 现金预算 研发预算 ……							
合计									

（二）匹配为先——推行系统内现金流匹配

企业集团在实施发展战略的过程中，常常会进行并购重组和资本运营，进入新的业务领域，这些战略行动都必须有充足的现金流支撑。如果业务扩张太快或资本运营规模过大，现金流绷断的风险就会急剧增加，而这往往会陷企业于万劫不复之境地。所以，在企业集团战略现金流管理实践中，必须高度重视现金流的匹配。现金流匹配的重点在于战略现金流和自由现金流相匹配，现金流来源与投资期限相匹配，融资现金流与企业未来现金流相匹配，现金流的战略储备与未来投资机会相匹配等方面。

（三）资金聚合——推行系统内现金集中管理

企业集团现金集中管理的重要意义在于集团总部能够实现对系统内资金运行的监控，有效聚合金融资源，优化资源配置，加速资金周转，节约财务成本，控制财务风险，实现集团现金效益最大化。

建立内部资本市场是实现系统内现金集中的有效途径。企业集团内部资本市场的主要形式有财务公司和内部银行。设立财务公司是把市场化机制下的银企关系引入到集团资金管理中，集团对成员公司的现金控制是通过财务公司进行的，财务公司对各成员公司的现金管理进行约束，这种约束是建立在各自具有独立经济利益、遵循市场化交易原则基础上的，而不是靠传统的上级对下级的行政干预。由此在集团内部形成资金余缺调剂、资金需求快速满足、资金使用和配置效率提高的机制，减少对外部银行和其他融资渠道的依赖，从集团合并层面看，既提高了资金效能，又节约了融资成本，提升了价值创造能力。

内部银行是将外部银行的基本职能与管理方式引入企业集团内部而建立起来的一种内部资金管理机构，其承担着集团内部的结算中心、贷款中心和监管中心。

（四）约束硬化——加强现金流管理的监督与考核

要使现金在企业集团内部有序流转和有效利用，集团总部必须对自身及各成员公司的资金使用、尤其是全局性和方向性的资金使用从战略角度实施控制和监督。集团总部要把各成员公司战略现金流管理情况纳入其绩效考评指标体系，与管理者自身利益直接挂钩。这样做的前提是相关考评指标信息的真实和准确，因此必须加强对战略现金流管理情况的跟踪监督，预算分析、审计稽核、例行检查和临时抽查等都是可以诉诸的措施。

为了加强企业集团战略现金流管理的高度统一和实时监控，必需实现内部管理信息系统的集成，也就是利用现代网络技术和信息集成方法，将财务、业务、融资、投资等所有价值网络的管理信息集成起来。管理信息系统的集成有三重境界：第一步实现集团内部财务上的集成，第二步实现集团内部财务与业务的集成，第三步实现集团整个价值网络的集成。实现第三步对多数企业集团来说并不容易，但唯有如此，集团总部才能实现从源头上对现金进行控制，实现从过程上对现金运行予以动态管理。

（五）风险预警——推行战略现金流风险管理

具有复杂组织结构和管理层级的企业集团，其现金流风险不同于普通企业，常常会牵一发而动全身，引起系统性“雪崩”。因此，现金流的风险监控与危机预警已成为企业集团现金管理的一项战略性内容。

现金流风险管理的根本在于构建平衡可持续的盈利模式。从长期看，如果企业没有较强的、稳定的盈利能力，其现金流不可能是平衡可持续的，出问题是迟早的事。反过来，如果企业具有平稳可持续的盈利能力，一般就不会有大的现金流风险。所以，企业的现金流形态根本上取决于企业的盈利模式，良好的现金流管理应该从夯实企业的盈利基础入手。

战略现金流风险管理的实用工具之一是资产负债管理（Asset - Liability Management，ALM）。ALM是金融保险业最重要的财务风险管理技术之一，它是以资产负债表各科目之间的“对称原则”为基础，通过资产负债的匹配来缓解流动性、盈利性和安全性之间的矛盾，达到三性的协调平衡。所谓“对称”和“匹配”，主要是指资产与负债科目之间期限和利率要对称，按此要求不断调整其资产和负债结构的匹配度，以实现经营上风险最小化和收益最大化。ALM有多种技术方法，其一是现金流匹配模型（Cash Flow Matching，CFM），其思想是对所有的资产/负债都进行精确的现金流匹配，理论上这是唯一能免除负债剩余风险的办法。但在实践中，对资产/负债的所有未来现金流进行精确匹配是不可能的，通常是在一定的约束条件下对现金流匹配进行最优化。动态财务分析模型（Dynamic Financial Analysis，DFA）是新近发展起来的另外一种资产负债管理方法，它能以连续的状态描述未来的不确定性，目前在保险企业中有较多应用，相信今后在其他行业中也会得到广泛应用。现金流套期保值也是近年来企业进行战略现金流风险管理的一种手段。它与一般的套期保值业务在原理上是一致的，首先要在企业风险容忍度下评估现金流风险敞口，然后采取与风险敞口状态相反的交易策略，通过期货合约、远期合约、期权或互换等，达到冲抵现金流敞口风险的效果。

显而易见，很少有企业会采用单一手段进行战略现金流风险管理，通常都是通过多种手段的组合运用来达到最佳的风险管理效果。这是因为不同的技术手段特点不同，适用性也各异。比如ALM、CFM、DFA都可以规避风险或降低风险，但就算其运用得当依然会有剩余风险，而且其对固有风险无能为力。与此不同，现金流套期保值只是一种风险转移手段，其更适于管理剩余风险。

五、小结

进入新世纪以来，我国社会主义市场经济体制不断完善，企业集团由于作为一种现代企业组织形式日益显示出其重要性和影响力。但随着其组织结构日益复杂，业务范围不断多元，企业集团面临的现金流风险随之大大增加，传统的现金流管理理念方法已经难以适应企业集团有效规避长远现金流风险、保障整个集团实现战略目标的需要。

适应上述需要，战略现金流管理超越了传统现金流管理侧重的“战术”层面，转而从企业经营目标、价值创造、资本运营等高度，重点突出战略管理层面的现金流管理，以保障企业集团长远发展目标的实现，因而成为在集团化经营条件下现金流管理的有效手段和必然选择。要有效地开展战略现金流管理，就需要在现金流管理整体模型指导下，重点做好战略现金流预算、系统内现金流匹配、现金集中管理统一配置、现金流风险预警管理等工作。

主要参考文献

[1] 吴琼："李荣融：前景不明就捂紧钱袋子"，《企业文化》，2010 年第 2 期。

[2] 刘凤娥："不可忽视的现金流量管理"，《会计之友》，2008 年第 11 期。

[3] [美] 基思·切科利著，张怡琦译：《战略现金流管理》，华夏出版社 2004 年版。

[4] William T. Foster. The Circuit Flow of Money [J]. American Economic Review, 1922, 12 (3).

[5] Baumol, WilliamJ. The Transaction Demand for Cash: An Inventory - Theoretic Approach [J]. The Quarterly Journal of Economics. 1952, 66 (4).

[6] Moller H. Merton and Orr Danniel. A Model of the Demand for Money by Firms [J]. The Quartcrly Journal of Fconomics. 1966, 80 (3).

[7] 陈志斌、刘静："金融危机背景下企业现金流运行中的政策影响研究"，《会计研究》，2010 年第 4 期。

[8] Walter, JamesE. Liquidity and Corporate Spending [J]. Journal of Finance. 1953, 8 (4).

[9] Sharma R, Jones S. Managing Cash Flow: Taking a Strategic View [J]. Australian CPA, 2000, 70 (1).

[10] Churchill N. C, Mullins J. W. How Fast Can Your Company Afford to Grow? [J]. Harvard Business Rcview, 2001 (5).

[11] 切克利 K，张怡琦译：《战略现金流管理》，华夏出版社 2004 年版。

[12] H. A. Schaeffer Jr. Essentials of Cash Flow [M]. USA New Jersey: John Wiley & Sons Inc. October, 2002, Edition 1.

[13] 徐蕾："现金流量管理与企业价值创造"，东华大学硕士学位论文，2005 年。

［14］孟焰、李连清：“企业战略性现金流管理的探讨”，《财会通讯：综合版》，2006 年第 10 期。

［15］陆庆春、周丽娜：“企业现金流战略管理初探”，《水利经济》，2008 年第 1 期。

［16］李亚典：“企业现金流战略管理策略探析”，《企业研究》，2010 年第 2 期。

［17］祁致廷：“企业增值的重要手段：现金流战略要素管理”，《商业会计》，2012 年第 24 期。

［18］梁丽：“基于价值链理论的现金流管理战略探析”，《中国经贸导刊》，2014 年第 11 期。

［19］陈志斌：“现代企业战略现金流管理的三维均衡”，《管理世界》，2006 年第 3 期。

［20］王建财：“后危机时代房地产企业的现金流战略型管理研究”，2012 年 11 月中国会计学会财务管理专业委员会 2012 学术年会论文集。

［21］槐波娟：“生命周期各阶段的企业现金流战略”，《中外企业家》，2014 年第 12 期。

［22］陈志斌：《基于价值创造的企业现金流管理研究》，东北财经大学出版社 2007 年版。

［23］陈志斌：“基于价值创造构建企业现金流管理整体模型”，《财会学习》，2009 年第 8 期。

中国国有企业国际化财务管理问题研究

——油气资产组合优化研究

班级：企业类三期

作者：赵东　王娟

摘　要

本文从实证角度研究和分析了中石油海外油气资产组合的优化问题，并探讨了专业化石油公司在资产组合优化时需要特别考虑的一些特殊因素。首先分析了单项资产的价值及驱动因素等问题。本文对影响单项油气资产价值的一些基本参数和环境变量进行了分析研究。本文接下来引入 BCG 矩阵的分析框架，从管理学角度对中石油海外油气资产的结构及变动进行了实证分析。最后，本文对研究成果进行了总结并提出了一些具体建议。

一、引言

（一）研究背景与国内外研究现状

在油价波动形势下，石油公司更加关注其资产组合的优化问题。油气资产价值的评估是资产组合优化的基础，而油气资产本身的特殊性和国际性，其估值影响因素及过程相对复杂，估值理论和方法又多种多样，真正哪种方法最适合油气公司，在给石油公司估值时又需要考虑哪些特殊因素，这些都是值得研究的问题。与此同时在石油行业出现大量的重组兼并案例，石油行业格局发生了重大改变。如何通过经营战略管理来创造出新的价值，也是企业管理者特别是油气公司管理者面临的新的课题。

国外研究现状：国外关于油气资产组合优化的研究较为深入，理论较为成熟。目前油气资产组合是国际大型油企管理的有效手段，实行油气资产组合优化直接影响到其国际竞争力，是近年来国际大型油企提高竞争力的普遍做法。价值管理被认为是一种用来整合企业资源、活动以实现企业组织既定目标的管理工具、管理装置、管理控制系统，它通过把企业资源合理地分配到最有价值的投资上尽可能多地创造财富，实现股东价值最大化。

国内研究现状：由于国内石油企业海外资产规模相对较小而且分散，其中在地缘相邻国家和贫穷落后国家的资产规模占大多数，这与西方石油公司截然不同，情况不同，做法也不完全一致。所以其海外油气资产价值评估和组合优化的研究基本还处于起始阶段。

（二）研究目的和意义

从地域分布上看，中石油的海外资产，主要集中在非洲、中亚、中东、亚太和美洲五个地区。在非洲地区，主要是以苏丹为龙头，辐射到乍得、尼日尔、阿尔及利亚等重要的非洲产油国。在中亚地区，目前主要是以哈萨克斯坦为龙头，辐射到土库曼斯坦、乌兹别克斯坦等重要油气生产国。在中东地区，则主要是以伊拉克和伊朗为龙头，辐射周边的叙利亚、阿曼等国家和地区。在亚太地区，则主要是以印尼为龙头，辐射缅甸、泰国、巴布亚新几内亚等国家。在美洲地区，则是以委内瑞拉为龙头，辐射厄瓜多尔、秘鲁、哥斯达黎加、加拿大等国家。

从上述的地域分布看，中石油的资产99%以上都是陆上资产，仅在苏丹红海区域、缅甸南部浅水区域、赤道几内亚、利比亚和尼日利亚等国家有几个海上区块。从资产的产业链分布看，中石油的海外资产主要集中在上游资产，其中开发类资产构成了中石油海外资产价值的85%以上。由于中石油海外发展起步较晚，在过去发展的十几年里，海外项目数量和资产规模迅猛发展，各个海外项目的资产价值存在较大差异，甚至有些项目取得后，由于资源国财税政策变化、投资成本增加、汇率变化等种种原因，项目的资产价值和效益发生一些变化，所以建立一套评估不同合同模式下海外油气资产价值模型和海外油气资产组合优化模型已经迫在眉睫，这对更好地优化中石油海外油气资产组合，提升海外油气资产整体价值，保证海外油气投资业务又好又快发展将发挥积极作用。考虑到中石油资产结构中的上述特征，本文的分析将集中讨论上游资产。在资产估值和资产组合优化中，也主要围绕开发类资产，这是符合80∶20原则的一种管理思路。

（三）主要研究内容

本课题主要研究了以下内容：

（1）重点研究了中石油单项海外油气资产价值的驱动因素，既研究了不同石油合同模式的不同财税条款对现金流的影响，又分析和研究了主要的经济参数的影响因素，也尝试了用随机模拟抽样技术来获得油气资产快速估值的做法。

（2）本课题引进了BCG管理矩阵的分析框架，结合海外油气资产的特殊性进行了改进，运用改进的BCG矩阵方法对中石油海外油气资产的结构进行了量化分析，对中石油的现金牛资产、明星资产、问号资产和其他资产提出了不同的管理建议。

（四）主要创新点

本课题研究的主要创新点：（1）建立了不同合同模式下的油气资产估值模型；（2）研究了基于改进BCG方法的油气资产组合特征。两个创新点是基于中国石油企业对国内对外合作项目和国外拟收购油气资产项目的价值评估等方面积累的一些成功的做法，为财税条款规定各不相同、合同期（勘探期和开发期）不同、经济发展状况不同、社会依托状况不同、运输条件不同、投资和成本差异很大的不同国家、不同项目的油气资产价值评估提供了具有可操作性的估值模型，本课题的研究不仅为提升其价值提供了决策依据，解决了中石油海外油气资产组合中的现实问题，引起了中石油管理层的高度重视，在中石油的海外油气资产优化处置实际工作中得到了很好的运用并取得了初步成果，而且填补了国内油气资产优化组合研究领域的空白，对于推动我国石油工业规模、有效、可持续发展发挥了积极作用，具有重大的现实意义。

（五）研究方法

本课题研究采用实证研究、文献资料、比较分析、数理统计、理论与实际相结合、定量分析与定性分析相结合、系统理论等思维方法和研究分析方法，以改进的 BCG 方法为分析工具，与西方石油公司和中石油资产组合管理的实践经验相结合，探索不同合同模式下的油气资产估值模型，研究基于改进 BCG 方法的油气资产组合特征，尤其是实证研究的方法为本课题的深入研究提供理论框架和方法论支持。

二、不同合同模式下的油气资产估值模型

单项资产的价值和风险估计，是资产组合管理的基础。在油气资产组合管理中，对相关数据进行研究，并在此基础上，按照资产组合传统理论的做法，构建资产有效边界，进行分析和研究。

（一）石油资产常见的估值方法

在国际石油市场上，对油气资产价值的确认方法通常有以下几种：

可比交易法：按照与目标资产相同或类似的资产的历史交易记录，作为估值的基础。这种方式主要用于资产交易比较活跃，油田本身差异性较小的时期和地区。一般主要用于小型油田的交易，在北美的一些小型交易中可能会出现类似的交易定价。

储量价值法：根据预计的剩余可采储量的多少，按照每桶储量的价值来确定整个资产的价值。对于一些勘探类的资产，有时会采用这一方式来进行定价，或者作为估值的基础。在开发类油气资产定价中，也存在这样的概念。这个方法可以简单直观地反应某项油气资产定价的合理程度。

贴现现金流法：这是油气资产定价和分析研究的主要方法，也是中石油集团规定选用的方法。在具体的运用上，有可以分为完美预期（单方案预测），情景预测（多方案预测）、风险预测（蒙特卡洛模拟）等。这也是本文主要研究和分析的方法。在作者参与的许多大型油气资产交易中，基本都采用这种定价模式来进行估值和谈判。

实物期权法：实物期权法是假定油气资产未来的状态服从某种二项分布，但状态空间已知的情况下，对油气资产的估值和风险进行测算。由于实物期权法本身设置较多决策点，考虑到灵活的投资管理，一般来讲，同一个项目，实

物期权法采用的贴现率较低，风险也较低（Michael Samis，David Laughton，Richard Poulin）。

一般来讲，油气公司都是以贴现现金流法来进行资产价值和风险认定的，其单项资产以及资产组合的管理一般也以贴现现金流为基础。可比交易法、储量价值法一般只是一个参考性的管理资料，实物期权法一般在学术讨论时使用较多，而在实际工作中，缺乏实用性。

贴现现金流（DCF），即通过将项目预期的未来净现金流进行折现，从而估算每个项目现在的价值。公司价值估算也采用同样的方法，将公司自由现金流折现，先估算出公司价值，然后再计算中石油权益价值。

（二）单项资产的随机快速估值模型

本文主要考察油价和产量这两个不确定因素的影响，并以此测算了油气资产的快速估值的参数。

本文采用蒙特卡洛模拟方法来构造不同的油价——产量组合，然后计算项目价值的累计概率分布以及项目价值的均值和标准差，从而了解项目的风险情况。同时，根据模拟数据建立油价、产量与项目价值的回归模型，确定油价、产量等因素对油气资产价值的影响程度。

油气资产价值是指对于中石油而言，各项目（或公司）的权益价值。在项目权益价值计算中，产量、油价、投资、操作费、财税条款、中方权益等基础数据以中石油内部管理数据为基础，所有项目都采用10%的贴现率。在不确定性分析中，假设油价的变动范围在30~60美元/桶之间，产量变动范围为基础方案产量的±20%。

（三）油气资产估值模型的关键参数研究

一般说来，影响油气资产估值或风险的经济参数主要包括油价、成本、贴现率、财税条款和资本成本。

1. 油价参数的选取与确定

在对每一个具体的石油资产进行估价时，一个重要的经济参数便是油价。Hotelling用可耗竭资源的模型来解释了油价的波动，Ezzati等从竞争性市场结构的特点出发解释了油价的波动及均衡情况，Johany从产权角度解释国际油价波动，梅孝峰也对油价的波动进行了分析，提出了需求变化是影响油价长期变动的因素，并分析了经济因素和非经济因素对短期油价变动和长期油价变动的影响。

2. 成本费用的选取与测算

决定油气田成本费用的影响因素主要包括以下几个方面：

油气田地质特征：油气田的地质特征是决定油气田勘探开发成本的最重要的因素，这些特征包括油藏的地理位置、丰度、埋深、发育程度、粘度、比重、地层压力、孔隙度、渗透率等，以及包括油气田本身的社会依托程度等。

可选用的技术：不同特征的油气藏对应着不同的勘探开发技术，合同者并不总是能使用这些技术，其原因包括合同者本身的技术和人力储备、合同者本身的融资能力对某些技术使用的制约、或者是资源国政府对某些技术的限制。

学习曲线：学习曲线是指员工因为执行某项任务，由于多次重复后，在技能和组织能力上获得改善，因而在执行该项工作上，逐渐在时间和成本上实现节约。

石油行业的景气程度：油气田在地理位置上的分布及其广泛程度，都会受到世界石油工业景气程度的影响。由于全球化的进一步深化，世界各地油气田的成本也会出现同步的趋向。

3. 加权平均资本成本 WACC 与贴现率的取值

就大多数国有企业而言，其资本的来源相对比较明确：国家出资和银行贷款（公司债券尽管也是一个融资渠道，但从比重上讲，银行贷款包括企业间占款，是企业负债融资的主要形式），已经上市交易的企业，则还会有一部分来自资本市场的直接融资。

国有企业的 WACC 的数学表达式可以直接描述为：

$$WACC = \sum r_i \alpha_i$$

其中 r_i 表示某来源融资成本要求，α_i 则表示该来源融资占全部融资的比重。

从中石油的实际看，中石油的融资也主要是两类构成，留存的未分配利润和银行贷款。银行贷款的资金成本有明确的利率规定，未分配收益一般则受中石油集团，也就是间接地受到来自国资委的对资本金的收益率要求。

从银行贷款的构成看，中石油的贷款主要是来自中资银行的贷款，包括中国进出口银行、国家开发银行等政策性银行，也有一些来自国有商业银行。

4. 财税条款的影响

财税条款，也就是合同模式，一直是影响油气资产价值的重要因素。通过严格遵照石油合同的财税条款，就能构建一套从投资、产量到利润和现金流的传导机制。石油合同签署时，投资者都希望有一个可稳定预期的财税环境。

事实上，财税合同本身并不完全稳定，在某些情况下，财税合同的条款会发生变化，以改变投资者和资源国政府在某项石油资产投资中的投入和成本的分配地位。Reid 和 Robert · J. Weiner 证明，在假定政治风险和市场风险可以区分的前提下，资源国政治风险越高，其实物资产的价值折扣就越高。对于石油类资产而言，油价越高，高政治风险国家的油田资产的折价比率就越高。

三、基于改进 BCG 方法的油气资产组合特征研究

从前面的研究我们可以看出，通过分析油田的油藏地质、技术方案、财税条款等，可以较为快速地预测油田项目的经济价值。但是由于现实世界的不确定性和投资者对自身状况的认识不足，就使得油气资产投资组合的优化研究成为必要。对于油气资产而言，石油公司既是油田资产的投资者，也是油田项目的经营者，对油田价值有一个动态的逐渐深入的认识过程。在本文中，我们采用了 BCG 矩阵法来研究如何进行油气资产的优化组合，并结合石油行业的特点进行了一定程度的改进。

BCG 矩阵又称市场增长率——相对市场份额矩阵、波士顿咨询集团法、四象限分析法、产品系列结构管理法等，是波士顿咨询公司创始人布鲁斯 · 亨德森首创的一种用来分析和规划企业产品组合的方法。本章基于这一方法的基本思想，又充分结合石油行业的国际化资产经营的实际，对 BCG 方法做了一些改进并进行了具体的应用与分析。

（一）BCG 矩阵基本原理

BCG 矩阵认为一般决定产品结构的基本因素有两个：即市场引力与企业实力。市场引力包括企业销售量（额）增长率、目标市场容量、竞争对手强弱及利润高低等。其中最主要的是反映市场引力的综合指标——销售增长率，这是决定企业产品结构是否合理的外在因素。通过以上因素相互作用，会出现四种不同性质的产品类型，形成不同的产品发展前景：销售增长率和市场占有率“双高”的产品群（明星类产品）；销售增长率和市场占有率“双低”的产品群（其他类或瘦狗类产品）；销售增长率高、市场占有率低的产品群（问号类产品）；销售增长率低、市场占有率高的产品群（现金牛类产品）。如图 1 所示。

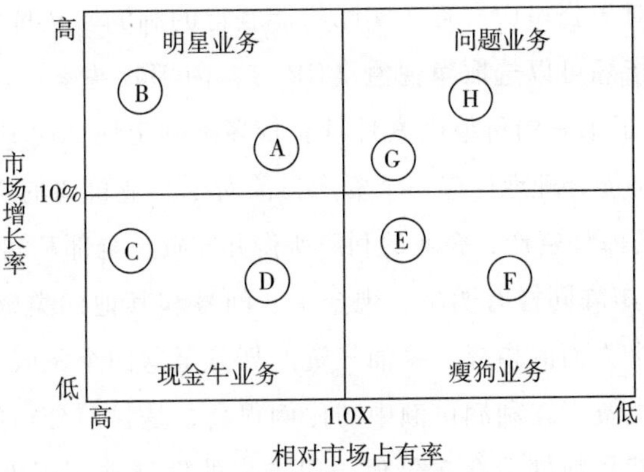

图 1　BCG 矩阵图

（二）改进的 BCG 矩阵及评价指标选取

本文采取的 BCG 矩阵评价法与传统方法有一定区别。作者采用改进的 BCG 矩阵，对资产项目价值的相对情况进行比较和评价。

从价值管理的角度来看，油气资产对于公司的价值取决于两个方面：一是资产本身对于公司价值的贡献情况，即项目现在创造的价值，这一点决定了该资产目前在公司油气资产群中的地位；二是项目未来的发展趋势，这一点决定了公司的投资策略。因此，本文中所采用的改进 BCG 矩阵通过两方面指标来对海外油气资产进行评价，一是资产的贡献度，二是项目的成长性。对于资产贡献度的评价选取项目的利润份额作为评价指标。资产的成长性采取产量增长率作为指标，如图 2 所示。

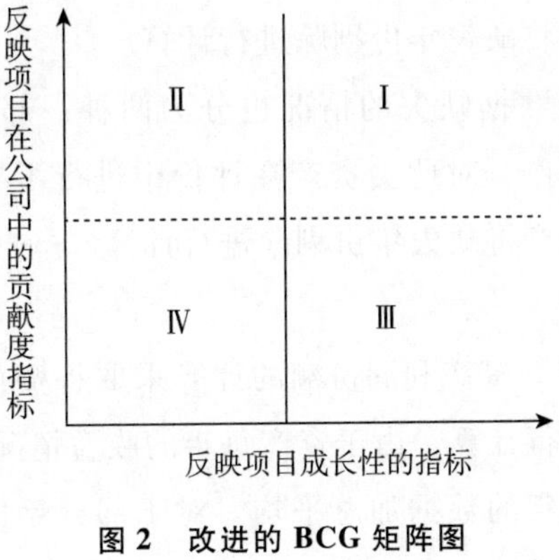

图 2　改进的 BCG 矩阵图

权益利润是对于公司而言资产实际所能获得的利润。从价值评估的角度看，评价资产价值的指标可以选取净现值（NPV），内部收益率（IRR）和利润。由于 NPV 本身涵盖了未来的价值因素且具有较多不确定性，而 IRR 是一个相对性的指标，两者都不能合理地反应一个资产目前对于企业价值的贡献程度。由于评估的资产是企业的海外资产，企业的利润所得并非资产全部利润，而是权益利润。

改进的 BCG 矩阵同样有明星、现金牛、问号和其他四类资产分类。通过贡献度和成长性两个方面的指标，将油气资产划分至这四个象限。从贡献度来看，明星类和现金牛类资产在利润份额中的比例很高，是目前公司的主要利润来源。现金牛类资产虽然目前创造众多价值，但未来的发展空间不大。而明星类资产不仅现在为企业带来很高的利润，同时还有良好的成长性，未来的收益非常可观。从成长性来看，明星类和问号类资产的成长性最高，对于企业未来的价值创造有重要保障。

（三）改进 BCG 的运用与分析

1. 项目选取与数据处理

为使资产之间可比，选取资产均为中石油海外开发项目。采用数据为历史数据及规划数据。其中，权益利润数据选取各项目今后 5 年各资产规划利润。产量增长率使用权益产量进行计算。权益产量选取今后 5 年各资产规划产量。

原始数据中共计有资产 30 个，由于部分资产存在数据缺失，对部分资产进行了剔除，同时对资产数据做了如下处理：

对于资产权益利润数据存在缺失的情况，分为两种：一是资产今后 5 年权益利润数据全部缺失，对于此类资产计算权益利润时将各年数据均默认为 0 进行计算，表示资产收益存在不确定性。另一类是资产分年份数据缺失，对于此类资产计算权益利润时将缺失年份剔除进行计算。

对于资产权益产量数据缺失的情况也分为两种：部分资产数据缺失较多，且资产利润量不大的资产，对此类资产在评价中进行了剔除。部分数据缺失不多或利润份额较大的资产将缺失年份剔除进行计算。

2. 评价指标计算

（1）利润份额计算。资产利润份额的计算采取将资产年平均权益利润除以全部资产年平均利润进行计算。由于资产每年的收益情况会有随机因素的干扰，为排除这一因素，将各年的数据加总平均。对于部分年份数据缺失的资产，其平均利润即为有数据年份的利润均值。

由于部分资产数据缺失，分两类对这些资产的缺失数据进行处理。第一类是数据全部缺失，对于此类资产计算权益利润时将各年数据均默认为0进行计算，表示资产收益存在不确定性。另一类是资产部分年份数据缺失，对于此类资产计算权益利润时将缺失年份剔除进行计算。

（2）产量增长率计算。由于油气资产的产量所面临的随机因素较多，使用任意一年的产量增长率均难以合理地描述产量可能的增长情况。可采用的方法是采用油气资产平均产量增长率，包括对产量增长率取算术平均数或几何平均数，或者以时间为自变量，以油气资产产量为因变量进行回归，求油气资产的增长趋势。由于异常值可能对均值造成不利影响，可能造成高估或低估，同时使用几何平均数还有可能遇到正负号难以判断的问题。

3. 评价结果

各油气资产所占利润份额中项目1所占比例最大，约占全部的1/4左右，此外项目2、8、9、10、15所占利润份额也很大。这6个油气资产占全部项目利润总额的77.2%左右。油气资产利润集中程度较高。油气资产利润份额分布情况如图3所示。

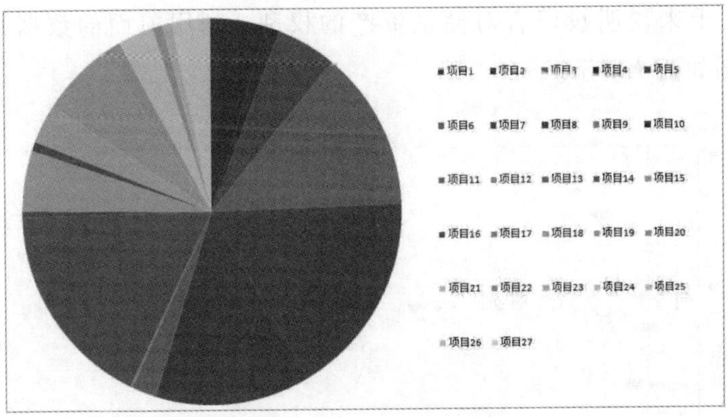

图3　油气资产利润份额

各油气资产成长性情况中，产量成长度在20%以上的油气资产有4个，分别为项目7、15、13、17，成长度在10%以上的油气资产有8个。全部油气资产平均产量增长率为3.7%，如图4所示。

在反映石油公司成长和可持续发展方面，储量增长率和储量替代率也是一个重要的参考指标。本文在这里并未选取储量增长率和储量替代率作为成长性

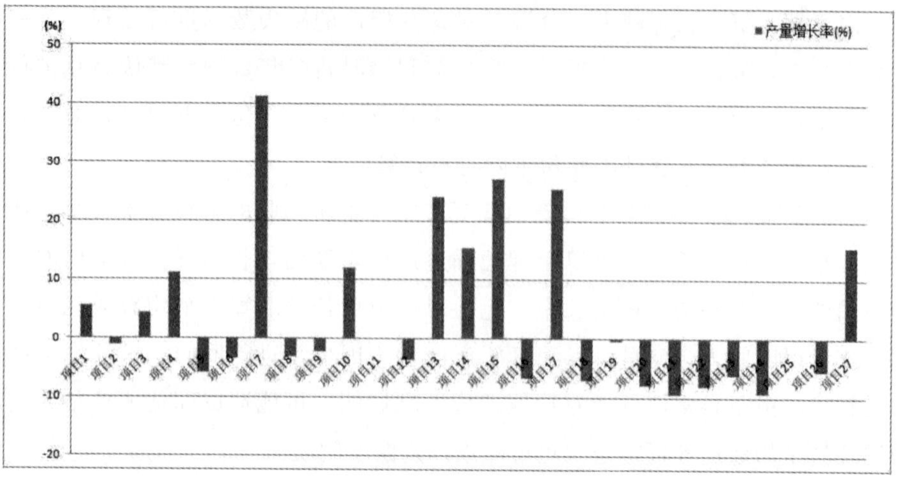

图 4　各油气资产产量增长率估计图

指标，一是储量指标是一个反应成长性更为间接的指标，储量仅仅是一种产量可能，而不是产量本身；二是在某些石油合同模式下（如产品分成合同、服务合同等），由于合同本身的法律性质决定，石油资产投资者本身并不对储量资产拥有所有权，而仅仅对开采出地面的原油产品有参与分配的权利，因此，无法从法律意义上来说明投资者对储量资产的权利。利用前面的数据，绘制改进BCG矩阵图如图5所示。

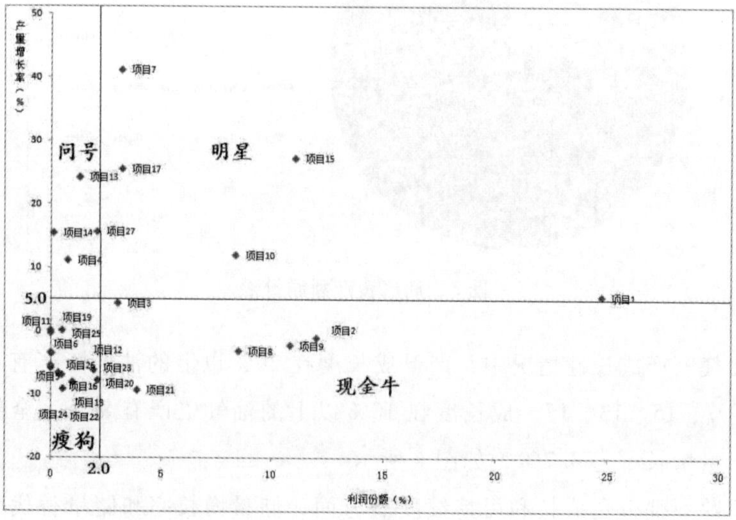

图 5　改进 BCG 矩阵总体评价图

x 轴为 2008 ~ 2015 年各油气资产年均权益利润的相对份额，单位为%。y 轴为 2008 ~ 2015 年估计的产量增长率，单位为%。以 x = 2.0，y = 5.0 划分为四个部分，各个项目数据按其坐标大小画在图中相应的位置。其中：

（1）第一象限 x > 2.0，y > 5.0 表示明星资产；

（2）第二象限 x < 2.0，y > 5.0 表示问号资产；

（3）第三象限 x > 2.0，y < 5.0 表示现金牛资产；

（4）第四象限 x < 2.0，y < 5.0 表示其他资产。

其中，明星类资产共有 6 个，分别为：项目 1、7、10、15、17、27。总利润份额占 50.4%，平均利润份额为 8.4%，资产平均产量增长率为 12.4%；

现金牛类资产共有 6 个，分别为：项目 2、3、8、9、20、21。总利润份额占 40.5%，平均利润份额为 6.7%，资产平均产量增长率为 2.8%；

问号类资产共有 3 个，分别为：4、13、14。总利润份额占 2.17%，平均利润份额为 0.7%，资产平均产量增长率为 16.9%；

其他类资产共有 12 个，分别为：项目 5、6、11、12、16、18、19、22 、23、24、25、26。总利润份额占 4.8%，平均利润份额为 0.4%，资产平均产量增长率为 -4.7%。

由于部分资产利润份额较大，难以在一张图上清楚地反映全部项目在四个象限的分布情况，因此剔除了几个份额较大的油气资产，重新绘图，对油气资产的分布情况进行描述。使用的评价标准不变，仍按 x = 2.0，y = 5.0 进行象限划分。剔除的油气资产包括项目 1、2、10、8、9 和 15 共 6 个资产。绘制 BCG 评价图如图 6 所示。

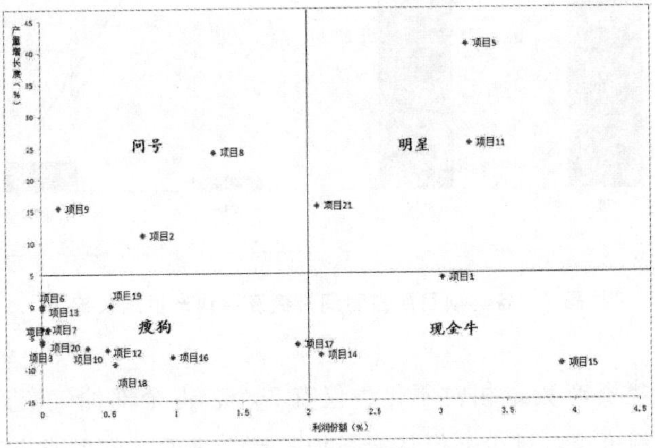

图 6　改进 BCG 矩阵评价图

（四）管理建议

油气资产结构的合理程度取决于在改进 BCG 矩阵中的分布情况。从各类油气资产所占利润的比重来看：中石油海外资产在 BCG 矩阵的各个象限都有一定数量的资产群，其结构基本合理。从各油气资产分布情况来看：

（1）现金牛和明星资产数量上基本合理，利润比重过大。现金牛和明星资产各有 6 项，比例接近 1/4，数量上基本合理，但利润份额所占比例过重，明星类油气资产总利润份额占 50.4%，现金牛类油气资产总利润份额占 40.5%。两者所占利润份额与其数量相比过多，平均利润份额占有率大大高于其他两类油气资产，约为其他两类的 12.5 倍。此外，现金牛资产利润份额相对较低。现金牛类资产一般应占有最高利润份额。这一点也可能与中石油目前仍处于加大走出去的战略步伐，海外业务规模尚未完全成型，仍处于拓展阶段有关。

（2）明星类资产产量增长速度较快，能够有效保证未来的利润水平。明星类资产平均产量增长率为 12.4%，比区分高低产量增长率的临界值 5.0% 高出 7.4 个百分点，属于较高的水平（见图 7）。由于明星类资产所占利润份额最大，在较高的产量增长率的情况下，未来将有可靠的利润保证。

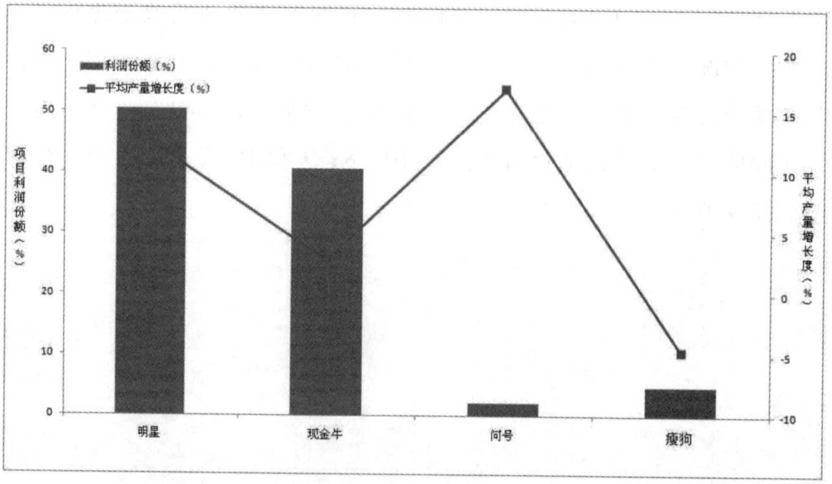

图 7　各类项目所占利润份额及平均产量增长率

（3）问号类资产数量相对不足，仅有 3 个，占全部油气资产数量的 1/9。此外其利润份额也相对过少。但从产量增长率上来看，问题类资产的成长性相当可观，平均产量增长率达16.9%远高于3.7%的平均水平。虽然目前所占利润份额还很小，但其增长率有可能使此类资产成为未来的明星或者是现金牛。但不足之处就在于数量过少，随着未来现金牛资产逐渐衰退，同时明星类资产转为现金牛资产，企业将面临明星和现金牛资产缺乏的困境。因此此类资产有待进一步研究。

(4) 其他类资产数量过多。属于其他类的资产有12个。此类资产无论从贡献度还是成长性上均表现不佳，其全部利润份额仅占4.8%，而平均产量增长率为-4.7%，表明大部分资产已处于衰退状态。其他类资产创造的利润份额在总体中比例很小，但可能占用企业很多的人力物力资源，投入产出效率相对较低，应予以重点研究。同时还有部分利润为0的资产是由于缺乏数据，默认为0，包括项目5，6，11，19，26，这些项目未来还有众多不确定性。从参与这些项目的管理工作，综合技术，计划，财务等各方面的资料和项目公司管理层自身对未来的预期看，除了项目26外，剩下的其他类资产都属于微利和亏损状态，资产本身可以进行及时处置。

(5) 除了按照四个象限的资产分布状况来决定项目的取舍外，另一个重要的方面是要加强对各油气项目在BCG矩阵中的位置变动来分析原因，调整经营或投资策略。在实际经营过程中，预期较好的现金流项目可能会转变为瘦狗项目，而瘦狗项目可能会变为明星项目，这些都是由于油藏地质、勘探开发技术、石油合同变更等的不确定性所必然带来的机遇和挑战。除了静态地分析BCG矩阵的分布外，通过对项目运作的持续跟踪，密切关注各资产在BCG矩阵四个象限的“漂移和迁移”情况，从动态的角度对资产组合进行预测和管理，则会更大程度上帮助石油公司进行资产组合优化决策。

四、结论及建议

本文通过研究中石油单项海外油气资产价值的驱动因素、不同石油合同模式和不同财税条款对现金流的影响、主要的经济参数的影响因素，尝试了用随机模拟抽样技术来获得油气资产快速估值的做法；本文还结合海外油气资产的特殊性引入并改进了BCG管理矩阵的分析框架，对中石油海外油气资产的结构进行了量化分析，对中石油的现金牛资产、明星资产、问号资产和其他资产提出了不同的管理建议，这些管理建议引起了中石油管理层的高度重视，在中石油的海外油气资产优化处置实际工作中得到了很好的运用并取得了初步的成果。

中石油的其他类资产较多，需要及时进行结构调整。从企业自身层面需要重视此项工作，从政策层面，则需要为此类资产结构优化提供相应的监督和政策支持。既要保证国有资产的有序流动，避免国有资产流失；也要顺应国际商务运作的实践，避免按照计划经济的规则来管理市场经济规律的事宜。

中国的石油企业走出国门，已经取得了初步的成果。中国的石油企业走出去必然要面临各种不同的自然地质、政治经济环境，同时随着中国石油企业在国际上的影响力越来越大，也越来越引起竞争对手的关注，竞争环境和竞争态势也在发生变化，这就要求石油公司必须了解自身的技术能力和经营管理能力，选择适合自己的石油合作项目（合同模式）。同时也要根据财务资源、人力和技术资源的情况，在对拥有的项目组合进行排序基础上，合理选择取舍和定性的分界线，来决定不同项目的去留和投资对策。

尽管我们在文中仅就项目本身来进行研究和分析，但石油公司的决策者们应当拥有更高和更广阔的视野。由于技术特点和管理特点的不同，不同公司对不同类型的项目有不一样的偏好，从而使得不同石油公司的资产组合优化成为可能。由于有较丰富的边际油田开发经验、较强的成本控制能力，边际老油田的二次和三次采油的项目对国际大石油公司来讲可能是鸡肋或瘦狗项目，但对中国公司来讲却可能是现金牛项目，要注意到这种技术和管理上的互补性带来的潜在资产增值机会。中国石油公司，尤其是中石油和中石化，还拥有完善的上下游一体化经营能力，有自己的研究队伍、建设作业队伍、装备制造厂、销售渠道和终端，从而拥有更大的与其他石油公司合作的空间和机会。如何结合不同的石油项目及其模式特征，分析和研究石油公司自身的资产结构以及其他石油公司的资产结构，寻求互利双赢的合作机会，将是石油公司通过投资研究和资产优化，实现公司价值增值的一个重要途径。

主要参考文献

[1] 王震、赵东、郭庆方："金融危机对全球石油工业的影响"，《经济与管理研究》，2009 年第 1 期。

[2] 赵东、王震、赵林、刘明明："国际油气勘探开发项目风险分级与排序模型的构建及应用"，《中国石油大学学报（自然科学版）》，2010 年第 1 期。

[3] Walls M. R. Corporate risk tolerance and capital allocation: a practical approach to implementing an exploration risk policy. Journal of Petroleum Technology,

1995, 47 (4): 307 - 311.

[4] Covello, V., Mumpower, J.. Risk Analysis and Risk Management: An Historical Perspective, Risk Analysis, 1985: 103 - 120.

[5] Megill, R. E. An Introduction to Risk Analysis, The Petroleum Publs. Co, Tulsa, 1977.

[6] Clemen, R. T. Making hard decision: an introduction to decisions analysis. Belmont: Duxbury Press, 1990: 557.

[7] Dixit A., Pyndyck R. S. Investment under uncertainty. New Jersey University Press, 1991.

[8] Harris D. P. Mineral Exploration Decisions: A Guide to Economic Analysis and Modeling. J. Wiley, New York, 1990.

[9] Newendorp P. D., Schuyler J. R. Decision Analysis for Petroleum Exploration. 2nd Ed., Planning Press, Colorado, 2000.

[10] Galli A., Armstrong M., Jehl B. Comparison of Three Methods for valuating Oil Projects. Journal of Petroleum Technology, 1999: 44 - 49.

[11] 王震等:《石油公司并购与重组》,石油工业出版社 2007 年版。

[12] Fisher, Irving. The Nature of Capital and Income. New York: The Macmillan, 1906.

[13] Modigliani F., Merton H. Miller. The cost of Capital, Corporation Finance and the theory of Investment. The American Economic Review, 1958: 261 - 279.

[14] Black F., M. Scholes. The Pricing of Options and Corporate Liabilities. Journal of Political Economy, 1973: 637 - 659.

[15] Myers, S. C., Determinants of Corporate Borrowing. Journal of Financial Economics, 1977, (11): 147 - 175.

[16] 王震、赵东:“实物期权理论在油气勘探开发决策中的应用”,《产生力研究》,181 (20): 57 - 58。

[17] Johnston, D. International Petroleum Fiscal Systems and Production Sharing Contracts. Tulsa, Oklahoma. PennWell Books, 1994.

[18] 徐振强、王育红:“国际石油合作合同模式的特征及演进”,《国际经济合作》,2003 年第 1 期。

[19] 王灵碧:“国际石油合同中的风险与对策”,《油气地质与采收率》,

2006 年第 5 期。

［20］王年平："国际石油合同模式比较研究"（博士论文），对外经贸大学，2007 年。

［21］彭贤强、张宝生："国际石油合同模式综合比较评价研究"，《现代商业》，2007 年第 18 期。

［22］冯连勇、陈大恩：《国际石油经济学》，石油工业出版社 2009 年版。

［23］张建强："马来西亚与我国石油合同在财税条款方面的对比"，《中外能源》，2008 年第 1 期。

［24］杨成："伊朗回购合同模式下的采购策略探讨"，《国际石油经济》，2008 年第 3 期。

［25］Weston Fred. J. The Exxon – Mobil Merger：An Archetype. Journal Of Applied Finance，2002：7 – 24.

［26］Hotelling，Harold. The Economics of Exhaustible Resources. Journal of Political Economy.，1931.

［28］Johany，A. D. Johany. OPEC and the price of oil：cartelization or alteration of property rights. J. Energy，1979：72 – 80.

［27］Ezzati，A. Ezzati. Future OPEC price and production strategies as affected by its capacity to absorb oil revenues. Eur. Econ. Rev. 8，1976：107 – 138.

［29］梅孝峰："国际市场油价波动分析"，中国经济学教育科研网。

［30］Weiner，Robert J. and Click，Reid W.，Resource Nationalism Meets the Market：Political Risk and the Value of Petroleum Reserves（July 29，2009）. Journal of International Business Studies，Forthcoming. Available at SSRN：http：//ssrn.com/abstract = 971147.

［31］傅慧芬：《营销学原理》，清华大学出版社 2007 年版。

基于所有者利益视角的行政单位国有资产管理研究

班级：行政类三期

作者：张健光　王琳　宋堂军　喻世华　宋四虎

摘　要

现有的行政单位国有资产管理实践和理论研究文献往往拘泥于现行的体制和做法，导致新方法和新手段虽然很多，但在实际应用后往往效果欠佳。本研究通过理论分析，为行政单位国有资产管理主体权责划分提供了理论指导，并在此基础上设计了以保护所有者利益为核心的行政单位国有资产管理模式。本研究的创新性主要体现在以下几个方面：第一，较为系统地对行政单位国有资产管理问题进行了理论分析；第二，对行政单位国有资产管理主体进行了权责定位；第三，构建了以保护所有者利益为核心的行政单位国有资产管理模式。

国有资产管理是世界各国社会经济管理工作中的重点也是管理的难点，国有资产的管理利用水平能够影响到宏观经济调控与发展，甚至影响到许多国家的社会稳定。经营性领域的国有资产管理改革相对比较成熟，在体制机制和法律制度上形成了比较健全的管理框架。与经营性领域国有资产管理相比，行政事业单位国有资产管理具有成本效益难衡量、目标多元化、委托代理关系复杂、涉及利益主体多等特点，导致其管理改革阻力大，至今尚未形成科学成熟的管理体制和相关的法律制度。

近年来，各级各类行政单位都非常重视资产管理工作，随着管理力度的不断加大，行政单位资产管理工作逐步规范，但是由于多种原因，资产管理仍然存在一些薄弱环节，如资产配置不合理，资产使用效率不高，重复购置、闲置较多，资产损失严重等问题，与迅速发展的科技水平和经济环境不相协调。行政单位资产是我国国有资产的重要组成部分，是行政单位建设和发展的重要物质基础。在新的历史阶段，建设廉洁高效透明的政府是全国各族人民的共同心愿，为此必须要有体制健全、方法科学、运用高效的行政单位资产管理工作作为保证。本研究的研究内容着眼于行政单位资产管理的体制和模式设计等方面。

一、文献综述

国有资产管理体制指的是国家机关、企事业单位管理资产的机构设置和管理权限划分及相互关系的制度。国有资产管理体制是管理实践中最为重要的制度设计，世界各国的国有资产的管理体制各具特点，国内外对国有资产管理体制的实践和理论探索一直是热点和难点问题。由于历史的原因我国经营性领域的国有资产管理改革创新力度较大，研究文献也以经营性领域为主。很多研究资料在没有特别说明时，通常把国有资产管理与经营性领域的国有资产管理等同。鉴于行政事业单位国有资产、经营性国有资产、资源性国有资产在管理体制改革实践中存在交叉融合，并非纯粹地分类管理，以下在梳理资产管理体制文献时以实质内容为准而不以研究主题区分。

第一类是关于普通企业国有资本管理体制整体设计的研究。例如，杨国亮和杨国寿（2011）、荣兆梓（2012）、郭复初、傅海波、周春梅和任兴文（2010）、李改伟和杨丽娟（2011）、徐宏（2011）、李楠（2009）、卜忠群（2011）等的研究。第二类是对地方普通企业国有资本管理体制的设计探讨。例如，王海云（2010）、孔万斌（2011）的研究。第三类是对行政事业单位资产管理体制的探讨。例如，郑天勤（2010）、浙江省义乌市公共资产管理中心课题组（2011）、李奇勇（2010）、吕晓蕾（2010）、周瑛（2011）、何颖峰（2010）、王金玲（2011）等的研究。随着我国医疗卫生经济体制改革的进展，其资产管理体制问题也被日益重视，2011 年北京市就从卫生局专门抽调人员成立了管理公立医院的国资机构。虽然北京市的做法拉开了公立医院资产管理体制改革的序幕，但对此进行理论探讨的文献很少见到。第四类是对金融类国有资产管理体制的探讨。银行、证券、保险、外汇、社保等金融类国有资产与普通企业国有资本差异较大，这类资产不需要依附生产型固定资产存在，在经营管理上有自己的特点。由此，这类资产未纳入国资委相关机构进行管理，而是由财政部金融司、中国人民银行、国家外汇管理局、银监会、证监会、保监会、中国投资有限责任公司、汇金公司、全国社保基金理事会等机构分散管理。例如，隋慧和旷晶（2012）、范逸文（2011）、王为强（2011）等的研究。第五类是对资源类国有资产管理体制改革的探讨。例如，安德泉（2011）和韩国康（2010）的研究。

二、行政单位国有资产管理主体的权责定位

从范围上看，资产产权包括财产所有权、占有权、使用权、收益权和处置权，以及由此引起的其他形式的权利。行政单位国有资产产权体系在实践中也包括所有权、占有权、使用权、处置权、收益权等各种权利，这些产权如何在不同管理单位部门之间进行划分既是资产管理模式问题也是产权管理的管理基础。为此，本章通过分析研究行政单位资产产权内容与各利益主体之间的关系，按照权责利匹配的方法确定各相关管理机构的职责，为资产管理模式构建打下基础。

（一）行政单位国有资产产权构成及其在各利益主体间的分配

资产产权管理的实质出于两个深层次的原因，一是委托代理问题造成资产管理过程中会出现道德问题和逆向选择，二是现实社会的交易成本过高，不实施管理将影响资产管理效率。行政单位国有资产管理也同样存在这两方面的问题：一是行政单位资金来源于国家财政，真正的“所有者”距离行政单位资产直接管理者的层次多，逐级监督管理的效率很低。行政单位内部各级单位、部门、个人之间相互存在局部利益冲突，而现实中各种违规现象和贪污腐败也屡禁不止。为此如果不完善行政单位资产管理制度，健全管理方法，行政单位资产的管理和使用效率必将较低从而影响社会与经济效益的发挥。二是行政单位

资产管理过程中存在各种交易成本，包括程序上的、不合规则的成本。根据科斯的产权理论易知，在交易费用为零时，不管初始资产权利如何安排，行政单位资产配置定能达到帕雷托最优。然而由于行政单位存在较多的交易费用，不同的资产权利界定就会带来不同的资产配置效率。所以，对行政单位资产实施产权管理有着重要的经济意义，必须合理进行权责划分才能够促进行政单位资产配置效率的提高。

行政单位国有资产产权构成与其他资产一样，通常包括所有权、占有权、使用权、收益权和处置权五大类权利，每一类权利都由于单位或资产类别差异需要进一步分类。所有权可以表现为房产证、土地证、股权（股票）及相关有价值证券及单位拥有的其他各类资产。占用权和使用权可以表现为行政单位相关部门人员使用资产完成各项任务和工作，具体可以表现为训练使用权、承包使用权、执法使用权、办公使用权等等。收益权是行政单位资产的“孳息”，通过出租或对外有偿服务取得的预算外收入。当然行政单位通过预算每年从财政取得的收入是一种比较特殊的收益权，是其行使公共管理职能所附带的权利，也可以认为是行政单位广义上的收益权，也需要加强管理。如果对收益权进行进一步分类可以划为收益分配权、收益开支权、收益控制权、收益所有权。处置权在实践过程中可以是涉及产权变动的任何行为事项，可以划分为资产报废权、调剂权、购置权、审批权、销售权等。

所有者、管理者、使用者、监督者是行政单位资产管理中代表四个方面的利益主体，这些利益相关者应该如何就行政单位资产产权进行划分才能确保行政单位资产管理目标的实现呢？这就需要在确保代表所有者利益的管理机构牢牢掌握事关其核心利益的资产产权，同时还要保证管理者和使用者得到约束、激励高效地使用行政单位的资产的监督者能够恰当地监督行政单位资产的“所有者”、管理者、使用者，从而实现安全高效的管理目标。

私人企业相对行政单位而言，所有者、债权人、经营管理者、监督者之间的权利分配比较合理，公司制被认为是治理的一种较好形式。首先，考虑私人企业所有者最关心的是什么问题。第一当然是对企业的所有权，只有拥有了所有权（股权）才能对企业行使投票权、收益权和处置权；第二是对企业的收益权，收益权就是从企业分配利润的权利，这也是投资企业的最终目的，显然也是所有者最为关心的核心问题之一；第三是处置权，处置权有大小之分，所有者比较关注所有权的处置，对企业内部资产权利配置交由经理人员负责。而企业资产的经营管理权对于所有者来说，并不是最重要的，因为私人企业经营的目的是利润，所以不需要亲自控制，而且由于资产规模和分工的专业化也不可能亲自分担具体的经营管理事务。在私人企业，经营管理者受所有者委托对企业财产行使经营管理权，从资产产权管理的角度来说，经营管理权是资产占有使用权的具体表现形式之一。经营管理者要想取得较好的业绩，就需要有资产占有使用权的保障和支撑，所以，经营管理者最关心的是其资产占有使用权问题。现代企业管理中引入了经理人股票（股权、股票期权）激励机制，这只是激励经理人努力工作的管理工具，并不代表企业的所有权是经理人的核心利益。私人企业内部员工是资产的具体使用者，最关注资产的性能和状况等具体情况。

行政单位国有资产管理主体之间的权责分配可以模仿私人企业主体，所有权既是所有者的根本资产权利，又是显示所有者权利的证明，因此所有权理所当然应该由代表行政单位国有资产“所有者”的管理机构掌控。行政单位运行的目的不是取得利润，而是为社会提供公共服务和管理，表面上看行政单位收益权与私人企业不同，但行政单位收益权实际上包括了预算分配和预算外收入权，这两项都关系到行政单位资产产权规模问题，所以也应该是“所有者”关心的核心问题。处置权在行政单位资产管理中表现为资产报废变卖、内部调剂、与其他单位置换等形式，与私人企业类似业务相比，只有变卖和置换时才真正涉及产权规模变动，“所有者”应该关注所有权规模变动较大的情况。而行政单位资产内部调剂是行政单位管理者为了提高资产使用效益采取的具体管理措施，也不涉及到行政单位资产所有权的变化，所以这类处置业务“所有者”不需要关注。在行政单位资产管理中，行政单位领导行使类似经理人的职能，其比较关心单位占有使用资产规模和预算分配权。但由于预算分配权的大小受预算管理体制和标准的影响，通常只有项目经费才有弹性空间，所以实际上行政单位领导比较关注单位资产占有情况和项目经费来源规模等，这部分产权可以归类于资产的占有权。行政单位工作人员相当于私人企业员工，是行政单位资产的具体使用者，比较关注资产的具体状况能否满足工作需要。此外，与私人企业不同，任何行政单位通常会有一个相关的上级主管部门，上级主管部门通常对其公共服务或业务进行监督指导，但同时也起到了对资产管理的配置指导作用。上级主管部门可以通过下达行业管理规范制度、规划计划的形式对下级单位资产管理产生重要影响。在行政单位内部还会存在对房屋建筑物、土地、库存物资等的主管部门负责本单位相关类别资产的专业化管理，内部主管部门主要关注占有资产规模情况、内部配置调剂情况（处置权）、管理对象资产取得收益情况。虽然《行政单位国有资产管理暂行办法》中明确规定“各级财政部门是政府负责行政单位国有资产管理的职能部门，对行政单位国有资产实行综合管理。”，但财政部门履行的职责却涵盖了资产管理中所有者、监督者、政策制定者等多个角色。所以，本部分讨论的行政单位资产管理主体并不是与现实中的主体一一对应，而是从理论上构建各主体的权责利关系，为资产管理模式的确立奠定基础。在行政单位资产管理的监督工作中，有纪检、检察、审计等多个部门参与，作为监督主体其最关心的是资产的安全和效益，即各管理主体的尽职尽责和效果情况，这相当于私营企业中监事会的作用，所以监督者最关心的是资产产权管理中的受托人代理责任的解除情况即监督权，而不是监督结果本身。在私营企业管理中，各种激励机制和措施从一定程度上减轻了所有者与经营管理者的代理成本。但在行政单位资产管理中，由于种种原因资产管理中的激励机制十分缺乏，急需引入绩效评价管理工作减轻代理成本。行政单位资产绩效评价权反映了行政单位资产运行的效益状况，该项权力应该由“所有者”掌握。上述行政单位资产产权划分结果如表 1 所示。

表 1　　行政单位国有资产产权划分

管理主体	产权体系						
	所有权	占有权	使用权	收益权	处置权	评价权	监督权
“所有者”	是			是	部分	是	
内部主管部门		是		部分	部分		
单位领导		是	是	部分			
公务人员			是				
监督者							是

（二）行政单位资产管理相关机构部门的权责定位

1. 资产“所有者”的权责

行政单位国有资产“所有者”主体设置是确保资产管理体制机制健全的关键，是对产权体系中其他权利运作管理的基础。从根本上来说，行政单位资产“所有者”主体必须具有独立于具体行政单位的独立性，能够起到代表国有资产所有者利益的机构主体，并能够科学合理解决除所有权外的其他产权在不同利益主体的分配问题。

在具体行使“所有者”职责时，行政单位资产“所有者”主体应该对行政单位资产数量、质量等情况进行统计登记，以便明确“所有权”的数质量，保护国家利益，当采取经营性公司模式时表现为股权；行政单位国有资产“所有者”主体也是行政单位资产收益权的最终受益人，享有收益权分配使用的权利。因而，行政单位国有资产“所有者”主体应该制定科学明确的收益分配政策，包括预算资源分配和行政单位存量资产产生的预算外资金；资产处置可能关系到所有者利益和所有权的变化，因而对涉及行政单位国有资产产权发生较大变化时，“所有者”要适时调整“所有权”数量，搞好产权变更登记管理，对资产处置行使审批监督管理职责。对于行政单位进行的内部资产调剂和较小数量的资产报废处理，“所有者”需要放权，不能事无巨细都要管理，应交由行政单位自己进行管理。因而，需要针对行政单位类型、级别、规模等因素，制定科学的资产处置的审批权限；为了促进行政单位对所属资产管理更好地履职尽责，行政单位资产“所有者”主体应该定期对行政单位资产管理情况进行绩效评价，分析管理中存在的问题并提出改进的对策。

2. 主管单位（部门）的权责

主管单位（部门）是指有下级直属行政单位和事业单位的单位（部门）。主管单位（部门）的职责应该是提高行政单位国有资产利用效率，指导所属单位（部门）健全国有资产管理制度并采取科学的管理手段，确保社会公共管理责任高效完成，充分发挥本系统内部国有资产综合效益，在行政单位国有资产管理体系中，起到特殊而重要的桥梁作用。

3. 占有使用者的权责

占有使用者是各级行政单位，也就是具体占有使用行政国有资产的单位和部门。对于占有使用者来说，其职责包括：一是确保本单位资产的安全完整，并不断保持较高的使用效率；二是按照国家和上级主管部门的要求建立健全资产管理规章制度和管理手段，加强内部控制，向上级主管部门提供资产管理的基础数据；三是根据行政单位国有资产绩效考核办法，积极改进管理，提高资产管理绩效。

4. 监督者的权责

行政单位国有资产监督管理者有很多主体，包括内部审计、外部审计、监察部门、上级主管单位（部门）、行政单位国有资产“所有者”、社会公众、新闻媒体等。各监督主体有权按照国家法律规定，对行政单位国有资产使用情况进行监督，可以要求行政单位公开其国有资产管理使用情况的相关信息。

行政单位资产监督管理者发现行政单位在国有资产使用方面存在问题时，可以向“所有者”、纪检、检察院、上级行政单位等部门反映情况，但不能诽谤或利用虚假信息进行恶意指控。

三、行政单位国有资产管理模式构建研究

行政单位资产管理模式的核心是管理体制的设计，本部分首先通过分析国内外比较优秀的行政单位国有资产管理模式的特点，提出了构建思路和原则；然后结合我国行政单位管理体制的特点，提出了我国行政单位国有资产整体管理模式和主要管理内容。

（一）国内外行政单位国有资产管理模式的特点及启示

第一，结合特点，分类管理。从现有文献资料的介绍看，国内外国有资产管理体制的改革最终表现为分类管理这一共同特征。一般来说，各国都会对普通行业国有企业资产、事业单位国有资产、金融类国有资产、资源类国有资产分别设置专门的管理机构和人员，我国经营性资产管理模式自 2003 年以来的改革进程也是如此。国有资产分类管理，明确不同的追求目标，有助于增强管理的针对性，也有助于协调不同的政策目标，从而从整体上提高国有资产的利用效率。

第二，集中与分散管理相结合，突出管理的权威性。在纵向上，分为中央和地方两级管理机构，地方服从中央；在横向上，针对财务、人事和业务分别设有相应的管理机构，其中以财务管理为重点。财务管理信息是国有资产管理信息的基础，因此行政单位国有资产管理也是如此，监督管理也必须以此为基础。

第三，分级分层管理，各司其职。针对经营性国有资产，通常设置监督管理决策层、运营层和实体层，分别代表所有者、主管单位和具体占有使用单位。

第四，健全法律法规，依法管理。以法治理国有资产是依法治国的延伸，世界各国都普遍通过健全国有资产管理法律法规完善国有资产管理机制。

根据国内外国有资产管理的特点，可以得出如下三点重要启示：

第一，行政单位国有资产的管理要分类管理，不能笼统地进行管理。行政单位国有资产的多样性导致其管理目标的多重性，但是由于这些目标之间并不

具有统一性，相互之间可能存在冲突，如收支平衡目标和盈利目标的冲突。因此较好的方法就是对行政单位国有资产分类，使之分别承担不同的目标。

第二，针对不同领域的行政单位国有资产采取集中与分散管理相结合的方式，并按照分级分层的原则进行设计。

第三，突出所有者保护机制设计。保护国有资产所有者利益是国有资产管理与其他领域资产管理的本质区别，特别是在行政单位差异较大的情况下如何分类设计所有者代表机构更是一个重要的问题。另外，通过建立健全行政单位国有资产管理法律法规完善管理机制也是必然选择，使新设计的所有者的利益更容易保护。

（二）我国行政单位国有资产管理主体的设计

1. 决策层的管理设计

在我国，长期以来，行政单位国有资产一直是由财政部门（含原国资局）或者财政部门委托的机构管理的。中央一级是由财政部负责综合管理，委托中直管理局、国管局、人大管理局和政协管理局等四个单位分别负责其系统资产管理的具体事务。这是与我国的政治体制相适应的，即行政单位由党的有关部门、政府各部门及其直属机构、人大常委会机构和政协机构四个部分组成，这四个部分在机关事务管理上互不隶属。在省一级，大部分地方行政单位的国有资产由财政部门直接管理，也有个别地方由财政部门委托管理局管理。财政部门是政府部门的一个行政单位，作为所有者的代表是否合适呢？行政单位资产所有权从理论上来说最终都是全国人民共同财产，但在管理实践中表现为具体单位拥有这项权利。不论是财政部门还是行政单位很难代表“所有者”，因为其往往站在单位局部而不是全局考虑问题。

众所周知，国有资产的所有者是全国人民或者国家，而只有全国人民代表大会才是唯一有资格代表行政单位国有资产所有者的主体。因此，应该在全国人民代表大会下设立行政单位国有资产监督管理委员会，行使行政单位国有资产管理的权力。按照分级管理的原则，各级地方人大在上级人大的授权下可以设立本级行政单位国有资产监督管理委员会。人大是权力机关，不宜直接进行经济管理活动，需要设立所有权的运营层进行具体筹划管理行政单位国有资产。

2. 运营层的管理设计

我国行政单位国有资产管理的最大问题在于不当行政干预，因此阻断行政干预是实现行政单位国有资产高效利用的关键。在人大下设立了行政单位国有资产监督管理委员会只是第一步，第二步必须有专门机构负责行政单位国有资产的运营管理工作。设立行政单位国有资产运营公司是关键一环，可以阻断行政单位国有资产利用过程中的各种行政干扰，也可防止人大与行政单位之间的直接干预。行政单位有国有资产运营公司负责对各类行政单位国有资产进行整体上的运营，目的是提高行政单位国有资产配置使用效率和运营效率，具体在采购、资产运用、处置等环节实施管理，维护行政单位国有资产所有者的权益，达到提高行政单位国有资产使用效率和效益的目的。行政单位国有资产运营公司负责集中采购、资产处置及评估、管理资产收益、对各行政单位实施国有资产利用绩效考核、各单位国有资产产权登记与管理、行政单位国有资产统计与分析等工作。

行政单位国有资产运营公司的股权应该100%由人大掌握，根据分级分类原则，各级地方人大都需要设置类似的机构，垂直管理的中央主管部门都应该对应一个资产运营公司但其股权100%由全国人大掌握。设置具体过程要考虑分级分类的问题，而这一问题由于我国行政单位的垂直管理和属地管理并存的局面变得相对复杂化。

“垂直”管理是我国人民政府管理中的一大特色，而且在行政体制改革中作为中央对地方进行调控的重要手段有不断被强化的趋势。我国目前比较重要的政府职能部门，主要包括履行经济管理和市场监管职能的部门，如海关、工商、税务、烟草、交通、盐业的中央或者省级以下机关多数实行垂直管理。1998年人民银行撤销省级分行，设立9家大区制分行，此后，银监会、证监会、保监会均参照实行垂直管理，同年，省级以下工商管理机关实行垂直管理。2000年，省以下质量技术监督检验检疫局和药监局都实行垂直管理。2004年，国家统计局各直属调查队改制为派出机构，实行垂直管理。同年，省以下土地部门的土地审批权和人事权实行垂直管理，借以强化中央政府的宏观调控能力。2005年，国家安监总局下属的国家煤监局实行垂直管理，安监局仍然属于属地化管理。此外，军队、武警部队等单位也是典型的垂直管理模式。垂直管理单位国有资产的初始来源渠道主要是中央财政拨款，有一部分的地方财政拨款也是补充性质的。但这些单位通常除了行政消耗性国有资产之外，还拥有部分经营性资产和事业性资产。因此，针对垂直管理系统的国有资产管理时，设立的国有资产运营公司必须分类管理，要么设立几个公司要么在一个运营公司下设立管理不同类别资产的子公司或分支机构。垂直管理系统的另一大特点是点多和面广，通常分布在全国不同地域范围内，因此各垂直管理的行政单位国有资产运营公司必须划区设立或按照其体制特点设立。

属地管理是指各省、自治区、直辖市及以下地方政府横向管理的行政单位，这些单位的预算主要由地方财政拨付，其国有资产形成渠道主要是地方财政资源。地方各级人大可以针对本地区的行政单位设立国有资产运营公司，对本地区行政单位国有资产进行统一筹划和管理，提高本地区行政单位国有资产的运营效率和效益。按照分类的原则，可以针对不同行政单位类型或资产类型，设立不同的资产运营分支机构。

3. 占有使用权的管理设计

各行政单位是行政单位国有资产具体占有使用主体，主要对占有的资产管理负责，在本单位内部努力提高使用效率和效益。行政单位负责具体贯彻执行国家和各级的行政单位国有资产管理法律制度，拟制本单位具体实施细则并组织实施；搞好本单位内部的资产清查、资产核算和产权登记界定管理工作；申报本单位资产采购和处置工作，根据财务数据编报资产统计报告；做好本单位的资产管理与预算管理相结合工作；制定本单位资产使用的具体制度措施等。

行政单位在资产产权管理活动中尽量减少账外资产、搞清楚涉及多个利益主体资产的产权归属，不留死角；作为占有使用者制定相关管理制度和措施，使用部门和人员正确保管使用相关资产；在货币资产管理、经费预算分配、资产购置审批、日常管理中建立完善的内部控制制度，减少资产流失和低效率运用的风险；建立本单位内部的调剂、置换、处置的良好“市场化”机制，促进资产产权合理流动，提高资产使用效益。在具体管理占有使用的国有资产时，要各级利用付费式管理，健全资产管理基础数据，坚持资产管理与预算管理、财务管理相结合的原则。由于行政单位每年都有大量的预算资源无偿且比较固定地注入，因而就需要处理好经费与实物资产之间的关系。

4. 处置权的管理设计

行政单位国有资产处置权可以划分为两种类型，一种是日常的价值比较少的资产，一种是数额巨大的资产。对于第一种，资产处置权应该归属于行政单位，第二种由于数额巨大应该归属于资产运营公司。具体的金额标准应该根据不同地区、不同等级的行政机构进行具体设计，可以有一定的差异。

将大部分行政单位国有资产处置权集中管理有利于提高处置效益，可以实现行政单位资产处置环节评估管理的规范化和可操作性。目前，行政单位的各种资产管理制度都提出资产处置时要评估的要求，但除了大项资产外几乎很难执行。这主要是由于资产评估时有一定的评估费用，这一成本对于具体行政单位来说在处置废旧资产时往往过高。而通过资产运营公司统一处置，可以解决评估成本效益低下的问题。

5. 收益权的管理设计

行政单位国有资产管理过程中，收益权是个比较复杂的问题。行政单位的收益权主要是财政预算资源的分配权，按照财政预算的相应标准大部分都比较固定，项目预算资源有一定的弹性但权限在于各级行政机关、党委，而且个别行政单位的预算来源有两个或多个。在程序上，人民代表大会是预算审查批准的最终机关，但通常是程序上的审查，对于实质内容的审查较少。如果人民代表大会及其常务委员会能够切实履行预算管理职权，那么收益权的管理相对就变得简单。

行政单位的预算外收入是另外一个主要收益来源，如果行政单位资产实施了分类集中管理，其经营性和事业性的预算外收入就几乎不会存在，主要就集中在了行政收费领域。这种收益在扣除必要的成本后，可以统一收缴国库或国有资产运营公司。

在资产处置过程中，各行政单位的资产会产生处置收益，这些收益的取得是补偿性的。因此，这些收益权应该归属于具体的行政单位。

行政单位国有资产运营公司主要是对行政单位存量资产进行管理，提高使用效率和效益，而财政部门通过预算资源分配主要实现了对行政单位增量资源的提供。如果行政单位国有资产运营公司和预算主管部门协调得不够好，就容易出现管理漏洞。因此，行政单位国有资产运营公司必须掌握并利用好绩效考核权利和资产使用监督管理权力，向人大的行政单位国有资产监督管理委员会提出预算资源分配的建议和意见，行政单位国有资产监督管理委员会通过人大的预算工作委员会对财政部门的预算进行审查并提出资源分配的意见。

（三）行政单位国有资产管理的管理机构框架和主要业务内容

1. 管理机构的整体框架

我国行政单位国有资产管理机构的整体框架可以用图 2 表示。

2. 主要业务管理内容

行政单位国有资产的管理涉及预算管理、采购、建造、使用、处置等多个环节，行政单位国有资产管理机构应该将管理对象和范围进行全面融合，避免

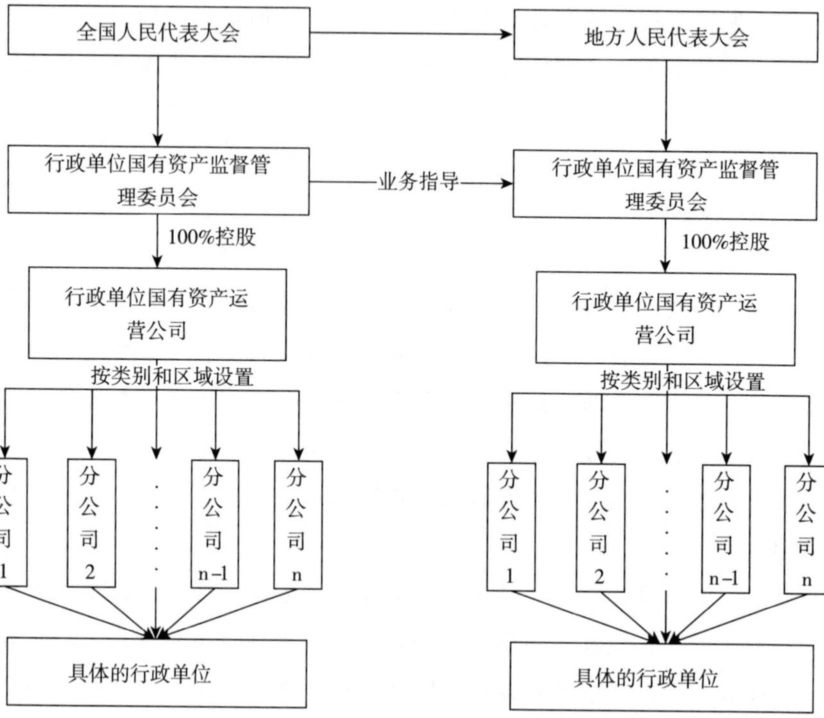

图2　行政单位国有资产管理机构整体框架图

只管部分环节或方面导致疏漏点的吸管效应。

在预算管理上，各级财政部门仍然是主管部门，但是行政单位国有资产运营公司可以向行政单位国有资产监督管理委员会提出下一年度财政预算资源分配的建议和意见，并通过人民代表大会的预算工作委员会实现对相关行政单位预算资源在源头上的控制管理。

政府集中采购业务，现在我国已经有了相对健全的政府采购法律制度和做法，现有的业务管理机构和内容下一步应该整合到行政单位国有资产运营管理公司的相应子公司之中，在具体管理方法和业务流程上可以借鉴现有的做法和经验。

在资产使用环节，各运营公司负责对行政单位国有资产日常管理制度的监督检查和评价，并通过绩效评价制度实现促进和改善行政单位资产使用效率和效益的目的。

在资产处置环节，应该通过将有政府背景的产权交易中心平台整合到行政单位国有资产运营公司之中，各行政单位在处置资产时按照权限将需要集中处置的资产统一交由行政单位国有资产运营公司处置。

在绩效评价环节，由行政单位国有资产监督管理委员会制定相关的法律法规，行政单位国有资产运营公司具体实施绩效评价。

四、结论和展望

论文主要研究目的在于分析行政单位产权划分的基本理论，探讨我国行政单位国有资产管理模式的设计，并就绩效评价提出相应的思路。根据上述研究目的，本研究首先对委托代理和产权理论、国有资产管理的文献资料进行了回顾和梳理，结合行政单位国有资产管理中存在的问题，评述了已有研究和我国目前行政单位国有资产管理存在的问题并获得了启示；其次，通过对相关理论的归纳和分析，分析了行政单位国有资产所有者、主管单位（部门）、占有使用者、监督者的权责；最后，提出了我国行政单位国有资产管理的模式和绩效评价的方法。现将研究的主要结论归纳如下：

一是行政单位国有资产管理存在问题的重要根源是产权管理责任划分不清。通过对行政单位国有资产管理问题的分析，认为主要存在以下四个具体方面的问题：管理体制机制不顺，致产权划分不清；经费管理制度健全，却浪费流失严重；实物资产效率较低，成利益输送渠道；各级行政单位经济活动内部控制乏力，国资流失出口多。但上述问题的存在只是表面现象，其根源是由于各项产权管理责任划分不清，加上委托代理层次过多，导致具体管理者不可能对所有者负责。

二是明确了行政单位国有资产管理主体的权责定位。行政单位国有资产管理的利益主体包括很多，只有各司其职，才能提高资产的使用效率和效益。本研究在第四章对所有者、主管单位（部门）、占有使用者、监督者的权责划分进行了详细分析，也从侧面揭示了目前行政单位国有资产管理存在的产权不清的问题。

三是构建了以保护所有者利益为核心的行政单位国有资产管理模式。本研究提出应该由人民代表大会代表所有者，唯有如此才能确保行政单位国有资产所有者的利益受到真正保护，弥补当前所有者缺位的现象。同时，就行政单位国有资产管理模式设计的思路和原则进行了阐述，初步设计了包括行政单位国有资产运营公司在内的多层次行政单位国有资产监督管理模式。

本研究的结果表明，行政单位国有资产管理要找准目标，不仅要搞清楚管理的经济目标，还要从理论上搞清楚为谁去管理的问题，这对行政单位国有资产管理改革具有一定的指导意义。

必须承认，本论文还存在一些研究局限：

首先，在研究方法上由于数据来源受限实证研究未予利用。其次，对行政单位国有资产管理的对象讨论局限于行政单位为主体拥有或控制的资源，而对以政府名义拥有控制却受各具体行政单位实际控制的预算资源和社会管理职权未考虑进去。最后，对现实性未作过多考虑。因此，展望行政单位国有资产管理改革的发展方向，至少有以下几点值得关注：第一，行政单位公共权利带来的巨大利益如何进行控制。第二，行政单位国有资产管理改革的可操作性。第三，研究方法上引入实证研究。

主要参考文献

［1］董司晨："我国行政单位国有资产管理改革初探"，学位论文，首都经济贸易大学，2009 年。

［2］杨国亮、杨国寿："国有资产管理体制改革：回顾与展望"，《经济与管理》，2011 年第 10 期。

［3］荣兆梓："国有资产管理体制进一步改革的总体思路"，《中国工业经济》，2012 年第 1 期。

［4］郭复初、傅海波、周春梅等："完善国有资产管理体制任重而道远"，《国有资产管理》，2010 年第 4 期。

［5］李改伟、杨丽娟："国有资产管理体制的建立与完善"，《中国城市经济》，2011 年第 21 期。

［6］徐宏："关于国有资产管理体制改革的思考"，《商业经济》，2011 年第 19 期。

［7］李楠："新型国有资产管理体制下国有企业财务监管机制研究"，学位论文，湖南大学，2009 年。

［8］卜忠群："论国有资产的流失及管理体制的完善"，《经营管理者》，2011 年第 13 期。

［9］王海云："完善兵团国有资产监督管理体制的探索"，《新疆社科论坛》，2010 年第 5 期。

［10］孔万斌："高开放度、高民营化、高市场化条件下县级国有资产管理

体制的改革探索”，《企业家天地（理论版）》，2011 年第 7 期。

［11］郑天勤：“市级机关国有资产管理体制改革的实践与思考”，《中国机关后勤》，2010 年第 6 期。

［12］浙江省义乌市公共资产管理中心课题组：“行政事业单位国有资产管理体制改革理论与实践研究”，《财会研究》，2011 年第 17 期。

［13］李奇勇：“高校国有资产管理体制改革初探”，《高校后勤研究》，2010 年第 2 期。

［14］吕晓蕾：“高校资产管理公司管理体制及多维绩效考核体系初探”，《中国高校科技与产业化》，2010 年第 11 期。

［15］周瑛：“浅谈高校经营性国有资产管理体制改革与财务管理模式”，《财政监督》，2011 年第 2 期。

［16］何颖峰：“公共体育场馆国有资产管理体制创新实证分析”，《商业时代》，2010 年第 31 期。

［17］王金玲：“公共财政体制下非经营性资产管理研究”，《财会通讯》，2011 年第 10 期。

［18］隋慧、旷晶：“金融国有资产管理制度改革与完善”，《吉林工商学院学报》，2012 年第 1 期。

［19］范逸文：“论我国金融监管体制的改革”，《财经界（学术版）》，2011 年第 4 期。

［20］郭子初：“健全国有金融资产管理体制——访全国政协委员、工银国际监事长王为强”，《中国金融家》，2011 年第 3 期。

［21］安德泉：“浅议我国森林资源资产管理体制所要解决的问题”，《黑龙江科技信息》，2011 年第 33 期。

［22］余艳：“浅谈高校国有资产产权管理存在的问题与对策”，《教育探索》，2011 年第 4 期。

基于经济评审的成本工程实践研究

班级：企业类六期

作者：鄂胜国　吴向能

摘　要

本文在军工科研单位成本工程工作基础上，分析我国武器装备采购制度改革等外部形势，从理论和实践两条主线开展工作，总结评价成本工程实践效果。

在成本工程理论研究方面，一是确立了“全员参与、全过程管理、全要素控制、设计决定成本、质量决定成本、效率决定成本”的现代成本管理理念；二是构建了基于评价值的成本（价格）估算模型；三是重新设计并固化了成本工程工作流程；四是在多个型号引入目标成本提示值，优化型号成本设计。

在成本工程工作实践方面，一是制定并下发指导成本工程工作实践的规章制度文件；二是创建成本达标验收工作机制，夯实成本管理基础；三是开展经济评审型号试点，深化成本工程实践。

通过成本工程理论与实践研究，不仅大大提高了型号产品设计方案的经济性，增强了型号产品的价格竞争力，拓展了市场份额，还显著增强了成本观念，提升了管理效率，促进了军工科研单位成本管理水平，推动了军工科研单位可持续发展。

一、研究背景与意义

党的十八届三中全会指出：要深化国防和军队改革，推动军民融合深度发展。在国家层面建立推动军民融合发展的统一领导、军地协调、需求对接、资源共享机制。健全国防工业体系，完善国防科技协同创新体制，改革国防科研生产管理和武器装备采购体制机制，引导优势民营企业进入军品科研生产和维修领域。这为我国国防现代化建设指明了方向，同时也为军工科研单位的科研生产提出了新的、更高的要求。

随着我国逐步允许民营企业进入军品市场领域，武器装备订货逐渐走向市场化，可替代产品开始出现以及武器装备市场化进程对军工科研单位产生了巨大的冲击，国有军工科研单位享有的行业保护和行业壁垒正在被打破，激烈的竞争环境正在形成。由此，在经历了计划经济几乎不计成本的研制、订货时代后，伴随着市场经济的深入发展，军品市场已经进入了竞争时代。可以预见，在未来的一段时期内，军工科研单位面临的市场竞争将日益激烈。而军工科研单位在竞争中取胜的原则就是“在满足军方战技指标的情况下成本否定一切”，价格是决定因素，而决定价格的主要因素则是军品成本。同时，近年来我国持续推进武器装备采购制度改革，并深入推进军品价格改革，深化竞争机制，这些形势变化对军工科研单位的成本管理提出了新的要求。

因此，适应新的形势，改善内部管理，完善成本管理基础，提升成本管理水平，成为当前军工科研单位管理工作的重点内容。开展军工科研单位成本工程实践的研究，实现军工产品设计方案的技术及经济性综合优化，对于完善军工科研单位成本管理体系，提高军工科研单位成本管理水平具有重要的理论意义；对于提高军工科研单位的市场竞争力，解决加速武器装备发展与有限国防经费之间的矛盾，加快我国国防现代化建设具有十分重要的现实意义。

二、研究目的与思路

本文研究军工科研单位成本工程的具体实践，旨在“设计决定成本、质量决定成本、效率决定成本”这一结论的基础上，结合军工科研单位科研生产实际，在成本工程实践方面进行进一步地探索，以经济评审为抓手，完善产品设计方案的经济性分析与评价，达到降低军工科研单位产品成本的目的，为管理决策提供支持依据。

本文研究的主要思路是：在军工科研单位成本工程工作基础上，分析我国武器装备采购制度改革等外部形势，从理论和实践两条主线开展工作，最后总结评价成本工程实践效果。具体研究思路如图 1 所示：

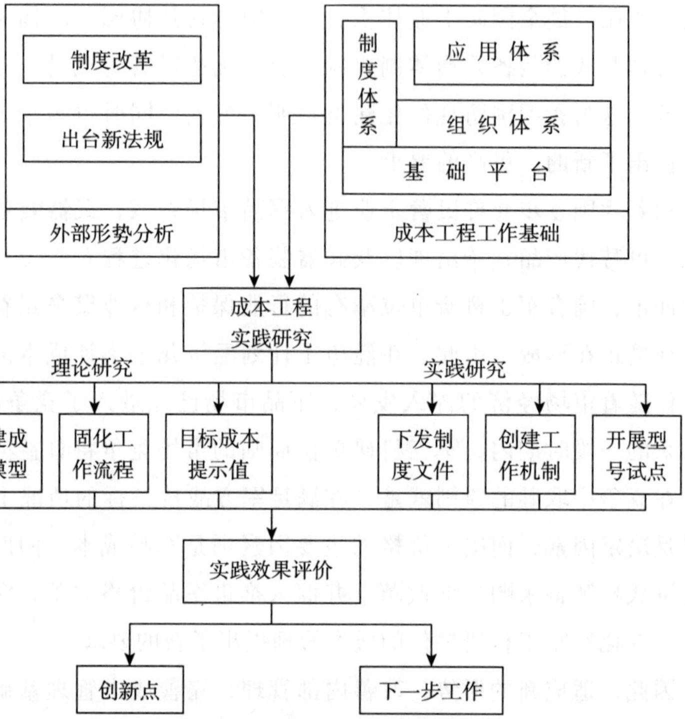

图 1　研究思路

三、军工科研单位成本工程工作基础

笔者所在的军工科研单位——中国航天科工集团第二研究院（以下简称二院）自 2005 年开始开展成本工程的理论与实践探索研究，经过多年不断深化研究与实践，按照“理论联系实际、系统分析、整体最优、持续改进”的原则和“统筹规划、分步实施”的思路构建了较为完善的成本工程总体框架。

（一）成本工程总体框架

根据霍尔系统工程理论，军工科研单位构建了一个三维的立体式成本工程体系总体框架。该框架以军品型号为主要对象，基础体系包括组织体系、制度体系、平台体系、管理体系，应用领域囊括了军品科研生产整个流程，包括可行性论证阶段、方案设计阶段、工程研制阶段、定型阶段，应用方式主要是以经济评审为抓手，通过设定目标成本提示值、开展成本分析、进行成本考核，实现成本管理与控制。军工科研单位成本工程总体框架如图 2 所示。

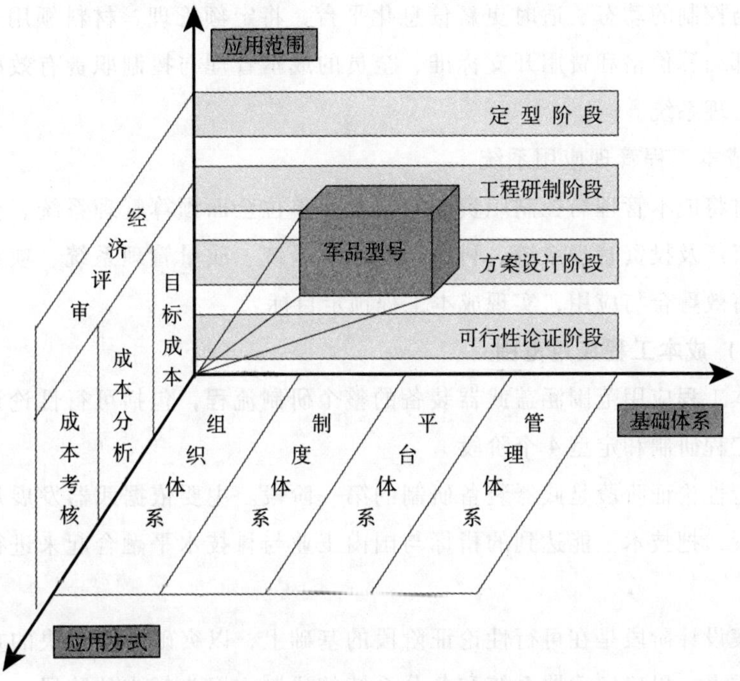

图 2 军工科研单位成本工程体系总体框架

（二）成本工程基础体系

军工科研单位成本工程基础体系涵盖一个组织体系、一套制度体系、一个平台体系和一套管理体系。

1. 成本工程组织管理体系

成本工程管理组织体系由院、厂所、车间处室、班组四级构成。在院级分别成立成本工程管理委员会、成本工程管理办公室和成本工程工作组；在厂所级分别成立成本工程管理委员会、成本工程管理办公室和成本管理组。

2. 成本工程规章制度体系

成本工程规章制度体系主要由管理制度和相关制度构成。管理制度规定了军工科研单位成本管理组织机构的设置、职责、奖惩和激励机制以及成本设计、成本决策、成本预算、成本控制、成本核算、成本分析、成本考核等各项职能的实施细则。成本管理涉及单位的各项管理工作，相关的管理制度必须体现成本管理的内容。

3. 成本工程信息平台体系

充分运用已有的 ERP 系统、PDM 系统、合同管理系统等，不断完善成本费用管理与控制的动态、适时更新信息化平台，将定额管理、材料领用、原始记录、内部结算价格和费用开支标准、全员的成本管理与控制职责有效融入目前的经营管理系统。

4. 成本工程管理应用系统

通过将成本管理与控制职责与军工科研单位全面预算管理系统、会计核算系统、资产及投资管理系统、科研生产管理系统、质量管理系统、项目管理系统等的有效融合与应用，实现成本工程预定目标。

（三）成本工程应用范围

成本工程应用范围涵盖武器装备的整个研制流程，包括可行性论证、方案设计、工程研制和定型 4 个阶段。

可行性论证阶段是武器装备研制的第一阶段。主要依据武器发展规划或需求来开展，把技术上能达到的指标与国内工业与科技水平融合起来进行分析与论证。

方案设计阶段是在可行性论证阶段的基础上，以突破必须解决的重大关键技术为重点，以确定武器系统和各分系统的研制方案为标志的阶段。方案设计是对可行性方案的具体落实和对分系统指标再细分配和完善。

工程研制阶段一般又分为初样和试样两个阶段，是以接到上级批准下达的研制任务书或者是工业部门提交的武器系统设计方案通过评审为起点，直至研制部门完成整个武器系统的设计性能验证性试验为止。

定型阶段分为设计定型、工艺定型和生产定型三个阶段。产量很小的产品，可只进行设计定型；有一定批量的产品，需进行工艺定型；对于大批量生产的产品，应进行生产定型。

（四）成本工程应用方式

经济评审是成本管理与控制的重要手段，它将目标成本提示值作为与质量、进度同等重要的设计工作控制约束，对型号产品成本方案进行比对分析，通过减少设计冗余、改进工艺路线、结合成本考核，实现降低产品成本，满足市场竞争需要和用户需求。

四、军工科研单位面临的外部形势分析

进入新世纪以来，军工科研单位面临的外部形势发生了较大变化，我国武器装备采购制度改革不断深入推进，军地双方出台竞争性政策法规，加剧了武器装备市场竞争激烈程度，军品价格工作改革加强了成本与价格工作在武器装备科研生产实践中的重要作用。

（一）武器装备采购制度改革深入推进

党的十七大明确提出："调整改革国防科技工业体制和武器装备采购体制，提高武器装备研制的自主创新能力和质量效益"。此后，中央军委加快了我国武器装备采购制度改革步伐。2010 年 3 月，中央军委确定海军承担装备采购制度改革试点任务。2010 年底，海军举行改革筹建机构成立大会，决定新成立装备采购中心、装备招标中心以及装备合同监管部，分别承担装备采购审计、合同谈判、签订工作和装备采购招标工作及装备质量监督工作。2011 年 3 月，总装备部成立了装备采购审计中心和装备采购评价中心，分别承担装备采购审计和重大决策事项评价任务。这标志着我军装备采购制度改革试点工作迈出了实质性步伐。

随着我国武器装备采购制度改革正在不断深化，对提高我军装备采购的质量与效率、推进国防工业体制改革意义重大。同时，也必将在组织结构、运行机制和管理制度等方面对军工科研单位产生深远影响，军工科研单位必须尽快适应武器装备采购制度改革的要求。

（二）竞争性政策法规不断出台

军方不断推进装备招投标采购制度，进一步推动了军品市场竞争。海军装备采购试点工作深入推进，不断深化招投标采购制度。2011 年，海军启动实施武器装备采购的招投标制度，并出台了《海军装备招标管理办法》、《海军装备采购评标专家管理办法》，指出对于技术复杂的大型或成套装备预研、研制、购置或维修阶段的招投标项目采用综合评价法进行评标，在应用此方法时，对预研、研制项目的价格权重不得低于 20%，可见价格因素在招投标制度中占据重要地位。此外，陆军正在研究制定采购合同管理、招投标管理等相关制度与标准，以完善装备采购工作机制，提出将快速推进科研订购一体化采购、集中采购和竞争性采购。

竞争性采购在装备采购改革中逐步应用，装备招投标采购制度不断推进，这些意味着军工科研单位在武器装备科研生产领域的竞争对手、市场竞争范围都增加了许多，虽然在武器装备总体这一层次几乎处于垄断地位，但在子系统及以下层级将面临激烈的竞争，市场竞争形势更为严峻，这对军工科研单位的市场占有能力提出了严峻挑战。

（三）军品价格工作改革不断深化

价格工作是武器装备发展的重要组成部分。随着我国装备采购制度的不断深入，装备价格工作改革得到了深度推进。2010 年 3 月 7 日，国家发改委、财政部、总装备部联合印发了《关于进一步推进军品价格工作改革的指导意见》。《指导意见》明确提出：按照装备采购制度改革总体要求和全寿命价格管理的思路推进军品价格工作改革，努力实现从“单一定价模式”到“多种定价模式”的转变，从“事后定价”到“事前控制”的转变，从“个别成本计价”到“社会平均成本计价”的转变；要建立分类定价机制、目标价格生成机制、过程成本监控机制和激励约束机制；到“十二五”末期，全面推行新的装备价格形成机制和定价模式。

目前，军工科研单位在公开招标、邀请招标、竞争性谈判、询价等采购方式的报价管理基础还很薄弱，尚未形成有效的管理体系与运行机制，这种分类定价模式对军工科研单位的报价工作提出了新要求，还需要加强这方面的工作，以适应军方价格工作改革要求。

五、基于经济评审的成本工程实践研究

面对新的外部形势，军工科研单位在已构建的成本工程体系框架基础上，不断加强成本工程理论研究与探索，深化基于经济评审的成本工程的具体实践，致力于不断提升成本管理水平。

（一）成本工程理论研究

1. 确立先进的管理理念

（1）分析基础理论。成本工程体系的构建需要一定的基础方法理论作为支撑，因此首先应该对目前几种常用的成本管理方法进行分析与研究，从而为成本工程实践奠定理论基础。目前注重从产品全寿命周期角度考虑成本，并注重源头控制成本的常用方法主要有：面向成本设计（DFC）、按费用设计（DTC）和全寿命周期成本（LCC）管理。

DFC（Design For Cost）最早出现于20世纪90年代初期，属于并行工程中的DFX（Design For X）技术的一个分支。它是指在满足用户需求的前提下，尽可能地降低成本，通过分析和研究产品制造过程及其相关的销售、使用、维修、回收、报废等产品全生命周期中的各个部分的成本组成情况，并进行评价后，对原设计中影响产品成本的过高费用部分进行修改，以达到降低成本目的的设计方法。

DTC（Design To Cost）就是按照给定的费用指标进行设计。它是国外在20世纪70年代中期提出的概念，要求在设计过程中将成本列为与技术、性能和工程进度同等重要的参数加以考虑，并在可靠的模型和经验的基础上确定合理的成本目标，促使设计人员发挥能动作用，使设计方案达到预期的成本目标。

LCC（Life Cycle Cost）管理思想在1950年美国有关可靠性的研究报告中已有体现，1966年美国国防部开始正式研究LCC理论，并逐渐在全军推广应用。随着LCC理论在军事领域的成功应用，现在也逐步向民用领域展开应用，其应用领域日益扩大。它将军品成本按照寿命周期划分为研制成本、生产成本、使用与保障成本和退役成本。在军品系统策划、方案设计、加工、制造、装配等环节都要考虑产品的全寿命周期各个阶段的成本问题，保证军品最低的全寿命周期成本。全寿命周期成本管理将企业成本管理的视角向前延伸至研发设计阶段，向后延伸至售后服务及报废处理阶段，拓宽了成本管理的视野。

（2）创新管理理念。在分析了DFC、DTC、LCC三种成本管理理论基础上，创造性提出了成本工程的管理理念，即在成本工程体系建设过程中，必须要坚持“全员参与、全过程管理、全要素控制、设计决定成本、质量决定成本、效率决定成本”的现代成本管理理念。

2. 构建成本估算模型

（1）常用的成本估算方法。在长期的工程实践中，专家们总结出了一些较为有效的目标成本估算方法理论，比如类比法、工程估算法、市场类推法和参数估算法。这几种方法各自有其适用条件与范围，而军品目标成本的估算必须与军品科研生产实践相结合。当前，由于计划经济体制的影响以及我国社会经济的快速发展，积累下来的历史成本数据很少，很难适用于现状；军品市场成熟度不够；军品创新程度高，研制过程中的不确定性因素多，相互之间可比性小；军品系统庞大而又复杂等等因素，导致上述几种方法很难适用。

（2）创新研究构建基于评价值的成本估算模型。武器装备成本的估算是一项非常复杂的工作，涉及的影响因素众多。军工科研单位从武器装备本身的战技指标、工业基础和装备采购三个方面考虑成本影响因素，由此形成了评价武器装备的指标体系，通过量化评价值构建成本估算模型。评价值通过指标值与权重的平均加权来计算。

基于评价值的成本（价格）估算模型计算公式为：

$$P_0 = \frac{C_0}{C_{标}} \times P_{标}$$

式中，$P_{标}$是指作为参照型号的已知成本（价格），$C_{标}$是指作为参照型号的评价值，C_0是指待估型号的评价值，P_0是指待估型号的成本（价格）。

其中，评价值的计算公式为：

$$C_m = \sum w_i \times u_i$$

式中，C_m为某型号的评价值，w_i为评价指标 i 的权重，u_i为评价指标 i 的取值经无量纲化后的值（根据型号不同取值不同）。

3. 固化工作流程

业务流程重组（BPR）是 20 世纪 90 年代兴起的一种先进的管理思想。该理论强调以业务流程为改造对象和中心、以关心客户的需求和满意度为目标、对现有的业务流程进行根本地再思考和彻底地再设计，利用先进的制造技术、信息技术以及现代的管理手段、最大限度地实现技术上的功能集成和管理上的职能集成，从而实现企业经营在成本、质量、服务和速度等方面的全面性改善。

基于业务流程重组理论，军工科研单位对过去的成本管理工作流程进行了优化，重新设计了成本工程工作流程，包括经济评审管理工作流程（见图 3）、经济性设计工作流程（见图 4）、成本工程考核工作流程。

4. 引入目标成本提示值

目标成本管理最早产生于美国，后来传入了日本、西欧等地，并得到了广泛应用。该理论以管理为核心，核算为手段，效益为目的，对成本进行事前测定、日常控制和事后考核，从而形成一个全企业、全过程、全员的多层次、多方位的成本体系，以达到以较少投入获得最佳经济效益的目的。

目标成本是军工科研单位成本工程体系的核心内容，目标成本的形成过程主要发生在可行性论证和方案阶段，目标成本的执行与控制过程主要集中在工程研制阶段和定型阶段。逐阶段地估算、修正目标成本的最终目的是使目标成本逐步收敛于军品的真实成本，通过目标成本的控制来推动设计方案的改进，

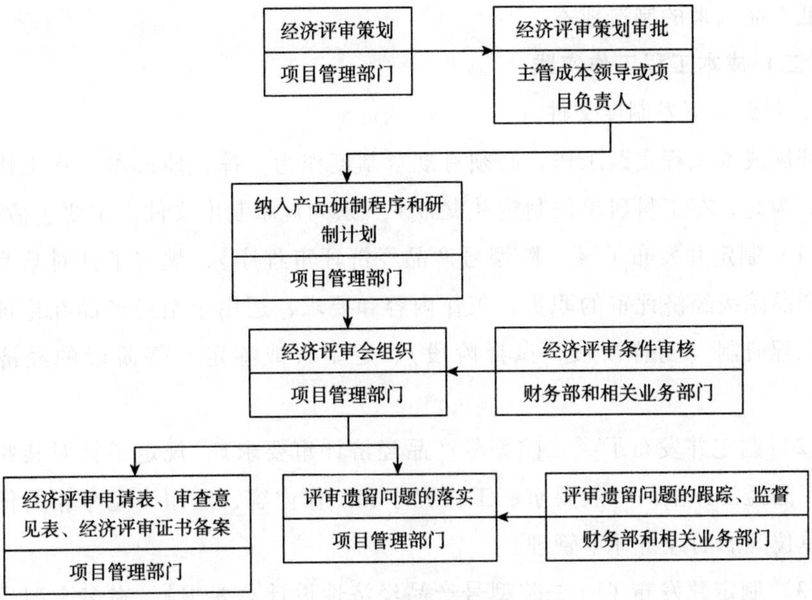

图 3　经济评审管理工作流程

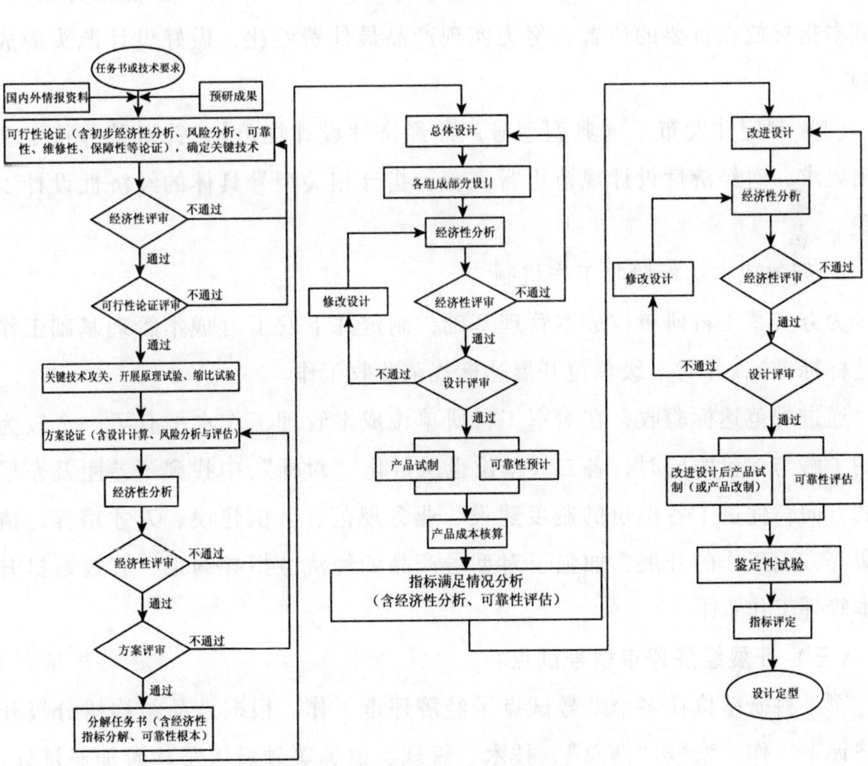

图 4　经济性设计工作流程

以降低军品未来的制造成本。

（二）成本工程工作实践

1. 制定并下发制度文件

开展成本工程实践工作，必须有规章制度作为支撑，使成本工程工作有章可循。为此，军工科研单位制定并发布了一系列规章制度文件。主要包括：

（1）制定并发布了《二院型号产品经济评审程序》，规定了针对某些特定型号产品院级经济评审的职责、工作内容和要求，适用于型号产品在论证、方案、工程研制（初样阶段、试样阶段）、定型（或鉴定）等阶段的经济评审管理。

（2）制定并发布了《二院型号产品经济评审要求》，规定了针对某些特定型号产品经济评审的一般要求、工作程序和工作内容，适用于型号相关任务的承制单位开展的经济评审管理。

（3）制定并发布了《二院型号产品经济性设计总要求》，在多个型号下发了目标成本提示值，要求各型号设计师在关注型号产品各项性能指标的同时，把成本指标放在重要的位置，努力实现产品最佳费效比，做好设计源头的成本控制。

（4）制定并发布了《典型型号产品经济性设计规范》，针对某些特定型号提出要求，对经济性设计规范进行完善，指导相关型号具体的经济性设计工作实践。

2. 创建成本达标验收工作机制

为夯实军工科研单位成本管理基础，制定并下发了《成本管理基础工作规范达标标准》，并对二级单位开展达标规范验收工作。

通过规范达标验收，在对军工科研单位成本管理工作水平有了一个较为客观的了解与评价的同时，各二级单位也从量化“对标”中找到了差距及今后改进的方向，促进了各单位的制度建设、业务规范、队伍建设、人才培养、情报收集等方面工作的开展，加强了对型号产品的经济性指导约束，有效地提升了成本管理工作水平。

（三）开展经济评审型号试点

军工科研单位在多个型号试点了经济评审工作。根据产品结构树分级开展经济评审工作，型号“两总”、技术、管理、财务等领域人员均参加经济评审。经济评审的对象是型号产品经济性设计分析报告。经济评审工作贯穿于型号研制整个阶段，在不同阶段有不同的时机（见图5）。

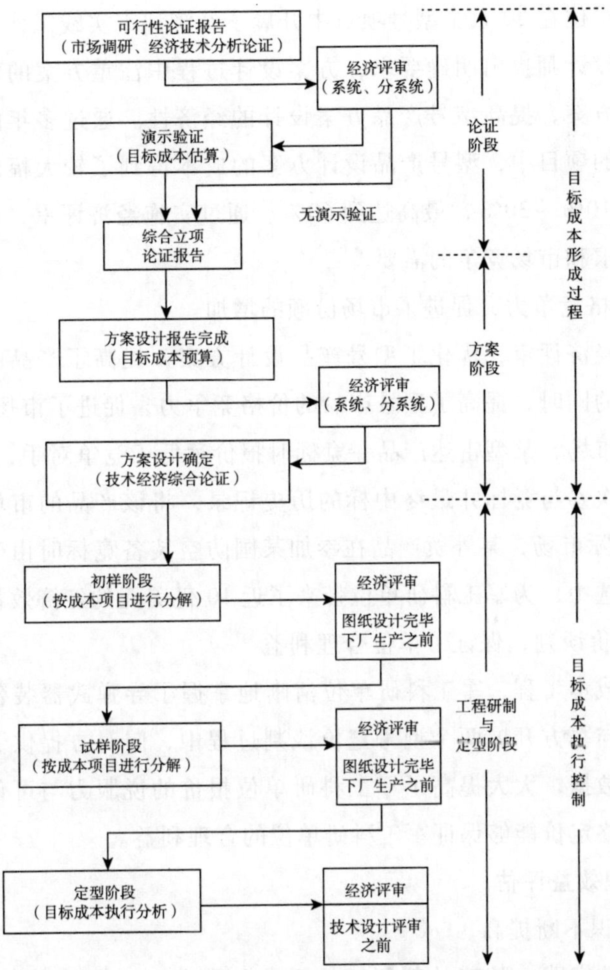

图5 经济评审的时机

六、基于经济评审的成本工程效果评估

以经济评审为重要手段深入推进成本工程，军工科研单位取得了良好的实施效果，不仅大大提高了型号产品设计方案的经济性、增强了型号产品的价格竞争力、拓展了市场份额，还显著增强了成本观念、提升了管理效率、促进了军工科研单位成本管理水平，推动了军工科研单位可持续发展。

（一）经济效益评估

1. 改善经济性设计，降低了型号产品成本

军工科研单位在20余个型号项目中开展了经济评审实践工作。通过经济评审规章制度向设计师提出明确要求，方案设计过程中注重方案的对比分析，选择成本最优的方案，提高型号产品方案设计的经济性。通过多年的实践，在所开展经济评审的项目中，型号产品设计方案的成本得到了较大幅度降低，项目成本普遍降低10%～30%，最高达到60%。通过实施经济评审，保证了型号成本满足合同要求和市场竞争的需要。

2. 提升价格竞争力，促进了市场份额的增加

通过实施经济评审，优化了型号产品设计方案，提高了产品的经济性，在降低产品成本的同时，提高了型号产品的价格竞争力，促进了市场份额的增加。例如，在国内市场，某型雷达产品在竞标时报价远低于竞争对手，而最终中标，创造了连续7次参与竞标并最终中标的历史记录，将该产品的市场占有率提高至80%；在国际市场，某外贸产品在参加某国防空装备竞标时由于具备较大的价格优势而被选中，为军工科研单位带来了近10亿美元的经济效益。

3. 支撑定价谈判，保证了单位合理利益

通过实施成本工程，军工科研单位清晰地掌握了导弹武器装备各项产品的实际成本，在与军方开展两个型号定价谈判过程中，向对方提供了翔实、可靠的成本与价格数据，大大提高了军工科研单位报价的说服力与可信度，使得这两个型号的最终定价能够保证军工科研单位的合理利益。

（二）管理效益评估

1. 成本意识不断提高

经过多年的实践，随着外部环境的要求和成本工程体系工作的深入推进，“设计决定成本”的管理理念越来越被普遍接受，成本意识不断提高，尤其是各单位领导、各型号两总，由被动变主动地对项目成本控制的工作规范提出了明确要求，成本工程的内部管理环境逐步得到改善。虽然仅仅是在观念上的转变，但这样的转变不但能对成本工程体系的进一步应用产生推动作用，甚至还可能对武器装备的研制与发展产生深远的影响。

2. 管理效率不断提升

通过建立健全成本工程规章制度体系，梳理并固化经济评审等工作流程，规范了军工科研单位成本管理行为，进一步理顺了成本工程实践过程中的各项

工作关系，显著提高了军工科研单位科研生产管理工作效率，支撑了军工科研单位在成本核算、成本分析、产品报价等方面的工作能力的提高，相关工作决策时间缩短了30% ~50%。

六、结束语

（一）创新点

本课题研究的创新点如下：

1. 研究构建了基于评价值的成本估算理论模型

从战技指标、工业基础和装备采购三个方面考虑其对型号成本（价格）的影响因素，研究构建了基于评价值的成本估算理论模型，为成本工程实践提供参考。

2. 建立了经济评审工作机制

以成本作为产品设计指标之一，创造性地将目标成本引入现有的军品研制流程，建立对产品设计方案开展经济评审的工作机制，确定了经济评审开展的时机，制定了经济评审工作规章制度，明确了经济评审的对象，实现了从成本源头入手、在军品研制全过程内进行成本管理与控制；设计了经济评审管理流程与工作程序，实现成本工程与军品项目的研制流程融合。

（二）进一步研究的工作方向

1. 探索目标成本的准确确定方法

准确确定具备很强可执行性的目标成本是成本工程的一项难点之一，一方面是由于原始数据的积累不够，另一方面是由于市场化进程导致产品成本的不确定性加大。从目前情况来看，尝试建立数学模型的思路虽然在一定程度上更具说服力，虽实现要求和难度都很大，但不可否认这是成本工程下一步工作的努力方向。

2. 量化成本工程体系的应用效果

一是经济评审效果的量化。从定性角度来看，经济评审通过对产品设计方案的经济可行性进行评价，实现了从源头控制成本的目的，有助于产品成本的降低，但从定量角度评价经济评审的效果还需进一步研究，由于军品研制周期较长、工作量大、风险因素多，导致经济评审的效果需要很长时间才能得以体现，因此经济评审效果的量化分析还存在一定的难度。

二是成本工程考核的量化。衡量各项降本增效措施的效果是成本工程考核的重点内容之一，目前仅仅是从定性角度开展成本工程实践应用的考核，如何量化考核问题还有待进一步研究与探讨。从数量指标对成本工程进行考核，不仅直观、简洁，而且说服力更强，需要结合具体的工作实践，开展成本工程考核量化的研究。

主要参考文献

［1］金其明：《防空导弹工程》，中国宇航出版社 2004 年版。

［2］陈晓川、杨建国、李蓓智："面向成本的设计（DFC）与其他 DFX 工具的集成与应用方法"，《机械设计与研究》，2004 年第 5 期。

［3］Geiger T S，Dilts D. M. Automated design - to - cost：integrating costing into the design decision. Computer - Aided Design，1996，28（6）.

［4］陈晓川："面向并行工程的 DFC 与 DTC 辨析"，《机械科学与技术》，2000 年第 4 期。

［5］徐安德："武器系统全寿命周期费用的控制和管理的研究"，《导弹与航天运载技术》，2002 年第 6 期。

［6］M. I. Mager. *et al.* Army life cycle cost model for missile systems. DCA - R - 25，1976. AD - A040143.

［7］厉正平、潘双夏、冯培恩："产品成本的估算策略及降低产品成本的设计方法研究"，《中国机械工程》，1995 年第 6 期。

［8］肖元星、张冠杰：《地面防空武器系统效费分析》，国防工业出版社 2006 年版。

［9］徐廷学："导弹武器系统寿命周期费用控制研究"，《飞航导弹》，2001 年第 4 期。

［10］成楚之："地空导弹武器系统研制费用估算方法初探"，《系统工程与电子技术》，1988 年第 8 期。

论商业银行内部控制建设的监管优化①

班级：企业类六期
作者：吴江涛　廖春晖　刘志宏

① 本文根据《商业银行内部控制建设问题研究》课题第5章“商业银行内部控制建设的监管优化”的内容修改而成。

摘 要

商业银行内控建设既是商业银行内在经营动机驱动的，又是监管要求等外部力量推动的。关于商业银行内控建设问题这个主题，立足于商业银行内部角度的研讨较多，而立足于外部监管角度的研讨则相对较少。本文立足于商业银行内控建设的外部监管角度，分析了监管定位、监管视角、监管边界、监管导向、监管协调等五大问题，并提出了有针对性的建议意见。

商业银行内控建设既是商业银行内在经营动机驱动的，又是监管要求等外部力量推动的。商业银行内控建设取得的成绩既是其自身努力的结果，也是监管部门帮扶、监督促动的结果。同样，商业银行内控存在、暴露的问题，既有商业银行自身的原因，也有银行业监管部门的原因。改革开放以来，我国商业银行内控控制建设历经“业务内控时期”、“专业内控时期”和“全面内控时期”三大阶段①，不论是早期的人民银行主导监管，还是后期的银监会主导监管，以及目前的五部委联合监管，始终带有浓厚的“监管驱动”特征。可以说，我国商业银行内部控制建设的演进历史，也就是我国商业银行内部控制建设的监管历史。我国商业银行内控建设取得的成绩和存在问题更是与银行业监管部门紧密相关。所以，解决商业银行存在的内控问题，既需要从银行内部角度找解决思路和措施，也需要从银行业监管角度想解决思路和办法。关于商业银行内控建设问题这个主题，目前立足于商业银行内部角度的研讨较多，而立足于外部监管角度的研讨则相对较少。本文立足于商业银行内控建设的外部监管角度，分析了监管定位、监管视角、监管边界、监管导向、监管协调等五大监管问题，并提出了有针对性的建议意见。我们希望通过这个五个方面的探讨，能够优化商业银行内部控制建设的监管，为商业银行内部控制建设营造更加有利的外部监管环境和市场环境。

一、商业银行内部控制监管制度的地位问题

从法定地位上看，我国商业银行内控控制建设相关的监管制度总体上分为两类：一是法律层面的规范约束，主要是国家颁布的相关法律。比如：《中华人民共和国公司法》、《中国人民共和国商业银行法》、《中国人民共和国会计法》、《中华人民共和国票据法》等。这些法律对商业银行的治理结构、业务规则、会计监督等进行了法律上的规范。二是部门规章层面的规范约束，主要是人民银行、银监会、证监会、财政部等部委颁布的相关规定、办法和指引。主要分为两大类：一类是具体业务管理办法，比如《人民币银行结算账户管理办法》、

① 在《商业银行内部控制建设问题研究》课题中，本文作者将商业银行内部控制建设的演进历程划分为业务内控时期、专业内控时期和全面内控时期三个阶段。业务控制时期起始时间大致是 1978 ~ 1997 年，这一时期的商业银行内控和风险管理要求体现在法律、法规和业务规定中；专业内控时期起始时间大致是 1997 ~ 2008 年，这一时期商业银行引入 COSO 内控框架，基本建立了完整的内部控制体系；2008 年商业银行内部控制建设进入全面内控时期，主要标志事件是财政部等五部委联合发布《企业内部控制基本规范》，商业银行内控建设逐渐融入商业银行的全面风险管理过程中。

《固定资产贷款管理暂行办法》、《个人贷款管理暂行办法》、《商业银行信用卡业务监督管理办法》、《商业银行理财产品销售管理办法》等。这些业务管理办法对具体业务的内控提出了要求。另一类是内控及风险管理方面的总体或分类要求。比如，《商业银行内部控制评价试行办法》（2004）、《商业银行内部控制指引》（2007）、《商业银行个人理财业务风险管理指引》（2005）、《商业银行合规风险管理指引》（2006）、《商业银行集团客户授信业务风险管理指引》（2007）、《商业银行操作风险管理指引》（2007）、《商业银行信息科技风险管理指引》（2009）、《商业银行流动性风险管理指引》、《企业内部控制基本规范》（2008）、《企业内部控制配套指引》（2010）等。这些法律、法规分层次对商业银行内控建设发挥了监督促进作用。但从实践来看，其也存在一些局限：一是在法律层面对内控及风险管理体系建设和机制建设的要求总体上较为简单。比如：《中国人民共和国商业银行法》第四章对“业务的基本规则”提出了较为细致的规范，对内控及风险管理整体要求方面只有如下两条：“第五十九条：商业银行应当按照有关规定，制定本行的业务规则，建立、健全本行的风险管理和内部控制制度”；“第六十条：商业银行应当建立、健全本行对存款、贷款、结算、呆账等各项情况的稽核、检查制度。商业银行对分支机构应当进行经常性的稽核和检查监督”。又比如：《中华人民共和国公司法》对公司设立、组织结构、合并与分立、解散与清算等作出了法律上的规定，但对其日常运营的规范基本上未有涉及，也没有内控及风险管理体系或机制建设方面的文字表述。总体上看，银行或企业内控及风险管理体系建设的法律规范还比较薄弱。二是在监管部门发布的部门规章中，内控及风险管理总体或分类监管制度的法律地位“在形式上”相对较低。不难发现，大多数具体银行业务监管制度采取了“办法”的形式，而大多数内控及风险管理总体或分类监管制度采用了“指引”的形式。虽然同属部门规章或指令，“指引”从语义上是“指导、引领”，给人的直观感觉是其规范性不如“办法”强。这很容易导致商业银行重具体业务规范，轻内控及风险管理整体体系或机制建设。事实上，分析商业银行内控缺陷会发现，商业银行具体业务的内控要求是非常健全的，虽然从表象上看内控问题大多出在具体业务中，但其深层原因却主要在内控机制建设方面。这说明商业银行在内控及风险管理机制上相对薄弱，这正是需要监管部门强化监管的领域。三是大多数内控及风险管理监管制度采用了“指引”的形式，但实际执行过程中，这些条款又是必须遵守的。这会给制度执行者造成一些错觉或困扰：

“指引”传递的语义信息是允许商业银行根据实际情况作出适宜性选择；当商业银行作出某种选择性安排后，监管部门在内控监督检查时又容易习惯于对照制度条款提问题，将商业银行的内控适宜性选择当成合规性问题。

针对上述局限，提出如下优化建议：一是对银行或企业内控及风险管理监管制度的法规体系进行梳理和清理。明确哪些属于法律层面规范的问题，哪些属于部门规章规范的问题。二是强化银行或企业内控及风险管理体系建设或机制建设的规范。在公司法、商业银行法等法律层面进一步强化相关要求。三是进一步明确内控指引、风险管理指引、业务管理办法等部门规章的监管定位。其一是理清内控及风险管理总体规范、分类规范、具体业务规范等部门规章之间的关系。其二是规范部门规章制度命名规则，比如明确规定、办法、指引、指南等名称的适用规则和规范效力。其三是对制度条款的监管效力作出分类，从“指引”角度讲，宜区分强制执行条款、可选择执行条款和不适宜执行条款等监管强度分类，以适应各银行或企业的实际情况。

二、商业银行内部控制监管规范的视角问题

内部控制是商业银行“自己实施”的控制，是商业银行“内部的”控制活动。这是我们在讨论商业银行内控建设的自觉性、自主性要求时不断强调的理念和思想。受这种埋念和思想影响，大多数商业银行内部控制监管规范都是对“商业银行”提出的内控要求，即商业银行内控监管就是监控商业银行的内控行动（类似的，非金融企业内控监管也主要是监控企业的内控行动）。换句话说，内控监管制度的内容都是“商业银行应该怎么样”。很少有内控监管制度或规范对银行（或企业）内控建设的其他利益相关主体提出配合要求。比如，存贷款业务内控监管制度，一般规定了商业银行应该做到什么，很少规定存款人和借款人应该做到什么。我们认为，这种监管视野是局狭的，这种监管视野下的内控制度规范也会面临一些难以克服的困境。首先，从内控及风险管理原理上看，仅靠商业银行自身的内控努力，难以全面防范交易或事项的相关风险。从交易的定义可知，一项交易业务通常是由多个交易主体共同完成的，除了本企业，还有交易对手，部分交易的参与主体还有为交易服务的政府部门。比如办理一笔抵押贷款业务，除了本银行外，交易主体还有贷款企业、担保人、以及办理抵押登记的登记机关等。大多数时候，商业银行内部控制的范围在本银行内，其能看到的只是一笔交易留在银行中的那一部分，有时候能够延伸到为

交易服务的政府部门（这还要看相关部门是否配合)。交易对手办理交易的情况，商业银行并不能完全了解和控制。从这个意义上讲，我们说商业内部控制能够控制的只是银行内部的“半截交易”。其次，从商业银行日常经营实践来看，商业银行试图将监管部门对银行单方面的内控要求，或者将自身自觉的内控诉求通过“交易协定”等形式传导或施加给其他利益相关方也会面临诸多抵触。比如，存款人在银行柜台办理取款需要出示身份证件，这是银行内控要求，但有些存款人会觉得这是银行强加给自己的义务，不愿意配合提供相关证件。又比如，银企对账是一项很有效的内控要求，但有些企业会觉得这是银行附加给它的额外义务，因此配合度很低。诸如此类的事例很多，银行内控本意是为保护这些利益相关方的资金、财产安全，但这些利益相关方却觉得这些要求增加了他们的额外负担。商业银行在合同或协议中对此作出约定，往往落下“店大欺客”的恶名。而在会计柜台业务中，客户对于内控方面的配合和等待更是缺乏耐心，诸如“银行柜台效率太低”、“存取款手续太复杂”等误解和毁誉已成家常便饭。在发生客户特别不配合内控要求的情形时，会计柜台人员常常会抬出一纸银行自己的内控规定，却常常被客户嗤之以鼻：“凭什么要按你们的规定办？国家有明确的规定吗？”这时候会计柜台人员总是尝试去监管制度中引经据典，却往往大失所望，因为大多数制度规定了“银行应该怎么样”，没有规定“客户应该怎么样”。商业银行的客户服务问题大多数实质上属于银行内控问题。银行面临的这些问题目前已经成为一个社会公众关注的焦点问题，需要引起监管部门反思和关注。最后，商业银行业领域发生的大量突出风险事件和案件，虽然大多数与商业银行内控不严密有关系，但同时也与商业银行客户等利益相关主体自身风险意识和管控水平不高有着很大关系。比如，企业客户内部人员伪造手续盗取单位存款；个人客户遭遇手机短信欺诈划转个人存款或因密码保管不善存款被盗取等。这些风险事件和案件的发生，单靠商业银行“内控”是难以有效克服的。

根据上述情况，我们建议对商业银行内控监管，监管部门应采取更加宽泛的“商业银行利益相关者”视角。

首先，要调整内控监管就是“监管商业银行”的意识，树立以“商业银行业务利益相关者”为对象的监管意识。从商业银行角度看，商业银行内控自然是商业银行“内部”事务，但从监管角度看，商业银行内控则不仅是商业银行自己的事务，而是一项涉及银行业秩序的社会事务。监管部门监管的是“商业银行业务”，而不仅仅是“商业银行的活动”。监管商业银行内控，需要对商业银行业务的利益相关方均提出监管要求。

其次，制订商业银行内控制度规范时，应以“商业银行业务及其利益相关者”为规范对象。在所有内控监管规范中，既需要明确商业银行的权利、义务和责任，也需要明确交易涉及的其他利益相关方的权利、义务和责任。尤其是要注意强化商业银行之外的其他利益主体的义务和责任，为商业银行内控创造更有利的条件。在这方面，有两项法律法规可作为典范。其一是《中华人民共和国票据法》，该法对参与票据活动的各方当事人的权利和责任都进行了规范，为商业银行加强票据业务内部控制创造了有利条件；其二是《人民币银行结算账户管理办法》，其不仅对商业银行办理结算账户业务提出了要求，也对账户开立人提出了管理要求。比如，其第二十六条规定：“存款人申请开立单位银行结算账户时，可由法定代表人或单位负责人直接办理，也可授权他人办理。由法定代表人或单位负责人直接办理的，除出具相应的证明文件外，还应出具法定代表人或单位负责人的身份证件；授权他人办理的，除出具相应的证明文件外，还应出具其法定代表人或单位负责人的授权书及其身份证件，以及被授权人的身份证件”。其第四十七条规定：“单位的法定代表人或主要负责人、住址以及其他开户资料发生变更时，应于5个工作日内书面通知开户银行并提供有关证明”。这种规定就为商业银行强化账户管理创造了有利条件。

再次，注意平衡商业银行业务中各利益相关方的权利和责任。商业银行作为金融业务的经营主体，自然需要承担更多的控制责任和义务，但也不宜将需要存款人、贷款人等其他利益相关方必须承担的责任，都附加给商业银行，过度加重其社会责任。比如，存款人遭遇短信欺诈自主划转存款，商业银行只需善尽提示义务，而不需对存款人转款行为的后果承担责任。

最后，监管部门可主动作为，为商业银行内控机制建设创造更多有利的环境条件。比如，为防止银行从业人员在商业银行之间“带病”流动，可强化银行从业人员监管；可采取的措施包括：所有银行从业人员建立“内控卡”，卡随人走；建立银行从业人员银行账户申报制度等。又比如，为防范不良信用记录客户在银行间游走，可建立银行间不良信用记录共享制度等。

总之，监管部门对商业银行内控的监督，既要规范作为内控责任主体的商业银行，也要规范其他相关的控制实施主体，让银行业务活动的所有交易主体、参与主体均承担起相应的交易安全责任和义务。

三、商业银行内部控制监管的边界问题

我国政府部门对商业银行内控监管具有很强的前瞻性，也具有很大的监管力度和深度。但随着这种内控监管力度的加大，也存在内控监管边界模糊的问题。一是“内控监管”与“风险管理监管”之间的边界比较模糊。监管部门发布了内控指引，又发布了一系列风险管理指引，要求相互交叉和重叠。这会对商业银行内控和风险管理形成困扰。比如：各项风险管理指引与内部控制指引是什么关系？内控评价与风险评级是什么关系？同时，叠加和重复性监管也会增加商业银行信息报送、信息披露等方面的负担。二是“商业银行内控”与“商业银行内控监管”之间的边界也越来越模糊。商业银行内控监管规范基本上涵盖了商业银行的公司治理、组织架构、业务规则、运营管理、考核评价和监察问责等方方面面。在日常监管方面，监管部门的现场检查、非现场监督频率和要求也很高。这种“深度介入”的监管模式对促进商业银行内控建设有积极意义，但也存在缺陷：其一是有可能抑制了商业银行内控建设的自主性和创新性。比如，防范合规风险未必一定需要设立合规部门，但可能按监管要求商业银行又必须设立合规部门，否则这本身就成为一个合规性缺陷。其二是监管部门投入了大量监管资源关注商业银行的内部具体事务，可能未能抓住监管重点，形成监管疲惫与疲软。

随着银行业竞争加剧和市场化步伐加快，监管部门会面临更加复杂的监管对象和环境，要发挥有限监管资源的作用，就需要进一步厘清自己的监管边界，明确监管重点。一是进一步理清对商业银行风险监管的线索。巴塞尔资本协议构建了资本充足率、监管当局监管和市场约束三大支柱的银行风险监管框架，我国商业银行也充分借鉴了这种监管框架。在这三大支柱中，我国政府部门需要进一步理清监管机构监管、市场约束的基本线索和路径。在监管机构监管方面，需要整合内控和风险管理监管之间的关系。可以考虑建立商业银行全面风险管理指引，统驭各分类风险管理指引，同时将内控监管纳入风险管理监管的整体框架。在市场约束方面，进一步强化商业银行全面风险管理的社会审计、市场评级、信息披露和公众监督。二是监管部门需要进一步处理好“企业内控”与“内控监管”之间的关系，明确对内控及风险管理的监管边界。具体需要厘清几个问题：介入哪些方面、不介入哪些方面；需要介入的领域，介入到什么程度；有哪些监管介入手段、在何种情况下运用这些手段等。

四、商业银行内部控制监管的导向问题

商业银行内控既要确保经营活动合规、可靠，又要确保实现经营目标。但在内控实践中，正如商业银行内控建设重合规、可靠性目标，轻战略、经营性目标一样，商业银行内控监管也存在重前者、轻后者的倾向。表现在：其一是监管部门集中控制的事项较多。比如，商业银行同城支行设立、ATM 机具布放等渠道拓展需要监管部门审批；商业银行推出新的理财产品需要报批等。其二是商业银行的业务活动领域较窄。比如贷款转让、资产证券化等金融创新受到较大制约。其三是内控评价重风险指标，轻发展指标。例如，《商业银行内部控制评价试行办法》第五十二条规定："根据过程评价和结果评价综合确定内部控制体系的总分。其中，过程评价的权重为70%，结果评价的权重为30%，两项得分加总得出综合评价总分"。其第五十一条规定"结果评价主要评价内部控制目标的实现情况，对这些指标的量化评价可以通过非现场的方式进行。结果评价主要包括十项指标：资本利润率、资产利润率、成本收入比、大额风险集中度指标、关联方交易指标、资产质量指标、不良贷款拨备覆盖率、资本充足指标、流动性指标、案件指标等。"不难发现，不论是过程性评价，还是结果性评价，主要内容都是"风险类"指标较多，"发展类"指标较少。监管部门对商业银行的内控评价直接与其分支机构设立、业务审批等重要事项挂钩，因此这种重风险、轻发展的评价结果对商业银行发展构成重大制约。四是内控及风险监管的容忍度很低。比如，操作风险监管方面，要求商业银行实现"零案件"目标。对100万元以上案件，实行上追两级问责。发生案件或突出操作风险事件的商业银行，业务审批会受到严格控制。在信用风险监管方面，要求商业实现不良贷款额和不良贷款率双降。受这些倾向因素影响，我国商业银行业务创新度不高，中小商业银行发展速度受到限制。同时，这种导向也促使商业银行不断降低风险容忍度，导致商业银行的客户需求满足度低、体验差，商业银行员工幸福感差。另外，在监管过严的情况下，也容易催生商业银行弄虚作假逃避监管。比如，贷款五级分类造假以满足不良贷款"双降"的监管目标；隐瞒案件不报以实现"零案件"的监管目标。这样的结果与监管初衷背道而驰。

针对上述现象，监管部门需要调整内控监管方向，强化"内控促发展"的导向，做到风险监管与行业发展并重。一是正确处理风险监管与金融创新之间

的关系，鼓励商业银行进行业务创新。尤其是对创新业务风险要有一定承受度，避免“出事就堵、一堵就死”。二是对传统商业银行业务，重新评估其内控及风险监管措施的适宜性。比如，虽然住房按揭贷款以外的个人消费贷款业务与个人信用卡业务具有本质上的共性，但在商业银行经营实践中，前者的内控及风险管控要求复杂得多。个人消费贷款（如装修、留学、大宗物件采购贷款），目前基本上是按照用途（装修、留学、大宗物件采购）进行产品开发，并按照对公贷款业务模式进行贷后管理。其实从业务性质上看，个人消费贷款具有“消耗”特性，其还款主要看借款人的收入水平和抵质押物的价值，而不取决于贷款项目本身的回款能力（比如装修贷款不可能靠装修项目回款来保障还款）。因此，对个人消费贷款产品的开发应重点考虑借款人还款能力和第二还款保障，在贷款申请用途设计上可以更加泛化一些（比如宽泛地设计为“日常消费”，而不问具体消费种类），同时对其贷后管理应重点强调贷款资金不得进入高风险投资领域，而不应将重心放在追踪贷款资金是否用在了某项具体用途上。这样可以大大简化个贷产品开发，促进个人消费贷款业务的发展。而商业银行要作出这种调整，需要监管部门在监管意识和行动上先要作出转变。三是适当简政放权，减少部分审批事项。比如，放开商业银行基层网点铺设的审批；放开商业银行理财产品审批等。四是提高风险监管指标的容忍度。比如，在贷款总额增长的情况下，要求不良贷款率降低具有合理性，而要求不良贷款额降低就未必具有合理性和科学性，应考虑对此进行修正。五是建立科学的内控评价体系或监管评级体系。由于监管评级结果挂钩的事项较多，对商业银行发展影响较大，因此监管评价指标体系的完善就十分重要。比如，商业银行在内控评价指标的设计上应加大“结果评价类”指标的权重，而且在“结果评价类指标”中要增设业务发展类指标，以彰显“内控促进发展”的终极宗旨。

五、商业银行内部控制监管的协调问题

目前商业银行内控建设进入“全面内控时代”，经营业务步入全面市场化轨道，内控监管步入多部门协同监管，内控监管的协调问题会比较突出。一是在业务层面，跨行业的综合经营会更加普遍。如何加强跨行业业务和机构监管成为一个重要问题。比如，近年私募基金发展迅猛，相关风险传导至商业银行，形成兑付风险事件。这些事件的发生自然有商业银行管理不善的问题，但也有政府部门对私募基金监管不力的问题。二是在制度层面，既有五部委联合发布

的内控指引，又有各部委单独发布的部门规章，如何理顺这些制度之间的关系、避免重复建设也是需要解决的问题。三是在监管导向层面，商业银行需要接受银监会、证监会、财政部等部门多头监管，如何确保这些监管部门的监管导向协调一致，也是日渐突出的问题。比如，银监会监管注重银行业风险，强调资本充足率，可能不鼓励商业银行在资本不充足的情况下分红；证监会注重保护中小投资者利益，强调股东回报，可能对分红设置底线要求；这两者在导向上就不太一致。

针对上述问题，提出如下建议意见：一是加强跨行业经营或类银行金融机构的协同监管。在现有的监管框架下，监管部门应建立明确的监管分工，对“三不管领域”应确立主监管机构。当前应注意强化对私募基金机构、财富管理公司、投资咨询类公司及其业务活动的监管。二是进一步明确商业银行内控监管制度框架体系。尤其是在五部委联合发布内控监管规范的情况下，对各部委以前发布的内控规范应进行清理，对各部委后续的单独内控规范行动应作出协调机制上的安排。三是增强监管导向和行动上的协同性。各监管部门应将资本充足率、监管当局监管和市场约束三大支柱作为商业银行风险监管的共同框架，协调监管目标和行动。为了保持目标和行动上的协同性，监管部门要多采取联合行动和建立信息共享机制。比如，在商业银行内控及风险管理信息披露方面，银监会和证监会即可采取联合行动。四是充分考虑商业银行的行业特殊性。商业银行业务及内控具有许多独特性，因此对商业银行内控的监管必须兼顾这些特殊性。比如，五部委联合发布的内控基本规范及配套指引，主要是针对非金融类企业业务，与商业银行主营业务有很大差距。在贯彻这些规范指引时，就需要结合商业银行业务特性，建立更有针对性的指引。在制订商业银行内控指引时，应注重吸收商业银行现有内控建设的成果，在要求上增强包容性，在内容和体例上增强实用性和可操作性。

由于长期在商业银行工作，受工作视野的局限，我们对内控监管的上述观察和建议未必精准。但有一点是较为确定的是商业银行内控实践中出现的问题，绝不仅仅是商业银行自身的内部问题，其在一定程度上是商业银行各利益相关方的共同问题，也是商业银行内控及风险管理的监管部门的问题。因此，商业银行监管部门需要建立一套完善的定期监管反思机制，对自身的监管方向、思路、制度和行动作出反思和评估，为商业银行内控及风险管理营造更加有利的监管环境和市场环境，配合商业银行加强内控问题整改，推动商业银行持续优化内控及风险管理体系，促进商业银行健康、快速发展。

主要参考文献

[1]［美］COSO，方红星主译：《内部控制——整合框架》，东北财经大学出版社 2008 年版。

[2]［美］COSO，方红星主译：《企业风险管理：整体框架》，东北财经大学出版社 2005 年版。

[3]［美］约翰·康芒斯著，丁树生译：《制度经济学》上册，商务印书馆 1997 年版。

[4] 李群立：《我国商业银行内部控制法律制度研究》，硕士论文，2007 年。

[5] 万百五等：《控制论——概念、方法与应用》，清华大学出版社 2009 年版。

[6] 巴曙松、朱元倩等：《巴塞尔资本协议Ⅲ研究》，中国金融出版社 2011 年版。

[7]［美］劳伦斯·莱斯格，李旭、沈伟伟译：《代码 2.0：网络空间中的法律》，清华大学出版社出版 2009 年版。

[8]［美］杰里米·里夫金，付立杰、陈克勤、昌增益译：《生物技术世纪——用基因重塑世界》，上海科技教育出版 2001 年版。

[9]［美］奥利弗·E. 威廉姆森、西德尼·G. 温特，姚海鑫、邢源源译：《企业的性质》，商务印书馆出版 2010 年版。

[10] 吴江涛：《加强内部控制 防范经营风险》，国资委网站 http://www.sasac.gov.cn/xxfw/fxgl/tbgz/200706130140.htm。

CFO 变更对财务活动及财务效率的影响实证研究

班级：企业类三期
作者：张育强　黄勤　王鸿艳　诸凡　易阳

摘　要

本文从代理理论出发，发现现有公司高管与公司利益的相关研究中，均存在忽视 CFO 作用的情况。本文通过以 CFO 变更这一事件为研究点，消除其他事件因素的影响，选取 2001～2008 年的 CFO 更替的样本，对 CFO 是否对公司的财务活动和财务效率有显著的影响进行了实证研究。研究同时还考虑控制了 CEO 变更事件的情况，从而尽可能地减少 CEO 对研究结果的干扰。研究结果发现无论 CEO 变更与否，CFO 发生了变更的公司，其财务活动、财务效率指标的变化程度显著不同于没有 CFO 发生变更的公司。这些结果证明了 CFO 对财务活动及财务效率有显著的影响，强调了以往被忽视的 CFO 的作用，丰富了相关实证文献。

从代理理论出发，衍生出一系列关于公司高管与股东所代表的公司利益之间的研究，而其中绝大多数均只关注 CEO 的特征及其行为对公司利益的影响，比如研究高管变更与公司绩效相关性、高管继任原因研究、高管薪酬与公司绩效相关性、高管与董事会独立性等等研究。而作为公司高管之一，对公司财务活动、财务效率负有专门的、首要的责任的首席财务官（以下简称 CFO）而言，几乎很少有人对其进行讨论。

不过，随着经济信息环境的不断发展，以及研究的日益深入，包括 SEC、IFAC 及研究人员①等在内的外界对于责任日益重大的 CFO 的关注也与日俱增。近来，已有研究人员在重新审视盈余管理问题的研究中发现 CFO 比 CEO 在盈余管理时更敏感（Jiang，Petroni 和 Wang，2010）。这就从一个角度说明了 CFO 对于公司的盈余管理行为有显著的影响。其他关注 CFO 对公司财务活动影响的研究还包括 Glaser，Naranjo - Gil，Maas 和 Hartmann，2009；Yan 和 Wheatly，2010；Ge，Matsumoto 和 Zhang，2009；Geiger 和 North，2006；Mergenthaler，Rajgopal 和 Srinivasan，2009。这些研究都从某一特定方面证明了 CFO 对公司财务活动的影响。因而以往忽略 CFO 的行为，单纯以 CEO 为高管代表，研究他们的行为对公司利益的影响，就是不完善的、不全面的。基于以上原因，本文研究 CFO 对于公司财务活动、财务效率②是否有显著的影响。同时，为了尽可能地消除其他事件或因素的影响③，我们特别选取 CFO 变更这一事件来研究变更前后公司的财务活动和公司的财务效率是否有显著的变化。

一、文献回顾及假设的提出

自从 1976 年 Jensen 和 Meckling 提出代理理论开始，公司内部委托人与代理人之间的矛盾④的关系一直成为人们研究的焦点之一。由于人的 REMM⑤ 属性

① 这些均在第二部分有详细说明。

② 根据 MBA 智库百科的定义，所谓的公司财务活动（Financial Activities）是指企业生产经营过程中资金的筹集、使用及利润分配等活动的总称。包括资金筹集、资金使用和收益分配等三个基本环节。根据维基百科的定义，公司财务活动包括公司的投融资活动，资本结构的决策，营运资金管理，财务风险管理，利润分配及财务分析等活动。对于财务效率的概念，虽然有多篇文献资料涉及，但都没有给出明确的定义，在本文中，使用财务效率这一概念，主要是指对财务活动的执行情况、执行结果的相对评价。

③ 这部分方法论的问题会在研究设计中专门论述。

④ 这里的矛盾，是指哲学意义上的矛盾的关系，而非简单的对立关系。

⑤ REMM 即 Resourceful，Evaluative，Maximizing Model，简言之是人的自利属性。

（Jensen and Meckling，1994）的存在，使得委托人和代理人之间的利益目标往往不一致，比如公司委托人（即股东）与公司的代理人（即公司高管）之间的利益冲突，进而也就衍生出一系列后续行为包括高管舞弊、违规等，以获取管理层私利。

国内外基于委托代理理论下的关于公司高管与公司利益之间的研究浩如烟海，但绝大多数都集中于研究讨论 CEO 的行为、特征对公司所带来的影响。比如 CEO 继任与公司业绩相关性研究（Kaplan，1994；龚玉池，2001；）；CEO 薪酬与公司业绩关系的研究（Jensen 和 Murphy，1985，1990；李增泉，2000；辛清泉等，2007；方军雄，2009）；CEO 与董事会独立性研究（Hermalin，2005；王跃堂，2006）等等。但是同样作为公司高管之一并且对公司财务负有重要职责的 CFO 却鲜有人问津。

作为公司高管之一的首席财务官，其主要的职责是管理公司的财务风险，对公司战略发展制定相应的财务计划，对财务数据进行处理、加工并披露公司的财务报告①。随着经济、信息环境的极速发展，对 CFO 的职责要求更为复杂与多元。一项来自国际会计师联合会（the International Federation of Accountants，IFAC）下属的财务与管理会计委员会（Financial and Management Accounting Committee，FMAC）的调查显示，不仅在坚持传统的职责要求以外，CFO 还体现对公司战略和经营层面的职责，具体的包括信息管理、战略制定、风险管理、投资者关系及融资管理等方面②。Copeland（2001）更是在东洋经济周刊（Weekly Toyo Keizai）上连续撰写了 8 篇关于 CFO 的日益扩展的职责及其具体要求的文章。他指出日益丰富的 CFO 职责要求使 CFO 越来越向全面负责的 CEO 方向发展，这也是在美国具有 CFO 背景的 CEO 比例显著增长的重要原因。

与 CFO 不断提高的职责要求相对应的是，CFO 对公司尤其是对公司财务活动、财务效率方面的影响力越发重要。美国证券交易委员会（U. S. Securities and Exchange Commission，SEC）在（SEC 2006，P. 117）中提及 CFO 时说到："CFO 的薪酬合同对股东而言非常重要，因为与 CEO 一样，CFO 对外提供阶段

① 来自于维基百科与 MBA 智库百科的介绍。
② 来自于 MBA 智库百科的介绍。

性的公司报告，公允地反映公司的财务报告和财务信息负有非常重要的责任①”。由此可见，CFO 的行为及职责对于公司的利益而言其影响力绝对不容忽视。

以往的研究，之所以只关注 CEO，一方面由于 CEO 作为高管的核心，他主导了公司的大部分决策，制定了整个公司的战略规划，自然对公司的各项活动都负首责；另一方面以往也没有人直接去实证研究 CFO 的行为能对公司的财务活动和财务效率有影响，换句话说，他们认为 CFO 更多地是履行 CEO 交待的任务而已。但是，正如大家所知，并没有管理部门要求 CEO 具备专业的财务知识或是资格认证，这就意味着即便是 CEO 交待给 CFO 的任务也只是目标，而非具体实施的细节。更多的应该是 CFO 所决定公司具体的财务活动和效率，包括公司的融资行为偏好、节税能力的体现、对公司营运现金流的控制等等。自然的，CFO 应该是对公司财务活动及效率有影响的，并且是不应该被忽视的。Schafers 和 Martin Weber（2008）发现公司的投资决策并不是由 CEO 独自决定的。我们不妨从另外一个角度看，以往涉及的财务舞弊、违规、丑闻，几乎都有 CFO 的身影深陷其中，像安然的安德鲁·法斯托、世通的斯科特·萨利文、银广夏的丁功名等等。如果没有他们的“积极参与”，这些行为也是实现不了的。Mergenthaler，Rajgopal 和 Srinivasan（2009）研究发现 CFO 和 CEO 如果没有达到与分析师一致的盈利预测，将面临包括减少奖金、减少股权授予，甚至更大可能性的解雇等的惩罚。这就意味着 CEO 和 CFO 都有强烈的动机去操纵盈余从而达到分析师的预测。那么，如果事前不关注他们的行为，事后才去追索，显然是不负责的。

近来随着外界对 CFO 的关注，已有学者开始重视到 CFO 的作用。Graham 和 Harvey（2002）通过得到 392 份完整的公司调查问卷，考察了实务中 CFO 如何对公司的资本预算、资本成本和资本结构等方面进行决策。从一个角度说明了 CFO 在公司财务行为和财务效率方面所起到的作用和影响力。Geiger 和 North（2006）通过选取 1994～2000 年 712 个更换 CFO 的公司样本，检验了更换 CFO 对操纵性应计利润所带来的影响。他们发现了公司更换了 CFO 后，操纵性应计

① 此段为直译，原文为“compensation of the principal financial officer is important to shareholders because along with the principal executive officer, the principal financial officer provides the certifications required with the company's periodic reports and has important responsibility for the fair presentation of the company's financial statements and financial information”.

利润显著减少，而且结果不受 CEO 变更与否的影响。Yan 和 Wheatly（2010）检验了审计费用和公司高管变更之间的关系，并发现变更 CEO（CFO）会对公司产生 10.5%的额外费用。这说明了审计师意识到 CEO（CFO）对公司的财务报告的潜在影响力。Glaser，Naranjo - Gil，Maas 和 Hartmann（2009）通过使用西班牙公共医疗部门的数据以及相关 CFO 的年龄、任职期限、教育背景等的特征数据，发现 CFO 的特征将会对公司的管理会计系统的创新有影响。Ge，Matsumoto 和 Zhang（2009）考察了 CFO 的个人风格如何影响公司的财务报告实践，并发现 CFO 在财务报告实践中具有重要的决定权，而且这种风格所产生的影响不会受到 CEO 的影响。Mergenthaler，Rajgopal 和 Srinivasan（2009）使用 1993～2004 年数据发现 CFO 和 CEO 如果没有达到与分析师一致的盈利预测，将面临包括奖金的减少，更少的股权授予，更大可能性的强制性解雇等的惩罚。这就意味着 CEO 和 CFO 都有强烈的动机去操纵盈余从而达到分析师的预测。Jiang，Petroni 和 Wang（2010）重新审视了盈余管理问题中，CEO 与 CFO 所起到的作用。通过对比 CEO 与 CFO 在操纵性盈余与达到分析师预期两个问题中的敏感性发现，CFO 比 CEO 在盈余管理行为中更为敏感，影响力更大。这就从一个侧面上反映出 CFO 确实对公司财务活动的具有显著的影响，并且这种影响比传统上只考虑的 CEO 影响还要大，绝对不能忽视。

上述现有的关于 CFO 的研究文献，分别在某一方面有力地证明了 CFO 的作用，但是这些文献有两个方面的不足。第一，这些文献更多的是研究 CFO 对公司财务某一个方面的影响，比如从盈余质量方面考察 CFO 在操纵盈余质量时所起到的作用（Geiger 和 North，2006；Mergenthaler，Rajgopal 和 Srinivasan，2009；Jiang，Petroni 和 Wang，2010）等，并没有直接系统的考察 CFO 是否对公司财务活动各个方面均有影响，比如公司的资本结构，公司的管理费用财务费用的管理，公司资产的流动性，节税能力的体现等。第二，他们在关注 CFO 对公司财务某些方面的影响时，并没有排除 CEO 可能造成的影响，这就会对实证结果带来干扰。因为以往的研究发现 CEO 会对公司的各项活动产生影响。如果不加以控制，会干扰 CFO 对公司财务活动、财务效率的影响力。

为了直接验证 CFO 对公司财务活动的影响，本文与前述很多研究一致，通过选择 CFO 更替这一事件来重点考察 CFO 变更前后，代表公司财务活动和财务效率的财务指标是否具有显著的变化。具体来讲，首先计算财务指标每年的变化情况，进而通过选择 CFO 更替这一事件，来划分为发生了变更的实验组与没有发生变更的对照组，最后对比财务指标的变化在发生变更与没有发生变更的两种情况下是否有显著的不同。换句话说，CFO 发生了变更之后，公司的财务指标变化的程度是否显著不同于没有发生 CFO 变更的公司。具体形成如下假设：

假设一，在保证其他因素不变的情况下，CFO 发生了变更的公司，其财务活动、财务效率指标的变化程度显著不同于没有 CFO 发生变更的公司。

假设一的检验体现出了 CFO 在公司财务活动和财务效率的显著影响力，从而说明在研究高管与公司利益之间的代理问题上不应忽视 CFO 的影响力。同时，根据以往的研究 CEO 的文献得知 CEO 的更替对财务指标的变化具有影响（Murphy 和 Zimmerman，1993；龚玉池，2001）。因而，在研究 CFO 更替对财务指标变化的影响时，为了尽可能地减少 CEO 的影响，我们以 CEO 是否发生更替将样本进行分类研究。

二、研究设计

（一）研究方法

与以往 CEO 和 CFO 的研究（Warner 和 Watts，1988；Murphy 和 Zimmerman，1993；Kaplan，1994；Geiger 和 North，2006；Yan 和 Wheatly，2010 等等）一致，选择发生变更这一事件进行研究，也即是研究 CFO 的更替事件前后的财务活动和财务效率有关的指标是否发生显著的变化。之所以考察这一事件发生前后的相关财务指标的变化，是因为这样才能尽可能地消除其他事件及外部因素对相关财务指标变化的影响，更集中于讨论 CFO 对财务活动的影响。

为了考察 CFO 对公司财务活动的影响，首先计算财务指标的变化，进而比较财务指标的变化在 CFO 发生变更的样本与 CFO 没有发生变更的样本中是否显著不同。如果显著不同，那么这种显著差异是通过 CFO 变更体现出来的，进而也就表明 CFO 确实会对公司的财务活动和财务效率有影响，从而与上述讨论 CFO 的文献相互印证。

同时，为了排除 CEO 更替事件的影响，我们主要考察 CEO 与 CFO 两组变更对财务指标变化的影响程度。其中一组是 CFO 与 CEO 同时变更，同 CEO 单独发生变更这一事件相比较；另一组是 CFO 与 CEO 都没有发生变更，同 CFO 单独发生变更这一事件相比较。第一组体现的是 CEO 变更时，CFO 对财务指标所产生的影响，第二组体现的是 CEO 没有变更时，CFO 对财务指标所产生的影响。

（二）实证模型及变量定义

为了验证前面提出的假设，主要考察两组变更比较来检验与财务活动、财务效率有关的指标是否有显著的变化。两组变更比较分别是（1）CFO 与 CEO 同时变更，同 CEO 单独发生变更这一事件相比较；（2）CFO 与 CEO 都没有发生变更，同 CFO 单独发生变更这一事件相比较。同时由于我国的很多公司董事长比 CEO 在公司的经营上更具有决策力和影响力，为了研究的可靠性和完整性，本文 CEO 变量分为董事长（CEO1）和总经理（CEO2）两类。

另一方面，根据以往文献的调查研究，CFO 对公司的资本结构，风险管理，费用管理，流动性，营运能力，税务筹划等决策负有责任（Copeland，2001；Graham 和 Harvey，2002），在这些财务活动的基础上，并根据一项向《财富》500 强企业 CFO 的调查问卷的结果选择了与财务效率的指标①主要有资产负债率、管理费用率、财务费用率、流动比率、速动比率、流动资产周转率、总资产周转率、应交税金等。其中资产负债率，体现公司的资本结构；管理费用率和财务费用率，体现公司的费用的管理；流动比率、速动比率衡量公司的流动性；流动资产周转率、总资产周转率衡量公司的营运能力；应交税金体现公司的税负情况。

为了研究 CFO 变更事件对财务指标变化的显著影响，需要计算财务指标的变化情况。其中上述财务指标的变化定义为财务指标当年减去前年的差值指标数据②。

具体回归模型的设计思想参照之前的相关研究（Geiger 和 North，2006；Jiang，Petroni 和 Wang，2010；Balachandran，2006）。即财务指标变化的变量（△ratio）为被解释变量，主要的解释变量为 CFO 与 CEO 变更的虚拟变量。由于对比的大多数是财务比率的差值，因而回归模型的控制变量仅包含了必要的年度和行业变量③，模型主要如下：

$$lratio = \beta + \beta i\ cfodiss\beta CEOss + \beta i\ CFO_{EO}\beta YearDummies + \beta IndustryDummies + \varepsilon$$

$i = 1，2$

具体的变量定义如表 1 所示：

① 这部分的指标选取的主要依据来源于 Dr. Charles Gibson 向《财富》500 强企业的 CFO 的调查问卷得来的，具体可参考 Charles Gibson 的《财务报告分析利用财务会计信息》一书。本文从中选择了一部分与公司 CFO 有关的体现财务活动，财务效率，节税能力的指标。

② 之所以选择当年数据减去前一年的数据，是为了剔除变更发生年所引起的无法清晰划分新旧 CFO 作用时间的影响。

③ 对于应交税金变量，我们特别还加入了营业收入，总资产等变量作为控制变量。

表1 变量定义

变量名称	具体解释
cfodiss	CFO 离任变量，1 为离任，0 为未离任
CEO_1_diss	董事长离任变量，1 为离任，0 为未离任
CEO_2_diss	总经理离任变量，1 为离任，0 为未离任
CFO_CEO1	cfodiss 与 CEO_1_diss 的交互项，1 为同时离任，0 为其他
CFO_CEO2	cfodiss 与 CEO_2_diss 的交互项，1 为同时离任，0 为其他
CFOxCEO1_2_diss	CFO 与董事长离任变量 a，1 为二者同年离任；0 为 CFO 未离任，董事长离任
CFOxCEO2_2_diss	CFO 与总经理离任变量 b，1 为二者同年离任；0 为 CFO 未离任，总经理离任
CFOxCEO1_1_0_diss	CFO 与董事长离任变量 c，1 为 CFO 离任，董事长没有离任；0 为都没有离任
CFOxCEO2_1_0_diss	CFO 与总经理离任变量 d，1 为 CFO 离任，总经理没有离任；0 为都没有离任
t30100	资产负债率
t42200	管理费用率
t42300	财务费用率
t10100	流动比率
t10200	速动比率
bt20602	流动资产周转率
bt20902	总资产周转率
lnTax	应交税金的对数
“varname” _1_1	表示相应的指标当年减去前年后的差值

（三）数据来源与样本选取

本文的数据均来源于 CSMAR 数据库，其中 CFO 变更情况数据来源于 CSMAR 中国上市公司治理结构研究数据库，财务指标来源于 CSMAR 中国上市公司财务报表数据库和中国上市公司财务指标分析数据库。

（1）选择从 2001~2008 年的 CFO 变更的相关数据，并进行如下筛选：

如果一家公司既有 CFO，又有总会计师，又有财务总监，则保留 CFO 的数据；

如果一家公司没有 CFO，只有总会计师（和财务总监）的数据，则保留总会计师的数据作为 CFO 的数据[①]；

如果一家公司没有 CFO，只有财务总监的数据，则保留财务总监的数据作为 CFO 的数据；

① 这是由于我国 CFO，总会计师，财务总监三种制度并存的特殊情况决定的。

如果一家公司 CFO 当年发生变更，则取下一年标记为变更样本①；

经过上述处理，最终得到 CFO 样本 9299 个，其中变更样本为 1666 个。

同时分别选择 CEO 及董事长的变更情况数据，并与 CFO 变更情况数据合并。

（2）选择 1999～2009 年的财务指标数据，并计算当年数据减去前年数据处理后的差值数据，与上述高管变更数据合并。为保证数据可靠性和稳定性特，在进行统计分析时，剔除了金融行业样本，并对主要变量进行了 1% 水平的异常值处理②。

三、实证研究结果与分析

（一）描述性统计

表 2 是各主要变量的描述性统计结果。

表 2　　主要变量描述性统计结果③

变量名	数量	均值	标准差	最大值	最小值
cfodiss	9291	0. 179206	0. 383545	1	0
CEO_1_diss	9291	0. 181897	0. 38578	1	0
CEO_2_diss	9291	0. 230653	0. 421274	1	0
CFO_CEO1	9291	0. 060058	0. 237607	1	0
CFO_CEO2	9291	0. 07631	0. 265508	1	0
CFOxCEO1_2_diss	1690	0. 330178	0. 470416	1	0
CFOxCEO2_2_diss	2143	0. 330845	0. 470627	1	0
CFOxCEO1_1_0_diss	7601	0. 145639	0. 352767	1	0
CFOxCEO2_1_0_diss	7148	0. 133744	0. 340401	1	0
t30100_1_1	10481	0. 144861	12. 34139	876. 7132	－876. 398
t42200_1_1	10339	0. 778703	3 096. 468	222 655. 4	－222 551
t42300_1_1	10 351	0. 906431	861. 5459	61 765. 37	－61 675. 7
t10100_1_1	10 410	－0. 18818	1. 765997	39. 61749	－53. 0612

① 这是为了避免变更发生年份内财务指标变化无法清楚划分的情况而定的，这样一来，在下一年完全与旧的 CFO 无关，更方便比较变化后于变化前的指标变化情况。

② 即 winsorize，将 1% 和 99% 分位数以外的异常值均赋予 1% 分位数的和 99% 分位数的值。

③ 此处各变量的描述性统计结果均是由原始数据得来的，还没有进行异常值处理。

续表

变量名	数量	均值	标准差	最大值	最小值
t10200_1_1	10410	-0.19255	1.609151	34.14475	-49.7512
bt20602_1_1	9371	0.182993	0.799275	14.72252	-10.2192
bt20902_1_1	9431	0.052311	0.346369	5.458632	-4.92008
lnTax	9389	16.50006	1.628169	24.52946	6.882438

通过表 2 可以发现，数量表示个数，均值表示了变更变量中取值为 1 时所占的比例。前三个变更变量是 CFO，CEO 单独的变更变量的情况，其中 CFO 发生变更的有 1665 个，董事长变更的有 1690 个，总经理变更的有 2143 个。第 6 到 9 个变更变量以 CFOxCEO1_2_diss 为例，取值为 0 和 1 的样本共有 1690 个，其中董事长与 CFO 同时发生变更的数量占到样本的 33.02%，这也就是表示在 CFOxCEO1_2_diss 变量中有 1/3 的样本是董事长与 CFO 同时发生变更的，有2/3 的样本是只有董事长发生变更的。他们之间的差就体现了 CFO 变更所产生的额外的影响。其他三个变更变量的描述性统计结果的意义类似。

第 10 到第 17 个变量是财务指标差值变量[①]，数量为有数据的个数，均值为指标差值变量的均值，标准差、最大值和最小值衡量它的分布情况。从上表可以看出除 lnTax 以外，其他指标差值变量相对于均值而言，标准差大很多，最大值、最小值也距离均值很远。这就说明原始数据存在异常值，为了保证研究的可靠性，所以对这些变量进行了 1% 水平下的异常值处理[②]。

为了研究前面的假设，有必要先对指标差值变量采用两组均值 T 检验，进行初步的分析。对四类变更变量都分别作为分组标准，进行均值 T 检验。T 检验的结果汇总于表 3 中。由于指标差值变量的均值没有实际的意义，因而在下表中没有列示出来。

从表 3 可以看出，以 CFOxCEO1_2_diss 为分组标准的变更变量，所有指标差值变量均显著，且显著性水平非常高；以 CFOxCEO2_2_diss 为分组标准的变更变量，速动比率差值变量、流动比率差值变量以及应交税金变量均不显著，

① 其中 Tax 没有取差值，因为与其他指标变量不同，它是个绝对数，不同年度间的值受其他多种因素的影响不能直接相减。而其他指标因为是比例数，是个相对的度量，因而不同年度间的基准相同，可以相减。

② 其中财务费用率指标由于异常值过多，因而进行了 5% 的异常值处理。

表 3　　两组均值 T 检验结果汇总

变量	CFOxCEO1_2_diss	CFOxCEO2_2_diss	CFOxCEO1_1_0_diss	CFOxCEO2_1_0_diss
t30100_1_1	-4.0770 ***	-3.5192 ***	-3.9941 ***	-4.2250 ***
t42200_1_1	-3.6093 ***	-1.8426 *	-2.1923 **	-3.9066 ***
t42300_1_1	-3.5943 ***	-2.9990 ***	-2.0422 **	-2.1785 **
t10100_1_1	2.5072 **	1.0732	0.2096	0.9118
t10200_1_1	2.6589 ***	1.2200	0.2974	0.8832
bt20602_1_1	2.6078 ***	3.4460 ***	2.1301 **	1.2602
bt20902_1_1	3.1065 ***	4.4264 ***	2.2061 **	1.0932
lnTax	3.4492 ***	1.4829	-1.3016	-0.8173

注：*** 表示 1% 水平下显著（双尾）

** 表示 5% 水平下显著（双尾）

* 表示 10% 水平下显著（双尾）

其他变量均显著，且显著性水平很高；以 CFOxCEO1_1_0_diss 为分组标准的变更变量，其显著性程度与 CFOxCEO2_2_diss 类似；以 CFOxCEO2_1_0_diss 为分组的变更变量只有资产负债率差值、管理费用率差值和财务费用率差值指标显著。前两组分类变量表明 CFO 在与 CEO 联动效应作用下对财务指标变化所起的显著的额外的影响，后两组体现的是 CFO 单独的对财务指标变化的影响。总体来看，资产负债率差值、管理费用率差值和财务费用率差值指标，无论在哪种分组情况下均非常显著，体现了 CFO 对公司财务活动、财务效率上的显著影响。这就说明了 CFO 对公司的资本结构，费用管理等财务指标有显著的影响，部分验证了假设一。而后两组衡量的是只有 CFO 变更与否的分组，除了特别能够体现 CFO 工作特点、提高公司财务效率的费用率的指标和体现公司资本结构和融资行为的资产负债率指标能够体现出 CFO 的影响力以外，其他的指标可能受到的其他因素的影响，不能纯粹的反应 CFO 的影响力，因而并不显著，必须在控制了其他因素的情况下，结果才会体现出 CFO 的影响力。

（二）回归分析

为了进一步地分析验证前述假设，按模型（1）进行回归分析。按照假设的预期和研究设计，CFO 的变更指标应该显著。这包括在 CEO 没有发生变更时，cfodiss 的系数显著不为 0；在 CEO 发生变更时，cfodiss 和 CFO_CEO1（或 CFO_CEO2）的系数不同时为 0 两种情况。

回归结果如表 4、表 5 所示：

表 4 回归结果 I

变量	资产负债率	管理费用率	财务费用率	流动比率	速动比率	流动资产周转率	总资产周转率	应交税金
	wt3010011	wt4220011	wt4230011	wt1010011	wt1020011	wbt2060211	wbt2090211	wTax
cfodiss	0.0275 ***	0.0218 *	0.00180 *	0.000376	-0.00140	-0.0466 **	-0.0216 **	0.0944 **
	(2.98)	(1.76)	(1.74)	(0.01)	(-0.05)	(-2.03)	(-2.17)	(2.20)
CEO1diss	0.0152 *	0.00737	0.00123	0.0218	0.0228	-0.00595	-0.00685	0.127 ***
	(1.79)	(0.62)	(1.14)	(0.73)	(0.86)	(-0.25)	(-0.69)	(3.03)
CFOCEO1	0.0384 *	0.0697 **	0.00491 **	-0.120 **	-0.111 **	-0.0533	-0.0240	-0.0550
	(1.81)	(2.12)	(2.16)	(-2.10)	(-2.24)	(-1.24)	(-1.28)	(-0.67)
lnasset								0.793 ***
								(26.52)
lnrev								0.0233
								(1.04)
Year Dummies	NA	NA	NA	NA	NA	NA	NA	NA
Industry Dummies	NA	NA	NA	NA	NA	NA	NA	NA
cons	-0.00875	0.0140	0.00502 ***	0.137 ***	0.0687 **	-0.00477	0.000132	-0.897 ***
	(-0.72)	(0.70)	(2.85)	(3.67)	(2.19)	(-0.14)	(0.01)	(-2.73)
N	8087	8034	8048	8086	8086	7377	7377	7366
adj. R-sq	0.027	0.014	0.012	0.025	0.020	0.029	0.026	0.422
F	8.258	4.41	4.242	11.51	10.902	14.919	11.153	210.817
$H_0: \beta_{1,1}=0, \beta_{3,1}=0$								
F 值	10.38 ***	6.10 ***	7.05 ***	3.02 **	3.54 **	5.83 ***	6.51 ***	2.58 *
Prob > F	0.0000	0.0022	0.0009	0.0486	0.0291	0.0030	0.0015	0.0758

表 5 **回归结果 II**

变量	资产负债率	管理费用率	财务费用率	流动比率	速动比率	流动资产周转率	总资产周转率	应交税金
	wt3010011	wt4220011	wt4230011	wt1010011	wt1020011	wbt2060211	wbt2090211	wTax
cfodiss	0.0306 ***	0.0430 ***	0.00200 *	-0.0203	-0.0169	-0.0332	-0.0122	0.0955 **
	(2.97)	(2.92)	(1.83)	(-0.63)	(-0.60)	(-1.37)	(-1.16)	(2.15)
CEO2_diss	0.0211 ***	0.0239 **	0.00194 **	-0.0179	-0.0231	-0.0000658	0.00250	0.0485
	(2.65)	(2.12)	(2.03)	(-0.63)	(-0.92)	(-0.00)	(0.28)	(1.26)
CFO_CEO2	0.0185	-0.00406	0.00288	-0.0287	-0.0307	-0.0763 *	-0.0452 **	-0.0194
	(0.97)	(-0.14)	(1.40)	(-0.53)	(-0.66)	(-1.88)	(-2.56)	(-0.25)
lnasset								0.793 ***
								(26.45)
lnrev								0.0225
								(1.00)
Year Dummies	NA	NA	NA	NA	NA	NA	NA	NA
Industry Dummies	NA	NA	NA	NA	NA	NA	NA	NA
_cons	-0.0107	0.0101	0.00479 ***	0.144 ***	0.0769 **	-0.00461	-0.000736	-0.859 ***
	(-0.88)	(0.51)	(2.73)	(3.87)	(2.45)	(-0.13)	(-0.05)	(-2.60)
N	8087	8034	8048	8086	8086	7377	7377	7366
adj. R - sq	0.027	0.013	0.012	0.024	0.020	0.029	0.026	0.421
F 值	8.643	4.538	4.348	11.437	10.806	14.977	11.239	208.674
$H_0: \beta_{1,2}=0, \beta_{3,2}=0$								
F 值	9.11 ***	5.56 ***	5.60 ***	0.84	3.54 **	0.99	6.60 ***	3.03 **
Prob > F	0.0001	0.0039	0.0037	0.4315	0.0291	0.3710	0.0014	0.0484

注：括号内为 T 值

*** 表示 1% 水平下显著（双尾）

** 表示 5% 水平下显著（双尾）

* 表示 10% 水平下显著（双尾）

表 4 是指标差值变量对 CFO 与董事长变更的回归情况，通过表 4 的回归结果可以看出，在所有的指标差值变量的回归中，cfodiss 和 CFO_CEO1 系数同时为 0 的联合假设都显著被拒绝。这说明在 CEO 发生变更的情况下，CFO 的确会对上述财务指标的变化有显著的影响。同时 cfodiss 的系数除流动比率和速动比率以外均显著不为 0，这说明在 CEO 没有发生变更的情况下，CFO 也会对上述财务指标的变化有显著的影响。表 5 是指标差值变量对 CFO 与总经理变更的回归情况，结果与表 4 类似，cfodiss 和 CFO_CEO1 系数同时为 0 的联合假设绝大多数都显著被拒绝，cfodiss 的系数部分显著不为 0。同时，对于资产负债率，管理费用率，财务费用率和应交税金四个指标差值变量，无论 CEO 是董事长还是总经理、CEO 是否变更，CFO 对这些指标差值变量均有显著的影响。

这些结果与组间均值 T 检验结果一致，也就是说，通过回归分析可以发现，这些反映公司财务活动和财务效率的指标，确实会受到 CFO 变更的影响。通过变更这一事件，进而也就验证了 CFO 确实会对公司的财务活动与财务效率有影响，这也与之前的文献（Glaser，Naranjo - Gil，Maas 和 Hartmann，2009；Yan 和 Wheatly，2010；Ge，Matsumoto 和 Zhang，2009；Geiger 和 North，2006；Mergenthaler，Rajgopal 和 Srinivasan，2009；Jiang，Petroni 和 Wang，2010）相互印证。

（三）研究结果的可靠性检验

首先对回归分析中的模型进行模型误设检验，发现并没有证据表明模型存在误设。进而对异方差、自相关均进行了检验及修正，结果也并没有发生变化。这证明了结果的可靠性。

四、总结

本文从代理理论出发，讨论了现有公司高管与公司利益的相关研究中，均存在忽视 CFO 作用的情况。而经过分析，CFO 的作用不应被忽视。本文通过选取 CFO 变更这一事件，消除其他因素的影响，从而对 CFO 是否对公司的财务活动和财务效率有显著的影响进行了实证研究。研究同时还考虑控制了 CEO 变更事件的情况，从而尽可能地减少 CEO 对研究结果的干扰。研究结果发现无论 CEO 变更与否，CFO 发生了变更的公司，其财务活动、财务效率指标的变化程度显著不同于没有发生 CFO 变更的公司。这就证明了 CFO 确实对公司的财务活动和财务效率有影响。这些结果进而也就说明，以往忽视 CFO 的有关公司高管与公司利益的相关研究是不完善的，期望在后续的相关研究中，重新审视并重视 CFO 所起到的作用，关注 CFO 的行为，从而进一步完善代理理论所延伸出的这类研究。

需要说明的是，本文并没有对变更所引起的财务指标变化的方向进行进一步的研究。这是因为财务指标变化的方向受多种因素影响，例如公司的各种特征、背景情况、CFO 的特征等等，从 CFO 变更这一事件不能单独确定指标变化的方向。同时，这也不是本文研究的核心问题，因而在本文中并不进一步讨论。

主要参考文献

[1] Copeland, Thomas E., 2001, "The Expanding Role of the CFO", *Weekly Toyo Keizai*, September 1, 2001.

[2] Copeland, Thomas E., 2001, "The CFO and Investment Decisions - Introduction to Real Options", *Weekly Toyo Keizai*, September 8, 2001.

[3] Copeland, Thomas E., 2001, "The CFO and Investment Decisions - Real Options Case Histories", *Weekly Toyo Keizai*, September 15, 2001.

[4] Copeland, Thomas E., 2001, "The CFO and Capital Efficiency", *Weekly Toyo Keizai*, September 22, 2001.

[5] Copeland, Thomas E., 2001, "The CFO and Performance Measurement", *Weekly Toyo Keizai*, September 29, 2001.

[6] Copeland, Thomas E., 2001, "The CFO and Risk Management", *Weekly Toyo Keizai*, October 13, 2001.

[7] Copeland, Thomas E., 2001, "The CFO and Implementing Reward/Risk Management", *Weekly Toyo Keizai*, October 20, 2001.

[8] Copeland, Thomas E., 2001, " The CFO and Financial Structure", *Weekly Toyo Keizai*, October 27, 2001.

[9] Ge, W., D. Matsumoto, and J. Zhang. 2009. "Do CFOs have styles of their own? An empirical investigation of the effect of individual CFOs on financial reporting practices". *Working Paper*, University of Washington.

[10] Geiger · M and D · North, 2006. " Does hiring a new CFO change things? An investigation of changes in discretionary accruals", *The Accounting Review 81 (4)*:, 781 - 809.

[11] Graham, J. R., Harvey, C. R., 2002, "How do CFOs make capital budgeting and capital structure decisions", *Journal of Applied Corporate Finance*, 8 - 23.

[12] Hermalin · B, "Trends in Corporate Governance", *Journal of Finance* 60 (2005), P2351 - 2384.

[13] Jensen, M., and W. Meckling, 1976, "Theory of the Firm: Managerial Behavior, Agency Costs, and Ownership Structure", *Journal of Financial Economics*, march, P305 - 360.

[14] Jensen M. and Murphy K., 1985, "Corporate Performance and Managerial Remuneration: An Empirical Analysis", J*ournal of Accounting & Economics* April, P11 - 42.

[15] Jensen, M., and K. Murphy, 1990, "Performance Compensation and Top Management Incentives", *Journal of Political Economy*, 98, P225 - 264.

[16] Jensen, Michael C. and William H. Meckling, 1994, "The Nature of Man", *Journal of Applied Corporate Finance*, 7 (2), P4 - 19.

[17] Jiang, J. X., Petroni, K. R., Wang, I. Y., 2010, "CFOs and CEOs: who have the most influence on earnings management?", *Journal of Financial Economics*, Vol. 96, issue 3, P513 - 526.

[18] Kaplan, S. N., 1994, "Top executive rewards firm performance: A comparison of Japan and the United States", *Journal of Political Economy*, 102, P510 - 546.

[19] Markus Glaser, Philipp Schafers, and Martin Weber, 2008, "Managerial Optimism and Corporate Investment: Is the CEO Alone Responsible for the Relation?", SSRN *Working Paper*.

[20] Mergenthaler, R, S., Rajgopal and S., Srinivasan. 2009. "CEO and CFO Career Consequences to Missing Quarterly Analysts Forecasts", *Working Paper*, Harvard Business School.

[21] Murphy, Kevin J. and Zimmerman, Jerold L., 1993, "Financial performance surrounding CEO turnover", *Journal of Accounting and Economics*, 16, P273 - 315.

[22] Naranjo - Gil, D., V. S. Maas, and F. G. H. Hartmann. 2009. "How

CFO's Determine Management Accounting Innovation：An Examination of Direct and Indirect Effects", *European Accounting Review*, 18（4），P667－695.

［23］R. Roll, 1994, "What Every CFO Should Know About Scientific Progress in Financial Economics：What Is Known and What Remains to be Resolved", *Financial Management* , Vol. 23, P69－75.

［24］Sudhakar V. Balachandran, 2006, " How Does Residual Income Affect Investment? The Role of Prior Performance Measures", *management science*, Vol. 52, No. 3, P383－394.

［25］Warner · J, J · Watts and K · Wruck , 1988 , "Stock Prices and top management changes", *Journal of Financial Economics*, 461－492.

［26］Yan Yun－Chia, Clark M. Wheatley, 2010, "New Executives and Audit Fees", *working paper*, University of New Orleans.

［27］方军雄："我国上市公司高管的薪酬存在粘性吗"，《经济研究》，2009 年第 3 期。

［28］龚玉池："公司绩效与高层更换"，《经济研究》，2001 年第 10 期。

［29］李新春、苏晓华："总经理继任——西方的理论和我国的实践"，《管理世界（双月刊）》，2001 年第 4 期。

［30］李增泉："激励机制与企业绩效——一项基于上市公司的实证研究"，《会计研究》，2000 年第 1 期。

［31］吴江龙：《CFO 特征与职能效果问题研究》，博士学位论文。

［32］辛清泉、林斌、王彦超："政府控制、经理薪酬与资本投资"，《经济研究》，2007 年第 8 期。

［33］查尔斯·吉布森著，马英麟译：《财务报告分析：利用财务会计信息（第八版）》，中国财政经济出版社 2002 年版。

［34］王跃堂等："董事会的独立性是否影响公司绩效"，《经济研究》，2006 年第 5 期。

［35］周茂春：《CFO 职业生涯考虑对盈余管理行为影响研究》，博士学位论文，2011 年。

［36］陈莹娟：《财务高管聘任与变更研究：基于中国治理环境的分析》，硕士学位论文，2010 年。

［37］庞瑞娟：《CFO 变更与公司业绩管理的实证研究——来自沪深两市的

经验证据》，博士学位论文，2013 年。

[38] 于学强：《中国上市公司 CFO 背景特征与财务重述关系研究——基于中国财务重述公司的经验证据》，硕士学位论文，2013 年。